U0723390

本书为国家社科基金重大项目「清水江文书整理与研究」（11&ZD096）阶段性成果

本书获二〇二〇年贵州省出版传媒事业发展专项资金资助

本书获贵州省孔学堂发展基金会资助

清水江
區域學
文庫

张新民　主编

林芊　著

中国民族地区的

土地买卖与地权分配

——以贵州清水江流域为中心的研究

孔學堂書局

本书为国家社科基金重大项目"清水江文书整理与研究"（11&ZD096）阶段性成果

本书获二〇二〇年贵州省出版传媒事业发展专项资金资助

本书获贵州省孔学堂发展基金会资助

图书在版编目（CIP）数据

中国民族地区的土地买卖与地权分配：以贵州清水江流域为中心的研究 / 林芊著. —— 贵阳：孔学堂书局，2022.5

（清水江区域学文库 / 张新民主编）

ISBN 978-7-80770-304-4

Ⅰ.①中… Ⅱ.①林… Ⅲ.①土地转让—地契—研究—贵州—晚明–民国②土地所有权—分配(经济)—研究—贵州—晚明–民国 Ⅳ.①F329.04

中国版本图书馆CIP数据核字(2021)第208285号

清水江区域学文库　　张新民　主编

中国民族地区的土地买卖与地权分配——以贵州清水江流域为中心的研究　林芊　著

ZHONGGUO MINZU DIQU DE TUDI MAIMAI YU DIQUAN FENPEI: YI GUIZHOU QINGSHUIJIANG LIUYU WEI ZHONGXIN DE YANJIU

责任编辑：胡国浚　胡　馨

责任印制：张　莹　刘思妤

出　　品：贵州日报当代融媒体集团

出版发行：孔学堂书局

地　　址：贵阳市云岩区宝山北路372号

　　　　　贵阳市花溪区孔学堂中华文化国际研修园1号楼

印　　制：贵阳精彩数字印刷有限公司

开　　本：787mm×1092mm　1/16

字　　数：389千字

印　　张：24.75

版　　次：2022年5月第1版

印　　次：2022年5月第1次

书　　号：ISBN 978-7-80770-304-4

定　　价：78.00元

版权所有·翻印必究

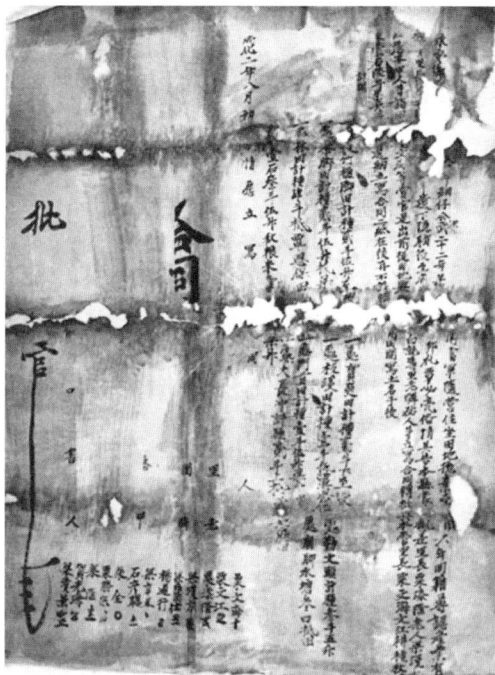

图1　天柱县档案馆藏成化二年吐退屯田买卖契约

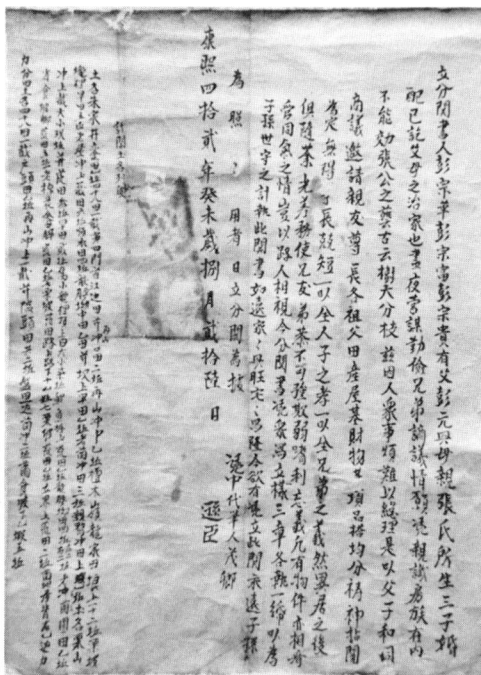

图2　剑河县档案馆藏康熙时期"分关合同"

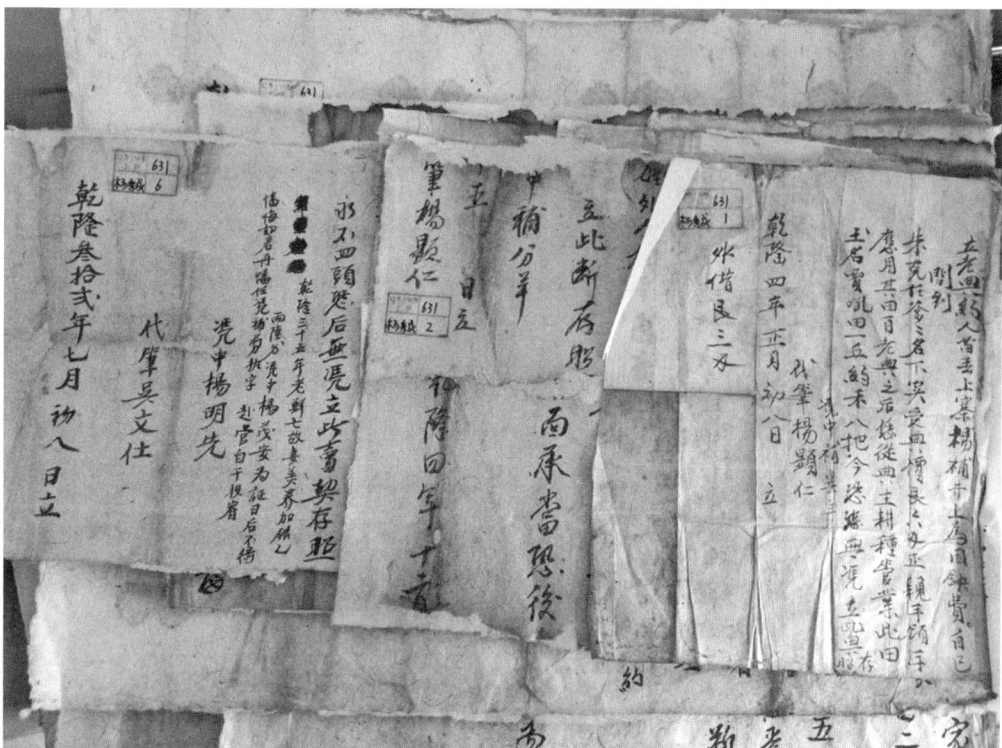

图3　黎平县档案馆藏乾隆时期田地林地买卖契约

近数十年来，随着清水江文书整理编纂成果的大量出版，相关研究论文或论著的数量也在明显增多，而清水江流域无论作为长江支系文明或民族社会区域空间，也越来越引起学术界的广泛关注和重视。以流域或区域作为分析讨论框架，探讨族群、聚落、区域、国家多方面的互动关系，进而了解或把握中国历史文化整体而全面的发展进程，也越来越成为研究者广泛接受或采用的一种重要方法。正是有鉴于此，我们在原有文书整理和研究成果积累的基础上，拟以"清水江区域学文库"为题，编纂一套大型学术研究丛书，希冀能够借此汇聚起更多的优秀学术研究成果，从而推动区域学或中国史研究的健康发展。为了帮助读者了解清水江流域自然－人文历史变迁发展的状况，尤其是国家对当地的长期经营与开发、区域与区域之间交流和互动以及乡民对自身生活秩序的维系及建构，我以自身长期从事研究所积累的学术经验或学术旨趣为出发点，特撰下列文字以作导读性的总序。

一、河流水道交通与聚落区域之间的互动

清水江乃沅江的正源，发源于今贵定县斗篷山与都匀市云雾山麓之间，自西南向东北流经今贵州省东南部广袤区域，入湖南省西部至黔阳镇以下始称沅江，因而也可以清水江－沅江之称来统合其上下游。其蜿蜒委迤穿越黔湘两省，最终东流注入洞庭湖，并联结更具有战略航运意义的长江及两岸各地。

清水江－沅江流经黔湘两省，黔境涉及之地有都匀、丹寨、雷山、福泉、麻江、凯里、黄平、施秉、台江、剑河、三穗、天柱、锦屏、黎平等县市，入湖南后流经之地则有新晃、会同、洪江等县市。重要支流与贵州相关者，一是发源于福泉市罗柳塘的潕阳河，出黔省再进入楚地，即"东至沅州而入沅水，以达于长江"，其与清水江汇合处亦在黔阳；再为源出江口梵净山西南的锦江，"东至辰溪县入沅水而达于楚江"[①]；三即源出黎平县的渠水，东流黔城镇清江口与潕阳河相汇。（康熙）《天柱县志》称清水江"发源于黔属苗界，不知其几千里，由岔处至托口，与渠水合，至黔阳与沅水合，并入辰河"[②]，虽未必精细准确，亦反映清人的地理认知。

以清水江流域作为历史叙事或史学研究必具的时空分析框架，从而展开各种立体式分层讨论的区域学或建构活动，显然既可指上游流经黔省的清水江，即狭义的清水江流域，也可指横贯黔湘两省的清水江－沅江，即泛清水江区域[③]。由于清水江－沅江与长江紧密相连，长期以来都为长程船舶辗转运输的重要通道，因而也可将清水江文明称为长江支系文明。观察或了解清水江文明固然需要深入其内部开展各种分析，但也有必要超越区域进行区域与区域之间的关联性比较，尤其应注意国家力量经营开发过程中必然引发的各种互动性区域社会变迁现象。

广义的清水江流域既然地处黔湘两省交汇的广袤地带，长期"省地""熟界""生界"交错纵横[④]，苗、侗、汉等多种族群分散聚居，"苗田""（土）司田""民田"三种土地占有形式并列共存。更突出者则为清水江南岸以雷公山为中心的大片"生苗"区，即面积范围广至三千里的所谓"苗疆"，其在雍正年间王朝武力开辟之前，乃是"王化"力量从未渗入的国家认知盲区，较诸其他早已郡县化的

---

① 以上均见晏斯盛：《贵州水道考》，引自乾隆《贵州通志》卷三十七"艺文志"；又见道光《贵阳府志》卷三十二"山水图记第二下"，贵州人民出版社 2005 年版，第 705 页。按所谓"楚江"，即沅江之异称，有清人魏麟征《送儿彪之沅江》诗"沅兴芳可佩，极目楚江滨"可证。
② （康熙）《天柱县志》卷上《山川》，清康熙二十二年刊本。
③ 古人所称沅江，或亦涵盖了清水江，故常有迳称清水江为沅江者。如清人爱必达《黔南识略》卷二十一"黎平府"，《续黔南丛书（第 2 辑）》上册，贵州人民出版社 2012 年版，第 193 页云："郡之东北以清水江为界，古之沅江也。"即一显豁例证。
④ 汉文典籍"省地"与"省民"时常并用。如李诵《受降台记》："凡尔诸团，自今既誓之后，各毁尔牌甲，弃尔标弩。平尔壕堑，散尔徒党，无贪我省地，无害我省民。""省地"指已经郡县化的国家行政辖区，"省民"则为国家体制内编户纳粮的"民人"。引文见曾枣庄、刘琳主编《全宋文》卷六四五九"李诵"条，第 284 册，上海辞书出版社 2006 年版，第 375 页。

行政区域，更表现出极为复杂多元的不平衡社会发展现象①。因此，如果从湖广国家行政权力中心的视野看，则往往将其视为"楚边"，即所谓"西徼百蛮底，南荒三楚边；苗顽风未殄，盘瓠种犹传。江自牂牁发，山从越嶲连；封疆秦日画，威德汉朝宣"②。而立足于黔省国家行政体系中心的立场，又可称其为"黔边"，也可说"黔边不修，民喜乱，终为隐忧"③。"楚边"与"黔边"交叉叠错，无论王朝中央或地方士人，多视其为"边地"或"边徼"，也可说是"内边疆"或"内地边疆"，亦即"内在的边缘"或"内在的边陲"（internal frontier）④，便是我们今日所要讨论的清水江流域，一个极有必要将其作为完整的自然－人文地理单元来加以叙事书写或分析研究的重要文化区域。

从传统国家战略地位看，"黔、楚唇齿相依，山路如梭"，交通不便，一旦"黔事已坏，楚边齿寒"⑤，反之亦然。但幸得清水江－沅江水道交通运输之便，上、下游之间仍有频繁的沟通往来，加上各种大小支流的注入，尤其是其与陆地交通驿道的联结，尽管其中仍有不少化外的政治空隙，未必一概纳入了王朝国家的控制，尚有不少游离于区域整体社会结构之外的地方族裔，但仍形成了网络状的交通体系，不断整合区域内部的各个聚落或族群，从而不断扩大其相互之间的交往关系，并逐步凭借主干水道交通向外部世界延伸，层层突破区域与区域之间的分隔界划，使区域在长期拥有自身地方性或民族性特征的同时，也具备了国家与地方及区域与区域之间多方面互动的全国性认知意义。

---

① 〔清〕魏源：《圣武记》卷七"雍正西南夷改流记上"，岳麓书社 2004 年版，第 281 页。"苗疆四周几三千余里，千有三百余寨，古州距其中，群砦环其外。左有清江可北达楚，右有都江可南通粤，皆为顽苗蟠据，梗隔三省，遂成化外。"即可见"苗疆"为王朝政府长期失控地区，与清水江流域其他郡县行政区的发展明显失衡。另可参阅《清史稿》卷五一二"土司一·湖广"，中华书局 1977 年版，第 14205 页。

② 林弼：《江洞书事五十韵》，引自杨镰主编：《全元诗》第 63 册，中华书局 2013 年版，第 75 页。

③ 翟诰：《松铜纪事》，载《太平天国史料汇编·贵州地区》，江苏凤凰出版社 2018 年版，第 11168 页。

④ 参见许倬云：《汉代中国体系的网络》，许倬云等编：《劳贞一先生八秩荣庆论文集》，商务印书馆 1986 年版，第 19—31 页。

⑤ 翟诰：《松铜纪事》，载《太平天国史料汇编·贵州地区》，江苏凤凰出版社 2018 年版，第 11169 页。

二、人、财、物的流动与区域社会经济的发展

水道与驿路相连而交错纵横，无论其或疏或密、或近或远，作为一种交通网络体系结构，都有利于人群与人群之间的交往与联系，能够促进地方社会的变迁和发展。从纵向即河流水道对上下游地区人群的联结作用看，清水江－沅江上游可与黔楚大道相接，驿路横贯贵州东西全境，直入云南境内，下游则能经长江转运河，以水运方式联结江南广大地区，并北上直入京城。这当然极大地促进了"人、财、物"的流动，不仅京城的"皇木"采办扩大了国家力量或朝廷官员进入上游的空间范围，而且"三帮（徽州、临江、陕西）""五勷（湖南常德、德山、河洑、洪江、托口）"商人亦纷纷沿江深入山区①，加上明代以来王朝中央主动推行军事屯田与移民屯田政策，"人"的迁徙流动越到后期就越频繁。大量已经商品化的深山木材则顺江而下，销往长江两岸各地，尤其是需求量较大的江南地区。与其对应的购置木材的白银也逆江而上，流入散落在上游的各个商场市镇及深山苗侗村寨，甚至深入到"王化"不及的"苗疆"腹地。上下游之间"人、财、物"三者的双向流动，显然都远非任何局部区域所能限制的。

与"人"或"人群"的流动一样，"财"与"物"的流动也越到后期便越引人注目。当然，除大量木材流入江南或中原换取白银之外，朱砂、水银、铅梓、桐油等地方特产，也同样可以顺江向外输出换取白银。其中最重要的是"人"或"人群"的流动，必然带来各种有别于"苗区"的知识、技术、精神、价值等，成为交流与共享的无形资源，不知不觉地以"深层结构"的方式改塑了人的生产或交往行为方式，强化了地方社会的伦理秩序建构。至于"财"的流动则满足了地方社会经济生活对白银的需求，尤其是"苗民"将白银作为财富与礼物象征的心理诉求，充实了市场商品交换必须依赖的货币总额，提供了国家赋役征银的客观历史条件。与此同时，"物"的流动则促进或扩大了人工林的种植

---

① 参见张新民：《清水江流域的经营开发与木材采运活动》，《贵州民族大学学报（哲学社会科学版）》2016 年第 5 期。

规模，使木材产业朝着集种（种植）、养（养护）、伐（采伐）、售（销售）为一体的商品化方向发展，从而形成了范围广袤的木材贸易经济文化圈，极大地改变了地方族群的生计模式与经济文化生态格局。更值得注意的是国家与地方及地方与地方之间的互动，可谓"政令之推行，军事之进退，物资之流通，宗教文化之传播，民族社会之融合"①。举凡当地发生的重大历史事件或社会变迁史迹，都可沿着交通路线寻找其前后发展脉络，分析其升降起伏变化原因，获得解决问题的实证答案。

如果换一个角度，从横向即河流水道对沿江两岸地区或人群提供的交通便利，特别是其对当地社会经济文化生活所发挥的作用看，仅贵州境内不同地方注入清水江的支流，举其要者即有重安江、六洞河、巴拉河、排乐河、南哨河、乌下江、亮江等，或多或少都发挥了与清水江干流联结并影响经济文化生活的作用。其中支流又与名目繁多的千溪万涧紧密相连，构成交错纵横的水资源系统与耕地（田）灌溉系统，形成了大范围的"人、水、地"三者相互作用的复杂关系，并以人为主体将自然与社会整合为一整体性的结构，产生了各种自然资源复杂多样的使用形态与占有形态，即自然的社会化与社会的自然化。例如，就目前在清水江流域征集到的出水青铜器看，即有钺、戈、剑、矛、镞、斤、斧、凿、簪、带钩等，民间收藏者尚有斧、铲、刮刀、鱼钩等，年代当可推断为战国至西汉时期②。我们仅从工具的使用即可看出，人对水、地两种资源的利用与开发，早已有了悠久长远的历史，形成了自然与社会动态的生态格局。战国至西汉时期的清水江及相关支流，其两岸当已分布了数量不少的大小人群聚落。

两汉以后，尤其是明清两代，沿着清水江主干河道及重要支流，更涌现出一批规模较大的人口聚落或商业市镇。如有清一代，光绪《黎平府志》便明确

---

① 严耕望：《唐代交通图考》"序言"，上海古籍出版社 2007 年版，第 7 页。
② 程学金：《贵州天柱出水青铜器调查征集报告》，载王仁湘、周裕兴主编《东亚古物（B 卷）》，文物出版社 2007 年版，第 295—310 页；《天柱出水青铜器探源》，《贵州文史丛刊》2006 年第 3 期；贵州省文物考古研究所清水江考古队：《贵州清水江流域再次大规模发掘：初步厘清文化发展脉络》，《中国文物报》2011 年 5 月 20 日第 4 版"考古"专栏。

记载，当地"产木极多，若檀、梓、樟、楠之类，仅以供本境之用。惟杉木则遍行湖广及三江等省，远商来此购买，在数十年前每岁可卖二三百万金。今虽盗伐者多，亦可卖百余万。此皆产自境内，若境外则为杉条，不及郡内所产之长大也"[1]。可见当地木材资源固然极为丰富，但更重要的还是长途运输远销外地，从而使地方获得了极大的经济利益，即所谓"黔诸郡之富最黎平，实唯杉木之利"[2]，并形成了数量不少的规模化商业贸易市场，这均有赖于清水江河道交通水运带来的便利。其中仅锦屏县一地，即有"茅坪、王寨、卦治三处，商旅几数十万"[3]，无一不是木材水道贸易成交带来的市场繁荣。至于湖南境内的黔阳县托口，更"为渠水入沅之地，上通贵竹苗峒，巨木异材，荟集于此，官之采办与商之贸贩者，皆就此估直以售，编筏东下"[4]，远销全国各地，形成了一大木材聚散中心市场。

三、人、水、地三者的关系与地方资源的开发利用

以清水江两岸人群集中的市镇或聚落为中心，从河谷盆地向山区扇状式延伸，当然也会有不少驿道支线及相关的斜径小路，均依山区海拔的高低和道路的险夷凶缓决定聚落规模的大小或人口户数的多寡。通常的情况是距离城镇市场越远，聚落或人口的规模便越小，与外部世界的联系也越少，所谓"山径溪涧，用之成路其间，不用则茅塞之"[5]。其中也有不少游离于王朝政治网络控制体系之外的边缘隙地，亦即国家制度化权力未能到达的"失控区"，其经济形态及社会文化发展水平，也因道路的通塞远近，存在着明显的高低差距。具见即在区域内部的差序格局中，也难免存在"中心－边缘"的二元性结构。

---

① 〔清〕俞渭修，陈瑜纂（光绪）《黎平府志》卷三下，"食货志·物产"，清光绪八年刻本。
② 〔清〕吴振棫：《黔语》卷下"黎平木"，载《黔书·续黔书·黔记·黔语》，贵州人民出版社1992年版，第386页。
③ 〔清〕爱必达：《黔南识略》卷二十一"黎平府"，载《续黔南丛书（第2辑）》上册，贵州人民出版社2012年版，第196页。
④ 〔清〕张官五修，龚琰纂：（乾隆）《沅州府志》卷八"乡都·黔阳县·市镇"，清乾隆年间刻本。
⑤ 高酿镇地弓四谱《永久不朽碑》，引自《天柱古碑刻考释（上）》，贵州大学出版社2016年版，第441—442页。

　　由于当地特殊的地质地貌特征，尤其是高山深谷落差较大，出于水资源与土地资源占有利用，以及人回应自然必有的生计模式的需要，当地村落或族群的地缘区域分布则如民间谚语所云："客家住街头（汉族），仲家住水头，苗家住山头""高山苗，水仲家，伝佬住在岩旮旯"[1]。诚可谓如实生动地反映了外来汉人（客家）主要住在与交通干道或支线邻近的市镇，属于百越族系的侗族或布依族（仲家）则常住方便舟船水稻生活的水道河边，归属苗瑶族系的苗族多散居在远离交通沿线适合猎耕的山地。伝佬族在清水江流域分布数量不多，他们主要住在山间低凹处。从中正可看出人与水、土资源相处及利用关系的不同，遂使其在共同的自然－生活系统中占有的位置也有区别，从而形成区别很大的人－水－地组合结构生态关系，产生了立体的多元的复杂经济文化生存生活景观。

　　居住在交通干线或支线附近地区的汉人，不少为军屯、民屯、商屯移民的后裔。他们开垦了不少相对平坦开阔的"坝子"田土，长久居住亦可由"客家"转变为"土著"。屯田化后即成为"民田"，而与"（土）司田""苗田"或"生苗"区的"夷田"有别，尽管后者亦多陆续转化成了"民田"，但大多仍零散细碎地分布在大山深壑。而其实非汉区的地方族群，其生计模式也大有差异。以水稻的种植为例，侗族傍水而善经营，其田有坝子田、山种田和高坡梯田三类，水资源的利用最充分[2]。苗族山居而远水，尽管与汉人杂居的个别"苗区"，耕种施肥已逐渐接近汉人，但在开辟较晚的"苗疆"，不少地方仍未学会牛耕，耕作方式多以"人拉犁""脚踩田"为主要方式[3]，水资源的利用并不充分。

　　由于清水江流域盛产木材，木材贸易提供了大量技术交流的机会，因而以人工造林的方式利用山地资源，广种"苗杉"，以求经济利益的最大化，无论

---

[1] 贵州省地方志编纂委员会编：《贵州省志·民族志》，贵州民族出版社 2002 年版，第 1 页；另可参阅贵州省苗学会编：《苗学研究》（八），中国言实出版社 2011 年版，第 114 页。

[2] 贵州省地方志编纂委员会编：《贵州省志·民族志》，贵州民族出版社 2002 年版，第 266 页。

[3] 参见雷山县地方志编纂委员会办公室编：《雷山县志（1988—2015）》，方志出版社 2017 年版，第 795 页。

苗人或侗人，其种植养护技术均已十分成熟。根据所谓"土人"长期种养结合总结出来的实践经验，"种杉之地，必预种麦及包谷一二年，以松土性，欲其易植也。杉阅十五六年始有子，择其枝叶向上者，撷其子，乃为良，裂口坠地者弃之，择木以慎其选也。春至则先粪土，覆以乱草，既干后而焚之，而后撒子于土面，护以杉枝，厚其气以御其芽也。秧初出，谓之杉秧，既出而复移之，分行列界，相距以尺，沃之以土膏，欲其茂也。稍壮，见有拳曲者则去之，补以他栽，欲其亭亭而上达也。树三五年即成林，二十年便供斧柯矣"①。这固然是山地生态地方性知识与实践经验的智慧总结，但也说明了人对山地林木资源的合理有效利用。

巧妙运用各种生态环境知识育林护林，从而扩大和增加人工林的种植面积及收益效率，固然主要与山区林地资源的充分合理利用有关，但水道木材运输贸易带来的经济收入动因也不可忽视。古人所谓"财以工化，贿以商通"②的说法，揆以清水江流域森林木材的种植开发流程，当也符合其社会经济生活变化发展的实际。如果说长期性的木材贸易缓慢地改变了地方经济社会的固有结构，那么移民的大量进入也逐渐强化了地方族群的交流融合。交流融合必然有利于更大范围的区域文明共同体的凝成，文明共同体的凝成也有利于形成共同国家或民族的认同。

清水江流域的民族交流融合乃是双向的，其中"苗人"汉化的现象固然十分普遍，但汉人"苗化"的现象也非少见。如清人徐家幹就敏锐地观察道："其地有汉民变苗者，大约多江楚之人。黉迁熟习，渐结亲串，日久相沿，浸成异俗，清江南北岸皆有之，所称'熟苗'，半多此类。"③足证清水江流域的人群关系极为复杂，表面是苗、侗地方族裔或拥有苗侗祖先记忆的，真实的血缘来源却有

---

① 〔清〕爱必达：《黔南识略》卷二十一"黎平府"，《续黔南丛书（第 2 辑）》上册，第 195—196 页；又见光绪《黎平府志》卷三"食货志·物产"，清光绪十八年刻本。
② 左思：《魏都赋》，引自高步瀛《文选李注义疏》卷六"赋丙"，曹道衡等点校，中华书局 1985 年版，第 1375 页。
③ 〔清〕徐家幹：《苗疆闻见录》，顾久主编：《黔南丛书（第 11 辑）》，贵州人民出版社 2010 年版，第 82 页。

可能是汉民；早已成为汉民或拥有共同汉族祖先记忆的，亦可能是苗、侗后裔。今人为建构、强化民族身份，反倒容易遮蔽民族融合的客观历史事实。无论木材贸易带来的社会变化，抑或移民进入造成的族群融合，作为"人、财、物"长期流动的一大区域性水运通道，清水江都在其中发挥了极为重要的纽带联结作用。

四、"文字入边"与"儒学下乡"

然而稍有必要指出的是，除了前面一再提到的"人、财、物"的流动之外，作为一条历史性的水路交通走廊通道，清水江还发挥了交流传播文化的重要作用。也就是说，如果认真分析探讨清水江流域不同族群之间同化混融的整体历史过程，则尚有两件历史大事值得反复思考或重视。两件大事一为"文字入边"，再即"儒学下乡"，二者都既关涉文化的传播和交流，也影响族群的同化与混融，能够揭示区域内部社会生活变迁发展的轨迹，当然也应成为历史叙事与史学研究关注或重视的史实实证内容。

以广义的清水江－沅江为观察对象，探讨"文字入边"的历史过程，则可溯至唐宋时期。最初因中央王朝对边地族群的羁縻政治策略，不断争夺笼络，清水江－沅江下游湖广境内的上层"蛮酋"。中央王朝一方面输入了汉字系统，逐渐强化了王朝中央对边地的控制，另一方面也传播了儒家意识形态思想，尤其是孝道伦理一类基本价值观念。然后再以下游汉文化核心区为据点，透过国家力量的不断推进扩张，以及汉族人群的渐次移动迁入，一步一步向上游即今贵州境内非汉文化地区扩大其传播输入范围，并由上而下向基层社会辐射渗透，使汉字系统及其所携带的知识文化信息，由原来仅为少数上层政治人物或知识精英掌握的文化专属特权，转变为黔楚边地社会普通乡民都能学习掌握的知识工具。

"文字入边"与"儒学下乡"两件边地文化大事，其渗透传播速度在明清两代明显加快。尤其值得注意者，即明代中央王朝针对边地战略地位的实际，大量设置代表国家意志的军事卫所，从而导致了军户移民的不断涌入，加上朝廷有意推行"化民成俗"的文化治边策略，以及与水道航运相连的各种民间或官方主导的"人、财、物"流动条件的配合，无论从其传播扩散的空间范围或族群的地缘分布方面观察，"文字入边"与"儒学下乡"作为一种文化现象，都越来越成为一种可随时观察到的历史事实，并可在相关汉文化典籍中找到实证性依据。最初的扩散传播主要在卫所与土司或"民人"与"苗人"交混错居的地带，而后则随着地方社会不断"内地化"或"国家化"的发展进程，逐步向"王化"之外的"苗疆"或其他"生苗"区推进。以后延至雍正年间开辟"苗疆"，设置针对边地实际的新疆六厅①，郡县化的历史进程在整个清水江流域彻底显现，"文字入边"及"儒学下乡"也就撤除了各种人为的藩篱障碍，不仅在地缘空间上逐渐成为主流的文化现象，而且也在文化心理上为社会民众广泛认同和接受。

从区域内部或地方文化的视野看，无论"文字入边"或"儒学下乡"，乃至"人、财、物"的流动，透过层层积累不断增多的汉字书写的清水江文书，当也不难发现。兹仅以"文字入边"为例，今存明代契约文书，数量共计 15 件，均为汉字写本，内容多与卫所、土司有关②。其中最早之成化二年（1466 年）《粟文海、粟文江耕种荒田合同》③，发现地址为今天柱地区，文书纸质磨泐漶漫，字体时或残缺，但大体仍可辨识。其开首即有"永安乡□□□□人年细仔□，洪武二十二年□□□当军随营住坐，田地抛弃天顺六年回籍寻认产业"字样，并钤有官府四方印记。文书全文格式颇为完整，即使较诸其他汉人文化区，也为成熟定型文书。反映谭氏祖源早期必是卫所军籍，亦文书所云随军从营住坐（工匠），足证王朝屯军已从下游沅江深入到上游清水江，故无论汉字书写或纸契

---

① "新疆六厅"为古州厅、八寨厅、丹江厅、都江厅、清江厅、台拱厅，分属清水江和都柳江流域，均为雍正年间开辟"苗疆"后新建。

② 参见林芊：《从明代民间文书探索苗侗地区的土地制度——明代清水江文书研究之三》，《贵州大学学报（社会科学版）》2015 年第 6 期；林芊：《明代清水江文书中的历史信息——明代清水江文书研究之二》，《贵州大学学报（社会科学版）》2015 年第 5 期。

③ 原为天柱县坌处镇抱塘村覃献忠世代珍藏，后为天柱县档案馆征集入档，全宗号 WS 目录号 TZ 持有人覃献忠盒号 53，又见《贵州省档案馆馆藏珍品集粹（一）》著录，标题为笔者所拟，同时著录者尚有明代万历、崇祯两件文书，或可一并参阅。详见该书第 3—4 页，贵州人民出版社 2010 年版。

签订方式,亦随着屯军的进驻停留而转移①,加上大量非军事化的汉人移民的迁入,遂由卫所而土司、从汉人居住区而非汉人居住区,不仅传播影响范围逐渐扩大,且使用的人群也在不断增加。

从明代折转进入清代,尽管朝代更迭变易,但民间文化的交流融合始终难以中断,以后随着国家政权的稳定和开发速度的加快,最终则是纸契逐渐取代了原来的木契或"埋岩"②一类本土方法。其写本纸契数量之多,仅入藏当地各县档案馆即达 21 万件,合计散落在民间各自然村寨者,当不少于 50 万件③;而分布地域之广,举凡锦屏、天柱、黎平、三穗、剑河、台江等县档案馆,无一不有庋藏,即使早先为"苗疆"腹地的剑河、台江两地,文书数量亦极为可观。但与其他各县——尤其是锦屏、天柱、黎平三地相较,则剑河、台江两县遗存文书的年代均显得相对较晚。反映汉字的传播扩散与纸本文书的产生增多密契相关,二者均与国家经管开发的历史进程同步,越到清代中后期就越显得普及,不仅"入边"逐渐广传至"苗疆"腹地,同时也"下乡"深入到乡村民众,最终则完全为苗、侗地方族群消化吸收,内化为自身与汉人社会接近的文化传统,成为人们维系或强化复杂社会生活秩序必具的方法,安排或处理公私人际交往关系必用的手段。

根据以上分析,当已不难看出,无论汉字的传播运用或文书的产生积累,

① 明代洪武年间今贵州境内清水江流域的卫所,已有五开、兴隆、镇远、偏桥、清浪、清平、平溪、古州、铜鼓,共计九卫,凡 5 万余军士。参见吴才茂:《明代以来清水江文书书写格式的变化与民众习惯的变迁》,载《西南大学学报(社会科学版)》2016 年第 4 期。
② "埋岩",或又作"立石栽树"或"埋石种树",苗语称"客骚""骚耶""耶直"。苗族"贾理"唱词:"他迁入陆滨,他去居陆兴,在那里立石,在那儿栽树,他石根基深,他树根须长……耕那拥枚田,耘那寨闹塘,他拿石来立,他拿树来栽。他们石脉长,他们树根深,像龙卧深潭,像虎踞大山。"可见"埋岩"既是划分地界的一种习俗仪式,也是其拥有地权的一种习惯法凭据。详见王凤刚编:《苗族贾理》,贵州人民出版社 2009 年版,第 664—697 页。
③ 笔者 2011 年赴黔东南清水江流域各县档案馆实地考察,统计其入藏文书总量为 10.3 万余件;六年后据贵州省档案馆的统计数字,便剧增至 21 万件。这一数字目前尚在继续上升,故合计散落在民间村寨者,总数当在 50 万件以上。参阅张新民:《清水江流域的内地化开发与民间契约文书的遗存利用》,《贵州社会科学》2014 年第 10 期;贵州省档案馆编:《贵州清水江文书·黎平卷》"序言",贵州人民出版社 2017 年版,第 1 页。

就清水江流域苗侗族群而言，其本身就是文化交流融合的必然性结果，既离不开国家与地方之间的互动，也离不开地区与地区之间的交流，必须以区域而非单一族群的研究为基本分析框架，才能透过全面整体的观察视域客观清楚地加以揭示。即使今天当地有大量遗存的各种类型的契约文书，也必须适当比较其地区的文书才能更好地发现其特点。例如：清水江文书中的土地文书遗存非常丰厚，如试取徽州文书稍加比较，就会发现一方面在书写格式与方法上，清水江文书实际已继承和吸收了中原契约文书的不少基本要素，不能不说共同之处颇多；另一方面在内容事项或文字的表述中，清水江文书又透露出大量地方性、民族性的习俗特点，也可说差异性极大[①]。其中最突出者，即以汉字记苗语或侗音，多见于文书中的地名或其他特殊称谓[②]；而"手""把""籽""稗"等糯禾计量单位，则属地方习俗特殊用语，虽与中原汉人社会差异甚大，然一概用汉字书写记录又与后者并无太大区别。而无论徽州文书或清水江文书，都可从相关文书中看到风水先生的活跃，反映即使在边远的清水江流域，风水观念也深入到社会人心。但与徽州地区支付风水先生报酬，通常为银钱而非墓地不动产分割不同，清水江流域则有酬以少量风水宝地或见证参与墓地财产分割的现象。具见两地人文传统与商品经济的发展水平不同，反映在文书文本内容书写上也有差异[③]。足证王朝大一统政治文化整体格局下，不同区域之间共同性与差异性的微妙统一，即使已经内化为边地族群自身传统的汉字写本文书，其在内容记事或表达上也会不时透显出上述特点。

五、区域学的历史性认知与现代性建构

当然，以区域为分析框架来研究讨论地方社会或族群，并非就意味着忽视

---

① 栾成显：《清水江土地文书考述——与徽州文书之比较》，《中国史研究》2015年第3期。
② （光绪）《古州厅志》卷一"苗语"条（清光绪十四年刻本），即以汉字释读苗语；该书又有"峒家语"条，以汉字解说侗语，史料价值均极珍贵。另可参阅张新民：《贵州地方志考稿》，（比利时）根特大学出版社，1993年，第420—422页。
③ 参见王振忠：《清水江文书所见清、民国时期的风水先生：兼与徽州文书的比较》，载张新民、朱荫贵主编：《民间契约文书与乡土中国社会》，江苏人民出版社2014年版，第129—159页。

了区域内人的具体活动，毕竟区域存在的基础仍为人及其必有的社会活动，"见地不见人"从来都是人文社会科学研究的大忌。有幸的是，恰好大量遗存的清水江文书，不仅类型多样，举凡田土林地买卖、过继立嗣、分家析产、典当租佃、婚姻礼俗、互助结社、纠纷诉讼、禀状判词、合同议约、账簿会书、赋役承担、领字除帖、业户执照、纳税凭证等，通常在中原江南已有长足发展的契据类型，都可在当地找到相应的文书写本例证，以致无论公私交往与社会生产生活的任何一个方面，都留下了大量珍贵的原始记录，足可再现乡民生活世界忧欢喜乐生存发展的全貌。更重要的是其时间跨度也较长，自明以迄民国，越到后期积累的数量便越多，涵盖的地域亦越广，以文字契约方式处理自身生活交往事务的乡民也越普遍，从中正可看到区域社会及乡民生活变迁演进的动态化历史轨迹，了解苗、侗、汉不同地缘族群交流融突起状变化的文化演进特点，再现普通民众日常生活安排的实际及维系社会生存合理秩序的方法，重建以人为主体的具有历史书写与史学研究双重意义的现代清水江区域学。

尤须强调的是，与其他各地的民间契约文书一样，大量至今保存完好的清水江文书，乃是未经任何史书编纂系统选择、剪裁、改造、加工过的原始史料，是直接来自乡村田野或民间农户的史书编纂之前的写本文献[1]，充满了乡土文化和草根生活的本源性生命气息，能够触摸到乡民生存劳作的各种利益诉求与情感需要。如果据以展开乡村社会或区域学的历史叙事或史学研究，则如大儒顾炎武所说，乃是"采铜于山"，自铸精美新钱，而非"买旧钱"以"充铸"[2]，"徒事稗贩取充卷帙"而已[3]。利用文书展开各种与文本自身有关的研究，固然首先要成就"文书学"，但"区域学"的自觉建构与积极推动，难道不也是一个值得关注的发展方向？

如同简牍、敦煌文书、明清档案的发现和利用引发了大量高水准的研究成

---

① 参见黄正建：《关于"中国古文书学"的若干思考》，《中国史研究动态》2018年第2期。
② 顾炎武：《亭林文集》卷四"与人书十"，载《顾亭林诗文集》，华忱之点校，中华书局1983年版，第93页。
③〔清〕金武祥：《粟香随笔》卷七"采铜于山"，谢永芳校点，江苏凤凰出版社2017年版，第173页。

果一样，大量清水江文书的发现与利用也极大地改变了原来固有的史料环境，再现了乡民劳作、生产、交换、合作及订立契约、维系秩序的具体方式，拓展了相关研究领域的深度与广度。沿着原来的发展方向继续向前，必然能够揭示各个族群长期交流混融后所表现出来的地域文化特征，摸清社会变迁演进过程中的内外动因及脉络趋势，提供从乡村或地方认知更大范围的传统中国的西南视角，推动清水江区域学的建构发展及与之相应的理论总结，强化国家史与区域史交叉互动研究书写内容上的有机整合，改变江南、华南等地区与西南尤其是清水江流域研究工作上长期畸重畸轻的不平衡现象。如果说敦煌因敦煌文书的发现与研究而有了敦煌学，徽州因徽州文书的发现与研究而有了徽（州）学①，那么清水江流域也一定会因清水江文书的发现与研究而产生大家一致认同的"清水江学"。

正是有鉴于此，我们在长期关注清水江文书庋藏分布状况及清水江流域社会生活变迁历程的同时，一方面极为关注民间契约文书的保护、搜集、入档和归类，做了大量录文、考释、编纂和整理的工作，出版或即将出版《天柱文书》（22册）、《清水江乡民家藏文书考释》（44册）等大型文献专书，另方面也十分重视广泛利用各种原始资料开展学术研究，提倡以材料说话的实证学风及理论创新精神，撰写或汇编了《明清时期贵州民族地区社会历史发展研究：以清水江为中心、历史地理的视角》《凸洞三村：清至民国一个侗族山乡的经济与社会——清水江天柱文书研究》《清水江文书文献价值研究》《民间契约文书与乡土中国社会：以清水江流域天柱文书为中心的研究》《探索清水江文明的踪迹》等一批学术专著。为了凝聚更多的学术资源，扩大与海内外学者的交流联系，多方面地开展清水江文书与敦煌文书、徽州文书的比较分析，又先后召开了"清水江文书天柱卷首发暨第一届国际清水江学高峰论坛""敦煌文书、徽州文书整

---

① 参见周绍泉：《徽州文书与徽学》，《历史研究》2000年第1期；阿风：《徽学：走进历史现场》，《中国社会科学报》2014年3月5日；杨军昌、王斌、林芊：《基于清水江学建构的清水江文书研究再认识》，《贵州大学学报（社会科学版）》2019年第5期。

理与研究百年经验总结暨清水江文书与乡土中国社会"两次大型学术研讨会，均有力地拓宽加深了清水江文书的研究及清水江区域学的建构发展工作。

清水江文书的录文考释与编纂整理，乃是一项长期性的艰苦工作。我们所遵循的方法或原则，是凡入录的民间契约文书，均按民间原有自然收藏秩序编目，突出其本来固有的村属形态及户属形态，尽可能地以各种著录方式保持民间文书与乡村民众本来即有的天然联系，多方面地提供文书所携带的历史信息和文化信息，从而方便学者按照准确可靠的时空定位从事田野调查与学术研究。研究工作由于文书本身具有的"归户性"特征，必然有裨于使用者依村按户调查询访，当然也就极大地方便了各种形式的田野调查。因而在方法论上，我们一贯主张田野资料、契约文书、传世文献三者相互印证；而在叙事内容或研究旨趣上，又长期倡导族群、区域、国家三者共同比观互照。既注意特定社会文化体系中人的各种复杂身份地位及行为活动，并不忽视具体村寨社区或地缘族群的个案研究，也关注更大范围内的自然－人文立体分层的区域学社会空间分析，始终重视国家与地方及地方与地方之间各种力量交汇整合的综合性历史动因探讨。

严格地讲，我们之所以采取以上做法，乃是因为任何族群或区域都不是封闭的，都有与其他族群或区域交往、交流、学习和借鉴的传统，尤其清水江－沅江作为重要的水路交通要道，联结了大量不同的族群聚落和区域社会，促进了从经济政治到思想文化多方面的碰撞融合，历史性地形成了区域自身自然地理与经济文化一体化的地缘特征。因此，积极认真地开展文书学与区域学研究的目的性诉求，也在以文书学与区域学研究的方式扩大中国史分析探讨的范围，不是为了文书学与区域学而研究文书学与区域学，而是为了文书学与区域学成为整体中国史的有机组成部分而研究文书学与区域学。

正是以上述设想为重要预设前提，我们才决定在原有文书整理与研究成果的基础上，团结凝聚更多的学界同道，继续编纂一套题名为"清水江区域学文库"的大型丛书，以求汇集起陆续涌现或新产生的高质量学术成果，积极推动区域学的建构与发展，不断丰富或扩大中国史研究的书写叙事内容及观察分析题域。

"清水江区域学文库"的编纂出版，以及今后规模的不断扩大与质量的持续提高，需要学术界同仁的共同关心及协作，离不开社会各界朋友的关心与支持。殷切希望学术百花园地中这一充满生命活力的新花朵，能长期获得大家的浇灌、滋养、关爱和呵护。

张新民

二〇二一年岁杪谨识于筑垣花溪晴山书屋

目 录

1

下篇　清水江流域林农经济中的
地权与地权分配

导　论

本书是一项研究课题的阶段性成果之一[①]。该研究利用清水江流域晚明至民国 400 余年间 1 万余份涉及土地买卖的各项契约文书，对该区域内侗、苗民族土地买卖与地权分配作详细地综合分析，发现晚明至民国期间清水江流域侗、苗民族土地买卖与地权分配的特征是：有活跃的土地买卖，通过土地买卖土地有向少数人集中的倾向；但整体上占有较大土地份额的地主却不多，即通过土地买卖市场，能培育出一个中农与富农间的阶层，却很难产生占有较多土地的地主阶层。这种由土地转移形成的地权分配特征及由此所形成的农民土地所有制度，我们称之为"清水江模式"。

一、中国土地买卖与地权分配研究的主流观点

清水江模式，是在中国土地买卖与地权分配的历史大环境下呈示出来的一种土地制度。中国土地制度与地权分配，一直是 20 世纪 30 年代以来中国经济社会史研究的主流，虽然在 20 世纪 90 年代已不是研究热点，但在 2000 年后又统摄于"农民、农村、农业"问题下继续纳入历史研究范畴[②]。简要地讲，中国古代土地买卖自秦孝公时商鞅变法，开阡陌、废井田，就有了自由土地买卖。《汉书·食货志》引董仲舒言："秦孝公用商君、坏井田，开阡陌，民得买卖"[③]，朱熹也说商鞅"而听民兼并买卖，以尽人力"[④]。特别是自宋代"田制不立""不

---

① 张新民主持国家社科基金重大项目"清水江文书整理与研究"（11&ZD096）；林芊主持国家社科基金一般项目"晚明至民国时期内地侗、苗民族地区土地买卖与地权分配研究"（14BZS069）。
② 如 2003 年出版到 2019 年仍然持续的《乡村研究》杂志，以及这一框架下不断推出"中国乡村研究"专著系列，中国土地制度是其中一个主要论题。
③ 金少英集释、李庆善整理：《汉书食货志集释》，中华书局 2017 年版，第 57 页。当代学者杨善群认为此条记载非真实史事，是董仲舒杜撰的历史故事。参见〔清〕孙楷著，杨善群校补：《秦会要》，上海古籍出版社 2004 年版，第 346 页。
④ 〔宋〕朱熹：《开阡陌辩》，载苏洲洲零编：《经世文综·地政四》，旦华书局 1947 年版，第 317 页。

抑兼并"后，土地买卖更为活跃。伴随着土地买卖的是国有土地向个人私有演变，中国土地制度从国有、国有官占，再到全面的地主私有，经历了官田私有化、私有地主由官僚向庶民扩展的演变过程，其间土地兼并与分散交错而行，至清代时，私有性质的"民田数额占全国耕地面积总数 90% 左右是可能的"①。

历史上土地买卖及由此导致的土地兼并风行，史不绝书。《史记·廉颇蔺相如列传》记载了公元前 3 世纪时赵国的土地买卖："（赵括母）乃日视便利田宅可买者买之。"宋元之际著名史学家马端临记述道："井田授之于公，毋得鬻卖，故王制：'田里不鬻。'秦开阡陌，遂得买卖。"② 至宋代时土地买卖活跃，时人形容为"千年田换八百主"③ 明代后期文献也载："细民兴替不时，田产转卖甚亟，谚云'千年田，八百主'，非虚语也。"④ 至清代晚期，土地流转频率如时人所言："俗语云：'百年田地转三家'，言百年之兴废无常，必有转售其田至三家也。……今则不然，十年之间，已易数主。"⑤

土地流转过程中土地兼并促成地权分配态势，《汉书·食货志》载"庶人之富者累巨万，而贫者食糟糠""富者田连阡陌，贫者无立锥之地"。汉儒董仲舒形容失去土地的农户人家"或耕豪民之田，见税十五。教谕贫民常衣牛马之衣，而食犬彘之食"。唐代土地兼并程度如时人所言："兹三十年，百姓田土为有力者所并，三分逾一其初矣。"⑥《明史》载明代土地兼并情形："缙绅豪右之家，大者千百万，中者百十万，以万计者不胜枚举"⑦，到嘉靖时"农之家什九，农无田什七，田于人曰佃"⑧。清代许多文人著述都有对明代土地兼并情形的议论，储庆方《荒田议》言："明季兼并之势极矣，贫民不得寸土，缙绅之家连田数

① 方行、经君键、魏金玉主编：《中国经济通史·清代经济卷》下册，经济日报出版社 2004 年版，第 1510 页。
② 马端临：《文献通考》卷一《田赋考》，田赋一，历代田赋之制，有唐至西汉。中华书局 1986 年版。
③〔宋〕辛弃疾：《最高楼·吾衰矣》，载《稼轩集》，长江文艺出版社 1990 年版，第 138 页。
④〔明〕顾炎武：《天下郡国利弊书》，载顾炎武：《顾炎武全集》第 12 册，上海古籍出版社 2011 年．第 814 页。
⑤〔清〕钱泳：《履园丛话》上册，中华书局 1979 年版，第 110 页。
⑥〔唐〕李翱：《李文公集》卷三《进士策问第一道》，上海古籍出版社 1993 年版，第 14 页。
⑦〔清〕张廷玉：《明史》卷二五一《钱士升传》，中华书局 1974 年版，第 6487—6488 页。
⑧（嘉靖）《江阴县志》卷四"风俗记"第三。

万计。"① 郑廉《豫变纪略》说:"是时中州鼎盛,缙绅之家,率率以田庐仆从相雄长。田之多者千信息港顷,至少也不下五七百顷。"② 至明末时,"仕改清操捆载而归,求田问舍,每户数千石租。郭尚书租至一万三千石,惠洋庶民方南川亦租一万二千石。富者千仓万箱,……富者愈富,穷则愈穷"③。

清康熙时,土地兼并频频见诸史,康熙二十四年时"约计小民有恒产者,十之三、四耳"④。邱嘉穗说:"一邑之中,有田者什一,无田者什九。"⑤ 陈之兰则言:"今之世,富者一而贫者百。"⑥ 盛枫讲到江淮之民占有土地时说:"其十之一,则坐拥一县之田,役农夫,尽地利,而安然食租衣税者也。"⑦ 至于乾隆年间的情形,"近日田之归于富户者,大约十之五六,旧时有田之人,今俱为佃耕之户"⑧。时礼亲王昭梿说:"海内殷富,素封之家,比比相望",遂有"怀柔郝氏,膏腴万顷"的感慨⑨。千百年来中国历史上永不停歇的土地兼并,由此导致的土地分配不均,著名经济史学家以一段"用买卖方式兼并土地的办法,用剥削依附佃农的办法,来保证地主占有地租和满足其经常增长的寄生性消费"的精练叙述,来高度概括中国封建社会形态的基本经济规律⑩。

上引史载几乎是近代以来研究中国土地制度和地主经济发展历史的基本史料。中国土地制度,土地买卖与地权分配成为研究的中心内容⑪,几代学者致力于索求中国土地制度真相,形成的许多精彩观点,汇成中国历史研究的重要学

---

① 〔清〕储庆方:《荒田议》,载《清经世文编》卷三十四,《魏源全集》第 15 册,岳麓书社 2004 年版,第 14 页。
② 〔明〕郑廉:《豫变纪略》卷二,载谢国桢:《明代社会经济史料选编》,福建人民出版社 1980 年版,第 57 页。
③ 〔明〕陈鸿:《熙朝莆靖小纪》,载谢国桢:《明代社会经济史料选编》,第 58 页。
④ 《清实录》第 16 册,"圣祖仁皇帝实录"卷二百一十五,中华书局 2000 年版。
⑤ 〔清〕邱家穗:《丁役议》,载魏源编:《皇朝经世文编》,《魏源全集》第 14 册,第 692 页。
⑥ 〔清〕陈之兰:《授田和平》,同上,第 742 页。
⑦ 〔清〕盛枫:《江北均丁说》,同上,第 689 页。
⑧ 〔清〕杨锡绂:《陈明米贵之由疏》,载杨锡绂:《四知堂文集》卷十,嘉庆十一年刻本,第 9 页。
⑨ 〔清〕爱新学罗·昭梿:《啸亭杂录·续录》卷二,"本朝富民之多",中华书局 1980 年版,434 页。
⑩ 胡如雷:《中国封建社会形态研究》,生活·读书·新知三联书店 1979 年版,第 424 页。
⑪ 经君健在评价著名研究史家李文治的学术特征时讲到"地主制经济"是古代中国社会的"牛鼻子"。经君健:《地主制经济研究是中国封建经济社会的"牛鼻子"(代序言)》,载中国社会科学院科研局编选:《李文治集》,中国社会科学出版社 2006 年版,第 3 页。

术资源。杨联陞指出："土地私有权的建立一般都订在西元前四世纪中叶，那时候秦国开始废止所谓的井田制度而允许人民买卖土地……大地主也开始出现。"[1] 赵俪生指出两宋的土地经济"第一个主流现象应该是土地兼并，亦即土地向大土地私有者集中"。而其特征是庶民地主的扩展："总体看来，'贵者有势可以占田'的趋势，到宋朝有明显的减弱……主流现象是'富者有赀可能买田'"[2]。至于本项研究所涉及的晚明时期，大都指出土地买卖加剧，陈伯瀛（登原）在其著述中，历陈明清时期皇庄、贵族田庄及庶民地主大肆兼并民田夺地史事，并引赵翼《廿二史札记》言"小民被豪占者，正不知凡几矣"[3]。王毓铨主编《中国经济通史·明代经济卷》利用徽州田地、屋基、园塘、山丘等类买卖契约文书为依据，以每年平均数分析土地买卖频率，各朝分别为：洪武1.19张、永乐3.68张、成化4.26张、嘉靖8.44张、弘治7.11张、隆庆14.83张、万历15.69张，最高时期是崇祯时的34.24张，显示出"土地买卖越发活跃"与增长趋势[4]。顾诚引顾炎武"吴中之民，有田者什一，为人佃者什九"等史料，认为"正是在地主阶级的疯狂兼并下，明末土地高度集中，绝大多数农民被剥夺了土地，变成官绅地主的佃仆"[5]。韩大成征引丰富翔实的史实分析地权分配的态势，指出地主占有的土地有三个部分，一是明王朝丢失的半数以上的额田，二是现存土地数字中占民田七分之一的官田，三是民田中占有较大比重的一部分土地，揭示出明中叶以后官僚地主兼并土地的疯狂[6]。王毓铨主编《中国经济通史·明代经济卷》据一件《浙江遂安万历田土号薄》文书内的土地分配情况，证明万历时期自耕农占总户数不足8%，占田不足10亩人户即佃户占82.3%。并引一句"明后中产以下皆无田'不谬矣'"，由此总结说："广大地区内的自耕农经济遭

---

[1] 杨联陞：《国史探微》，辽宁教育出版社1998年版，第236页。
[2] 赵俪生：《中国土地制度史》，武汉大学出版社2013年版，第106—107页。
[3] 陈伯瀛：《中国田制丛考》，商务印书馆1936年版，第226页。又参见该书第217—230页。
[4]《明代徽州土地买卖契约统计表》，载王毓铨主编：《中国经济通史·明代经济卷》上册，经济日报出版社2004年版，第170页。
[5] 顾诚：《明末农民战争史》，中国社会科学出版社1984年版，第24、26页。
[6] 韩大成：《明代社会经济初探》，人民出版社1986年版，第307—313、314页。

到严重摧折"，"明中后期由于地权集中，佃农比重增大"①。

有关清代土地兼并情形，一项研究指出："民间私有的田，其中多数为官僚、地主和高利贷商者所有，属于农民的很少。"②在一些综合性经济史论著中多有分析。如有学者指出"到乾隆年间，土地兼并已发展到极端严重的地步"③，清末"占田者十之一二，佃田者十之四五，而无田可耕者十之三四"④。《中国经济通史·清代经济卷》对清代地权的表述应该最具代表性，该书主要据雍正乾隆时期税亩册的记载，把占有耕地 150 亩以上庶民户及占有地 100 亩以上绅衿户作为地主，据此标准，在对华北一些村庄进行分析后认为："地主所占耕地仍然没有超过总耕地的 30%，个别村庄地主虽然占有高达 50% 左右的土地，但不普遍。这是小土地所有制占统治地位的事例""这一带地主少，地权分散"。而对清代以来土地分配的整体趋向，则认为"透过光绪晚年及民国时期各（级）地权分配情况考察，虽然有局部地区地权很集中，但从全国角度来考察，穷民占有耕地的总量到达或超过五分之三""地权与佃权的分离很普遍"⑤。

关于民国时期土地兼并情形，1947 年 10 月 10 日中共中央发布《中共中央关于公布中国土地法大纲的决议》（以下简称《决议》）指出："中国的土地制度极不合理。就一般情况来说，占乡村人口不到百分之十的地主、富农，占有 70%—80% 的土地，残酷地剥削农民。而占乡村人口 90% 以上的雇农、贫农、中农及其他人民，却总共只有 20%—30% 的土地，终年劳动不得温饱。"⑥《决议》成为指导当时土地改革的纲领性文件。汪敬虞主编《中国近代经济史》较为集中地探讨了民国时期土地兼并情形。该书通过大量史籍和调查统计资料，记载与描述了土地买卖促成的土地流动并导致的地权分配，"就全国来看，集中与分散并存或交替出现，但一些地区地权进一步集中趋势十分明显""地权分配

① 王毓铨主编：《中国经济通史·明代经济卷》上册，第 113、117 页。
② 郭文韬等编著：《中国农业科技发展史略》，中国科学技术出版社 1988 年版，第 349 页。
③ 郑庆平、岳琛编著：《中国近代农业经济概论》，中国人民大学出版社 1987 年版，第 5 页。
④ 曹贯一著：《中国农业经济史》，中国社会科学出版社 1989 年版，第 785 页。
⑤ 方行、经君键、魏金玉主编：《中国经济通史·清代经济卷》下册，第 1528、1532、1138、1550 页。具体分析参见第四篇的第一章"官田民田化"、第二章"地权分配"、第三章"土地买卖"。
⑥ 中央档案馆编：《解放战争时期土地改革文件选编》，中共中央党校出版社 1981 年版，第 84 页。

更加不均"；指出这一时期的土地兼并特征，是官田私有化的同时，军阀地主兴起和商人地主阶层扩大，加剧了一些地区的土地兼并和地权集中程度。尤其是军阀地主的兴起，土地兼并加剧、"中小庶民地主、高利贷商人以及从农民中分化出来的少数富裕户，土地兼并者的数量和对土地的贪欲都有明显增大"。由地权流动形成的地权分配态势，从全国范围来看，这一时期的地权分配态势大致分为三种类型：第一类，地权比较分散，地主占有土地通常在 30% 以下，农户绝大部分是自耕农；第二类，地权轻度集中，地主占有土地一般不超过50%；第三类是地权高度集中，地主占有土地过半，甚至高达 80%—90%。在第一类、二类地区中，土地集中倾向北方弱于南方，尤其是第一类地区主要是分布于土地贫瘠、农业生产条件较差和农业不发达的地区；第三类地区分布更加普遍，主要分布于长江流域、华南各省和东三省。综合估计：全国第一类地区约占五分之一，二、三类地区约各占五分之二。据此估计，就全国范围而言，20 世纪 20 年代有 30%—40% 的农民完全没有土地，60%—70% 的有地农民约占全国 40%—50% 的土地，其余 50%—60% 的土地为地主富农所垄断。[①]

除上述主流观点外，也存在许多不同意见。早在 20 世纪 30 年代，陈翰笙通过农村调查认为华北农民是自耕农，华中华南农民是佃家[②]，指出了在地权分配上的南北差异。即使在学者们普遍认可土地集中的江南地区，20 世纪 30 年代也曾有过"江南无封建"的论争[③]。自 80 年代以来一些学者的观点也有所变化，王毓铨指出"古代封建中国没有土地私有制"，但也说过"全国统一在一个朝廷之下的时候，尤其是统一在一个强有力的朝廷之下的时候，'自耕农'数量多于私人佃户，至少不少于私人佃户。就地区讲，大江以南汉族地区多佃户，尤其是苏南苏松。大江以北黄河流域多自耕农而且基本上是自耕农"[④]。

国外学者的研究，黄宗智关注明清以来的中国农村社会经济，对华北及江

① 汪敬虞主编：《中国近代经济史 1895—1927》中册，经济管理出版社 2007 年版，第 723、757、779、783 页。
② 陈翰笙：《30 年来的中国农村》，《中国农村》1941 年第 3 期。
③ 中国农村经济研究会编：《中国农村社会性质的论战》，新知书店 1936 年版。
④ 王毓铨：《莱芜集》，中华书局 1983 年版，第 363 页。

南农村土地的利用率与劳动生产力（产出）及特征（内卷化、过密化），都有精彩讨论，虽然中心不在于回答中国农村的地权分配，但在他所关心的"大多数村庄是由土地耕种不充分的小农场所组成的，看到农村社会的半分化（而不是简单的阶级分化和对立）状态等"时，地权分配也就成为不可回避的问题。他征引调查材料并统计出"河北和山东共391170个农场中，有4122个面积大于100亩，占调查农场数的1.05%及其总耕地面积的9.95%……河北有10%，山东有12%的农村人口做长工（全国则有10%）"，认为"自然村内富户通常是'出租地主'这个常见的误解，便需要纠正过来。……虽然出租土地所占比例相当高，却没有一个占地100亩以上的在村地主"[①]，看出他并不同意华北有地主土地所有制度。何炳棣则细致研讨了各研究者征引的史料及据这些史料所得到的结论，认为"夸大了近代中国的地主所有制"，部分当代学者认为"中国在18世纪和19世纪前期已变成一个地主所有制的国家是很危险的"，因而倾向于地权分配南北有差异，即华北多自耕农，江南多地主；不同时间也呈现差异，如20世纪30年代时，"50%农民自有土地"，至1947年农业人口中拥有土地农户只有40%—45%[②]。赵冈在其出版的几部著述中，基本否定了中国有"地主经济"的说法[③]。

同时，许多地方性的个案研究，深化了对中国土地制度的认识。如樊树志则据更为详尽的统计显示出苏南地区地权分配的样态："根据农村调查资料，苏南地区地主占有30.87%的土地，富农占有6.45%的土地，而中农、贫农则占有50.15%的土地。上海更胜苏南一筹，南江汇、川沙、上海三县，地主占有土地分别为13.29%、14.98%、18%，农民占有土地分别为11.84%、6.45%、13.29%，而中农占有土地达44.78%、40.12%、40.3%，贫农占有土地也达

① 黄宗智：《华北的小农经济与社会变迁》，中华书局1986年版，第78—79、81页。
② 何炳棣：《明初以降人口及其相关问题：1368—1953》，生活·读书·新知三联书店2000年版，第257—265页。
③ 赵冈：《历史上的土地制度与土地分配》，中国农业出版社2003年版；赵冈：《中国传统农村的土地分配》，新星出版社2006年版。

22.37%、18.19%、18.03%。"[1] 这一历史现象被秦晖称之为"太湖模式"。章有义则据休宁县徽州文书分析，认为 70% 以上的土地还在农民手中[2]。秦晖、金雁著《田园诗与狂想曲——关中模式与前近代社会的再认识》是一本主要论述中国农民问题的书，着眼点在"私有制度深化"与"大共同体障碍"的历史哲学，认为土地如何能真正的私有化，才是中国土地所有制度研究的核心。但在书中对"中国封建社会"的特征是"租佃决定论""土地私有、买卖频繁、地权集中、主佃对立"等传统说法提出质疑[3]，借助于乾隆至民国时期关中地籍资料作个案分析，提出了"关中无地主""关中无封建"的"关中模式"。书中对"关中模式"本身进行的地权关系讨论，是中国土地制度的一个基本论题，用他的表述是"我称之为关中模式就是要对此（传统观念）进行否证"。可见，土地制度尽管不是他论题主要目的，但毕竟揭开了中国土地制度的面纱。与此相似，一些个案研究都对中国区域性的土地分配提出新的见解。如一组对鲁东地权关系的研究，张佩国就指出山东小农经济占多数，"而偏远山区如沂蒙山区的莒南县土地占有则相对集中"[4]。而王龙明对山东莒南县研究则认为，莒南县平原地区相对集中，而在低山丘陵地区，土地是相当分散。其中一个重要史料是一份 1940 年前对该县处于平原、丘陵、山地三类自然地理条件下的水磨、左山、竹墩三个乡的调查报告，"该调查显示，三乡地主共 56 户，占总户数的 3.2%，人口 363人，占总人口的 4.7%，占有耕地 4927.78 老亩，占耕地总数的 21.9%，富农130 户，占总户数的 7.3%，人口 664 人，占总人口的 8.4%，占有耕地 3740.2老亩，占总耕地的 15.4%，这样，地主富农户数占总户数的 10.5%，人口占总人口的 13.1%，占有耕地占总耕地数的 37.3%""莒南土地分散，租佃关系少，除大店外大地主少"。莒南县土地分配状况"可能代表滨海区的大多

① 樊树志：《关于地权分配与地租率统计失实问题》，转引自秦晖、金雁著《田园诗与狂想曲——关中模式与前近代社会的再认识》，语言出版社 2010 年版，第 101 页。
② 章有义：《明清徽州土地关系研究》，中国社会科学出版社 1984 年版，第 10—15 页。
③ 秦晖、金雁：《田园诗与狂想曲——关中模式与前近代社会的再认识》，第 11、16 页。
④ 张佩国：《地权分配·农家经济·村落社区——1900—1945 年的山东农村》，齐鲁书社 2000 年版，第 68 页。

数地区"[①]。

上述主流研究的结论认为，自秦商鞅变法开始土地买卖以来，土地兼并导致地权不均，地主阶级占有大量的土地，形成了中国的地主制度经济。为此著名政治史学家白钢认为由土地自由买卖派生出来的"土地兼并或土地集中，成为中国封建地主所有制的根本特征"[②]。

二、清水江流域地权分配特征

在清水江流域的三穗、天柱、锦屏、黎平、剑河等县，清到民国年间土地买卖与地权分配的历史进程，显示出了较强的地权分配的地域性特征，详细如下。

第一，田地买卖频繁，凡田地即是财富，凡田地不拘田亩面积皆可买卖。目前收入各县档案馆的清水江文书已有21.28万件，其中田土林地买卖契约除锦屏县在70%—80%外，其他县至少在90%以上，如果从现遗存不少于50万件土地买卖契约看[③]，这里是一个土地买卖很普遍的区域社会。从土地买卖频次看，仅本项研究重点分析的九个村局部买卖契约，就显示自乾隆到民国两百余年间发生了至少2946次的田地买卖、其中出售田地农户有2375户；4952次林地买卖，其中出售林地农户有3437户。可谓土地转移异常活跃，这一点与上述中国土地制度史研究揭示的中国土地买卖情形大体一致。

第二，在土地市场上，土地买卖过程特征又显示出：一是加入到土地交易的双方人数多，但大多数交易一次出售田土面积并不大，因而无论从土地转移过程中农户流失田地面积，还是一户农户毕生购置土地总量，都可以发现没有形成一个由占有大部分土地的地主阶层，表明这里虽然有土地兼并现象，然而却没有形成土地集中的结果，也没有形成一个大地主阶层，自耕农占有田地占

[①] 王友明：《革命与乡村解放区土地改革研究：1941—1948 以山东莒南县为个案》，上海社会科学院出版社 2006 年版，第 14、16 页。

[②] 白钢：《中国封建社会长期延续问题的探讨》，《光明日报》1982 年 10 月 20 日。

[③] 已发现的清水江文书，绝大多数产生于乾隆以来，据当地档案馆文书征集工作人员的经验，认为目前收入到档案馆的文书，只是他们已知现存文书的1/3。

据了农户中的大多数。特别要指出的是，据对清水江文书的分析[1]，常态下地主占有田地百分比远远低于田地买卖过程中形成的状态，亦即通过土地买卖形成的土地集中倾向，高于常态下土地集中的现实。造成这种土地分配的奇怪现象的症结在哪里？唯一的解释是大地主阶层的不稳定性，换句话说，在于这里有土地兼并之风向，却没有形成大地主土地占有制度。显然，此特征与上述中国土地制度史研究揭示的地主占有大量田产不相一致；与此相似的表现还体现在，通常出租土地收取地租，是地主制度在地权上的主要形态，也即所谓地主经济"租佃决定论"。而清水江流域则租佃关系普遍不发达，我们从数以十万计的清水江文书中发现，反映田地租佃契约及与此相关的文件极少见，也不存在着由"田面"与"田底"构成的"一田二主"占有形成。

第三，中国江南的农村手工业兴盛，成为明清以来中国农村经济发展的代表，并且也是催生地主经济的一大动力。清水江流域侗、苗地区手工业生产水平一直不高，但自清雍正朝以来林业生产蓬勃兴起，林农经济成为农业生产的一大"行业"，以同样的方式对清水江流域侗、苗民族的林农生产中林地占有形态进行分析，发现林农经济的地权的占有与田地形态有基本的一致性：即林业生产中的林地权以私人占有为主体，有土地兼并现象，但没有形成土地被少数人占有而形成地主占有的土地制度；以租佃林地进行林业生产的生产方式也并不是封建性的租佃关系，租佃山场林地的林农（栽手）也非封建经济关系下的佃农，这也与江南地主经济发展的趋势不相一致。

第四，中国古代土地制度史上一个清楚的事实是，在中国参加到土地兼并行列中来的大都是贵族、官僚、军阀、大商人、地方豪强等，他们不断兼并小农土地而成一方大地主，构成中国封建社会的身份性地主。但在广大农村，参加到土地兼并行列的也有力农起家的普通农户，通过"力田至富"构成近代中国农民所有制广泛存在的基本小土地主，即所谓的非身份性地主[2]。在清水江流域的少数民族地区，那种官僚、军阀、商人、地方豪强通过掠夺扩张土地的身

---

[1] 参见本书第五章表 5-1、表 5-2。
[2] 李文治、江太新：《中国地主制经济论——封建土地关系发展与变化》，中国社会科学出版社 2005 年版，第 257 页。

份性大地主极少，20 世纪 40 年代天柱的"五大豪绅"也非良田万顷的大地主。据 1971 年的统计资料，1949 年以前天柱县凸洞乡属于国家行政和军政人员的居民中，只有一户地主身份注明是"县科长"，另有四人注明军职是"伪团长"（或副团长），其中两人在 1951 年土地改革时划成分为贫农和中农[①]，另一位龙才悭则是北伐时期王天培为军长的国民革命军第十军所部任职团长，20 世纪 30 年代已"解甲归田"成为乡绅，是 1936 年"天柱事件"的主谋人之一，1951 年土地改革时划成分为地主，占有田地 59 挑（约 10 亩），山林地 4 挑（折谷）[②]。应当说凸洞乡没有豪强地主，而主要是一些农户利用不同的时机不断地通过买卖扩大自己所有的土地这种非身份性地主。即使有所例外，如据对三穗县上德明村杨家大院自清雍正朝到民国时期的土地买卖契约分析，杨家大院的主人有通过土地市场购进许多田地，并通过社会活动身份也进入缙绅身份地主，但其占有田产最大时也只在户均 100 亩左右。本书稿第四章通过乾隆以来土地买卖文书显示，他们许多农户在漫长的农耕生涯中通过勤俭力田积累一点资金，在适当时机扩充自己的土地而拥有比当地一些农户多一点的田产，成为农村富裕户或小土地主。这些侗、苗山乡农户"力田至富"的过程不过是广大少数民族地区土地制度历史面貌的一角。

　　第五，买卖过程中的许多环节，也是与中国汉族地区的土地买卖不太一样。清水江文书中，田地买卖契约有许多是白契，除因一些土地不纳粮、不承担国家赋役的私田而勿须税契（赤契）外，这一地区能与县衙门抗衡的官豪势要、绅衿富民实在太少[③]，因而白契较多的这一特别现象反而表明，这里的地权分配大多是小土地农民所有者。这里土地交易的细碎性、田土转移并不遵守"先亲近邻"交易原则的寻常性、极少出现在江南与华南土地买卖中大量存在的一田

---

① "凸洞公社敌伪人员名单"，见天柱县档案馆档案：全宗 115 号，顺序 83 号 。
② "天柱县第五区没收地主财产统计表"，见天柱县档案馆档案：全宗 1 号，顺序 14 号。
③ 凡出售土地，先是买卖双方立白契，然后去县衙交纳契税，然后官府在契上钤印，经钤盖县印的白契就变成赤契。据王毓铨的解释，税契主要目的"是推收过割，即卖主推出，买主割收入户：卖主推出田地和田地上的差粮，买主收入田地和田地上的差粮"。并分析了白契存在的原因，在于"官豪势要富民，他们在尽力隐瞒田地并躲避田地上的粮差"。见《王毓铨集》，中国社会科学出版社 2006 年版，第 417、425 页。

二次或多次出售的现象、因土地收益不高及相对富裕的土地资源形成的田价低廉，等等现象，都是清水江模式的深层内涵，也是生成清水江模式的因素。此外，与清代大量徽州文书中"有关典当和租赁的文书特别显眼"[①] 不同，清水江文书中此类性质的文书存量很少，这也是清水江土地制度与其差异的反映。

由上述清至民国时期清水江流域土地买卖构成的"清水江模式"概念，应当是中国土地制度史上少数民族地区土地制度的典型代表，是中国土地制度研究上的一个新观点[②]。

三、本书史料：清水江文书

关于中国土地史研究的基本史料中，清代文献大多以正史、实录、奏章、大清五朝会典等官书资料和文人笔记等为主；民国时期除政府文献外，则依赖民国时期几次社会调查产生的研究报告，如中央农业实验所《农情报告》和农村复兴委员会《中国地政研究丛书》，此外，还有金陵大学教授卜凯主持对中国1万余农户的入户调查形成的《中国农家经济》和《中国土地利用统计资料》，再就是满铁调查报告等。

贵州清水江流域是中国最大的侗族和苗族聚居地。但这些史料只极少一点涉及西南一隅的贵州，且官方调查资料大都是对经济运行状况的统计册表，并多带有宏观视角。对贵州民国时期较翔实的经济调查来自20世纪30年代初期由国民政府铁道部财务司调查科（局）组织进行的，针对湘滇线云贵段、粤滇线云贵段、渝柳线川黔段沿线各县经济调查，以及40年代贵州因国防建设而进行的边远乡村调查，前者仅局限于拟进行铁路建设的各县，而少数民族聚居

---

① ［日］白井佐知子：《徽州文书和徽州研究》，载［日］森正夫等编：《明清时代史的基本问题》，商务印书馆2014年版，第466页。

② 少数民族土地制度及地权分配，20世纪40年代费孝通对云南禄村做过调查，并对土地分配进行过统计（费孝通：《江村经济·禄村农田》，上海人民出版社2007年版）、吕振羽利用民族调查资料，对海南黎族合亩制、云南景颇族土地制度进行研究（吕振羽：《史前期中国社会研究》"补篇之一"，生活·新知·读书三联书店1961年版），马翟与缪鸾和对云南少数民族地区的"份地制"作出精湛的分析（马翟与缪鸾和：《西双版纳份地制与西周井田制比较研究》，云南人民出版社2001年版）。费孝通仅局限于一个行政村，时间也是20世纪40年代；吕思勉关注的则是一种更为原始的经济生活，马翟与缪鸾和所关注的也是一种"古老"农村公社土地制度，后两者揭示的社会经济生活与清水江流域完全不同。

的清水江流域则在之外。后者虽然涉及清水江流域部分县域，但在经济方面则注重经济资源的调查和利用情况，土地占有及地权转移方面则鲜有触及。由于资料局限以至于至今仍然没有一项关于贵州清代和民国时期土地制度的专门研究成果出版。反映民国时期经济社会生活的史料汇编也只有三部，即由贵州省人民政府财政经济委员会编印的《贵州财政资料汇编》（1950 年印），由贵州省社会科学编辑部、贵州省档案馆、贵州历史文献研究会等共同编辑的《贵州近代经济史资料选辑（上）》（1987 年版），蒋国生、韩义义主编的《民国贵州省政府委员会会议辑要》（1998 年版）。

1950 年土地改革之前，侗、苗民族地区土地分配制度一直都没有得到认真研究，除了以"社会发展共同规律"为出发点作鸟瞰性扫描所形成的印象式"地主土地制度"定性外，并没有一个严肃而针对性的研究，去真正关注明代贵州建省以来清水江流域侗、苗民族的土地制度。当然，客观地讲，土地制度研究鲜有的最重要原因，还是史料的缺乏。当地侗、苗民族没有自己的文字，而由汉文献方志记载经济生活，也着墨不多。一个新机遇，给解惑中国最大侗、苗民族地区土地制度史敞开了大门。这个新机遇是清水江文书的再发现。

清水江文书是研究者们约定俗成的一个名词，是对产生自明代"新疆"与"边疆"相对应的政治地理边界上的清水江流域民间历史文献遗存的指称，其中绝大多数是流域内侗、苗民族田地、山场林地和林木的买卖契约文书。田地、山场林地买卖契约，本身就是经济生活的产物，更是体现地权分配的载体。面对晚明至民国时期年代完整，归户性极强，地域性广泛的土地制度文献史料，再也没有理由去漠视和拒绝中国最大侗、苗族地区的土地制度问题了，以清水江文书为基本史料研究土地制度便是最好的选择。

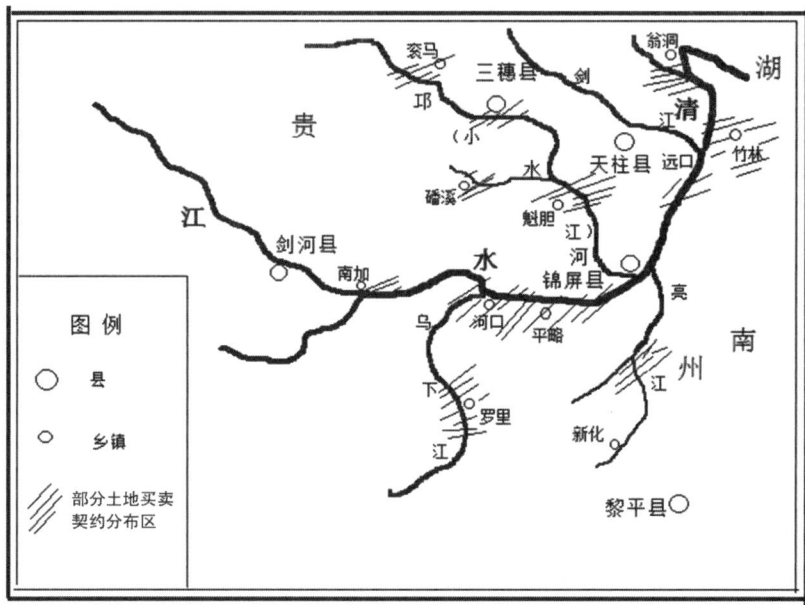

图 1　清水江流域部分土地买卖契约分布示意图

自 21 世纪初清水江文书如雨后春笋般涌现后，至今天流域内各县档案馆收集到的文书已超过 20 万件。2017 年以前，公开出版的清水江文书汇编，主要是收集于锦屏县的《清水江文书》（广西师范大学出版社 2007 年版、2009 年版、2011 年版）和《贵州清水江流域明清土司契约文书·九南篇》（民族出版社 2013 年版）及《贵州清水江流域明清土司契约文书·亮寨篇》（民族出版社 2013 年版）；收集于天柱县的《天柱文书》（江苏人民出版社 2014 年版）。清水江其他市县，尤其是三穗县、黎平县等重要地区，所收集的清水江文书还尚存于档案馆和民间。即使在天柱县和锦屏县，档案馆也还收藏着更多的各类契约文书。我们的工作是一方面购进已出版的清水江文书汇编，另一方面对未曾出版文书地区的文书做广泛收集。由于档案馆有自己的管理制度，对未刊印的文书不公开、不出借、不复制，故我们做了大量文书的摘抄，摘抄了三穗县档案馆馆藏文书近千件，黎平县档案馆文书 2000 余件，此外，还在黎平县、三穗县和剑河县一些山乡村寨进行文书的复制工作（黎平县 5000 余件文书先后由两家出版社出版，时间在 2017 年和 2018 年初，这时我们的工作重点早已从资料的收集转入到对文书资料的深度解读和分析上）。这样，收集到并运用于计量数据的文书近 10000 件，涉及地区包括了清水江流域南北各地的三穗县、剑河县、天柱县、锦屏县，黎平县，初步形成了一个大区域、大数据的研究分析模板。

四、清水江文书作为本书史料的优势

本项研究的基本史料，主要取材于上述清水江文书中的田地和林地买卖契约，或立木买卖契约及与之相关的"分关合同"、土地清册及赋税文书，并对其中近 1 万件文书内的土地买卖及相关数据信息进行了统计。统计数据成为分析清水江流域晚明到民国历时 400 余年的土地买卖与地权分配的基本史料。

其实，清水江文书最早的利用就在明代万历时期，时封疆大吏郭子章主政贵州十余年，其著述《黔记》内，就用田地买卖契约文书来测算贵州各地学田的占有情况。到清代，天柱县志也如此，据光绪二十九年（1903 年）编《天柱县志》，其"学田"一目中，就收录有数十份田地买卖文书，以明瞭学田的来源。严格地讲，从土地关系的研究意义上来说，许多经济史大家都利用土地买卖契约文书作为基本史料。先是学者们从敦煌文书中寻找到唐代及之前的土地买卖史料，这些新史料后来选编成多卷本专集，如唐耕耦主编的《敦煌社会经济文献真迹释录》、王永兴编《隋唐五代经济史料》等，为学者研究土地制度提供了方便，如赵俪生用吐鲁番文书研究唐代的均田制，对其中永业田的性质，提出了与通常解释不同的新看法[1]。其实，利用民间契约文书研究经济史，傅衣凌、梁方仲等开风气之先，王毓铨、李文治、方行都利用徽州契约文书为自己的中国土地制度史研究注入新史料，形成新观念[2]。之后著名史学家叶显恩、章有义、杨国桢、周绍泉、栾成显、陈支平、曹树基等，无不利用徽州契约文书和福建契约文书研究中国土地制度并得出丰硕的研究成果。如曹树基利用石仓契约文书研究浙南地区土地制度，尤其是章有义、杨国桢、叶显恩等将徽州契约文书研究与经济史研究的结合达到极致，他们的研究改变了人们对明清以

---

① 赵俪生：《中国土地制度史》，武汉大学出版社 2013 年版，第 99 页。
② 主要集中体现在他们主编的中国经济通史明代卷与清代卷的相关篇章内。其中王毓铨专门写了《明代田契赤契与赋役黄册》专文，载《王毓铨集》，第 409—425 页。

来中国土地制度的认识[①]。徽州文书也受到国外研究者的注意并加以利用,美国学者居蜜《1600—1800 年皖南的土地占有制以及宗法制度》[②] 一文,利用徽州文书考察中国土地占有制以及宗法制;赵冈、陈钟毅主要利用徽州文书,完成《明清的地价》[③] 一文。对中国文书契约研究的日本学者尤多,如寺田浩明汇集于《权利与冤抑》一书中的已刊论文[④],斯波义信的《宋代江南经济史研究》[⑤]、岸本美绪的《清代中国的物价与经济波动》[⑥]、臼井佐知子的论文《论徽州的家产分割》[⑦] 等,都曾利用徽州文书为史料。

但是,由于作为研究基本史料,上述研究所征引的契约文书,大都有出现归户契约数量有限、或时间连续性上出现断裂、或地域模糊或不够集中等缺环情况,大有限制了研究深入到历史现场,从细部观察土地买卖与地权分配历史进程的遗憾。徽州文书有数量上收藏 20 余万件,类型全面,时间上又有"千年文书"之誉等优势,但如果归结于同一类型文书及归户性上,则出现了数量不足、时间断裂等缺憾。如章有义在研究鸦片战争前徽州土地制度时,所能利用相关契约只是休宁朱姓两个支房大家庭文书 150 余件[⑧],也是其相关各项研究所能利用的最多的归户性文书;福建文书收藏有 8000 余件,文书原生地却分布于闽北、闽南、闽东、闽中各地,使得缺少说明一个特定区域内社会经济现象的充裕文书,缺环则显得更突出。如 20 世纪 40 年代初傅衣凌写作《明清时代永安农村的社会经济》一文时,所利用福建永安黄历村发现的嘉靖至光绪年间土地典当买卖契约、佃约等仅"约有百余纸之多"[⑨]。因此,许多地方文书虽

① 叶显恩:《明清徽州农村社会佃仆制》,安徽人民出版社 1983 年版;章有义:《明清徽州土地关系研究》,中国社会科学出版社 1984 年版;杨国桢:《明清土地契约文研究》,人民出版社 1988 年版。
② [美] 居蜜:《1600—1800 年皖南的土地占有制以及宗法制度》,《中国社会经济史研究》1982 年第 3 期。
③ 赵冈、陈钟毅:《明清的地价》,《大陆杂志》1980 年第 60 卷第 5 号。
④ [日] 寺田浩明:《权利与冤抑》,清华大学出版社 2012 年版。
⑤ [日] 斯波义信:《宋代江南经济史研究》,东京大学东洋文化研究所 1988 年版。
⑥ [日] 岸本美绪:《清代中国的物价与经济波动》,社会科学文献出版社 2010 年版。
⑦ [日] 臼井佐知子:《论徽州的家产分割》,中国社会史学会第五届年会暨地域社会与传统中国国际讨论会论文,1994 年。
⑧ 章有义:《明清徽州土地关系研究》,中国社会科学出版社 1984 年版,第 73 页。
⑨ 傅衣凌:《明清时代农村的社会经济》,生活·新知·读书三联书店 1961 年版,第 20 页。

然种类很多、涉及明清各朝，但在时间连续性及归户空间的完整统一性上，却很难有历数十年连续不断的系列契约文书。再有，上述各类文书中，总体上土地买卖契约成分略显不足，如徽州文书中土地买卖文书较租佃关系文书少的特征，利用徽州文书研究中国土地制度的重心更偏重于租佃关系，土地买卖这类性质文书数量上的不足必然影响到对土地买卖历史过程的认识与判断。

　　本项研究有所推进的，是新近再发现的清水江文书作为土地制度研究的史料，有更系统也更丰富的特征，赋予了本项研究先天的优势[1]，也就成就了本项研究在方法上的亮点。这亮点就是利用史料的"大数据"性质，对清至民国各阶段的土地买卖规模作出整体上的计量分析。仅以田地为例，用于分析田地买卖的契约文书至少 3500 件，梳理了清到民国 2926 件田地买卖契约，直接统计出数据的样本契约文书 2346 件，从中统计出的田地转移 2090 亩，可观察到的土地买卖量是 2787 亩，理论推导的土地买卖量达到了 8361 亩，用于研究分析山场林地的买卖契约 4952 件。同样，大数据的特征又为纵深展示土地买卖与地权分配提供了计量分析的可能。本项研究分析地权问题的近 3000 件田地买卖契约，就采自于清水江流域千家万户中的 40 余户农户的家藏，详细地分析了数户"地主"一生数十年的田地买卖与林地买卖史，测算了他们几十年努力所积累到的 20 至 30 余亩田地，似乎也是通过土地市场普通农户所能积累田地的最大极限。如黎平县罗里村杨绍震毕生用了 54 年买进田地 30 余亩，还通过他们田地林地买卖时间与投入资金比，看到了他们通过林业生产所获利润，最后又都投入到了田地上。通过关注"重要"人物一生田地积累史的典型性，展示出清水江流域土地买卖地权分配的具体情形。这样，从宏观上既有"面上"的一个流域区域整体性、每一个时代完整性的计量分析，又包含着每个时代典型农户的具体分析，这是之前宏观研究所难以利用的优势。

　　大数据特征又为田地买卖提供了真实性与生动性的历史情境。通过对文书信息的解析，我们揭示出作为日常经济生活的土地买卖的更多生动细节。土地

---

[1] 清水江文书在研究中国经济社会史方面具有的优势，参见陈春生："清水江文书序言"，载张应强，王宗勋主编《清水江文书·第一辑》，广西师范大学出版社 2007 年版，第 6 页。张新民主编：《天柱文书·第一辑》第 1 册，江苏人民出版社 2014 年版，第 2—3 页。

买卖虽然是日常经济生活，但日常经济生活中的土地买卖本身内涵也异常丰富，还隐含着地权转移更深沉的形式。一田是否多次转移是地权分配的重大事件，然而其表现形式却又呈现出细枝末节的平常，以至于中国现存的土地史文献中都难直观地看到"一田转几家"的具体过程，只能从古书上的只言片语中知道有"千年田八百主"的意象。通过对清水江土地买卖契约细致梳理发现，这里虽然一田多次卖出的情况不多，但确实存在着一田多次出售的事实。在不多的契约文书中却捕捉到"一田转几家"的生活情景，一方面展示了"一田转几家"在时间与频次上的关系等转移形式的细节，更重要的是梳理出这类文书寄寓着一个愿望，就是为中国经济史研究提供了宝贵史料。又譬如出售的田地面积有小到 1 亩田地的 1/32、有的田地出售价格仅为 260 文铜钱，但也有一次出售面积达 558 边（约 11.5 亩）的田地。梳理文书发现，许多农户一生出售了几次自己的田地，反之也可以清晰地知道一户农户一生买了多少次田地，买进了多少亩田地。许多"找赎"文书是对一块田地的讨价还价，让你能够感受到早已消失在历史长河中侗、苗民族土地买卖时的心跳和脉动，表达的几乎是对田地的依赖与流失田地时的无奈。总之，利用清水江文书，选择从土地买卖过程出发去探索地权分配，利用大量的经验材料作出详尽的计量性的实证研究，既能对清水江流域侗、苗少数民族地区土地制度作鸟瞰性的扫描性研究，再现这里土地买卖的经常性、群众性特征，又从细微处描绘出清水江流域喧嚣的土地市场，及涌动于市场内熙熙攘攘农户的生动画卷。

五、本书研究涉及的区域

本项研究主题是清水江流域历史上的土地买卖及通过土地买卖反映出来的地权分配，并由此带来的土地制度性质，反映历史上土地买卖情况。我们从清水江文书中选择恰当的几个地区文书为样本进行统计和分析，在选择土地买卖样本时，我们遵循的方法是空间的广泛性、社会历史发展的典型性、社会生活的民族性三个原则。

为满足空间的广泛性，分别从清水江流域内北部、中部、南部三个区间的天柱县、锦屏县和黎平县，各选择数个村的土地买卖文书进行统计与分析。所选择的村寨，既分布在清水江主干流上，又涉及北、南两方向的主要支流。由于利用到的三穗县、剑河县文书有限，故这两个地方仅作相关问题的参照分析。

社会历史的典型性，我们选择的村寨都是能够从文献上反映其悠久历史的村寨，他们中不仅能够用遗存的土地买卖契约及相关文书，完整地连接起自顺治朝起，经康熙、雍正、乾隆、嘉庆、道光、咸丰、同治、光绪、宣统至民国的各时期不间断地历史进程。同时，更是兼顾到其社会发展的典型性及社会生活类型的丰富性。譬如从政治社会发展角度来说，天柱县高酿镇自明代建县时就成为单纯的国家行政区治埋的基层组织"里"；锦屏县亮寨乡则是军政与民政、土司并行的社区；黎平县罗里乡则自明代起至清末都是土司治理行政区。并且，作为本研究重点涉及地区：天柱县高酿镇的甘洞、地良、攸洞三个行政村，锦屏县敦寨镇亮寨、九南两个行政村，黎平县罗里乡罗里行政村，他们在各自所在县历史上，都有特别突出的历史地位。

作为本书重点考查的天柱县高酿镇的攸洞、甘洞、地良三个村，因为居丁清水江北岸，又是最早完成行政内地化的地区。在明万历二十五年（1597年）建县时该村寨则名为"归化里"，入清时又改称"居仁里"。这与同一时期清水江南岸各蛮夷长官司为主体的社会结构不同。据当地民间故事描述，地良村似乎还是明代天柱建县的动因或者引子。据民间传说，明万历二十一年（1593年），地良村侗苗首领龙傅良（傅良嘴）举事，湖广省会同知县陆可行与天柱千户守御所吏目朱梓前后进寨劝阻，对这一带山川地理、侗苗民俗有了深切了解，答应起事的龙傅良及侗苗"编里当差"，于是报请辰沅兵备道金事江东之并转奏朝廷，请准在天柱所另行建县，此事在（康熙）《天柱县志》也有史影。攸洞、甘洞、地良等村寨在清雍正朝改土归流完成苗疆改造之前，因其紧临苗疆的生苗地区，一直是国家"前线地区"而居重要战略地位。清咸同时期爆发了清水江流域最大的少数民族起义，起义军大本营就安置在与攸洞毗邻的汉寨。

图 2　水稻秋收时地良大坝一角叶影（2013 年 10 月 摄）

　　攸洞、甘洞、地良三个村位于清水江北部主要支流的小江流域，境内有贵州难得的田地肥沃的山间小平原，又浅丘纵横其间，林木茂盛。地良村在黔东南农业地理中有"地良大坝"的美誉，田畴交错、丰产水稻，是天柱县的主要粮仓与木材产地。此外本项研究涉及的天柱县另两个乡镇翁洞镇和竹林乡，分别位于清水江干流南北两岸，明代建县前属于文溪所，西南就是广大土司治理的侗苗生活区，屯民与土著民族交往密切，从遗存的契约文书看到，竹林乡与锦屏九南、亮寨都有关系。

　　今锦屏县敦寨镇的亮寨村与九南村，自元代就设置长官司，明初在此还设立了军事行政机构五开卫亮寨所。明永乐十一年（1413 年）贵州建省时，还曾以亮江流域的亮寨、新化两长官司为中心建置了新化府[①]，亮寨不仅是清水江流

[①] 新化府：明永乐十一年（1413 年）将亮寨长官司、新化长官司属地合并建置，隶属贵州承宣布政使司。史载"永乐十一年置（新化）府，暂于新化亮寨所镇抚空宅内视事。"贵州省民族研究所编，《〈明实录〉贵州资料辑录》，贵州人民出版社 1983 年版，第 191 页。本书所引《明实录》除特别注明外，均引自《〈明实录〉贵州资料辑录》。 宣德九年（1434 年）撤销新化府，将其版图并入黎平府。

域的传统的土司地区，而且自明洪武时期起，就成为清水江流域屯军重要入驻地区，据保存于今锦屏县新化镇的"潘尔和墓碑"碑文，呈现出了明初洪武年间在清水江支流新化江——亮江畔屯田的特征。据该文，墓主潘尔和属于"谪戍"，先谪戍靖州，后改成五开卫，开垦"腴田约四十亩"，后又举家迁至亮寨，迁徙原因"是地有田可屯，食足而守固矣"，于是至亮寨"又请屯荒漠之地"①潘尔和家族由军而民的身份变化，说明亮寨是军屯与民政相互交错的典型地区。晚清亮寨乡绅龙绍纳所著《迪光录》，则又记载其族祖龙正忠自洪武四年（1371年）被"咨尔亮寨长官司"，开始了亮寨民政与土司互动的行政关系，知府张恺（时1500年）题诗《志夷杂咏》曰："束发加巾帻，耕桑事辛苦，当年属新化，仿佛是编民"，就是形成中的复杂关系写照。

图 3　锦屏县亮江沿岸河谷坝子一角叶影（2015 年 6 月 摄 ）

---

① "潘尔和墓碑文"，载《锦屏县志》第十八编《文物名胜》，贵州人民出版社 1995 年版，第885—886 页。

亮江发源于黎平西北部，经高屯、敖市入今锦屏县境内由此进入清水江。亮江在隆里、亮寨、新化一带冲积成河谷小平原，沿岸屯堡与苗族木楼错落分布，是明清时期黎平府主要产粮区。现存清水江明代契约文书主要出现在这一地区。又史载，在明代后期，亮江流域就放流木材入清水江再顺流东入湖广进入洞庭湖。屯军屯田、苗族土司、府县民田交错，成为亮江流域鲜明的社会特征，亮江文书中常见的府粮、屯粮、经粮等记载便是史证。

黎平县罗里镇的罗里村，在明洪武时是古州长官司司治地，是西南边疆史上著名的三千里古州苗疆的原生地。早在宋代便有国家权力隙入，元时是地域广泛的古州八万洞核心地区，曾在这里建置有古州与上里平两个蛮夷长官司，是黎平府行政区划的雏形。可谓从古州、上里平中乳化出了明代的黎平府。明新王朝初建，中央王朝与侗民最早的交集就是洪武五年（1372 年），古州八万洞诸"峒民"（今贵州黎平西北和锦屏东南部一带）与明王朝的抗争，朝廷派江阴侯吴良任总兵官，率宝庆卫指挥胡海等领兵镇压，开启了明王朝大举改造"溪峒"的政治措施，并建置起清水江流域最早的土府——黎平军民府。

清水江南部主要支流乌下江纵贯罗里乡境，在境内冲积成小平原东西绵延30 余里，带给沿江两岸侗民优沃的经济生活环境，不仅盛产稻谷，还是贵州最早种植经济作物棉花的地区之一，满山的杉木沿乌下江进入清水江运往内地；一条古驿大道北接湖广靖州、南向通往两广，至今还能看到清乾隆时建筑的码头旧影。罗里可谓苗疆腹里的重镇。下引一份遗存的清初文书，很清楚地表达出罗里在周边的中心地位。

> 立吐退曹滴（洞）司祖太为因霞爷紧急事，缺少钱用无处，自愿复退门楼内寨中大塘一口，转归上龙寨乡老杨乡华、总千老转、补银的、贾课、补孟、凤台等。当日凭中议定，实受过价银九色银五十四两整，入手领回应用。其塘自退之后，恁从上龙永远管业，日后不许房族子孙番悔。如有房族子孙番悔者，执官受罪。倘日后查出文约视同故纸，恐人性难凭，立此吐退永远存照。
>
> 八柳舍四爷　梁明宇　补兰妹
>
> 凭中
>
> 罗里补官保　补番

代笔　龙里司

顺治十七庚子年五月十八日 ①

虽然这是一份简单的土地买卖契约，但其内容涉及了极为复杂的行政关系。从行政事务看，上龙寨是古州罗里的一个大寨，其"楼内寨中大塘"本是寨中的主要地标地段，却曾经是相邻土司——曹滴（洞）长官司祖太所有，而对土地所有权的最终确权，却又是另一相邻土司龙里长官司书证。罗里的事务由三个土司共同决断，本身表明罗里在诸土司行政事务中具有不平凡的地位。

图 4　黎平县乌下江河谷罗里乡罗里村田坝叶影（2015 年 8 月 摄 ）

为体现出少数民族地区的民族多样性，在各县选择村寨时，都兼顾到侗族村寨与苗族村寨。三穗县滚马乡上德明村是一个侗族村寨，天柱县高酿镇三个

---

① 文书来源于黎平县档案馆藏，档案号：229——杨启木 1。

村纯粹以侗族为主体，而翁洞、竹林则是以苗族为主体；锦屏县九寨乡的柳寨是以侗族为主体，而敦寨的九南、亮寨则是以苗族为主体，加池寨与文斗寨则是侗族和苗族兼顾；黎平县罗里，则是以侗族为主体的地区，剑河县南加乡则是苗族聚集区。

上述村寨都是清水江流域历史发展进程中典型的区域社会。为更好理解本项研究所探讨土地制度的经济社会历史背景，就有必要对明至清代的社会经济生活有相对整体的了解。故此，清水江流域自明代以来的社会经济生产状况，就成了本书第一、二章的主要内容。由于在亮江小流域的九南、亮寨两地发现有明代各种相关的土地买卖契约文书，且后来的清代九南、亮寨土地买卖契约文书中常带有"府粮""屯粮""司粮"（或写作"经粮"）等形成于明代的不同类型的赋税表达，都与明代土地买卖与地权转移相关，故明代土地制度及晚明时期地权变化就是本书第二章所主要讨论的内容。

六、本书的分析逻辑及主要内容

本书是区域史研究，但与目前许多区域史研究著述不同之处在于，本书的历史叙述不刻意作理论与方法论的议论，尽量避免做成国外某一学派的中国地方版，避免标榜新理论与方法而实际是落进某些似是而非的理论陷阱。本书完全以史料为出发点，为揭示其历史内涵做实证性的研究，探索一定区域社会经济发展模式，形成本书的一大特征，即通过剖析区域经济发展的地域特征，去揭示传统中国社会的整体面貌。当然，也不可能拒绝新的理论与方法论的思考，只是不流于表面形式，尽量使新理论新方法与史料分析相融合，于潜移默化中体现出理论的指导性与所讨论问题真实性，历史研究的探索性。

通过对土地买卖契约文书进行历时性的统计，历史上各时期土地买卖的频次与周期都能再现出来。但本书研究的核心问题是历史上各时期土地买卖促成的土地流动所形成的地权分配态势。以土地买卖为对象，对特定历史时期土地买卖进行计量分析，最后对地权及地权分配作定性研究，具有极大的优越性及挑战性。其优越性体现在：第一，计量分析大量的真实而鲜活的、微观的经济活动的历史资料，对历史时期地权分配的研究就更靠近真实现场；第二，计量分析的史料从晚明至民国，其体现出来的500年不间断的长时段优势，可展现出地权分配动态变化发展的历史进程；第三，因为动态都是以每一个起点开始，然后追踪其发展轨迹在某一时间点的终点，这样周而复始的历史进程，实际上兼及了动态与静态的状态，这就比单纯以静态去划定地权分配并与静态定性研究更客观，更接近地权变化的真实。

其挑战性在于这是前人没有做过的工作。因此，有许多方法上的困难。本书在此方面作出了许多努力，并设定了一套用土地买卖契约为主体的，利用各种土地关系文书研究地权及变化的分析逻辑。为此，我们界定了与地权分配相关联的一些概念，详细如下。

农田。主要是指水田，而非是田与土全称的土地。从明代文献看，当地侗苗民族基本上不种植旱地作物，即便屯军的份地也是分别为上、中、下三等的水田，而非土。直至晚清时，胡林翼在黎平府任上，极力推动和鼓励当地农户栽种小春作物，此效果影响不大，民国时期对小麦、玉米等旱地作物的种植也不积极。

一个人基本生活所需要田地面积 1.2 亩。判断社会地权分配的不均，肯定要判断该社会内人们生活资料的基本水准，即维持一个人基本生活所必需的田地所有量。清水江流域各地档案显示（天柱县档案馆、锦屏县档案馆、黎平县档案馆资料），一户家庭人口平均在 5 人左右，人均 1.2 亩田土。这也与清水江文书中自康熙朝至民国时期的众多"分关合同"对个人田地的分配量相一致。一户人家的土地流失超越了人均田亩量，而另一些积累田亩超越一户人家平均拥有量的数倍或者数十倍，这个社会一定是土地高度集中于地主阶层的社会，如果大多数农户家庭都保有人均 1.2 亩或稍多余的田亩，那这个社会是个基本平权的自耕农社会。

农户身份（阶级成分）。揭示历史时期的地权及地权分配，必然要对各时期的农户占有田地数量进行量化，以划定他们在地权上所处的身份地位，即所谓阶级成分。农户土地占有的阶层区别，基本上是以 20 世纪 50 年代土改时期中央政府划定成分的土地占有量为标准。而分配，则必然对不同土地占有量的各阶层人口与土地比较。本研究对地权身份的设定，侧重以中农身份为变化杠杆，据 20 世纪 50 年代土地改革时的统计资料，一户中农家庭一般田亩占有在 6—8 亩间；若中农的两头即贫农或者地主的土地占有量超越了中农，那就是一个地权不"均衡"的社会，它或者是极度的平均或者是极度的集中的社会。

农民所有制度。中国土地制度史研究中，认为 1949 年之前的土地制度是"地主经济"，如傅衣凌称："中国封建社会是以地主经济为基础的大一统的专制主义国家。"[1] 地主经济内涵主要是地主土地所有制度、租佃制度，剥削关系等[2]，与之相对的就是农民所有制。"农民所有制度"是李文治等对明代以来土地分配研究后所概括的土地占有形态，如说民国时期的土地占有形态有"地主所有制度"，而更明显的占有则尤其是"民田中的农民小土地所有制"，农民小土地所有制就是农民所有制度，李文治又定义为"自耕农所有的土地"[3]，且农民小土地所有制"是自明代中叶后广泛存在的一种形式"。可从土地占有来区别地主与自耕农（小农），明代"北方自耕农的占田大约 20 亩"，"江南自耕农则人均 10—15 亩"[4]；在清代把占有耕地 150 亩以上庶民户及占有地 100 亩以上绅衿户作为地主[5]。此外，富农与中农的区别，在 1951 年土改时采用的方法是计算家庭总收入中"剥削收入"部分所占的比例，凡占 25% 且雇用一个以上的长工家庭，则为富农。[6]

为反映地权分配态势，我们的篇章内容的分析逻辑如下。

第一，对失地农户情况进行两个层次的分析，一方面分析有多少农户失去了土地，从时间向度与地区维度上整体反映清水江流域土地买卖的广度；另一方面分析失地农户失去了多少土地，并以基本生活需要为准则，测算农户失去土地后是否沦落为贫困的生存状态，这是从失地农户一方去反映土地买卖对地权分配产生影响的程度。这是本书第三章的分析逻辑。

第二，从购置土地农户情况进行三个层次的分析。首先对购进田地农户及占有田亩面积，判断田地面积流向；然后从"阶级身份地主"与自耕农阶层土

---

[1] 傅衣凌：《明清社会经济史论文集》，中华书局 2008 年版，第 47 页。傅衣凌又称中国的封建土地所有制为"秦汉前是领主制，之后是地主制"，参见《中国封建社会综论和治史经验》，载《傅衣凌治史五十年文编》，中华书局 2007 年版，第 2—3 页。

[2] 傅筑夫：《中国经济史论丛》，生活·读书·新知三联书店 1978 年版，第 2—12 页。

[3] 李文志：《李文治文集》，中国社会科学出版社 2006 年版，第 35 页、164 页。

[4] 王毓铨主编：《中国经济通史·明代经济卷》上册，第 112、113 页。

[5] 方行等主编：《中国经济通史·清代经济卷》下册，第 1528 页。

[6] 黄宗智：《华北的小农经济与社会变迁》，中华书局 1986 年版，第 65 页。

地占有量的比较，判断是否呈现出土地兼并倾向；最后通过典型分析，即分析买进田地大户通过土地市场买进多少田亩、大户购进田地量在整个购进农户田地占有量中占多大比重，从而判断土地兼并趋势。这是本书第四章的分析逻辑。

关于土地占有的分析资料，主要是田地买卖契约。此外，分家书、赋税通知书、归户册等文书及林地"分银合同"文书等，都是重要的观察土地流向和积累的资料。

第三，凝练概念并进行解析。实际上通过第三章、第四章"大数据"量化分析，清水江流域土地买卖与地权分配诸多特征已显示出来，这些特征可以概括成中国历史上土地买卖与地权分配独特的"清水江模式"概念，并对清水江模式所包含的各特质作进一步的解析。这是本书第五章的分析逻辑。

清水江流域的农业生产有一个显著特征，就是自晚明以来，林业生产逐渐在其中占有重要地位，许多地区的农户不仅耕种田地，还"挖山木植"发展林业经济。因此，林地的买卖同样也是其土地买卖的一个重要组成，而由此形成的林地权的重新分配，也构成清水江流域地权变化的一个重要方面。因此，我们也用与分析田地的方式，使用林业生产中产生的各种契约去再现历史上的林地买卖，由此反映历史上各时期山场林地产权分配趋势。构成了本书第六、七、八章的主要内容。

山场林地产权分配涉及的两个概念，需说明一下：

林农经济。林农经济是林业经济中类似于直接进行原木生产的林产业部分，与林产品流通的商品经济相分开。从事林业生产的农户称作林农。林农主要是占有大大小小山场林地权、其中有许多人也从事"挖山木植"的林农户，传统习俗上称他们为"山主"；也存在没有山场林地，以出卖劳动力或者技术，承佃山主林地进行"挖山木植"的佃户，传统习俗上称之为"栽手"或"栽主"。

股分。股分是清水江流域林业生产中独特的山场林地占有与分配形式。清水江流域林业经济发生较晚，一块山场林地最早是由家庭或者家族成员或者村寨成员共同进行瓜分所至，因此一块山场林地的所有权分成许多股份，由许多人瓜分后占有，这种占有形式称之为股分。而山场林地的买卖也往往只是山场的某些持有股。

因为林地作为有价值的土地资料，是从林业经济开始，必须对林业经济产生背景作了解，故对清水江流域林业生产的产生作了溯源性的历史研究。由于股分对理解清水江流域地权及地权分配有决定性意义，因此，重点是对林业生产中特别的地权占有方式——股，从股的产生、股作为所有制形态的内涵及诸多表现特征进行剖析，成为第六章分析逻辑。而反映林地地权买卖及分配态势，则完全与田地的分析逻辑一样，是本书第七章、第八章的主要内容。

在运用契约文书研究土地变化的历史时，我们深刻地体会到这与通常研究是多么的不同，本研究对方法的需要达到了不可缺少的程度，或者说研究方法本身似乎成了研究的基本内容之一；这里的方法主要是指上述分析问题的技术性的分析逻辑，即通过什么方式才能去解析契约内包含的土地占有层次、土地买卖带动起的地权转移、由地权转移可能导致的土地兼并之风等要素信息，才能完整而真实地展现清到民国时期土地变化历史进程，以及这一进程具有的特征。因为面对文书，我们都明白那是一块潜藏着富矿般土地史信息的处女地，其土地买卖及变化之于地权研究的价值及意义不言而喻。但那海量般存在的契约文书如果没有方法去耕耘，是不能释放出其地权价值，也只能对那堆富矿般土地史史料望洋兴叹而不知所措。所以研究最让人惬意的一件事，是我们找到了方法，体悟到一件买卖契约就是地权转移的证据，即通过对买家与卖家作计量分析，可以发现土地的流向、将其连接起来，地权转移的故事就可能展开，地权变化姿态就可以揭示和展现出来。其实，文书本身就是具备着地权变化规律的载体，我们再读文书，不外乎就是从其中去发现和再现这一历史规律及它的运动节律。

七、本书各章的主题

各章的主题如下：

第一章有两个主题：一是对明代的清水江流域政治地理作出解析，重点在于其内地边疆的特别含意。首先，从国家政治地理来说，是国家边省湘、黔、桂三省接壤地区；其次，就区域地理来说，是湘、黔、桂三省的边区；再从人文地理来说，是我国侗族、苗族主要聚集地区；从行政地理来说，不仅包括国家行政管理地区，还有未触及到的"生苗"区，成为边区中的边区。二是对内地边疆社会生活的简要概述，指出其内地边疆二元性社会特征：大行政上的府县卫所与土司的二元性，内在的屯政与府县行政的二元性；居民的苗、侗民族（苗人）与汉民族的二元性，内在的屯民与民人的二元性。社会发展是屯民身份的逐渐"消失"与苗民身份的民人化趋势。

第二章有两个主题：一是作为本项研究的起点，对元明间的土地制度进行了梳理，并论证了由元末的单一土司占田演化到明代的土司占田的屯田化与民田化，构成了明代的苗田（土司占田）、屯田、民田的三种形态并立。二是从土地制度变化的向度，揭示其屯田、土司占田向民田转化的大趋势，讨论了其内在动力，在于破坏了屯田与土司占田不能买卖的陈规，使之纳入民田买卖的轨道，从而消失了屯田与土司占田的性质，演化成向国家纳赋税的民田。

第三章有两个主题：一是对清和民国各阶段的土地买卖规模作出整体上的估计。亮点在于其利用史料的"大数据"性质。用于分析土地买卖的契约文书至少3500件，梳理了清到民国2926件土地买卖契约，直接统计出数据的样本契约文书2346件，从中统计出的田地转移2090亩，可观察到的土地买卖量是2787亩，理论推导的土地买卖量达到了8361亩。时间从清康熙到民国，每一个时代都有具体史料的支撑与分析。结论是清至民国整个流域内，无论侗族和苗族地区，一直都盛行土地买卖。二是尽管有清和民国两个大时代的区别，但整体上土地买卖都有共同的特征：越向近代买卖越频繁，民国时期的年均次数是清朝的2倍以上；参与土地买卖农户众多，2926次的土地买卖，2374位农户出售了田地便是证明；往往单次田地买卖的交易面积量小；任何"性质"的田地都可买卖。

第四章从两个角度分析一个主题。本章主题是对土地买卖造成的地权变化进行判断，对土地买卖是否推动了土地兼并与土地个人集中倾向进行判断。

从失地农户（出售田地农户）分析，设定几个基准数据：一个人保障其基本生活所需田地1.2亩，户均5—6人，一户农户保证其基本生活在5—8亩间（中农水平）。土地流失在2亩以上可能影响到一户农户的生活，即出现土地向个人集中的倾向。结论是一些农户失去的土地有可能影响到一家人的基本生活，土地买卖已呈现了土地向少数人集中，透出了土地兼并的风向。但在清与民国时期，清水江流域在土地买卖过程中失地农户特征所显示出来的土地兼并风向是有持续不断的土地买卖，有较多的农户失去了土地，但每户农户一生失去土地并不因此而深陷贫困的泥潭，不足以将地权分配置于贫富不均的两端。这也是清水江流域侗、苗民族中租佃农稀少的原因。

从买进田地农户分析地权分配设定几个基准数据：由于单次的买卖土地量小，至少要有 5 次以上的买进，才可能积累相当量的田产。土地是否向少数人集中形成地主占有的土地分配制度，在于买进的田地量，以民国时期地主、富农的平均占有田地量为基准，在户均人口 5—6 人下，一户占有田地 12—15 亩为富农，15 亩以上为地主。就此标准，对整个购进土地农户在土地市场上的占田比例分析，特别是对个别买入较多土地的大户占田比进行分析。最后的结论是无论是清代还是民国，虽然各县的情况不一，但其土地分配总体上体现出共同特征。第一，通过土地买卖而超越中农水准的农户不多；第二，土地买卖呈现一个明显趋势，即土地向少数人集中的倾向异常突出，似乎显示出土地买卖形成向少数人集中的兼并趋势；第三，尽管有村寨不到 5% 的农户却购进了50% 以上的田亩，但通过买卖而积累起"大量"田地的农户又极少；第四，清水江流域各地的土地集中情况差异较大，如侗族聚居的黎平县罗里乡，184 户农户购置了田地，但其中 1 户就占有了整个买卖田地量的 43.4%，从而成为了大地主。而同样在侗族为主的地区的天柱县高酿镇，该户买卖田地量在这却只占 10%。如果与侗族聚居区比较，锦屏县苗族聚居的亮寨村及九南村土地集中程度则又不及侗族聚居地区程度高。

第五章主题是形成概念，即清至民国时期中国内地边疆侗苗地区独特的土地分配制度——清水江模式。通过前两章对土地买卖及形成的土地占有态势的分析概括，形成了土地分配制度上的清水江模式，其内涵如下。

第一，在土地市场上，农户并非因此失去自己的基本生活所需土地。但通过土地市场，极少数人积累了大量的土地。可见，土地买卖并不是造成贫困的原因，也不是促成农户富裕的主要方式，但土地市场却是促成极富农户的一种手段，这无疑是清水江流域地权结构的一个显著特征。

第二，土地买卖过程同时也反映出清水江流域地权结构的第二个特征，即地权呈分散状态，这一情形决定了这里的土地分配难以形成制度性的地主经济。

第三，即除异常显著的少数人占有相当大的土地外，大多数地主土地绝对占有量相当有限，也许是清水江流域少数民族地区的一个普遍现象。表明这里不存在一个大地主阶级的土地占有制度。

　　导致清水江模式的原因，在于其土地买卖过程中的一些特征。首先，土地买卖市场上，一村出售的土地往往由许多人参与购置，这就分散了地权集中的可能；其次，一田地再次转卖情形并不多，且再次出让的时间间隔一般大都在数年或十多年后，从而表明土地兼并的现象并不剧烈；更重要的是，田价虽然有高低不均的变化，但从整个清代的"长时段"看，田价总体是在较低价格水准上运行，故这里有了频繁的土地买卖与众多的参与买卖的农户，而较为闭塞的社会环境带来的土地效益不高，又因相对富裕的后备土地资源可以开垦，决定了这里的土地价格能够长期地保持其较低水准上，从而整体上抑制了土地兼并导致的土地向少数人集中。

　　第六章有两个主题。一是作为经济产业的林农生产始于何时？林地权的属性是什么？这是分析林地权分配的出发点。林业生产始于何时与林地权的属性，是个"老"问题也形成不同观点。本项研究的结论是，清康熙时期才开始了这里的林农经济，而非之前以明代皇木采办为代表的林业生产；而山场林地不存在非私即公（共有）的极端土地制度，而是存在着以私人占有为主体的多种占有形态。二是清水江流域林农生产中独特的林地占有与分配方式——股分。本章对股分的产生与股分的特征进行了详细的剖析。一块林地山场往往被分割成许多份股数，被不同的家庭或同一家族不同成员分别占有。这种对同一块林地山场，依据所有者权利分割成不同股份的行为本文称为"股分"。

　　清水江林地山场中往往形成股中有股的多层股分现象，在对股分的计量上也变得复杂起来，其中对股分的量化单位有了几种表达，即除通常用多少"股"表述股分外，还有"两""甲"等用语。

　　股分的重要性更在于其本身所传达出来的林地（山场）产权的制度性特征，是生产关系最直接的表现。林地契约中所书写的"共山""公山"是不能简单地视为地权的共同所有或公共所有，它们在文书中往往是"股"概念的逻辑前提，因而在更多情况下，似乎是等同于股的另一种表义，它们是通过文书中与"股"相关要素所体现出来的清水江区域社会内特别的地权概念。

　　最晚在乾隆时期，直至民国时期，清水江流域林地产权结构就呈现出个人私有制主导下的四类样态。第一类是林地权的公有，第二类是无主权荒山，第三类是私人股权下的共山（或公山），第四类是个体家庭完全所有。

股分的重要性还在于，股的买卖及影响重塑着社会财富的分配与重新分配。

第七章有两个主题。一是对清和民国各阶段的土地买卖规模作出整体上的估计。亮点在于其利用史料的"大数据"性质。用于分析林地买卖的样本契约文书4952件，用于分析的文书至少6000余件，呈现出清水江流域有一个广泛而频繁的山场林地买卖市场。一方面参与的林农众多揭示农林经济中的频繁土地买卖的纵深度，另一方面在区域面上揭示农林经济中频繁土地买卖的广延性。体现出清水江流域山场林地买卖的一个特征：林地权转移的细碎化。二是山场林地买卖导致的地权分配，与田地买卖所形成地权分配有相同性，即都体现出清水江模式的特征：首先，清至民国各个时期都有众多的林农出卖林地，也有众多的林农购进林地，由此分散了山场林地的流向；同时，从山场林地买卖带来的山场林地流失面积看，因每次出售与买入林地单位面积都不大，即使一人多次购进山场林地，毕其一生积累也难以成为大山场林地所有者。因此，频频持续不断的地权转移并未推动起清水江流域林农经济内土地兼并之风。清水江流域大山场林地所有者，主要还是从事林业生产流通领域内的大林业主和商人，他们不但有规模广大的林场，同时还有大量的田产。

导致林地山场地权呈现的清水江模式，原因在于经营山场行为及透露出的财富理念。遗存的各类清水江林业契约，实际上就是林农们尤其是那些大户们经营山场行为财富理念的写照。林农们尤其是那些大户一生的投资取向有三个方面：活立木、山场林地、田产。从加池寨姜廷德家族几代人的一生投资行为告诉我们，多数林农地主的投资取向不是山场林地，而是林木（活立木），最终目的是田土。林农地主的投资取向决定了林地山场扩张的限度，也抑制了其发展成为大山场林地主的空间。

第八章是关于一个主题的几点讨论。清水江流域山场林地租佃问题也是一个"老"问题，本书针对已有成果作几点讨论。

山场林地租佃关系，并非是乾隆时期人工林的兴起才产生，实际上是晚明到康熙时代，就从田地租佃方式引入。人为力量强制植入的租佃关系，是清水江流域租佃关系产生的一个特别之处：即移民最先是开垦无主荒山，然后因种种原因，而被迫演变成一种租佃关系。

　　地主出租林地山场有几种类型。首先，也是普通的一种，是一户地主出租自己林地山场；其次是一两个或者两个以上的家庭成员共同出租一片山场林地；或者是两个没有血缘关系的地主，因对同一座林地山场拥有地权，于是共同出租该林地山场；再就是集成员共同出租一座林地山场，它可以是家族性共同出租或者一个村寨成员共同出租。由于林地山场地权的复杂构成，造成了租佃关系的复杂化，这是清水江流域林业生产中林地山场经营的一大特征。第二，清水江流域内凡有林业生产的地方，都存在着一定的租佃经营方式。但存在着不平衡性：从时间阶段性看，民国时期较之前各时期发展得最为充分；从空间分布上看，锦屏县平鳌寨到上、下文斗寨到加池寨近50里一线林区租佃经营相对较为频繁，而在天柱县、黎平县则相对稀疏。清水江流域内具有林地的山主林户不在少数，然而拥有大片林地山场用以出租的山主林户却不多，更不存在一个广泛的佃农阶层。因此，清水江流域内林业生产并不存在着普遍的租佃经营，即便各地存在着水平不等的租佃关系，也不构成一种租佃制度。第三，从地主与佃农在整个生产中的经济关系的历史分析，一个明显的事实是，清水江流域林业生产中以租佃契约结成山主与栽主间的经济关系，似乎并非是明清时期农业生产中一方面承受着繁重的地租剥削，另一方面又遭受着较多人身束缚的那种封建地主制度下的租佃关系，山主与栽主双方的经济关系，更多的是一种遵守契约形式而建立起来的雇工关系。

上篇

明至清初清水江流域社会历史及土地制度

第一章
明至清初清水江流域的社会历史

一、清水江流域自然与人文地理

（一）清水江流域自然地理

清水江为贵州省境内第二大河流，源出贵定县斗篷山与都匀市云雾山山麓之间，径流黔南、黔东南两自治州境，在天柱县分水溪进入湖南省会同县境后称沅江。入沅江后与源出贵州黎平县的洪州河（湖南境内称渠河）汇于托口而后入洞庭湖，注入长江。流域内分布着都匀市、福泉市、丹寨县、雷山县、麻江县、凯里市、黄平县、施秉县、台江县、剑河县、三穗县、天柱县、锦屏县、黎平县、榕江县15个县市。清水江因江体深泓水质清澈得名。如明代文献记其上游重安江"其流颇大，雄吞诸溪"，麻哈江"江水清深，萦城而去"[1]，清代文献中也有上游之"杨老、翁城、麻哈、重安，水之至深清者也"[2]。清水江北来支流主要有重安江、六洞河、八卦河（又称邛水、小江），南来支流主要有巴拉河（又称九股河）、排乐河、南哨河（又称乌沙河）、乌下江（又称瑶光河）、亮江（又称新化江、黎平河）。

虽然是省内第二大河流，但在明代末期都没有将清水江命名为一条江流的总称。明代万历时期贵州巡抚郭子章著《黔记》记"清水江"，也只称今天剑河县柳川镇以下至锦屏县茅坪一线。万历年间的《湖广总志》对今天天柱县境

---

① 〔明〕沈庠、赵瓒：(弘治)《贵州图经新志》，载《中国地方志集成·贵州府县志辑》第1册，巴蜀书社2006年版，第134页。
② 清水江得名就是因其水至清和至深，留给人深刻印象而载诸史书，又称为清江。参见〔清〕田雯：《黔书》，载《黔书·续黔书·黔记·黔语》，贵州人民出版社1992年版，第43页。

内的清水江段，有两种称呼，一曰沅江，"（靖州）县西五十里，出西南蕃界。过长潭、云辉、文溪、金溪、至托口与朗江（此朗江则是渠水）合流"；一曰文溪江，"（靖州）县西北二十里，出朗耳界为潭溪。北至云潭，又北至文溪寨，东至于分石，又东至于托口会渠江，又东汇于黔阳江，又东会若水入于沅之洪江"。[①]明末大旅行家徐霞客在其《黔游记》中，记载自己游渡清水江之事，称清水江为龙头河。在清初顾祖禹《读史方舆纪要》（原名《二十一史方舆纪要》）中，只称呼今天剑河县到锦屏县一段为清水江。直至清代雍正时期，才用清水江指称整条江，原因在于雍正"开辟苗疆"，苗疆尽入国家版图所至。这一方面说明，清水江流域社会发展不平衡，晚明时期中央政府还未能对全流域各地进行有效控制，因而也未能形成一江统揽全流域的意识；另一方面表明，清代治理贵州的气势超越明代，雍正"开辟苗疆"行为承袭着康熙《康熙皇舆全览图》[②]的恢宏大气，才有了清水江一江概览全流域的一统意识。

清水江流域各市县，大都处在武陵山脉西段东南沿与苗岭山脉东北坡之间。本项研究主要关注及涉及的流域中下游区域内，中低山、低中山、低山丘陵和盆地交错其间，耕地总体上山多田少。剑河县、黎平县境多中低山，三穗县多低山分布，天柱县多低山丘陵。据 20 世纪 80 年代统计资料显示，剑河、三穗、锦屏、天柱等县山地约占本县耕地面积 80%，在黎平县山地占整个耕地面积的 85% 以上[③]。剑河县、三穗县、锦屏县、天柱县等地分布有规模不等的河谷盆地，如本研究主要关注区域内，剑河县东部低山丘陵磻溪（小江上源）有千亩大坝子；天柱县清水江支流鉴江沿河两岸盆地，长约 21 公里，宽约 1.5 公里，为省内重要产粮区；黎平县罗里乡乌下江谷地小平原宽 100 米至 500 米，长约 15 公里；锦屏县境内清水江支流亮江流经的敦寨（亮江）、新化等地都是著名的盆地坝子。河谷盆地坝子为农业经济生产发展提供了良好的地理条件，低山丘陵是林木生

---

① 〔明〕徐学谟纂修：《（万历）湖六总志》第 6 卷《方舆五》"靖州"，第 126—127 页。
②《康熙皇舆全览图》，康熙皇帝于 1708 年下令编绘，1718 年初步完成。除蒙古准噶尔汗国尚未归属外，大清朝全境疆土尽览无遗。
③ 黔东南苗族侗族自治州志编纂委员会编：《黔东南苗族侗族自治州志·农业志》，贵州人民出版社 1993 年版，第 7—8 页。

长与林业经济发展的优良自然环境。

（二）"内地边疆"的侗、苗民族

本研究所主要关注及涉及的地区三穗县、天柱县、锦屏县、黎平县[①]南北连接一体，纵贯今贵州省黔东南苗族侗族自治州东端，与邻省湖南新晃、会同、靖州、通道和广西三江等县毗连。在古代文献上，大致说来包含湖南与广西的这一片区，宋代称为"五溪蛮地"[②]，元代进一步细化为九溪十八万洞生苗地区，经过至元二十年（1283 年）"讨平"九溪十八万洞，相应出现一个准行政化的名称"古州八万洞"，泛指今黔东南东部这一区域，并开始对"古州八万洞"部分地区实施"羁縻制度"作实质性的建置行政管理，即设立"长官司"，其中最边远的一个长官司是"古州长官司"，本项研究重点关注的清水江支流乌下江的黎平县罗里乡就是古州长官司的中心和司治所在地。

明代又以一个特别的政治地理术语"边疆"地区来概括。这里的边疆，不是国家的国土边疆，而是国家"内地边疆"。所谓内地，通常以一个更广泛使用的概念"内地化"来指称，即是在大一统的国家领土内，那些还没有完全纳入到实行内地化行政管理的少数民族地区，即民政管理以组建国家各级行政建置机构进行管理，如府、县内的基层民政乡、里系统。所谓边疆，一方面是指那些建置为不同于内地乡里的基层机构——长官司所治辖区，另一方面是这些长官司也涉及不到的区域，但在国家意志里也是"王土"、也是"臣民"，这种府内行政多是长官司的构成，故这些府往往俗称为"土府"。同时在土司地区普遍设置卫所，这类卫所也称之边卫（所）即边疆地区设置的卫所。由于形成同一区域内府卫并立的行政军政管理体制，故往往又称之为"军民府"。明洪武二年（1369 年）湖南靖州建置为靖州军民府，在辖地内置天柱所，明永乐

---

① 由于本研究的基本文献资料是清水江文书。清水江文书发现地主要是三穗、天柱、锦屏、黎平四地，这 4 个县档案馆收集的清水江文书都在 2 万件以上。

② 清水江流域为沅水上游地区；沅水上游北部地区也因有"雄、横、潕、辰、酉"五条水流贯穿，故称"五溪"地区。又因这里自古以来就是少数民族聚居之地，宋沅州知州朱辅在《溪蛮丛笑》中称："当地蛮夷"，故有"五溪蛮地"相称。在明代，"五溪蛮地"包含了四川、湖广、贵州三省毗连处的广大地区。当地居民社会组织称"门款"，分为小款和大款等层级，又因"款"分布地域广阔，在侗款款词里有"头在靖州，尾在柳州"之称。

十一年（1413 年），贵州建省，新建黎平府即是黎平军民府。

这一行政地理特征更常被地方文人以"楚边"一词来指称。"楚边"一词是一般地方志中解释"内地边疆"概念的具体化名称。如主要论述明代湖广行省防御侗、苗民族纪事的军事著作《楚边图说》[①]，其"楚边"在地理上就是本省与贵州山水相连的边远少数民族地区沅州。在后来由湖广行省辰州知府编著的《楚边图考》讲得更是明确，称晃州西路之境"接连黔省，非惟本邑关门，实全楚边徼重地"[②]。光绪《会同县志》也讲道：会同"逼近天柱，为控制黔界，……黔境不靖，扰及楚疆。"[③] 可见，今湖南省湘西与贵州黔东南州毗连地区，传统上都被文人称之为楚边、楚疆。

"边疆"或"楚边"指称都被赋予一省边远地区之意，在清水江流域地方志中也有清晰的地理概括。明代永乐十一年（1413 年），贵州建省，一条驿道纵贯贵州东西，这条驿道被郭子章称为"一线道"，"……从古不入版图，我朝但因云南而从此借一线之路，以通往来。一线之外其皆夷峒"，其意即政府行政可控范围，仅辐射在驿道两侧，之外便是边远的无羁縻的"夷峒"[④]。清水江流域就是在这条一线道辐射之外的边远地区。如描写今三穗县时称："贵州镇远府邛水一十五洞蛮夷长官司杨胜武奏：'本地极边地方与黎平、新化二府，赤溪湳洞等处接壤，数被蛮寇乘间肆害，民不安业'"；"镇远府邛水长官司僻在一隅，接壤楚蜀，苗贼出没为患。……关隘处建设四哨，添兵弹压，以威诸苗。部复从之"[⑤]。（万历）《贵州通志》记邛水长官司（今三穗县——引者注）的政治地理区位："南屏苗穴,北障民居"；记镇远县"四至"是"南至苗鸥邛水地界"[⑥]。

---

① 《楚边图说》，成书于明万历四十五年（1617 年），由沅州（今之芷江侗族自治县）周继代、黔阳韩冲斗、凤凰何天宪等合编。
② 〔清〕俞克振、查惠修，梅峰纂:（道光）《晃州厅志》卷二十二"边防"，载《中国地方志集成·湖南府县志辑》第 65 册，江苏古籍出版社 2003 年版，第 123 页。
③ 〔清〕孙炳煜等修，黄世男等纂:（光绪）《会同县志》，载《中国地方志集成·湖南府县志辑》第 64 册，第 2 页
④ 〔明〕郭子章:《黔记》卷十三"止榷志"，载《中国地方志集成·贵州府县志辑》，第 304 页。
⑤ 贵州民族研究所:《〈明实录〉贵州资料辑录》四《宣宗德宗实录》，"宣德二年六月丙寅初二"，第 85 页。
⑥ 〔明〕王耒贤修,许一德纂:（万历）《贵州通志》,书目文献出版社 1991 年版,第 316—317 页。

（弘治）《贵州图经新志》中写道："新志：黎平虽在边幅，然与沅靖相悉。"① 万历二十五年（1597年）从靖州内新置出天柱县，其意义为已完成了"内地"建置。但当在远口设置巡检司时，"改远口曰镇远"，可见视远口地方仍然为边地②。在清水江文书中，也将邛水司与天柱县毗邻的赤溪一带称之为"边方"。一件文书提道："天启元年我六洞与边方良苗一十二寨共七洞二十一人为首。"③ 六洞，即今三穗县六洞河（又有赤溪、八挂河、小江称呼）流域，该流域内有天柱县、剑河县辖地，故而三县毗连地区此时都为"边方"。

　　明代清水江流域构成的贵州与湖广、四川三省交界的地理特征，无论称为"边疆"，还是"楚边"或"边方"，明代文献上更多的是以生界或苗界相称，清康熙时编纂的《贵州通志》称这一数省毗连的边幅地带为"苗界"，湖南清代文献也称"晃州厅中路接黔苗"④。清代文献更多地称为苗疆，乾嘉时期主要活动于贵州黔东南的严如熤（1759—1826年）在其所著《苗防备览》中，往往有苗界方位所指⑤。苗界或苗疆，作为一个动态的历史概念本身具有多重含义，一方面指内地边疆，另外还有二个内涵，其一为熟苗，其二为生苗，以晚明时期古州最典型，古州有"里古州"与"外古州"区别。古州自元以来就是内地边疆，到晚明和清初，外古州社会发展为"熟苗"，即是"入版图"的那些长官司属地，里古州为生苗。就此意义而言，里古州可谓之"边疆中的边疆"。

　　到晚明和清初，由熟苗与生苗构成的内地边疆与"边疆中的边疆"分界线就是清水江的主泓道。主泓道流经今天的都匀、丹寨、麻江、凯里、黄平、施秉、台江、剑河、锦屏、天柱等市县，内地边疆与"边疆中的边疆"分界线由

---

① 〔明〕沈庠删正，越瓒编：（弘治）《贵州图经新志·贵州黎平志》卷七，载《中国地方志集成·贵州府县志辑》第1册，第76、77页。

② 洪武三十年（1397年）正月庚申（初七）置镇远巡检司。初，靖州会同县言："天柱有千户所漏（巡）检司，而所属远口乡边临清水（江），吓蟆、船头诸蛮洞乞移天柱巡检司镇之，（为）便。至是，改远口曰镇远，移巡检司，增弓手七十人。"《〈明实录〉贵州资料辑录》，一《太祖洪武实录》第102页。

③ "崇祯四年三穗瓦寨开市合同"，三穗县档案馆藏。

④ 〔清〕俞克振、查惠修，梅峰纂：（道光）《晃州厅志》卷二十二"边防"，载《中国地方志集成·湖南府县志辑》第65册，第122页。

⑤ 林芊：《明清时期贵州民族地区社会历史研究——以清水江为中心历史地理的视角》，知识产权出版社2012年版，第4—9页。

西向东至锦屏县境这一区间，主泓道以西、以北地区属于行政建置区，以南则属非行政统属区的"生苗界"，即边疆中的边疆；锦屏县境以东下游一段区间，以主泓道和支流乌下江（瑶光河）为界，主泓道以南、乌下江（瑶光河）以西地区，则属非行政统属区的"生苗界"。如果要测算"边疆中的边疆"面积，就东西距离而言，从西往东方向，（"东南到湖广五开卫八万生苗界二百里"①）；从东往西方向，据《贵州图经新志》"黎平府"载："西北到古州苗界三百里。"②那么都匀府以东二百里外与黎平府以西三百里外之间广阔地带（即从今都匀市区与黎平县城德凤镇间的距离除去五百里），就是明代的生苗区；再从南北距离而言，凡流域内清水江主泓道以南、都柳江流域以北广阔地区，南北间距离当在北纬 25°26′ 至北纬 26°40′。今天的凯里清水江主流东部、丹寨、雷山、台江、剑河、锦屏西部、榕江西北部皆在明代生苗界范围内，也就是此时的边疆中的边疆。

复杂的人文地理还体现在其包含有民族历史地理构成上。中国的"内地边疆"在西南则主要是指少数民族聚居地区，包含清水江流域在内的"溪蛮"地区或者古州十八洞，是我国最大的侗、苗族地区。明万历二十五年（1597 年）湖广靖州卫天柱所改所建县时，其县辖地就是"割会同（属靖州）远口乡第七图一里、上下洞乡三里苗民一里"③组建，其构成中的"上下洞乡，三里苗民"充满着浓厚的少数民族含义，即今天称之为侗族与苗族的少数民族。类似如六洞河流域内的"邛水长官司，一十五洞平分三十三屯"地区，贵州巡抚郭子章在其《黔记》一书中往往以"某某苗"示意邛水长官司地名方位。

历史文献上无论苗界或苗疆、生苗、熟苗的称呼，都是当时朝野对清水江流域本地居民的一种习称。不仅从其地域分布的界限来区别，其实核心是对当地居民的民族构成的一种描述。至晚明时，熟苗大多反映今天侗族及其生活地

①〔明〕沈庠删正、越瓒编：(弘治)《贵州图经新志》卷八《都匀府》，载《中国地方志集成·贵州府县志辑》，第 93 页。
②〔明〕沈庠删正、越瓒编：(弘治)《贵州图经新志》卷七《黎平府》，载《中国地方志集成·贵州府县志辑》，第 76 页。
③〔清〕孙炳煜修、黄世昌等纂：(光绪)《会同县志》卷二《建置·里村》，〔清〕祝钟贤修，李大嵩纂，(康熙)《靖州志》卷一，《中国地方志集成·湖南府县志辑》第 64 册。

区，他们与汉族屯民有长期的生活交往；而生苗大多指今天的苗族及其生活地区，因与汉族屯民生产生活交往较晚，且更多生活在远离汉族生活地区，故又有生苗界的称呼。其实，苗界、生苗或熟苗，就是明代"内地边疆"概念最具民族、人文内涵，又最生动、最具体的清水江历史地理概念的表述，甚至民国时期，生活在原苗界地区的少数民族，还在国家文件中以"边胞"相称。因此，作为人文地理，内地边疆也是一个包含丰富民族关系的概念。

今天，本项研究所关注的清水江中下游地区，就是全国最大的侗、苗民族聚居地区。三穗县全县居民中侗、苗民族占 75%，天柱县全县居民中侗族占了全县人口的 67%、苗族占 31%，锦屏县全县居民中侗族占 49.37%、苗族占 37.57%，黎平县全县居民侗族约占 75%、苗族 15% [①]。

（三）行政地理的二元结构

元末明初，中央政府对清水江流域内的土司地区进行屯军开发，不光设立卫所，还建置府县，明洪武时设置了靖州卫、武冈卫、镇远卫、五开卫、铜鼓卫等，卫下又设基层所，形成军管的卫所制度。同时在民政上设置府县，在湖广行省设靖州府（军民、直隶州、府），今天柱县即是其行政辖区之一；镇远府，今三穗县即是其行政辖区之一；黎平军民府，今天的黎平县与锦屏县是其主要行政辖区。形成卫所、府县与土司并存的行政体系。

明代国家权力进入贵州少数民族地区的方式，一方面以设立卫所的"军屯化"方式进入，另一方面将其进驻地区逐渐行政化，即所谓两轮驱动。而行政化呈现三种形式，一是卫所化，二是编户为乡、里的普通民政制度化，三是"土司化"。所谓行政"土司化"就是将行政权交由当地土著上层自行管理。它们是明代国家通过军事或政治方式，将还未纳入到中央政府行政管辖区的少数民族边疆地区纳入到国家行政体系内，也即民族地区"新疆"行政化建置过程，所形成的一种行政二元化的特别行政地理：在上层行政建置上是卫（所）与府、县（土府、县），在基层是屯（堡）与乡里的乡村社会。这一特征在官方提请清理田地的文件中有所总结，一件天启四年（1624 年）二月丙午的文件称贵州

---

① 各县居民的民族构成数据，均引自各县的政府网站对本县县情的介绍。

一省"其田大约有三,一曰军卫屯田,一曰土司夷田,一曰有司民田。初制犬牙交错,三相互溷,……莫若及今亟作一番开拓,逐一清丈,某系屯田、某系民田、某系夷田……"① 万历二十五年(1597 年)官员兼学者王士性在其《广志绎》一书中,对内地边疆二元政治地理特征有过经典描述,他写道:"(贵州)……初只有卫所,后虽渐渐改流,置立郡邑,皆建于卫所之中,卫所为主,郡邑为客,缙绅表祝圣皆在卫。卫所治军,郡邑治民,军即尺籍来戍(汉族)者,故卫所皆中国人,民即苗民。"② 揭示了内地边疆社会特征。

清水江流域国家行政系统的建立,其一是主要通过土司辖地的国家化来完成,其二又在具体行政建置过程中,交织着对抗与接受的互动关系,具体行为就是政治冲突。一方面土司接受国家的改造,土民国家化,如一件铭刻于锦屏县偶里乡皆阳村狮子山下崇祯七年(1634 年)的碑刻追记:明代官府到锦屏与剑河两县接壤的偶里乡"理定赋役"。据《黎平府志》记载,曾经在明宣德时期归化两河口一带,彼时的"边方"化成内地。另一方面国家行政系统的推进也往往引发边方"苗乱"。因此,当我们阅读正史或者方志时,看到的是"征服"和"改造"两套叙事话语,征服即是以少数民族的"民变"为借口对内地边疆少数民族实行的国家军事征伐,而"改造"则是随征伐而后的国家行政设置,即史书记载中的"入版图"。这种矛盾与统一的政治行为往往使国家的治理方略很奇特:雍正时期大规模在西南地区实施改土归流,在贵州主要对都匀滥土土司进行改造,建府县行流官治理,也挟带清水江流域尤其是苗疆深处。一般人认为是清水江改土归流也是建府县行流官治理,其实不然,反而是在"征服"疆苗后的"新疆"地区设土司进行治理,而非流官。新疆地区设土司进行治理的政治思想在乾隆初期的贵州巡抚张广泗"治理苗疆策"中有充分表达,他倡导在征服苗疆后施行"以苗治苗"政策,行政上推行土府治理策略。这就是为什么今天遗存的许多清水江清代各朝土地买卖文书中,对田赋的记载往往有府粮、屯粮与司粮的区别。府粮是实行国家行政的象征,屯粮是国家军政的象征,

---

① 贵州民族研究所编:《〈明实录〉贵州资料辑录》十四《熹宗天启实录》,第 1215 页。
② 〔明〕王士性:《五岳游草·广志绎》,中华书局 2006 年版,第 325 页。

司粮则是土司行政的象征。

基于上述人文地理性质，明代清水江流域显示其社会发展三大特征，从国家地理位置来说，是国家的内地边疆；就区域地理来说，是今天湘、黔二省接壤地区的边区；从民族构成来说，是我国侗族、苗族主要聚集地区；从行政地理来说，该区域在明代分属三府四卫①。

二、清水江流域的社会经济生活

由于在国家政治生活中"内地边疆"的地位与区位，清水江流域的三穗、天柱、锦屏、黎平四县在明代与内地行政建置最大的不同，是其行政地理范围内三府四卫错杂。因而三府四卫的基层组织不仅是国家编户的乡里普通民政制度、土司的少数民族特殊民政制度，更主要的是还分布着军事性质的地方组织"屯"或"堡"。构成了区域内土司、所堡与乡里错杂，苗民、屯民（军伍）与民人相互混处的复杂政治行政系统。同时复杂的政治行政系统也造就了特殊的内地边疆乡村二元化社会生活。

（一）清水江流域基层社会生活的二元性

二元化社会生活，在明代以来部分方志史书及官方文献（如《明实录》等）中有些微粗线条的反映，在遗存的清水江各种契约文书中确有较为详细与生动的记载。从今天遗存的明代清水江契约文书看，明代清水江流域的契约文书皆是一种与内地一样的成熟文书②；成熟规范文书的使用必然是国家制度强化的结果，契约文书上附着的各要件实际上是国家相应制度在契纸上的反映，因此，明代清水江契约文书，实际包含着这一地区社会政治发展的史事。目前已发现的明代清水江文书只 14 份，我们解读这 14 份文书，并通过比对历史文献，可以再现这一地区的社会生活。

---

① 在明代，清水江流域今天的三穗县属于镇远府，黎平县为黎平府，天柱县属于靖州府。四卫为镇远卫、五开卫、靖州卫、铜鼓卫。

② 林芊：《国内成熟文书在少数民族地区的运用：明代清水江文书契纸样式简论》，《贵州大学学报（社会科学版）》2015 年第 2 期。

清水江明代文书无不是国家在民族地区推行二元性行政建置的行政地理环境下的产物。换句话说，基层社会的二元性必然也反映到各类文书上，契约 1-1 可以见证。

契约 1-1

永安乡□□□□□□□细仔□会，洪武二十二年□□卫当军随营住坐，田地抛弃。至□□六年回籍寻认产业。有□□里□□□□□□□遗丁□，甫后至□□□邦礼、覃心亮，备情具告本县，□□差里长粟天隆、老人梁汉方，□凭本甲人等诣田，□□□等，当官退出前后田地。与□□□，□□白就凭里老邻右人等，立写合同传批与本管里长粟文海、江耕种。秋粮米壹石陆斗柒升□□□送纳。立写合同二纸，在后再不许□□。□田开写土名于后：

——处板竹楹脚田，计种两斗五升，至□□□□

——处宝爽田，计种两斗，下至□□□□

——处寨脚田，计种两斗五升，抵□□□□

——处板溪田，计种一斗，抵□□□□

——处勤文斗，计种三斗五升

——处□林田，计种四斗，抵覃思保田

——处门首田，计种一斗五升，梁受□

——处庙脚水塘参□，抵田

——处大长冲，计种两斗，上抵□□□

计种一石参斗五升，秋粮米□□□七升

成化二年八月初□□□

情愿立写□同人　粟文海（画押）粟文江（画押）

里老　粟天隆（画押）梁汉方（画押）

同邻　梁□仕（画押）杨通行（画押）梁辛丑（画押）

□甲　石彦聪（画押）张　全（画押）粟胜乐（画押）梁　隆（画押）

□□书人　梁汉景（画押）

合同

批管。

（本合同上钤有官府的四方印记——引者注）①

文书内容可简化为四大要素：第一，立契事件是调解退还被侵占的屯军田地；第二，立契地点在永安乡；第三，主持调解的一方是"备情具告本县"；第四，参与文书见证人身份中有里老、□甲代表等。指出上述各要素的意义在于它透露出复杂政治行政地理的社会关系：从行政组织看，事件发生地一方面是国家行政基层单位永安乡，还有里、甲，这是成熟的明代国家基层组织，另一方面是卫所——靖州卫天柱所；从事主身份看，一方可能是国家的"编户"，另一方是"□□卫当军随营住坐"，是屯军匠户；从处理事件的"主官"性质看，前者属于军政，后者则是民政。本件文书内含的上述信息，告诉了文书产生于卫（所）和已纳入到国家行政区划内乡里的二元政治行政地理环境。这样，清水江流域的社会呈现出一种二元结构：军屯与国家编户乡里并列的二元基层社会，同是作为国家编户的乡里与土司并列的社会。

基层二元政治行政构成了土民—屯民—民人的乡村居民结构。契约 1-1 反映出了清水江流域居民身份中屯民的构成。契约 1-2 一份嘉靖三十五年（1556年）的地卖契反映出的居民身份则是"民人"。

契约 1-2

本人祖业管耕一处土名石榴山冲旷野荒地一冲，请中问到亮寨司九南寨民人龙穗传名下承买为业。当日三面言定议值价钱，吴王保、吴艮保名下银壹两柒钱，吴老二、吴老关名下一股银壹两柒钱，一共参两四钱，整入手回家应用去讫外。其荒地东抵石榴山，南抵大王坡，西北抵溪，四至分明。断粮（根）浚卖，任从买主子孙开荒修砌管业，再不干买主之事，亦无房族弟男子侄争论，二家各不许憣（反）悔，如有一人先行憣（反）悔者，甘罚生金三两，白水牛一只入官公用，仍旧成交。恐今人信难凭，立此父卖子绝文约永远子孙收照用者。

吴王保名下多银参钱正。

---

① 天柱县档案馆藏：WS-TZ-50-1。

　　明嘉靖三十五年十一月廿三日　　立约①
　　……

　　该次土地的买主龙穗传，其身份是"亮寨司九南寨民人"。所谓民人，《李化龙平播书》中说"中书省奏：播州宣慰司土地既入版图，即国王民"，"王民"即文契中的"民人"，官方的文献中也有表述为"民丁"，如《明实录》景泰五年（1454年）四月辛卯记载有"尚贵州镇远府邛水长官司副长官袁铨并总甲、小旗、民丁人等"，"民人"或"民丁"于后来文书中常见的"土民"，区别在于是否为流官与土官治理，前者是流官治理的民众。在徽州文书中也书写为"民人"。契纸上书写的"民人"显然是国家行政制度内的"编户民"在文书上的体现。

　　上述文书中事务人除有屯军（或屯民）"民人"外，还有"土人"。如契约1-3所示：

　　契约1-3
　　寨市乡民人陆勇、陆庆相等立断事。祸因本里方团将横事罗赖勇被情投诉老爹（爷）。龙处蒙、发乡老十数余人前来本乡理讲，不期杀伤人命，各申告上司。蒙委官员靖州卫王、平茶马倪周、零溪巡检魏，各会诣银良冲剃定人头钱两边相认。陆勇、陆庆相等该银叁拾两，当时辖办银牛，凭请乡老陆进银、潘安文酌中盟天立誓，生鸡血酒。其银交付龙穗传兄弟亲收讫，并无分文短少，千了万了再无异词。二家父子往来行走依俗相（亲），已亲叫唤不许生甦百端。二家不许幡（反）悔。如有人幡（反）悔执约赴官照验，甘罚约内前银入官公用，依旧成交。人信难凭，立此合同为照。
　　嘉靖二十五年九月二十九日　立　合同人　陆　勇
　　　　　　　　　　　　　　　　　　　　　陆庆相
　　　　　　　　　　　　　　　　　　　　　陆庆□

---

① 高聪、谭洪沛主编：《贵州清水江流域明清土司契约文书·九南篇》，民族出版社2013年版，第99页。本书所引锦屏县九南乡明代文书，皆转引自上书。

乡　老　陆进银

陆进能

潘安文

执照人　龙穗传 [1]

该文书内的寨市乡，康熙《靖州志食货志》明确指出其"属于苗里"。一般而言，屯民多是由随征军士或迁徙而来的汉民构成。土著民则是"土司"管理地区的天然居民，他们被称之为土民，民人身份的居民中，大多也是天然的土著民，但他们与土民不同之处在于他们是被编入里甲内，由流官进行治理的土著居民，或者原来是土民，但由于所属土司因"改流"而里甲化，身份也由土民变为民人。而作为民人其土地在名义上是国家耕种土地，因而必然有国家赋税，如所见到的明代契约凡涉及土地买卖，文书中都明确标注了赋额。据《明实录》载，永乐七年九月在亮寨、新化等十三蛮夷长官司设流官、吏目各一员 [2]。虽然据此尚不能肯定亮寨和新化蛮夷长官司行政上全部里甲制度化，其土民身份已演化为民人，但其土人是国家的编户则是无疑议的，并且土司辖地内已开始建置起完整里甲制度。就此而言，文书涉及的各土司已非彼土司了，因而有学者将其命名为土司契约是欠准确 [3]。于是清水江流域形成了"土民""民人""屯民"三种身份属性的社会结构。

此外，清水江流域还有远在国家行政"编户民"范围外的居民，即官方文献中所称之"生苗"。生苗大都生活于"边疆的边疆"地区，明代文书也有称之为"边方"。生苗都是原生土著居民。土著的构成又主要有侗族与苗族区别。顾此，由于其军民、土著民构成便形成了侗、苗民族与汉民相互杂居的社会生活格局。

---

① 高聪、谭洪沛主编：《贵州清水江流域明清土司契约文书·九南篇》，第 451 页。

② 贵州民族研究所编：《〈明实录〉贵州资料辑录》，第 10 页。

③ 高聪、谭洪沛就将编辑出版的清水江文书定义为土司文书，如书冠名为《贵州清水江流域明清土司契约文书·九南篇》。

（二）二元社会结构带来的复杂社会生活

二元社会结构带来的复杂社会生活，尤其表现在军政与民政上。清水江流域土司属民、卫（所）屯军和国家编户民人三类居民混杂相处，使日常社会生活变得很复杂。其复杂的社会生活在明代遗存的契约文书中都有反映，往往在一件契约内，书写的立契主体有屯军、屯民与土著等。如契约1-3所涉及的事务，从契约调解对象看是寨市乡民人（本里方团）与龙处蒙、发乡老，其身份判定可从前来调解冲突官员身份推定。前来调解官员有靖州卫王某、五开卫平茶守御千户所①马倪周、零溪巡检司魏某等。据此可以厘清立契人有三种复杂的社会身份：从行政属性看，除寨市乡民人身份外，冲突的另一方龙处蒙、发乡老则涉及卫、所的屯民及零溪土民；从民族属性看，寨市乡是苗乡，因而涉及汉军、汉民（屯民）与苗民，即后来以"锹人"著称的零溪平茶苗民，这与契约1-1文书极其相似。可见区域内居民社会生活往往是民政与军政、汉民与少数民族相互纠葛的复杂局面。

民政与军政相互纠葛的复杂关系还可从调解的人员及程序中反映出来。在已有的明代文书中，五件是官司调解文书，其中有两件是由告县衙处理，三件是卫所。如上引契约1-2是"备情具告本县"——靖州属会同县，是卫所成员向告官于民政。上引文书契约1-3则是民告官于军政卫所，事发双方"各申告上司"，而前来处置纠纷的官员分别是"靖州卫王、平茶马倪周、零溪巡检司魏"，其中平茶是千户所，零溪巡检司是带有军事性质的地方官员②。

清水江流域居民中汉少苗多的格局，汉族移民处境实际上成为弱势群体，政府的强大并没有促成汉人的优势。明代遗存文书所见军屯及屯民的处境——

覃家族的百年故事，就是最为典型的事例。天柱县坌处镇抱塘村有三份明代遗
存文书皆出自覃姓家庭，三份文书立契时间分别是成化二年（1466 年）、万历
二十四年（1596 年）、崇祯十六年（1643 年），三件文书立契时间彼此间隔都
在三十年以上，但从其内容判断是覃姓家族遗留下的文书，而且成化二年（1466
年）时覃氏为军户。三件文书书写的事务揭示出覃姓家族面临的各种社会冲突，
而这些冲突事件的发生与化解又提供了观察屯军屯民与编户民间生活的细枝
末节。

　　首先是屯军的土地使用问题，"成化二年八月初□□转租田合约"就披露
出许多信息，内容见本文上引契约 1-1。这是一份内容较为复杂的合同书，内
容可分为两部分，第一部分是吐退霸占屯田纠纷的追述，第二部分是本次立契
的合同——屯田转租。关于转租问题留待本文第四节再作讨论。第一部分实际
上是第二部分的前提，意在讲明本次立契转租田的法律关系，大意是该田是屯
军户份田，户主覃姓在洪武二十二年（1389 年）出征，至天顺六年（1462 年）[①]
其后人回籍后发现屯田被外姓霸占，于是与自己族人一同"备情具告本县"，
经审案霸占者最终吐退出所占田产。覃姓户主即在成化二年（1466 年）八月又
将屯田转租乡里民人耕种，即这次立契的主要事项。虽然仅仅是追述了起于天
顺六年（1462 年）的一次官司，却透露出了出现在屯田上的纠纷。屯军的屯
田是可被外姓霸占，但是，军屯利益却一直受到国家保护。否则，荒屯并事隔
七十多年的土地是很难能确认和追回。

　　其次是屯民的社会处境及变化问题。清水江流域二元社会内身份不同的三
种居民中，屯军本应当是强势，但随着社会变化军户也面临着许多问题，很多
时候成为弱势群体[②]。这在覃氏家族社会生活史中时有发生。事件过程如契约

---

① 原文是"□□六年"，现据契约内容推断，大致是天顺六年（1462 年）。
② 军户逐渐沦落成弱势群体的历史过程，在清水江流域万历年间的"卫府之争"事件最为典型。
明万历八年七月五开卫属之新化、隆里、平茶千户所屯军不服黎平府行政管理，发动叛乱，史称"五
哗之乱"。兵变最后被镇压，兵部复议五开卫处置事宜："一移靖州参将于五开以资弹压；二移辰
州通判于靖州专司粮饷；三责成卫官以职罪本；四严捕贵恶，以遏乱萌；五辰沅道兼治黎平，通
五开血脉；六更调兵备龙清武、张思忠。"五开卫军叛事件实际为颓败的汉军的反抗，也表明此
时屯军不是强势团体，这是中国屯政史上一个不同之处。

1-4 所述。

契约 1-4

告状人覃大贵①、覃在□□（保）安二军藉状告□□批照□后事。原有祖塘□□田□□□□□，今遭□户热（强）豪梁鳌忠、梁鳌模、梁肇发、梁鳌重、□□户把持，今见本户人丁□弱，当丁去记存□回查照通屡心不耳，请新管石朝□、石朝□理论。祖塘原有梁肇发祖公梁贤业凭邻粟诰屡□□帮补银钱一两，其塘水莭代覃大贵□田到今。梁家不存天理，□□绝水。二家告县蒙县老爷断明塘水不得梁鳌重，从后不得以强欺弱绝水，再不得子孙□邀水旱禾取供发落在后，无得争占水源。 伏乞

天 台偿批 一度民□欺害阴□同天 恳告批照。准照（钤官府印章一方）

万历二十四年月廿六　告批人　覃大贵

　　　　　　　　　　　中　人　粟志保

　　　　　　　　　　　当　年　梁盛汝

（准照二字上钤官府印章一方，批告人、中人、当年三人名字上共钤官府印章一方。引者注）②

从文书上看，继覃氏家族天顺六年（1462 年）纠纷解决和成化二年（1466 年）立契约后 30 年间，军户覃姓家族与当地梁姓家族时时有冲突发生，而且处于被压制处境。此次事件即是覃大贵因不甘强豪梁鳌忠等霸占水源而诉状于县官，最后是"县老爷断明塘水不得梁鳌……以强欺弱绝水。"虽然结局是军户的利益得到了保障，但透过利用自然水源使用权上梁姓家族的作为，可体会到隐藏在两个家族背后的长期矛盾，一是从成化二年（1466 年）文书整个内容信息判断，那时收回的土地应当是从梁姓家族手中收回，二是从那时到万历二十四年（1596年）两个家族矛盾再次恶化，覃氏不得不告官，表明长期以来覃氏家族实际上

---

① 此文书中的军藉覃大贵，显然与成化二年事件主人是同一家族。因为两份文书同出自抱塘村的同一家族。

② 天柱县档案馆藏：WS-TZ-50-2。

处于被梁姓压制的处境中。

覃姓家族面临着的冲突似乎是没有完结，一份文书表明他们又面临着向氏家族凌辱三十余年，最后在崇祯十六年（1643年）覃礼江等联合众姓协议，众志成城对付向氏家族而为此共立契约合同，内容见契约1-5。

契约1-5

立合同人覃礼江、秦礼枝、易（杨）道蒲、黄万美、舒礼蒲众姓。今因豪强向朝堂父子成群，强买□付堂土名莫家弯田丘，向朝贵得买李家田共谷三十子石。开示洪武到今，自吃候家洞井水，并本田内井泉水两处救济莫家田丘。到今□遭到天胆豪强向朝堂、向朝贵等兄弟父子，以财为势，心意吞谋土名大井塘□水。父子横豪不思来历不问业主□因侵占；道园泉水各有界址，此水系□救济道园百拾子石田丘。棍恶强占众姓遭害姓命难延，众议以后向朝堂、向朝（贵）无故生端，时将别处田地山场坟地等事以仇相报。众议照禾把谷石，出头向前理落，不得联累一人受害。如有合约内一人乖奸内应外活（合），众人言论执合同赴上，依律重究。恐后无凭，立合同参张一样各取为照。

众议参拾余年，众议合同大吉为照。

覃祖湖（画押）

崇祯拾陆年六月初拾日立　合同人众姓　蔡礼相（画押）

蔡仪合（画押）蔡礼荣（画押）向必耕（画押）

易崇宣（画押）易道汉（画押）

□□人黄卯忠（画押）覃礼堂（画押）蔡礼完（画押）

易道潭（画押）

易崇周（画押）

覃礼□（画押）覃礼海（画押）①

从文书内容看，三十多年来财大气盛的向氏家族在买田过程中不仅采取强买，还践踏几百年来的传统侵占覃氏等乡民浇灌田地的水源"大井塘口水"，

① 天柱县档案馆藏：WS-TZ-50-2。

又生事端"时将别处田地山场坟地等事以仇相报"。覃氏家族等乡民不得不团结一心共同对付向氏家族霸道行径。该合同就是因此而协定。

透过覃氏家族文书及其他文书，可以总结出一些清水江流域社会生活及其变化特征的痕迹。首先，农业生产尤其是生产资料是一切社会生活的中心事项，缔结契约似乎都是因它的需要而产生；其次，无论是田土或水利事件都以合族的形式发生和解决，因而社会冲突往往以合族的冲突而呈现出群体性事件特征；再次，文书中内容包含的时间概念表明，这种社会生活的复杂性又有"长时段"的社会特征，似乎表明它是一个地区的不变的日常生活，或者一个事件往往伴随一个家族数代人的时间。其一是事端都可追溯到以往数十年甚至上百年。成化二年（1466年）的纠纷缘于洪武二十二年（1466年），覃潘两家族万历二十四年（1596年）、崇祯十六年（1643年）事件文书有"开示洪武到今"的上百年时间概念。此外某些事件冲突不息动辄达数十年，如崇祯十六年（1643年）文书写道："众议叁拾余年。"更重要的是，在长时段中居民的社会身份也在悄然地发生变化，从而改变着当地的社会结构。如覃氏家族的身份，自洪武到万历年间还保持着军户身份，但在清顺治八年（1651年）的契约中，又已无军户的特别标识，是否意味着整个家族自万历以来历经百多年变迁，已由军户转为民户，由汉人而变成土民（汉变夷），它似乎是在表明屯田制度在本地区逐渐破坏而后消失的历史变化痕迹。这就是内地边疆社会发展的一个悖论：本来军屯及卫所是建置府县（省）的重要举措，而府县化则削弱了卫所职能并最终融化在府县内，从而建置行政完全的民政化。

第二章
明代清水江流域苗侗地区的土地分配与地权变化

一、明代清水江流域的土地占有制度

（一）元末明初的土地制度

明永乐十一年（1413 年）贵州建省，之前其版图分属湖广、四川、云南与两广行省，元朝中央对这一片几省"边疆"交错、主要是少数民族聚居地区采用羁縻方式进行管理，分别建立了许多宣慰司、安抚司、长官司三级机构，任用当地民族上层人物为各级行政官员，这种机构历史上简称土司制度。土司制度行政官员称为土官。元至元四年（1338 年）时，清水江流域古州、潭溪、龙里、洪州诸洞三百余处，洞民六万余户，分隶靖州、中古州、洪州，均隶思州安抚司，龙里则隶管民总管府。

明初承袭元代的土地占有形式。那么，元末今贵州境内的土地占有制度是什么形式呢？洪武十五年（1382 年）三月丁丑，征南大将军傅友德等为解决军需问题，在给朱元璋的奏折中讲到思南田氏宣慰司的情形："……元末土田多为僧道及豪右隐占。今但准元旧则，于岁用有所不足。……宜以今年府、州、县所征，并故官寺院入官田，及土官供输、盐商中纳、戍兵屯田之入以给之。"[①]奏中提到的"府、州、县所征"，即是由普通农户向国家缴纳赋税的民田（私田），"僧道及豪右"是其中的大土地占有者；奏中所言的"土官供输"，则是元代起在今贵州境内少数民族地区的羁縻土司领地内的夷田（苗田）。可见，元末明初贵州田地主要类型是府州县所征田赋的民田、土司领地内的苗田、军民屯田，

---

① 贵州民族研究所编：《〈明实录〉贵州资料辑录》—《太祖洪武实录》，第 10 页。

此外还有官田。

土司占田制度是贵州最古老的土地私人所有制度，明代永乐时期改土归流，废思州宣慰司等土司建贵州省，但仍然保持了众多的蛮夷长官司，仍然承袭着旧的土司占田制度。只不过土司权力随着中央政府推行改土归流势力日益削弱，土司占田制度也发生了民田化的变革。如永乐年间，思州"宣慰司以不法去其籍，其十八庄田而起科，则曰秋粮。后小民亦得稍稍开垦以为业"[①]，讲述了废除思南宣慰司后，原土司私人田产变成了起科秋粮的国家民田，原领种土司田地的"小民"，也开始有了自己耕种的田地，这种自耕田实际上也是向国家缴纳赋税的民田。尽管土司领地不断地被改造，但到清代乾隆时期又因清水江流域"三千里生苗"区的改造，土司占田制度反而在所建置的"新疆六厅"复辟，直到清末。如清末时人针对当时土司制度写道："土司境内……有官田者，皆坐食享乐；有役田者，其大半不升科，不纳税，惟供差遣供力之役。官田遍于四境，给民佃种，收其租入。此种制度在西南各土司中，大率相类。"[②]

清水江流域元时就在思州的行政区划范围内。虽然此后从思州行政区划范围内析出版图，清水江流域先后在湖广置靖州（1368年），在贵州新置镇远府（1413年）、黎平军民府（1414年）、新化府（1414年），但仍然保留了其境内的旧有蛮夷长官司，仍然维持着土司占田制度。如嘉靖十四年（1535年）镇远府通判杨薰命土官袁恩建的邛水长官司于荡洞（今三穗县六洞河畔的长吉镇），到嘉靖二十五年（1546年）邛水长官司内有田2496亩。黎平府还不断增置土司，蛮夷长官司达到了15个，其中如亮寨长官司有田1566亩，古州司有田2680亩。

（二）明清时期军屯制度下的土地占有制变化

从现有文献看到，明洪武朝以来土地占有制度最大的变化是屯田得到了最充分的发展。据《明实录》记载，伴随卫所的推进，清水江流域屯田也随之铺开，

---

① 〔明〕钟添纂，田秒删补：(嘉靖)《思南府志》，载《中国地方志集·贵州府县志辑》第43册，第540页。
② 刘介：《岭表纪蛮》，商务印书馆1934年版，第139页。

现摘举《明实录》数例以为见证。

> 洪武十八年四月丙辰，置五开卫指挥使司。思州诸洞蛮作乱，命信国公汤和为征虏将军，江夏侯周德兴为之副，帅师从楚王桢讨之。时，蛮寇出没不常，闻王师至，辄窜匿山谷，退，则复出剽掠。和等师抵其地，恐蛮人惊溃，乃于诸洞分屯立栅，与蛮民杂耕，使不复疑，久之，以计擒梁魁，余党悉溃。师还，留兵镇之。（《明实录·太祖洪武实录》卷172，第7页）

> 十二月乙巳，湖广都指挥司奏请运……五开、黄平、平越等卫军食物。上览奏，顾谓户部臣曰："……五开等卫亦令军士屯田自食"。（《明实录·太祖洪武实录》卷179，第9页）

上引史料看到，朝廷在进行"讨叛"时，就预先设计了"乃于诸洞分屯立栅，与蛮民杂耕"的屯田政策，并且在洪武十九年（1386年）在黎平府境内五开卫屯田便落实下来。

> 洪武二十一年四月丁巳，湖广五开之靖州置驿十二，驿夫以刑徒充之，乃令屯田自给。（《明实录·太祖洪武实录》卷90，第3页）

> 洪武二十三年正月乙酉，赏延安侯唐胜宗钞一千锭，以平苗蛮之功，仍命同凤翔侯张龙往黄平、平越、镇远、贵州诸处练军士，提督屯田，相机征剿余蛮。（《明实录·太祖洪武实录》卷199，第5页）

> 三十年九月癸亥，城铜鼓，敕楚王桢、湘王柏曰："……各以新军一万、铜鼓卫新军一万、靖州民夫三万余筑偎城，每面三里。……期十一月讫工，令铜鼓卫指挥、千户、百户守之。其铜鼓军士除留一千守卫，余从总兵官征进，至耕种时仍还本卫。"（《明实录·太祖洪武实录》卷255，第2页）

> 洪武三十一年三月庚申，命户部谕商人于铜鼓、五开、靖州纳米，以湘乡、澧州盐给之，不足则以淮盐、浙盐。户部议定输米：靖州三石、铜鼓二石五、五开二石，皆予湘乡、澧州盐一引，输米一石，则与淮浙盐，并不拘次支给。从之。（《明实录·太祖洪武实录》卷256，第7页）

从上引史料可知，朝廷在清水江流域的屯田规模向纵深发展，除在地域上不断四处扩张外，还投入了更多的屯军，并推行民屯、商屯。

屯田与屯政构成了清水江流域土地所有制度的一种新形式，从此屯田与屯政成为了清水江流域社会经济生活的重要环节。尽管到晚明屯田制度衰败，但清朝建立，雍正朝在贵州清水江流域苗疆大规模改土归流，主持苗疆改土归流事务的巡抚张广泗，一方面在新疆六厅"复辟"土司占田，另一方面又筹划在新疆六厅[1]全力推行屯田。为此张广泗在乾隆元年（1736年）十二月十五日上"议覆苗疆后事事宜疏"中提议：

> 苗疆田土尽属水田，亦非若塞外陆地易为耕种，营汛兵丁行伍差操是其所长，农亩之事未谙，至其子弟中虽有能耕者，为数多不敷……先尽兵丁子弟内之能耕种者招令承领外，但兵子弟无多。查前经督臣尹继善因逆苗蠢动，饬令通省招募新兵五千余名训练，以及一年，技勇娴熟，今军务告竣，现在酌减归农。应即在此新兵内招其能种田亩，并情愿前赴苗疆承领者给与耕种。如仍田多兵少，即就近招募年力精壮可充兵丁人令其领种。招集汉民不若添设屯军。屯军与汉民不同，汉民三时力作之外别无余事，屯军于农隙之时，当令操演训练，遇事调遣行走，应筹画充裕庶无缺乏之虞。[2]

一件清水江文书表明（参见图 2-1），直至道光朝清廷还在清水江流域强化屯田。

---

[1] 清雍正六年，中央政府在清水江流域的广阔生苗地区推行大规模的改土归流。清水江流域生苗地区在清初被称为"苗疆"，改土归流后，苗疆被称为"新疆"，在该区域内建置六个专理少数民族事务的县级派出机构——厅，史称"新疆六厅"。
[2] 张广泗："议覆苗疆后事事宜疏"，载〔清〕鄂尔泰等修，靖道谟、杜诠纂:(乾隆)《贵州通志》，贵州人民出版社 2000 年版，第 1489—1490 页。

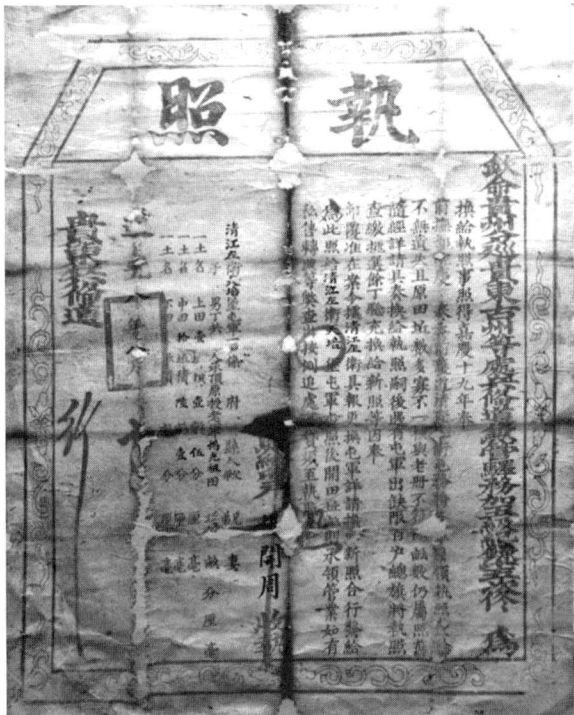

图 2-1　清道光八年八月清水江左卫屯田执照页影

当然，明代田制的主体仍然是民田。民田是关系国家民生最主要的经济支柱，所以一直得到很好的发展。如成化四年（1468 年）十二月初一日，巡抚贵州右副都御史陈宜奏："镇远、黎平二府粮储积多，恐岁久腐烂，缘二府与湖广镇远、五开二卫共计一直在，请令二卫官军支给，……庶粮不积放于无用。""从之。"① 天启四年（1624 年）二月丙午日，巡按贵州御史侯恂"言拯黔事宜疏"中议论贵州财政经济问题时讲道："黔中在万山间，……其田大约有三，一曰军卫屯田，一曰土司夷田，一曰有司民田。初制犬牙交错，三相互溷……"② 上述官员对任上"镇远、黎平二府粮储积多"事实的基本描述，无异于表明，民田在生产环节中占有主导地位，同时，由于特别的政治地理，直至明代晚期，贵

① 《明实录·宪宗成化实录》卷六十一，第 1 页。
② 《明实录·熹宗天启实录》卷三十九，第 12—14 页。

州土地所有制的基本形态是屯田、夷田（苗田）、民田。

明代清水江流域地权分配及变化，主要体现在苗田与屯田上。土司本来就占有领地内的大量田地，但是大小土官们却不时地侵吞土民田地。如有文献记载，土官"见民薄有田土，往往寻事立名，责令刻木送与当钱了息。……土官目把等，即将前田视为己业，管种收租，甚至挽着无粮之田，索取加倍之值，典卖于人"①。以至引发出现土民举田地向国家纳赋，愿意成为国家"编户齐民"，苗田转化为民田的倾向，早在永乐十二年（1414年）三月二十七的报告内就有记载："贵州镇远府绥宁等县苗蛮三十七洞，千六百余户，请占籍为民。"②明代中晚期，清水江流域屯田不断遭到破坏，屯田流失。屯田分地进入土地买卖市场，许多农户为增加田地购置屯田分地，屯田遂转化为民田。屯田不断流失这一地权转移态势，屡屡成为政府焦虑的事务，两种田制的变化及地权转移的趋向，一直持续到清朝。

二、明代清水江流域的地权形态

（一）清水江文书所内涵的经济史信息

2010年时三穗县、天柱县、锦屏县和黎平县的档案馆，已收藏有近20万件清水江文书，但还没有发现一件明代文书，因此这就使人们的历史认识局限于清到民国时期，直至2010年后明代文书才有了发现，目前为止被挖掘出来并公之于世的文书有15份，如表2-1所示。从时间上看15份文书产生自明代中后期，其中最早一份在成化二年（1466年），最晚一份是崇祯十六年（1643年），前后历经177年。明代中后期历成化、弘治、正德、嘉靖、隆庆、万历、泰昌、天启、崇祯九朝，文书缺少弘治、正德、隆庆、泰昌四朝，若考虑到泰昌朝仅一年可忽略不计，实际上仅缺少三朝。因此，它几乎可以视为明中后期各朝的历史见证。更重要的一点是文书所担载的历史信息，都是明代社会经济活生生

①〔明〕谢东山删正，张道编辑：（嘉靖）《贵州通志》卷十，第486页。
②《明实录·太宗永乐实录》卷九十一，第11页。

的现实写照，事务涉及屯军与土民间的生活，如土地纠纷、土地买卖、田赋缴纳认定、家庭事务等细枝末节，让人近距离地观察到事件起因、过程、后果的处置等完整情节，乃至文书中透露出的立契当事人双方心态皆可体察领会。这都是官府文件和许多方志所缺载的生动史料。文书中鲜活的历史场景可以从微观上呈现出现实社会经济生活，还可以微见著地观察到国家在少数民族地区的土地管理、赋税制度等制度建设。因此，新近发现的明代契约文书则为我们探测明代边疆少数民族地区社会经济生活史洞开了一扇门户。

表 2-1　已发现的明代清水江文书

序号	立契时间	立契地点	立契事件
1	成化二年八月初□□	天柱县坌处镇抱塘村	吐退屯田及转批合同
2	嘉靖二十五年九月二十九日	锦屏县敦寨镇九南村	陆勇、陆庆相等命案调解合同
3	嘉靖二十八年□月□□□	天柱县坌处镇抱塘村	覃姓兄弟分关契约
4	嘉靖三十五年十一月二十三日	锦屏县敦寨镇九南寨	吴王保石榴山冲荒地卖契
5	隆庆六年二月二十一日	天柱县兰田镇	杨光雪等断卖阴阳山地诸木契
6	万历十四年四月二十二日	天柱县地湖乡岩古村	潘姓兄弟阴地分关契约
7	万历十四年十月十七日	锦屏县敦寨镇九南村	潘贵银立断卖租禾契约
8	万历十八年二月十八日	锦屏县敦寨镇九南村	潘元怀等长坪断卖契
9	万历二十四年□月二十六日	天柱县坌处镇抱塘村	军籍覃大贵告强豪梁鳌忠状
10	万历四十一年十月廿七日	锦屏县敦寨镇九南村	为载粮贻害事判决书
11	天启元年闰二月初十日	天柱县竹林乡梅花村	潘合孙卖田地契
12	崇祯二年	天柱县竹林乡梅花村	吴邦华卖田契
13	崇祯四年三月十六日	三穗县雪洞镇小新村	设立瓦寨开场合同书
14	崇祯十年六月十九日	天柱县远口镇黄田村	杨后昊等卖山地头契
15	崇祯十六年六月初十日	天柱县坌处镇抱塘村	覃礼江众姓应对向朝堂等合同

农业生产最基本的生产资料是土地。在清水江流域土地的自然形态有水田、土（旱地）、荒地、山地、林地、屋基、阴地（坟地）、塘田等；土地的社会属性有土地的来源、土地的性质——国有的屯田和私有民田、土地的赋税情况、土地的价格，还有土地买卖、土地经营如租佃典当等经济活动。清水江文书中每一份文书都或多或少地将明王朝时期清水江流域农业经济生产中的上述信息

存留下来。如契约 2-1 所示。

契约 2-1

立卖田地契人潘合孙，今为时岁荒饥，母子商议，情愿将到自己祖业土名下粮田□□，并黄蜡冲田三丘，二处计禾四把，载粮六升。凭中卖与老黄田□□□，当日三面议作价银五两正，其银是合孙母子领讫，其田付与□□□为业，日后不得异言，立此卖契为照。

天启元年闰二月初十日立

卖田契人　潘合孙 (画押)

同母吴氏 (画押)

书　人　潘楼孙

引进中　潘乔孙，龙少梅[①]

这是一份土地买卖契约，从"农史"的角度阅读这短短的几行字可发现该契约包含着许多农业经济信息。比如所出售土地的自然形态是田，性质是民田（粮田），该田所有权的合法性是祖业田，土地面积"计禾四把"等；应当承担的国家赋税额"载粮六升"、土地价格"银五两正"、交易活动中的程序及法律关系等。这些信息不仅保存在土地买卖契约中，也在其他合同文书上可见到。

更重要的是，遗存的明代土地买卖契约将明代清水江流域内的土地制度留存在文书中了。最显著的事实是内含着当地的土地权属及地权转移等信息。如契约 2-2 所示。

契约 2-2

永安乡□□□□□□□细仔□会洪武二十二年□□卫当军随营住坐，田地抛弃。至□□（天顺）六年回籍寻认产业，有□□里□□□□□□□遗丁□甫后至□□□邦礼、覃心亮，备情具告本县，□□差里长覃天隆、老人梁汉方，□凭本甲人等诣田□□□等，当官退出前后田地与□□□□□白。就凭里老邻右人等，立写合同传批与

---

① 贵州省天柱县竹林乡梅花村吴家塝吴恒荣家藏。

本管里长粟文海、江耕种。秋粮米壹石陆斗柒升□□□送纳。立写合
同二纸，在后再不许□□。□田开写土名于后：

　　一处板竹楹脚田，计种两斗五升，至□□□□

　　一处宝爽田，计种两斗，下至□□

　　一处寨脚田，计种两斗五升，抵□□□□

　　一处板溪田，计种一斗，抵□□□□

　　一处勤文斗，计种三斗五升

　　一处□林田，计种四斗，抵覃思保田

　　一处门首田，计种一斗五升，梁受□

　　一处庙脚水塘参□，抵田

　　一处大长冲，计种两斗，上抵□□□

　　计种一石叁斗五升，秋粮米□□□七升

　　成化二年八月初□□□[①]

　　……

　　该合同是一桩田地官司调解后所新立合同，由其叙事内容看可以分为两部
分。据合同的上半部分（另一部分在下文详细讨论），所调解的九处田地是洪
武时期屯田。但是接下来的合同事件却是将此九处田"传批与本管里长粟文海、
江耕种"。显然，新耕种者粟文海、江的身份是乡民。这一变化反映了地权管
理情况。首先，这九处田产原是国家所有的屯田，按制度不能买卖；其次，由
于屯田"转批"于民人新耕，田地的所有权性质发生了变化。合同"转批"有
两种理解，一是"出佃"，一是"出售"，但从合同明确有"秋粮米壹石陆斗柒
升□□□"一同"转批"的约定看，是以民屯的形式缴纳国家赋税，因此出售
的可能性更大。如果是后者，即是化军屯土地为民田的行为，那么田地所有权
属已发生变化。此件合同可以窥见民族地区军屯转为民田的历史轨迹，田地所
有权属发生变化又是清水江流域屯田制度自成化时代便开始瓦解的见证。

　　同样，文书中也有诸如赋税制度的反映。明代在田地买卖时严格实行"粮

---

① 天柱县档案馆藏：WS-TZ-53-1。

随田走"的制度，因而每一块田地的出售都将赋税标明，并且赋税随田产的转移而一同转移到新户，以免赋税的流失。

契约 2-3

黎平军民府亮寨蛮夷长官司管下登寨立断租禾纹（文）约人潘贵银。今为家下缺少银子使用，无从得处，情愿将自己先年祖业田租禾十七斤请中出卖，转卖与本主龙稳相名下承买为业。凭中作价纹银两钱六分，凭中交足亲手领回应用外，其租税禾尽行出卖。不许内外远近房族人等在后重卖、争论。卖主赴司理落，不干买主之事。一卖一永远，二卖子孙无分。二家意愿，各不许懵（反）悔。如有一人先悔者，将约赴官理落。甘罚生金五钱，赴官工用依旧承交。立此断卖约纹契，永远子孙为照。

万历十四年十月廿七日

立断约人潘贵银（画押）

中证人：潘息朝（画押）

代书人：龙稳晓

断约信行在后，永远收照①

该契约文书中有许多赋税制度的反映。首先，所买田注明为"租禾"，即标明该田是承担赋税的田产。这一注明在其他买卖契约文书中也有书写为"租禾田"或者"粮田"。其次，文书所写"其租税禾尽行出卖"，约定了该田是连同赋税一同转移，即所谓"粮随田走"。上引成化二年（1466 年）文书就注明有"秋粮米壹石陆斗柒升"，"秋粮米"即应缴纳的田赋；天启元年（1621 年）潘合孙母子所出售之田则注明"载粮六升"，即该田应纳田赋六升。最后，文书还注明了田赋税率，并由此可以测算出田赋的比例。天启年文书中写有"二处计禾四把，载粮六升"，即是"计禾四把"的田亩应纳田赋额"六升"，成化二年（1466 年）文书中田共"计种一石三斗五升"，应纳"秋粮一石六斗七升"。此外，文书还反映出许多经济史所关注的信息，如田价。在万历十四年（1586 年）

---

① 高聪、谭洪沛主编：《贵州清水江流域明清土司契约文书·九南篇》，第 100 页。

文书中约定"田租禾十七斤",作价"纹银两钱六分";天启元年(1621年)文书中出售田二处"计禾四把",约定价银五两正,等等。

清水江文书包含着丰富多彩的社会经济生活内容。为此,本章从文书内含的社会经济生活内容中清理出其与土地占有形式相关信息,由此出发探讨清水江流域苗侗地区的土地制度及其变化轨迹,尤其关注屯田制度以及相关经济生活,试图从下而上去观察国家经济制度是怎样在边疆地区推进,其进程所建构起的内地边疆社会土地制度及地权变化所显示出的自身特征。

(二)二元的乡村社会地权结构

文书为明代清水江流域社会土地构成描绘了一幅清晰的结构图。梳理文书可以发现,明代清水江流域土地占有由苗田-屯田-民田三重形态构成。简约地说,它实际上组成了一种二元的乡村社会地权结构。

清水江流域主要土地构成是苗田。苗田主要是指本地土司所有土地,或是土著少数民族村社宗族共有土地。契约2-4是一件发现于今锦屏县九南村的明代文书,它曲折地将苗田及其性质展露出来。

> 契约2-4
> 亮寨司为载粮贻害事。据篙寨民龙稳廷告前事,又据墩寨民潘田支诉为卸差累民事等情,据此合行提究。审得龙稳廷吐称,篙寨人民贫难移往九南石榴山,用力开坎山冲成田,多年无异。后被潘田支、潘付忠等人势豪强假称他界,孤贫无奈,递(每)年认纳租禾八秤。伊族潘息朝、潘贵银,潘付陆、潘文亮、潘息能、潘贵彪等陆续将租断卖四秤十五斤,止(只)存(剩)三秤四十五斤。至万历四十一年内,恶告本府伍太爷断粮一石,当诉潘田支、那支飞粮害蚁。自古伊原粮七石一斗,在他门首大遐田丘,岂今栽贻山冲,以此不服。
> 又据潘田支吐称,龙稳廷占种地界开坎田丘,果认租八秤是实。后族卖租有之,被龙稳廷等开垦田丘,心下不忿具告伍太爷已断粮一石,今又递断不纳,伏乞斧断等语到司。
> 查勘得墩寨原粮七石一斗,内除一斗载龙稳廷开坎山冲田丘,坐民不服,今剃照前仍认租禾帮贴,潘田支等各民输服。为此,出单一样二纸给付二家存照,各宜遵守,不得再复混争。如有不遵,悔者许

令不悔之人执单赴告，重究不恕。

须至单者。计开

一剃龙稳廷照前认纳租禾八秤，后潘息朝、潘贵彪，潘付陆、潘文亮、潘贵银、潘息能等陆续断卖租禾四秤十五斤，止（只）存（剩）三秤四十五斤，递年认纳，不许短少帮贴潘田支、潘付忠收领。

一剃潘田支、潘付忠等照纳原粮七石一斗，不得裁贴龙稳廷、龙明田开坎田丘。

右给付龙稳廷执照

万历四十一年十月廿七日（盖亮寨司印）

剃单一（纸）①

作为一种土地占有形态，该文书是苗田形态的最好说明。苗田与民田的最大区别在于国家征收赋税的方式不同。国家对民田赋税征收有明确的科则"按亩征收"，即税亩。而由土司或者苗民占有的苗田，与国家赋税关系则是"俱于土官名下总行认纳"，即"认租"。所谓"认租"，却是未经官府清丈过的田地，由户主自报数额认税。契约 2-4 中所言"潘田支、那支……自古伊原粮七石一斗，在他门首大遐田丘"，其中的"原粮七石一斗"，是潘田支、潘那支家族所有土地"大遐田丘"向国家认租的赋税总量，而该田地面积有多大，则无明确计量，只是笼统地标明是"大遐田丘"，由此判断本件文书中所涉及土地为苗田。苗田形态还在本件文书中涉事人双方身份中显露出来。文书中所述"民人龙稳廷"等在潘氏领地内开垦，并向潘氏"递（每）年认纳租八秤"，可见其开垦行为也是一种租地行为，潘氏显然是本地大户或者土官，龙稳廷只是租种潘氏领有土地的佃户，故此判定该件文书涉及田地是苗田。

清水江流域苗田有两种形式。契约 2-4 是由佃民佃种土官或者大户的田地，此外另有苗人（苗民）自有田地，此类田地往往由村寨宗族内部家族耕种。契约 2-5 是关于九南村一宗村寨宗族共有土地的苗田。

---

① 高聪、谭洪沛主编：《贵州清水江流域明清土司契约文书·九南篇》，第 451 页。

契约 2-5

贵州黎平府湖耳司蛮夷长官管辖地崩寨苗人吴王保、同弟吴艮保、吴老二、吴老关等，为因家下缺钱使用，无从得处，情愿将到自己祖业管耕一处土名石榴山冲旷野荒地一冲，请中问到亮寨司九南寨民人龙稳传名下承买为业。当日三面言定议值价钱，吴王保、吴艮保名下银壹两柒钱，吴老二、吴老关名下一股银壹两柒钱，一共叁两四钱，整入手回家应用去讫外。其荒地东抵石榴山，南抵大王坡，西北抵溪，四至分明为界。断粮（根）浚卖，任从买主子孙开荒修砌管业，再不干卖主之事，亦无房族弟男子侄争论，二家各不许憣（反）悔，如有一人先行憣（反）悔者，甘罚生金三两，白水牛一只入官公用，仍旧成交。恐今人信难凭，立此父卖子绝文约永远子孙收照用者。

吴王保名下多银叁钱正

明嘉靖三十五年十一月廿三日　　立约[①]

从文书所书内容看，出售的土地是"贵州黎平府湖耳司蛮夷长官管辖地崩寨苗人"的土地，而购置该地产者是"民人"龙稳传，买卖双方的身份标明出售的该块土地是一块苗田；从契约文书上署押的立契人吴姓众人血缘及辈分看出，该土地属于吴姓家族共有土地，所以说该土地属性是宗族或家族共有的苗田。

清水江流域除苗田外，有大量的屯田。上引文书契约 2-2 内容涉及明代的屯田及其事务。该契约是一件事涉土地纷争的调解法律文书，内容大致是：洪武二十二年（1389 年）□□卫当军随营住坐□□□离开本地，其后人在天顺六年（1462 年）回籍，发现土地被他人所占，于是告官要回了土地，然后又在成化二年（1466 年）将土地转租于"本官里长粟文海、江耕种"。通过阅读文书内容可以看出，引起纷争的土地是屯田一分，而且还是军户屯种田地。断定其为军屯田地的依据，首先是文书中所写"□□卫当军随营的住坐"，原土地所

① 高聪、谭洪沛主编：《贵州清水江流域明清土司契约文书·九南篇》，第 99 页。

有人覃姓的身份是卫所里的随营工匠（住坐），为军籍[①]，可见这是卫所军匠覃姓领有国家分配给屯军的屯田一分；其次从文书涉及九块田地的面积看，据文书所载九块土地"计种"共一石叁斗五升，折合成田地面积大约三十四亩，恰好与国家在贵州清水江流域分发给屯军一分屯田的数量相符[②]，由此可以确定该文书反映的是一分屯田。

明代国家屯田主要有两种类型，即除军屯外还有民屯。前引契约2-3是发现于今锦屏县九南村一份万历十四年（1586年）"登寨潘贵银立断租禾约"文书，涉及田地则属民屯类型。该文书有两个方面内容说明其田地属于民屯类型。首先，契约文字中有"立断租禾纹（文）约""田租禾十七斤""其租税禾尽行出卖"等语，表明出售的是一块租田。民田贡赋在清水江文书中一般书写为"粮"，也即国家赋税科则征收"秋粮"之意，依照屯田制度，民屯是租地，故缴纳的是田租[③]，粮与租在文书中的不同书写，表明两者不是同一性质的田产；其次，从身份上看，买主"本主龙稳相"即屯民龙稳相[④]，卖主潘贵银则可能是本地苗民，而且是土著屯田类型的本地苗民。因为所卖土地是"自己先年祖业田租禾十七斤"，可见该土地是国家招民屯垦的屯田。至于此次之所以将屯田出让，应当是屯田民田化的结果，此事容后面再讨论。此外，已收集到的明代文书中还

[①] 清水江流域屯军中的"军匠"及来源，一件宣德三年二月辛未十九（1428年3月4日）"贵州布政司新化府通判鞠彬奏"中有追述："永乐十一年置府暂于新化亮寒所镇抚空宅内视事，迄今厅署未建，乞发湖广附近铜鼓等卫所军匠备材营建。从之。"《明实录·宣宗宣德实录》卷三十七，第3页。

[②] 据（光绪）《黎平府志》载："四乡村寨，跬步皆山，粗线流萦绕，田颇膏腴。俗以种记亩，约四升种为一亩。"（载《中国地方志集成·贵州府县志辑》第18册，第406页）以每亩面积"计种四升一亩计算"，文书所言"计种一石叁斗五升"则约合三十四亩。据（光绪）《黎平府志》载："明洪武十八年置五开卫，凡近寨地方设屯弹压。每军屯田二十四亩，再加六亩为冬衣布花之费，共三十亩（即今三十石之数）。"（载《中国地方志集成·贵州府县志辑》第18册，第463页）可见明代黎平府屯军一分屯田面积为三十亩左右。又本文引文书契约2-9中有"三十子石"的表述。"石"是屯田面积单位，"子"即屯户应缴纳的屯田"籽粒"的简称，"三十子石"大致是一户屯军所领有的一分屯田面积。由此可知本文书所指是一分屯田的面积。

[③] 王毓铨在其所著《明代的军屯》一书中说：（田佃户、民屯屯户）所交纳的是地租。参见王毓铨：《明代的军屯》，中华书局2009年版，第130页。

[④] 龙稳相民屯身份，参见林芊：《民间文书视野下内地边疆少数民族地区社会经济生活——对几份明代清水江文书的分析》第二节的分析，《原生态文化学刊》2015年第4期。

有3份也与屯田有关。综上表明，屯田是清水江流域田地构成的一个组成部分。

清水江文书中涉及的田地类型还有民田。明王朝在贵州边地建立府县，将征服土司土地收缴国家招民耕种，本土居民成为了国家的"编户"，"编户"耕种的土地向国家缴纳赋税，这样的田地为民田。如官府文件中所说"播州宣慰使司土地既入版图，即同王民，当收其贡赋"①。契约2-6为一份明代天柱县远口乡的民田契约。

契约 2-6

立卖田地契人潘合孙，今为时岁荒饥，母子商议，情愿将到自己祖业土名下粮田□□，并黄蜡冲田三丘，二处计禾四把，载粮六升。凭中卖与老黄田□□□，当日三面议作价银五两正，其银是合孙母子领讫，其田付与□□□为业，日后不得异言，立此卖契为照。

天启元年闰二月初十日 立②

表面上民田所有权由"民人"自有，故有文书中所书"祖业"的权属性词语，但本质上属于国家所有，国家所有的形式则是通过"民人"向国家缴纳赋税与服徭役体现出来。该件文书中所书"粮田□□，并黄蜡冲田三丘，二处计禾四把，载粮六升"就是一种按田纳赋的表示。其中"计禾四把"，是反映田地的面积，"载粮六升"则是该面积应缴纳的田赋。据此表明这是一块民田。

综合现有各类型清水江流域明代文书中的土地信息，列表2-2如下。

---

① 贵州民族研究所编：《〈明实录〉贵州资料辑录》，第70页。
② 贵州省天柱县竹林乡梅花村吴家塅吴恒荣家藏。

表2-2 清水江流域明代文书中土地信息简表

序号	文书产生地	类型	性质	来源	立契事件
1	湖广省靖州卫文溪千户所	田	屯田	国家	成化二年吐退随营住坐屯田合同
2	贵州省黎平亮寨长官司颓寨	山地	苗田	祖公	嘉靖十年潘元怀等长坪断卖契
3	贵州省黎平亮寨长官司九南寨	荒地	民田	祖业	嘉靖三十五年吴王保荒地卖契
4	湖广省靖州府会同县	阴地	民田	祖老	万历十四年潘姓兄弟阴地分关契
5	贵州省黎平亮寨长官司登寨	田	苗田	祖业	万历十四年潘贵银立断租禾约
6	湖广五开卫亮寨千户所	塘田	屯田	国家	万历二十四年覃大贵等告状
7	贵州黎平亮寨长官司篙寨磴寨	田	苗田	国家	万历四十一年载粮事判决书
8	湖广省天柱县老黄田	田	民田	祖业	天启元年闰潘合孙卖田契
9	湖广省天柱县竹林乡梅花村	田	民田	祖业	崇祯二年吴邦华卖田契
10	湖广省天柱县黄田八甲	山场	民田	祖业	崇祯十年杨后昊卖山地契约
11	湖广省天柱县远口堡	田	屯/民	祖业	崇祯十六年覃礼江等合同书

表2-2内土地买卖契约表明，明代当地的土地自然属性可分为四类，一是田、二是土（旱地）、三是塘田、四是荒地，所出卖土地的来源为家族祖业田；而土地性质有私有民田和国家给予的屯田。尤其要指出的是无论买卖契约或官司合同文书中，都提供了当地拓展田土的方式。

契约2-7

立卖山契人杨后昊、杨后富、钦□□□□时岁凶荒缺食度日。兄弟叔侄商议，意愿将祖禁山场牛□岭斗高山洞□□□山地头欲行出卖。无人承受，请中在内启到黄田八甲生员吴学林近□□买为业，三面议作山价银九呈（成）银玖两正。其银是叔侄亲领处讫。其山冲□□林禁当任后开垦为田，不得生端童（争）论异言。祖如有此□执约□罪□□立此卖契为照。计开四抵，上抵本主塘冲凹，右抵十□大芒冲吴学皋山，左自荐菜塘抵谢家山界。横抵高山斗大芒山界，下抵水凹冲吴学忠田坎上。

崇祯十年六月十九日 立

永远管业

卖契人：杨后富、杨后昊、杨后□、杨后□、杨后伟、杨后钦、

杨伯成、杨伯明、杨伯圣、杨老□、杨伯祯

引进人：吴守明、吴加伊、□廷松

代　笔：杨伯运 [①]

该契约所出售的虽然是一块刚开垦出来的荒地，但文书中一句话讲到开垦荒地的目的是"其山冲□□林禁当任后开垦为田"，它表明当地田地资源部分是由山地开垦而来。清水江流域开垦山地的利用有两种，一是开垦山场植树育林，一为垦殖田土。显然，该件文书的目的不是开山场植木，而是弃林地为田土。开山为田在文书中多有表述，如嘉靖十年（1531年）"潘元怀等长坪断卖契"中讲道："其长坪自断之□（后）任从买主子孙□□□（耕种管）业"，万历四十一年（1613年）"亮寨司为载粮贻害事判决书"中讲道："碰寨人氏贫难移往九南石榴山，用力开坎山冲成田"，都是清水江流域农业史上田地开发方式的例证。

文书构成了一幅清水江流域土地占有结构图式，即由苗田、屯田和民田的乡村土地占有形态。这种三重土地占有形态从地权性质看，由府州县征赋税的民田、缴纳籽粒的屯田，属于明代国家所有；在土司（长官司等）领地内的苗田，则是由土官、苗民传统占有，虽然其田仍要向国家"总行认纳"赋税，但仅表示一种行政上臣属关系，而不是土地所有权属关系。因此，从土地占有形式上看，这种苗田、屯田和民田分别不同性质的土地构成，实际上组成了一种苗侗地区乡村二元的社会经济结构。

三、清水江流域苗侗地区的土地买卖与地权变化

文书还见证着明代清水江苗侗地区土地占有形态的变化。明王朝之前，当

---

① 天柱县地湖乡岩古村村坪元山组一潘姓家藏。

地除原有的土司领地苗田外，"元末土田多为僧道及豪右隐占"①。由上述文书中显示出的屯田、民田、苗田的三田形态，实际上反映的是元末明初地权变化后的图式。这一图式是原土司领地分割成土司领地与国家所有的屯田与民田，僧道及豪右隐占田产瓦解后转化的官田、民田或许还有屯田的过程。可见，明代势力改造了当地原有的土地结构，形成了明代苗侗地区苗田、屯田与民田共存形态。这一结局在一份天启四年（1624年）"提请清理田地"的官方文件中总结说："其田大约有三，一曰军卫屯田，一曰土司夷田，一曰有司民田。"②所谓夷田，则是本文所称的苗田。

明代早期，清水江流域地权变化主要是土司土地——苗田的民田化③，是在国家力量打击下破坏原有土地制度而重新形成的土地分配，即由土司所有"苗田"转化为明代国家的"民田"。苗田的民田化主要通过两种形式进行，其一是屯田。洪武时期在对清水江流域用兵过程中，伴随征服"边疆"而实行旗军屯田，如洪武十八年（1385年），今黎平一带"诸蛮洞作乱"，朱元璋即命楚王桢帅信国公汤和、江夏侯周德兴等征讨，"师抵其地，恐蛮人惊溃，乃于诸洞分屯立栅，与蛮民杂耕"④。事毕后又"留兵镇之"，设五开卫和置驿十二，"令军士屯田自食"⑤，"驿夫以刑徒充之，仍令屯田自给"⑥。上述屯田举措实际上是将土司及土民原有苗田国家化。其二是国家将没收土司所有土地分给民户耕种，这一土地占有方式虽然在清水江流域内没有明代文书史载，却在明代思州府⑦的志乘中有所反映。如永乐年间"宣慰氏以不法革去其籍，其十八庄田而起科，

---

① 载《明实录》洪武十五年三月丁丑："友德等奏，前元世祖至今百有余年，屡经兵燹，图籍不存。……元末土田多为僧道及豪右隐占。……上可其奏。"引自《明实录·太祖洪武实录》，卷一百四十三，第10页。

②《明实录·熹宗天启实录》卷三十九："巡按贵州御史侯恂言拯黔事宜"。

③ 本文研究明代清水江流域土地制度及变化，是建立在该流域明代之前是土司土地制度作为基础和起点。对土司土地制度特征的判断，请参阅田玉隆等：《贵州土司研究》上册，第三章，贵州人民出版社2006年版的相关论述。

④ 贵州民族研究所编：《〈明实录〉贵州资料辑录》，第5、19页。

⑤ 同上，第57页。

⑥ 同上，第3页。

⑦ 明代贵州建省前，今黔东南东部的三穗县、天柱县、锦屏县和黎平县，皆是思州宣慰司属地。

则曰秋粮。后小民亦得稍稍开垦以为业"①。文献中"小民"，即成为领种国家没收田氏土司土地的编户民，所耕种土地则成为向国家承担赋役秋粮的民田。苗田变化的两种形式改变了苗侗地区的土地构成性质，所形成的苗田、屯田、民田的土地构成成为清水江流域土地所有的基本形态。上引清水江文书所见土地类型即是这一过程的实物见证。

　　明代中后期的地权变化主要是屯田的民田化。屯田又伴随着土地买卖而日益消解，因而屯田的民田化与土地买卖改变着清水江流域的地权分配格局。上引契约2-2即反映了侵蚀屯田转而为民田的过程。这是一份内容较为复杂的合同书，内容可分为两部分，第一部分是吐退霸占屯田纠纷的追述，第二部分是本次屯田转租合同，是将九处田地"传批与本管里长粟文海、江耕种"。文书反映了地权变化轨迹。依照明代制度九处田产原是国有屯田不能买卖，但契约2-2中第二部分内容正是侵蚀屯田转而为民田的真实写照。第一部分天顺六年（1462年）吐退霸占屯田纠纷的追述，折射出自洪武后期屯田就遭到蚕食，第二部分成化二年（1466年）屯田"转批"事实表明所有权性质发生了变化。首先，合同中所书"转批"行为有两种理解，一是出佃，一是出售。但从合同明确有"秋粮米壹石陆斗柒升□□□"一同"转批"的约定看，是以民田的形式缴纳国家赋税"秋粮"，② 因此出售的可能性更大。如果是后者即是化屯田为民田行为，田地所有权属已发生变化。其次，转租后的新耕种者粟文海、江的身份是民人，是新耕的乡民。此件合同可窥见军屯转为民地的过程，又是清水江流域屯田制度在成化时代开始瓦解的见证。

　　契约2-2表达的是地方豪族或里甲长联手乡民先后消解屯田的行为，契约2-8和契约2-9两件诉状文书中，地方豪强侵吞屯田事件则一览无余。

①〔明〕钏添、田秋修纂:(嘉靖)《思南府志·拾遗》卷七，载《中国地方志集成·贵州府县志辑》第43册，第250页。
②据史载，到万历十年（1582年）以后，贵州才开始清查田土编制图册，按亩征收赋税，而苗田无赋税额，只屯田和民田明确规定。而依照屯田征收制度，屯田征收称为"籽粒"或"屯粮"，民屯征收称"科粮"或"租";民田按国家赋税科则征收为"秋粮"或简称"粮";苗田是无亩苗粮。该契约文字中有"秋粮米壹石陆斗柒升□□□"，显然是科则征收"秋粮"之意。

契约 2-8

告状人覃大贵、覃在□□（保）安二军藉状告□□批照□后事。原有祖塘□□田□□□□□，今遭□户热（强）豪梁鳌忠、梁鳌模、梁肇发、梁鳌重□□户把持，今见本户人丁□弱，当丁去记存□回查照通屡心不耳，请新管石朝□、石朝□理论祖塘原有梁肇发祖公梁贤业凭邻粟诰屡□□帮补银钱一两，其塘水莭代覃大贵□田到今，梁家不存天理□□绝水，二家告县　蒙县老爷断明塘水不得梁鳌重从后不得以强欺弱绝水，再不得子孙□邀水旱禾取供发落在后无得争占水源伏乞　天　台偿批一度民□欺害阴□同天恳告批照。　准照

万历二十四年月廿六[1]

契约 2-9

立合同人覃礼江、秦礼枝、易（杨）道蒲、黄万美、舒礼蒲众姓，今因豪强向朝堂父子成群强买□付堂土名莫家弯田丘，向朝贵得买李家田共谷三十子石。开示洪武到今，自吃候家洞井水，并本田内井泉水两处救济莫家田丘。到今□遭到天胆豪强向朝堂、向朝贵等兄弟父子，以财为势心意吞谋土名大井塘□水。父子横豪不思来历不问业主，□因侵占；道园泉水各有界址，此水系□救济道园百拾子石田丘。棍恶强占众姓遭害姓命难延，众议以后向朝堂、向朝（贵）无故生端时，将别处田地山场坟地等事以仇相报。众议照禾把谷石，出头向前理落，不得联累一人受害。如有合约内一人乖奸内应外活（合），众人言论执合同赴上，依律重究。恐后无凭，立合同参张一样各取为照。

众议参拾余年，众议合同大吉为照。

崇祯拾陆年六月初拾日　立[2]

契约 2-8 中的军藉覃大贵、契约 2-9 中覃礼江，实际上与契约 2-2 "随军住坐" 覃氏是一个家族不同时期的成员。据此，覃礼江等的原本身份是屯种军

---

① 天柱县档案馆藏：WS-TZ-53-3。
② 天柱县档案馆藏：WS-TZ-53-5。

户家庭。^①文书将一个屯军家庭几百年历史串联起来了，这个历史最重要的事件就是屯田怎样被一步步地破坏和消解。如契约 2-8 中覃大贵告状豪强梁鳌忠等把持其"原有祖塘□□田□□□□□"，"把持"的具体情形不得而知，但损害到屯户的田产与生产所必须水源的意图是明确的。在契约 2-9 中，覃礼江讲到豪强向朝堂父子强买位于"屯李家"地方的谷三十子石，"三十子石"表明是屯田面积，"石"是屯田面积单位，"子"即屯户应缴纳的屯田"籽粒"的简称。"三十子石"大致是一户屯军所领有的一分屯田面积。再联系契约 2-2 的内容，便能看到屯田一步步被消解的过程及方式：明成化时期屯田已在官府豪强的联手下，转租于民人手中而向民田化方向过渡，到了万历年间，豪强竟然不再顾及官府公然"把持"屯田及水源，最后在崇祯时期，豪强则可恣意"三十子石"。从转租发展到把持进而强占，屯田就在其过程中被残破和消解。

促使地权变化最有力行为是土地买卖。在现存的明代 14 份文书中有 6 份是卖地契。契约 2-10 是一件嘉靖三十五年（1556 年）九南村苗田卖地契。

　　契约 2-10
　　贵州黎平府湖耳司蛮夷长官管辖地崩寨苗人吴王保、同弟吴艮保、吴老二、吴老关等，为因家下缺钱使用，无从得处，情愿将到自己祖业管耕一处土名石榴山冲旷野荒地一冲，请中问到亮寨司九南寨民人龙稳传名下承买为业。当日三面言定议值价钱，吴王保、吴艮保名下银壹两柒钱，吴老二、吴老关名下一股银壹两柒钱，一共参两四钱，整入手回家应用去讫外。其荒地东抵石榴山，南抵大王坡，西北抵溪，四至分明为界。断粮（根）浚卖，任从买主子孙开荒修砌管业，再不干买主之事，亦无房族弟男侄争论，二家各不许憻（反）悔，如有一人先行憻悔者，甘罚生金三两，白水牛一只入官公用，仍旧成交。恐今人信难凭，立此父卖子绝文约永远子孙收照用者。

　　吴王保名下多银参钱正。

---

① 明代制度军屯户世代为继。

明嘉靖三十五年十一月廿三日　　立约 [1]

这次土地买卖并非一次普通地权转移，它实际上内涵有双重的地权转移意义。它既是一般的个人占有地权转移，即土地从吴家兄弟转移到龙稳传名下，然而更是一次土地性质的转移，即由苗田变化为民田。后者可据文书所载买卖双方身份看到，出售土地者是"苗人"，而购置土地者为"民人"。不同身份间的土地买卖，田土性质也随之完成了由苗田向民田的转化。

由苗田向民田转化的过程，同样在一份九南村庚寅年二月十八日卖地契中显示出来。

契约 2-11

亮寨长官司□（管）下颡寨立断卖长坪约人潘元怀、潘安兴众房等，缺少银两使用，情愿请中□（将）祖公长坪一冲，地名溪冲，东至百寨坡□□（为界）、南至坡为界、北至凉伞坡为界、西至豆地为界，四至分明。凭中出卖与九南陆万龙、陆万忠、龙稳卓、龙传秀四人承断。凭中议作断价银六两五钱整，众人眼（银）同亲领家用外，其长坪自断之□（后）任从买主子孙□□□（耕种管）业，不许卖主□□（上前）争论。有争者，卖主一面承担。二家情愿再不许翻（反）悔，一断一了，二断二了，断根约卖，永不归宗，再无异言。今恐人信难凭，立此断约，永远执照用者。

庚寅年二月十八日 [2]

该例所出售土地是"祖公长坪一冲"，契约内未写有该土地赋税额，显然不是承担国家赋役的民田，且出售土地人员是"众房等"家族成员，皆亮寨长官司属民，由此可以断定出售土地为苗田。购置土地者中的龙稳卓、龙传秀身份，与契约 2-10 "亮寨司九南寨民人龙稳传"联系，他们应当是一个共同家族成员，因此龙稳卓、龙传秀的身份也是民人。与契约 2-10 一样，此次田地买卖同样伴随着双重转移的意义，是苗田民田化的又一个例证。

---

① 高聪、谭洪沛主编：《贵州清水江流域明清土司契约文书·九南篇》，第99页。
② 同上。

明代文献对苗侗地区土地买卖记载极少，上述卖地契不仅是苗侗地区明代土地买卖活动的书证，从基层反映了明代苗侗地区地权分配上的变化，更重要的是它们内涵地权双重转移意义，触及到明代苗侗地区土地制度的微妙变化。首先，加速了土司占有制度的分化瓦解。明朝前苗民受领土司的役田是没有所有权，不能买卖、赠送、转让。据宋人范成大记载土官"其田计□给民，不得买卖"。明代兴起的苗田买卖实际上分化了土司的土地所有权。一方面从土官苗田中催生出苗民自耕农，另一方面自耕苗民摆脱了土司的租税，却向国家缴纳一定的苗田赋役，实际上成为了国家的编户民。其次，分解着苗侗地区传统的土地宗族所有形态。苗田买卖往往是家族性质，如契约 2-10 中出售地崩寨"祖业管耕一处"，显然是苗人吴氏家族共有土地；契约 2-11 出售的是"祖公长坪一冲"，也是家族共有田地，它们无不标明苗田往往是家族共有的特征；土地买卖形成的土地个体私有化从而消解着家族共有性质[①]。最后，出现了土地向部分地方官员、豪强与乡绅集中的倾向。契约 2-2 占有屯种军户田地者是"本官里长粟文海、江耕种"，里长即是明代国家最基层的行政管理人员；契约 2-8 和契约 2-9 完全是地方豪强霸占屯田的事实写照。契约 2-12 见到的土地购置者身份是"生员"，生员是构成乡绅阶层的一个主要来源。

契约 2-12

立卖山契人杨后昊、杨后富、钦□□□□时岁凶荒缺食度日。兄弟叔侄商议，意愿将祖禁山场牛岭斗高山洞□□□山地头欲行出卖。无人承受，请中在内启到黄田八甲生员吴学林近□□买为业，三面议作山价银九呈（成）银玖两正。其银是叔侄亲领处讫。其山冲□□林禁当任后开垦为田，不得生端童（争）论异言。祖如有此□执约□罪□□立此卖契为照。计开四抵，上抵本主塘冲凹，右抵十□大芒冲吴学皋山，左自荐菜塘抵谢家山界。横抵高山斗大芒山界，下抵水凹冲吴学忠田坎上。

---

① 现存的清初如顺治朝、康熙朝、乾隆朝间卖地契上，已很少有共同出售田地的现象。参见高聪、谭洪沛主编：《贵州清水江流域明清土司契约文书·九南篇》《贵州清水江流域明清土司契约文书·亮寨篇》，民族出版社 2014 年版。

崇祯十年六月十九日　　立①

土地买卖促成的地权变化，实际上是军政向民政转化过程中发生的，它有两个方面的信息。一方面看，土地买卖发生在弱化军政而向民政过渡时期，另一方面，土地买卖时期促成的屯田的民田化势不可挡。

军屯破坏土司的土地制度，促使苗田民田化，而苗田民田化却又渐渐地侵蚀屯田，苗田、屯田，最后胜利的是民田化。这就形成了一种内地对边疆制度变化的轨迹——卫所府县化，因此，这就从深层地发现了府县化是以土地所有的重新分配为条件，它是改土归流及改卫设流的经济根源。

四、影响苗侗社会土地制度的经济生活

清水江文书内部显示出一种复杂的经济关系，不光反映在苗侗地区的土地形态以及土地买卖上，还涉及诸如明代黔东南地区屯田时间、屯民身份来源、赋税征收等事关经济制度大事，它们也与土地制度一样是苗侗社会经济生活的反映。

明代黔东南地区屯田初始于何时？王毓铨在考证今贵州东南部明代屯田时间时，引《太祖实录》"十九年十二月乙已"条"湖广都指挥司奏请运……五开、黄平、平越等卫军食物。上览奏，顾谓户部臣曰：'……五开等卫亦令军士屯田自食'"等记载②，断定黔东南地区屯田时间不早于洪武十九年（1386 年）③。从今天行政地理上看，仅以该条内容为论据似乎欠妥。首先，黔东南屯田并非只在五开卫展开，其东北部的靖州卫也是推行屯田的主要地区之一，洪武三年（1370 年）设置靖州卫，分上下卫，今天柱县远口乡属上卫。显然远口乡屯田时间早于五开卫，这才会有契约 2-12 中屯田抛荒之事。其次，即使在五开卫，屯田时间也早于洪武十九年（1386 年）。在《明实录》中还有涉及五开卫屯田

---

① 文书来源：天柱县远口镇黄田村。
② 贵州民族研究所编：《〈明实录〉贵州资料辑录》，第 9 页。
③ 洪武十八年（1385 年）设立的五开卫，其大致范围在今贵州省黎平县、锦屏县境内。永乐时贵州建省，今黎平县与锦屏县为黎平府，五开卫隶属湖广。

事务记载，如洪武十八年（1385 年）四月"思州诸蛮洞作乱，命信国公汤和为征虏将军、江夏侯周德兴为之副，帅师从桢王讨之。……和等师抵其地，恐蛮人惊溃，乃于诸洞分屯立栅，与蛮民杂耕"①。文书中留兵守之并伴随着"洞分屯立栅，与蛮民杂耕"，即是屯田行为，说明五开卫屯田在洪武十八年（1385 年）已开始，而今新化、隆里、平茶三所皆于"十八年置"。可见黔东南清水江流域地区"十九年十二月乙巳"之后才开始屯田之说有失准确。

再如黔东南清水江流域屯田的屯民来源问题，从整个屯田过程来说招引土著参与屯田是内地边疆的一个惯例，但这主要是民屯，而明代这里的屯田首先是军屯，今天柱县坌处镇抱塘村发现的明代文书表明，其覃姓家族身份是屯种军户而非民屯，如上引文书契约 2-2 所说"洪武二十二年□□卫当军随营住坐"；锦屏县九南乡发现的明代文书同样也有涉及五开卫屯种军户事务。那么，明代屯种军户来自何处？

文书内容可判明事主有屯军身份，若将文书置于历史事件之中，则可推断其来源地。黔东南大规模屯田始于洪武年间，洪武年间在上述文书产生地是一个太敏感的年代，因为其前后发生了几件影响本地区的军政大事。首先在五年（1372 年）有九溪十八洞"洞民反"事件，紧接着是十一年（1378 年）和十八年（1385 年）两次吴面儿率领苗侗民族起义，再接着三十年（1397 年）又有林宽领导的洞民起义。每一次起义明王朝都发动大军镇压，随军征讨的军士许多即成为屯守的旗军，也自然成了来到这里的屯户。因而征讨大军的出发地也就是屯军的来源地。如洪武十一年（1378 年）征讨时，是"率辰、沅等处官军及土著隘丁、兵夫以讨之"②。洪武十八年（1385 年）是"辰、沅、宝庆等处士卒……号三十万"征讨，"乃于诸洞分屯立栅，与蛮民杂耕"③。上述史事表明，洪武时期到天柱、黎平明军大多来自"辰、沅、宝庆等处官军及土著隘丁、兵夫"，他们中的部分人成为了屯种军户来源。

除文书外，参考其他的民间文献也能看到屯民的来源。在九南寨文书产生

①贵州民族研究所编：《〈明实录〉贵州资料辑录》，第 7 页。
②同上，第 2 页。
③同上，第 4 页。另参见：卷一百一十九、一百二十一、一百七十二、一百七十六等。

地不远的新化有一座明代正德十一年（1516 年）的墓。一块于清道光年间碑刻铭文回述了其家庭由"谪戍"到"屯戍"的历史，碑刻如下[1]。

> □府君墓在湖之五开郡，隶贵之黎平，去家四千里……府君讳尔和……改戍民之五开。……约腴田四十亩。岁科供戍，至今称便。帅臣议抽壮丁守新化，新化去五开六十里，有亮寨焉。□□□人有难色，府君府愤然曰："此地有田可屯，食足而守固矣。"乃应先至寨（亮寨）。又请屯荒漠之地，或笑之。嗣后且垦且耕，世籍其利。笑者愧服。□苗时出没扰我耕获，□人患之，……诸苗感悦，往往有投似受佣者，由是亮寨百年无事矣。……至于死边分也……葬于吴寨后山乙向，距亮寨十里。

该碑刻可谓是一篇从江西到贵州的家族移民史，其中讲到了移民五开后成为屯民的过程，因而也是屯田史的记载。从碑刻看其家族先始迁婺源，然后又迁姚溪，再至府君尔和时"谪戍□州"，又"改戍民之五开"领分田四十亩，获得军屯身份，后又移屯六十里外新化所内亮寨。除领受一分屯田外，还又请屯荒漠之地，且垦且耕，"往往有投似受佣者"俨然成为一方大土地者。显然，无论是"谪戍□州"还是"改戍民之五开"，虽然地点有变化，不改的是其军屯身份。

成书于清同治间，由亮寨士绅龙绍纳所著《迪光录》，在回顾其家族历史中也提供了探测屯户来源的线索。如说"祖讳政公自湖广入黔，洪武四年。属于湖广辰州卫，后属于靖州卫"。又言"始祖政忠公，世居会同岩壁。……乃率众入黔，……与新化、欧阳诸司先人分城而治。分守亮寨，……由是外攘寇隘，内勤耕耨。会洪武改元，公率众内属，三年"[2]。虽然两处记载在时间上稍有出入，但两则记载表明其从会同到五开的"移民"过程很是清楚。综合上述几方面的例证，不难看出明代的屯军及屯民，大都来自于湖广辰、沅、靖等边郡，身份有"金发屯种的罪犯"，也有随军出征的军士。

---

① "潘尔和墓碑文"。载《锦屏县志》第十八编《文物名胜》，第 885 页。
② 高聪、谭洪沛主编：《贵州清水江流域明清土司契约文书·九南篇》，第 350、353—354 页。

　　清水江流域内地边疆经济生活中，赋役是一个不能避免的重要事件。文书中不仅有直接由赋税问题导致的纠纷记事，还内涵许多赋税方面的信息，并且与明代国家赋役制度息息相关。国家赋役制度涉及的问题有赋税征收时间、科则、赋税额等环节。就科则而言，贵州土地由于是苗田（土司土官田及苗民自有田）、民田与屯田三重构成，其科则也与内地不一样，"巡抚刘庠巡按傅顺孙疏略"中有说明，疏略云："查得大明会典内开贵州布政使司田地原无丈量，顷亩每岁该纳粮差，俱于土官名下总行认纳。随查本省所属民粮田地，黄朋开有顷亩不及一半；军屯田地，鱼鳞册籍开载颇明。后来又有科田夹杂……"明确官民田该夏秋税粮，在军卫该夏税屯粮与合科田粮[1]。苗田征收科则没有"履亩而税"的通例，如上引疏略"顷亩每岁该纳粮差，俱于土官名下总行认纳"[2]，那么"土官名下总行认纳"的税额是多少？仅举黎平府亮寨长官司为例，史载"亮寨司一百六十石四斗"[3]，这是亮寨土司苗田国家赋税的一个总额度。但苗田由于所有权不同，派生出来的赋税征收也不一样，如上文所分析，这里苗田有土官田与土民自有田，因而苗田赋役有两个特征，一是在土司领地内苗田不属于国家所有，但也要向国家承担赋税，至于税额也与土官一样属于自报，这一特征在契约 2-10 可见，该卖田契中书有"断粮浚卖"，本意是遵循田产转移时"粮随田走"惯例，将该田应纳赋税一同转移到新所有者，但它表明苗田仍然承载国家赋税；二是土官和大户苗田，在契约 2-4 中各有所示，如田主潘田支、那支所拥有"门首大遐田丘"，"总行认纳田赋""原粮七石一斗"；但一般而言，土司或者苗田大户往往将土地佃租苗民耕种，收取租税。至于地租额租多少各朝不尽一至。在宋代"每丁岁仅输租三斗，无他徭役"。而在明代，如上引文书契约 2-4 中所言，墩寨人开垦潘氏土司田土，每年认纳租八秤。

　　至于屯田与民田，则各有科则。按明代屯田税则的屯粮、屯科粮米征收。如嘉靖十二年（1533 年）八月二十五日"王杏清理屯田事议"："贵州屯种类

①〔明〕郭子章：《黔记·贡赋志（上）》卷十九，载《中国地方志集成·贵州府县志辑》，第 403 页。
②同上，第 402—403 页。
③〔明〕谢东山删正，张道编辑：（嘉靖）《贵州通志》，载《中国地方志集成·贵州府县志辑》，第 287 页。

例，总旗一名种田二十四亩，小族一名种田二十二亩，军一名种田十八亩。……内各以八亩纳粮四石，余外皆为会计粮田以给助口食等用。……旗军上粮屯田俱各八亩，而会计□食则总旗十六亩小旗十四亩军人一十亩，皆得计其子粒之输……"① 由于屯田有明确的数额，文书中不用书写，只是文书中有会计粮田（科田）缴纳的信息，在契约2-3中写有所涉及田承载赋税是"租禾十七斤"。至于民田科则，据文献记载，自明初至嘉靖末丈量出，虽然以万历十年（1582年）奉旨清丈"，并未如一般所说的十年告竣，在三十年（1602年）又大造黄册，田土从此有额②。但民田的征收全省也不一致。在清水江流域民田清查造册后，仍然处于登记无亩状态，只是在每一块自然形状的田内确定赋额。如上引文书契约2-1内的"田□□，并黄蜡冲田三丘，"税亩是"计禾四把"，赋税额中"载粮六升"。

尤其要指出的是，现有清水江流域历史文献少有清晰的明代工商资料。而在遗存的两件清水江明代文书中，涉及明代清水江流域工商业信息。上引成化二年（1466年）合同文书户主为"坐住"（"坐住"是指手工业者）。明代手工业者称"匠户"，"匠户"分为两类。《明史·食货二·赋役》载："匠户两等，曰住坐、曰输班。住坐之匠，月上工十日，不赴班者，输罚班银月六钱，故谓之输班。"同时军中也有坐住。此为卫所坐住还是民户坐住尚不清楚，在洪武二十二年（1389年）"随营"③。虽然该件文书还不足以判断手工业产生的规模与内容，但却提供了今天柱县垒处镇在明代的手工业信息。

明代晚期清水江流域商业发展情形，在一份崇祯二年（1629年）的文书中可见到，文书内容如契约2-13所示。

---

① 〔明〕郭子章:《黔记》，第407页。又见（嘉靖）《贵州通志·财赋》卷四，载《中国地方志集成·贵州府县志辑》，第440页。
② 同上。第402—403、406页。
③ 靖州卫左千户所（天柱千户所二十四年才建，以小屯为中心）《明史》载明代工匠基本上分成住坐和轮班两种。轮班工匠外，又有住坐匠。住坐匠从民间征集来京。一般人们认为明代住坐是"永乐迁都将南京、苏、浙等处大量工匠带到北京，于是'设有军民住坐匠役'。该件立契于成化年的文书却说洪武二十二年即有住坐随营"。

契约 2-13

立卖田契人吴邦华，今为生意要银作本，兄弟商议，将到自己分上祖业土名大墓苗田冲大小不计丘数计禾一百四十手，载税七亩正。因田穷远，不便耕种。请中在内，卖与族族禹台，三面议作田价印曹九呈银一十八两正。其银是华兄弟领讫，其田付祖处，子孙永远耕管。如有房亲人等言论，是华向前理落，不干得业人之事。今恐无凭，立此永远为照。

崇祯二年二月一十四日　立卖

同叔：吴用光、吴用行

契人：吴邦华

同弟：吴邦爵、吴邦选

引进中人：吴用玉①

该文书讲到，田主吴邦华"今为生意要银作本"，将面积七亩的祖业田卖掉，要知道在这里，七亩田产相当于一户中农水平家庭的全部田地。显然，是商业活动的诱惑促使了田主吴邦华弃农经商。

而来自于三穗县雪洞镇小新村的一份崇祯四年（1631 年）文书，则较为详细地反映出明末清水江流域工商业生产状况，内容见契约 2-14。

契约 2-14

立合约胡贵……郑子荣等，系邛水司属瓦寨、店头、调洞、晓洞、长吉、机寨、赤溪、瓦窑、半坡、雪洞、上中甫米，白家、坪城地。天启元年我六洞与边方良苗一十二寨共七洞二十一人为首，设立瓦寨开场，每洞当艮（银）五拾两共庆大戏。其有五洞边方路程写（险）远，上下夫于（役）拖累，瓦寨洞内是以各洞商议，决凭司镇交界头人，议定写立合约各执一张。公设二、七场，其有米斗、猪牛经纪百长，一概付与洞内伦（轮）流充当。俟（以）后上下大公于十二名之

---

① 贵州省天柱县竹林乡梅花村吴家塝吴恒荣家藏。吴才茂、龙泽江：《清代清水江下游天柱吴家塝苗族村落土地契约文书的调查与研究》，《原生态民族文化学刊》2011 年第 1 期。

名，之内瓦寨、店头共当夫二十，其有十二名；之外七洞均派充当，其有米斗、猪牛经纪，设在瓦寨七户胡、梁、周、杨、杨、杨、郑、易、肖等世代永远照料管理。外洞不得异言。当场立此合约一纸，交与胡、梁、周、杨、杨、杨、羞（郑）、易、肖子孙永远存照为据。

钦加暗（按）察使司衔、统领湖南诚字全军、贵州补用道镇远府正堂黄为。

崇祯四年袁正良三月十六日　代笔

首先从开市时间看，虽然崇祯四年（1631 年）正式设市，实际上邛水司的开场商业活动时间还可提早十年。文书中提到早在天启元年（1621 年）即具备成市条件，史载清水江流域最早的市场是万历二十五年（1597 年）开市的天柱县新市镇①。瓦寨天启元年（1621 年）动议及崇祯四年（1631 年）实现开市，是清水江流域商业发展的另一个明确可见的早期市场。其次是规模，市场涉及范围为"我六洞与边方良苗一十二寨共七洞"。据稍后一点的乾隆《镇远府志》，此六洞应为带洞（长吉、机寨、半坡）、瓦寨洞（店头、调洞、坪城）、赤溪洞（瓦窑）、甫米洞、晓洞、雪洞，加之边方一洞。地方囊括了今三穗县东部，几乎占县境半壁江山。再次是经营"商业"内容，从文书中所言"其有米斗、猪牛经纪百长"判断，是一个农副产品交易市场。最后，据嘉靖《贵州通志》所载，贵州的"课程"是斗屠商税，那么瓦寨场交易商品与全省处于同一水平上。

---

①〔清〕蔡宗建修，龚传坤、犹法贤纂：（乾隆）《镇远府志》，中州古籍出版社 1996 年版，第 13 页。

中篇

土地买卖与地权分配中的清水江模式

第三章
清至民国时期的土地买卖与地权分配

　　土地买卖与地权分配，是中国社会经济史研究非常关注的一个命题，尤其是清代及民国时期地权分配更为国内外学术界所关注，凡重要著作无不涉及讨论。在这些研究成果中，大多数研究或是以国家的大视野探讨中国历朝历代的土地制度，或是以华北、江南、华南为区域研究，而论及中国西南地区情况的本不多，只是在汪敬虞主编《中国近代经济史：1895—1927年》提到过，"贵州不少地区，除土司仍然占有相当势力且占有相当数量土地外，其余大部分被控制在汉族地主手中"，举例大定县自耕农的土地仅占十分之一，"其他一些地区地主土地的比重可能没有大定县那么高，但也在50%以上"①。贵州少数民族地区土地买卖与地权分配则更是鲜有，即使有所触及也是以国家一般状况推论局部地区，如20世纪80年代出版的《侗族简史》就称侗族地区"到新中国成立前地主经济在农村仍然居于绝对地位"②。清代和民国时期西南一隅尤其是贵州少数民族地区的实际情况是否真是"地主经济在农村仍然居于绝对地位"，地主占有土地"在50%以上"？似也值得深入探讨。本章以三穗县、剑河县、天柱县、锦屏县、黎平县发现的清水江文书为素材，分析主要起自清乾隆朝至民国间土地买卖情况，通过土地买卖行为导致的地权转移，探析侗、苗民族地区的地权分配及变化，从而对理解侗、苗民族地区农村社会性质提供一点思路。

---

① 汪敬虞主编：《中国近代经济史1895—1927》中册，人民出版社2004年版，第778—780页。
② 《侗族简史》编写组编：《侗族简史》，贵州民族出版社1985年版，第7页。

一、清至民国时期的土地买卖

（一）清水江文书中反映出的土地买卖

目前发现清代最早的清水江土地买卖文书有两份，一是天柱县竹林乡顺治七年（1650 年）二月二十日"张引保卖田契"，此文书记载了以三两银（九呈银）的价格将一块单位面积为"六手"的田卖给潘爱溪。

> 契约 3-1
> 立卖田契人张引保，今为家下要钱用度，无从得处，夫妻商议，请中在内将到自己分上祖业土名二坡脚田一丘，计禾六手，欲行出卖。召（招）到剪刀坡高坡寨潘爱溪处为业，三面议作业价九呈银三两整。其价□□亲领入手用讫，其田任从业主子孙耕种，并无包复别人寸土在内，再无房门异论，卖契为据。
> 亲房屋头张银保、张陀宝　共吃艮一分
> 卖田契人 张引保（押）凭中　刘孙宝（押）
> 顺治七年庚寅岁 二月二十日　立[①]

另一份是黎平县罗里乡顺治十七庚子年（1660 年）五月十八日的"吐退"田塘契。

> 契约 3-2
> 立吐退曹滴司祖太。为因霞爷紧急事，缺少钱用无处，自愿复退门楼内寨中大塘一口，转归上龙寨乡老杨乡华、总千老转、补银的、贾课、补孟凤台等。当日凭中议定，实受过价银九色银五十四两整，入手领回应用。其塘自退之后，恁从上龙永远管业，日后不许房族子孙番悔。如有房族子孙番悔者，执官受罪。倘日后查出文约视同故纸，恐人性难凭，立此吐退永远存照。
> 八柳舍四爷梁明宇　补兰妹

---

① 张新民主编：《天柱文书·第一辑》第 9 册，第 270 页。

凭中

罗里补官保　补番

代笔　龙里司

顺治十七庚子年五月十八日　立①

再有，由翁洞乡溯清水江而上的天柱县垒处乡抱塘村，发现的一份顺治十六年（1659 年）推收单，内容是覃礼江从黄学珊等处购进冲田一丘，顺治十七年（1660 年）三月二日，张付舟同家人以 19 两银子将一块田出卖给覃德□②。在今天遗存的清水江土地买卖契约文书中，顺治、康熙、雍正三朝时期文书虽然不多，但它们与不断出现的乾隆时期及以后的买卖田地契约一起，反映出了清代到民国时期数百年土地买卖及其变化的历史。

已结集出版的清水江文书，以《天柱文书》《清水江文书》收集最为丰富。《天柱文书》汇集各类文书 7000 余件，涉及今天柱县清水江两岸 10 个区镇（乡）31 个行政村，几近整个县的一半区域。《清水江文书》收集今锦屏县各类契约文书 1.5 万余件，涉及 25 个行政村寨。此外，黎平县档案馆编辑有《黎平文书》打印稿（未刊），其中收集有罗里乡五个行政村的契约文书③。我们据《清水江文书》所收集文书，从时间段、每一时间段内田地买卖频次及相应时间内出卖田地者三个方面进行统计，锦屏县各时期田地买卖的情况如表 3-1 所示。

表 3-1　锦屏县各时期土地买卖表

时间段	康一雍	乾隆	嘉庆	道光	咸丰	同治	光绪	宣统	民国	合计
卖田土（园塘）频次	1	92	103	182	62	110	465	70	631	1716
出卖田者（人）	1	81	82	138	59	92	330	43	350	1176

---

① 黎平县档案馆藏，文书号：LPWS-229- 杨启木-1。

② 天柱县档案馆藏，文书号：WS-TZ-53-04。

③《黎平文书》未刊稿已于 2017 年 12 月由贵州人民出版社以《贵州清水江文书·黎平卷》为名出版发行。但该次出版，只收集黎平县罗里乡彰溪、八挂两个行政村契约文书 2000 余件。

以同样的方式对《天柱文书》进行统计，天柱县每一时间段内田地买卖频次及相应时间也如表 3-2 所示。

表 3-2　天柱县各时期土地买卖表

时间段	顺治	康熙	雍正	乾隆	嘉庆	道光	咸丰	同治	光绪	宣统	民国	合计
卖田土（园塘）频次	1	13	1	38	32	195	70	214	589	105	2466	3732

本项研究虽然主要是对土地买卖进行分析，但不可能穷尽清水江流域每一件遗存的土地买卖契约文书，只是随机地抽取清水江流域内数个村寨的部分文书为代表来反映土地买卖这一过程，并注意其地缘的代表性，民族身份的代表性，契约文书时间的连续性与家庭归户性。作为本研究分析样本的土地买卖契约文书，在地域上仅限于天柱县翁洞、竹林、高酿三个乡镇的九个行政大村，锦屏县九寨、敦寨两个乡镇的三个行政大村，黎平县罗里乡三个行政大村，皆是侗族、苗族聚居村寨；契约文书来自上述村寨内 40 余户人家中的收藏，它们涉及田（水田）、土（旱地）的买卖契约 2964 份，时间跨度从顺治七年（1650年）起到民国三十九年（1950 年）①，经历了清代顺治、康熙、雍正、乾隆、嘉庆、道光、咸丰、同治、光绪、宣统、民国几个时期，前后历时 300 年。而且自乾隆朝起一直无间断地延续到 1950 年。从土地契约中可以看见，无论是业主（卖方）还是钱主（买方），宗姓与地缘关系都有极强的统一性，如天柱县攸洞村主要为刘姓、黎平县罗里村主要为杨姓、锦屏县九南村主要为龙姓，这就为讨论涉及土地买卖诸多问题研究提供了一个相对典型而完整的时间延续范畴与地域空间范畴。

清水江土地买卖契约文书主要是指田（水田）、土（旱地）、塘地、园地、山场林地（杉木林、油茶树林、油桐树柴山、杂木林）、屋基、阴地等转让契约文书。这里只以田、土买卖契约来观察土地买卖及地权转移情况。从直接用

---

① 天柱、锦屏、黎平等县人民政府成立于 1950 年 1 月，当时发生土匪暴乱，扰乱了新生人民政权的行政管理，一些乡镇则为土匪占据，直到当年 11 月被肃清。有些土地转让大约就是在此混乱时期进行，故纪年有民国三十九年（1950 年）。

于本研究田地买卖事件的 2964 件田、土买卖契约看有个现象很突出，似乎这里转让土地时有不书写单位面积的习俗，因而相当一部分契约文书没有书写所出售田地面积，故对田、土买卖的分析只能以不仅书写有田土丘数，还有明确的田、土单位面积的契约文书作样本，这样，可用于实际分析的样本素材只有 2346 件。相关数据分析见下表。

表 3-3　清代田地买卖契约文书简表 [①]

镇	村寨	年期	宗数		面积		卖主	买主
			田	土	田	土		
天柱县翁洞镇	黄巡村、岭板村、克寨村	顺治	1	—	15 边、6 手	—	2	1
		康熙	—	1	1 间	1	1	1
		乾隆	—	—	—	—	—	—
		嘉庆	2	—	22 罗	—	2	2
		道光	5	—	6 边、1 运、10 罗、5 斗	—	5	4
		咸丰	6	1	50 运	□□	7	5
		同治	10	3	51 罗、30 运	□□	14	5
		光绪	□□	□□	103 运、29 罗	—	33	20
		宣统	8	1	66 运、21 罗	1	8	5
天柱县竹林乡	竹林村、高坡村、梅花村	顺治	—					
		康熙	5	1	115 边	1 块	6	5
		乾隆	7	—	123 边 14 手	—	7	4
		嘉庆	1	—	24 边	—	1	1
		道光	5	1	50 罗	□□	6	5
		咸丰	—	1	—	1 个	1	1
		同治	9	1	56 罗	□□	9	3
		光绪	28	4	197 罗 4 边 3 手	1 股 7 间	28	12
		宣统	7	—	17 罗	—	7	7
天柱县高酿镇	甘洞村、攸洞村、地良村	顺治	—	—	—	—	—	—
		康熙	—	—	—	—	—	—
		乾隆	8	2	384 边又 4 运	2	10	5
		嘉庆	5	1	244 边	1	6	4
		道光	31	20	463 边又 4 挑	10	29	22
		咸丰	6	5	64 边又 1 石	4	11	8
		同治	53	11	2139 边 4 运 60 挑 2 石	11.5	56	40
		光绪	177	70	4042 挑 48 石	74	210	100
		宣统	25	5	546 边	10	28	21

[①] 资料来源：《清水江文书》《天柱文书》《贵州清水江文书·黎平卷》（未刊稿）

续表

锦屏县新化镇	亮寨村、九南村	顺治	—	—	—	—	—	—
		康熙	2	—	5丘、4斗	—	2	2
		乾隆	2		3把5手	—	2	1
		嘉庆	9	—	67石、2把	—	10	9
		道光	25		26石	—	25	19
		咸丰	11		27.5石	—	13	11
		同治	21		115石	—	17	12
		光绪	73		651石	—	70	50
		宣统	14	—	187石、5斗	—	14	7
锦屏九寨乡	柳寨村	嘉庆	—	1	—	□□	1	1
		道光	2	5	180边	□□	7	4
		咸丰	3	2	109边	□□	5	5
		同治	37	5	1540边、2把	□□	31	15
		光绪	61	10	227边、57.5石、16把	□□	64	10
		宣统	3	—	280边	—	3	2
黎平县罗里乡	彰溪村	顺治	—	—	—	—	—	—
		康熙	—	—	—	—	—	—
		乾隆	6	4	19把、半沟田	□□	8	3
		嘉庆	2	5	8丘	□□	6	6
		道光	6	16	49石、3手	□□	11	9
		咸丰	4	6	13石、2禾	□□	9	6
		同治	17	9	58石、12捏	□□	9	8
		光绪	32	16	158石、1把、6.5挑	□□	29	14
		宣统	3	2	2.5石	□□	5	3
黎平县罗里乡	八挂村	乾隆	2	—	150把	—	3	3
		嘉庆	—	3	—	□□	3	3
		道光	1	10	20把	□□	11	9
		咸丰	—	6	—	□□	6	6
		同治	4	6	40石	□□	8	7
		光绪	22	14	97石	□□	26	14
		宣统	1	3	2.5石	□□	4	4
黎平县罗里乡	罗里村	乾隆	27	—	189把、14石、1杯、1碗	—	3	3
		嘉庆	—	—	—	—	—	—
		道光	7	5	18石、67把	□□	10	10
		咸丰	5	2	30石、2把	□□	7	4
		同治	28	—	217石、150.5把、30担、1挑	—	27	17
		光绪	80	10	661.7石、331.5把、3担	□□	74	34
		宣统	1	—	56石、3.5把、3担	—	10	2
清代总合			910	268			1020	594

同样，也将民国时期清水江流域土地买卖相关分析数据制作成如下简表。

表 3-4　民国时期田地买卖契约简表 [1]

地址	年期	宗数		面积		卖主	买主
		田	土	田	土		
翁洞村	1911—1920 年	35	4	77 罗、161 运、1 担、15 边	□□	24	16
	1921—1930 年	58	13	28 罗、339 运	□□	43	12
	1931—1940 年	43	6	587 运、22 罗	□□	35	20
	1941—1949 年	62	5	384 运、9 罗、15 斗	□□	45	19
竹林村	1911—1920 年	13	5	76 罗	□□	10	8
	1921—1930 年	35	7	234 罗	□□	37	15
	1931—1940 年	35	1	218 罗	□□	31	20
	1941—1949 年	26	3	173 罗	□□	20	12
高酿村	1912—1935 年	316	102	4362 边、50 挑	133 边	320	239
	1936—1945 年	134	33	954 边	49 边	131	85
	1946—1949 年	66	18	336 挑	17.5 边	74	13
九南村	1911—1920 年	25	16	165.5 石	□□	21	18
	1921—1930 年	28	14	113 石、3 随	□□	23	16
	1931—1940 年	12	1	101 石	□□	8	6
	1941—1949 年	26	3	127 石	□□	24	17
亮寨村	1911—1920 年	25	1	255 石 5 斗	□□	21	23
	1921—1930 年	36	1	481.5 石	□□	33	17
	1931—1940 年	33	—	352 石、158 运	—	25	19
	1941—1949 年	13	1	120 石 5 斗	□□	11	8
柳寨村	1911—1920 年	19	6	229 边、10 挑	□□	23	7
	1921—1930 年	28	22	522 边、1.5 挑、10 石	□□	37	13
	1931—1940 年	5	6	90 边、10 石、2 挑	□□	7	5
	1941—1949 年	7	5	20 边	□□	9	5
彰溪村	1911—1920 年	32	16	184 石	□□	39	11
	1921—1930 年	32	5	215.5 石、3 丘	□□	35	18
	1931—1940 年	11	3	69 石	□□	8	6
	1941—1949 年	17	2	120.5 石	□□	19	11
八挂村	1911—1920 年	26	7	58.5 把 5 手、129.5 石	□□	27	14
	1921—1930 年	21	5	174 石、30 把	□□	26	14
	1931—1940 年	41	5	262.9 石、14 把	□□	35	26
	1941—1949 年	48	3	240 石、29.5 把	□□	40	31
罗里村	1911—1920 年	36	—	174.5 石、57 把	—	28	17
	1921—1930 年	23	—	96 石、20 把	—	18	12
	1931—1940 年	68	—	370 石、21 把	—	52	45
	1941—1949 年	51	—	269 石、5 把	—	43	25
总计		1486	319	—	—	1382	843

① 资料来源：《清水江文书》《天柱文书》《贵州清水江文书·黎平卷》（未刊稿）

将清朝与民国时期三县田地买卖造成的地权转移面积折算成田亩单位[①]，各地的田亩面积分别是：天柱县清代共有 321 亩，民国时期共有 468 亩；锦屏县清代共有 247 亩，民国时期共有 308 亩；黎平县清代共有 304 亩，民国时期共有 448 亩。需要特别说明的是，上述列表所统计出清朝及民国时期水田面积是依据 2346 件田（水田）买卖契约作出的统计，另有 600 份土（旱地）买卖契约内没有写出所出售土地的明确面积，因此上述三县清朝与民国时期 2346 件水田买卖文书内面积总和 2090 亩，并不是这一时期该村寨内买卖水田的完整数据。理论上讲，被统计的 2364 件样本只占全部田、土买卖契约 2964 份中的 70%，那么三个县样本统计村寨的地权转移的总数应当是 2787 亩，而从推论来讲，更接近真实的数字应当是 2787 亩的 3 倍，即 8361 亩[②]。

（二）清水江流域侗、苗民族地区土地买卖特征

上面对土地买卖扫描式分析，大致是对清水江流域清朝和民国年间土地买卖的一个梗概，它体现出侗、苗族聚居区地权转移中的一些特征，也是贵州少数民族地区土地制度的一个缩影。整体而言，土地买卖持续不断。在进入本项研究所涉及村寨，仅从少数人家收集到的土地买卖契约文书就显示出，300 年间发生了至少 2946 余宗土地买卖，仅在天柱高酿镇 3 个村，若以现存最早一份乾隆四十六年（1781 年）田地买卖契约看，168 年间进行了 1749 次田、土交易，年平均 10.41 次，即每年有 10 余次农户丧失田、土；在竹林乡高坡村看到，有一片叫作"园头冲"的田地，一份康熙三十五年（1696 年）二月十七日的卖田契约即是出售该处一块单位面积 17 边的田地，康熙、乾隆、嘉庆、道光、咸丰、同治、光绪直至民国年间，"园头冲"都不断地出现田地权的转移，反映出土

---

① 表中田地面积单位与亩的数量关系分别是：边，按天柱侗族地区传统，计量水田面积以 36 边折合为 1 亩；石：按当地习俗，中田 6 石合 1 亩；罗：10—13 罗为 1 亩；运："运"是"挑"的另一种称呼，按当地习俗，上、中、下三等田综合，6—7 运为 1 亩；把：传统习俗，13 把为 1 亩。
② 本表中的统计数字 2787 亩样本数据肯定不能代表这些村寨完全真实的土地买卖数量。因为现在收集到的土地买卖契约不是当地的全部土地买卖契约。据天柱县、黎平县档案馆的同志的经验，他们在收集县境内清水江流域各种类型契约文书时，在每一村寨所收集到的文书，大概只是当地居民收藏文书总量的 1/3，据此经验判断推论，那么本研究作为样本数据统计出的 2787 亩数字还得乘上 3 倍，才是该地较为真实的数字，那么，该地的面积大约是 8361 亩。

地流转相对的自由、活跃，地权转移也相对频繁。具体而言，清水江流域地权转移至少有五个现象值得重视。

第一，越到近代土地流转频率越高，民国时期的年均次数是清朝的2倍以上。这里仅以天柱县发生的1158次耕地（田、土）买卖为例。若以道光为起点看，年均频次分别为道光1.7次，咸丰1.1次，同治4.9次，光绪7.26次，宣统10次。民国时期土地买卖的时间分段可依据民国时期贵州历史发展特性划分为三个时段：1911年辛亥革命到1935年间，贵州政府时而听命于北洋政府，时而又独立其外；1927年南京国民政府建立后，贵州政府虽然名义上归属于南京中央政府，实际上由军阀统治，无疑是一个"独立王国"，这24年为贵州辛亥革命以来的一个历史时期。1934年年底，国民党中央军尾随追击长征途中的红军进入贵州，蒋介石解除了贵州省主席和"国民革命军第25军"军长王家烈的军政大权，国民政府终于"统一"贵州，贵州也结束了长期游离于全国发展大局而融入到统一的社会经济发展进程中。期间全面抗战爆发，战时东部经济发达地区大量企业内迁西南，贵州经济发展由此进入一个繁荣时期，直到1945年抗战胜利，这10年是贵州历史发展的又一个时期。1945年至1949年，则是第三个时期。三个时间段内土地买卖发生的频次，1912年至1935年间年均17.4次，1936年至1945年间年均16.7次，1946年至1949年间年均21次。无论是清代还是民国，总体上地权转移都是逐年递增，民国时期每一阶段都是清宣统年间的2倍。

第二，社会动荡，尤其是战争导致的巨大社会动荡丝毫没有影响到持续不断的土地买卖。晚清咸同年间清水江流域爆发了由张秀眉、姜应芳领导的少数民族农民大起义，历时20余年，咸丰九年（1859年）还有太平军出入贵州并逼近天柱、锦屏。而天柱县本身也是农民起义的中心地之一，姜应芳领导的农民起义军根据地大营汉寨就与攸洞毗邻，攸洞、甘洞、地良等地还是战场。被誉为千户大寨的甘洞老杨寨在此期间曾遭战火荼毒而被夷为废墟，但此时土地买卖照常进行。咸同战争时期购进土地的事例如杨再模，在其现存的9件契约中，只有光绪十三年（1887年）一次，其余都集中在同治六至九年（1869—1870年）购进土地，兹列下面两件契约予以说明。

契约 3-2

立卖田契人木杉村刘润泽，今因要钱使用，无所得处，自愿将到土地□田二丘，收禾一百一十边，又地名冲追田三丘，收禾九十边，请中出卖。先问房族无人承卖，问到甘洞村杨再模名下承买，当日议定，价钱五千八百文整，其钱领清，其田付与买主为业，自卖之后，不得异言，恐口无凭，立有卖契为据。

　　凭中　杨开泰　陶来泰

　　亲笔

　　同治七年四月十二日　立 ①

这里杨再模一次就吞进田地共计 200 边，两个多月后杨再模又再次购进杉木林地股权。

契约 3-3

立卖杉木字人刘建发，今因要银使用，无所出处。自愿将到土名作□榜杉木乙块五股，刘祥□乙股未卖，均分四股出卖，请中问甘洞寨杨再模承买。当日三面议定，价银一十六两五钱正，其银亲领入手应用，其杉木卖与买主之后，听凭买主蓄禁为业。如有不清，裁卖主向钱理落，不干买主之事，恐口无凭，立此卖契存据。

　　内添七字。

　　此块杉木界至，左抵界□王寺德杉木为界，右抵刘祥来杉木为界，上抵领下抵田，四至分明，大小共记一千六百株。

　　凭中　龙伯恩

　　亲笔

　　同治七年六月初二日　立卖 ②

杨再模在 4 年间共购进田土 390 边又一石二合，杉木山两处，塘一处，共

---

① 张新民主编：《天柱文书·第一辑》第 21 册，第 303 页。
② 同上，第 205 页。

支出钱 20680 文，另支出银 31.3 两[1]。社会动乱间一些业主一次出售量很大，杨再模一次吞进 200 边田地还不是最大，最大一宗是同治八年（1869 年）三月初三日龙耀祖一次出卖 558 边，折合为田亩是 11.5 亩。据不完全统计，这期间购进土地者至少有 40 余人，超过之前的乾隆、道光和咸丰三朝买进者的总合。战乱年代仍然有人安然地置地增业，这似乎是一个悖论，即巨大的社会动荡没有抑制农户购置土地的欲望。

与此相似，辛亥革命后贵州大小军阀此起彼伏，带给贵州 20 余年的战乱，但恰好这一时期也是土地买卖发生频次最多的时期。以战略要地翁洞镇为例[2]，不仅达到清朝以来的最高值，也是社会相对安定的光绪年间的 2 倍以上。从表 3-6 内反映出的土地买卖情况看，最为奇特的是 1946—1949 年，买进土地者较之前两个时期虽然人数明显下降，但购买田地的次数却有增无减，也是民国时期的最高值。抗战期间贵州学者著书讨论贵州土地问题时，曾对当时土地集中情况有一番议论，说战乱时期无人敢买卖土地[3]，由此观之清水江流域出现的情形显然尤其特殊了。

第三，300 年间发生的 2946 次土地权转移过程中参与买卖土地的人数众多，此现象尤为突出。表 3-5 和表 3-6 显示，出售土地业主至少有 2408 位。也以天柱县 1158 次耕地（田、土）买卖为例，1158 件契约涉及农户共有 875 户，其中清代 339 户，民国 525 户。清代各朝出售田地农户人数分布如表 3-5 所示。

表 3-5　清乾隆朝到宣统朝甘洞、攸洞、地良三村出售田、土者人数汇总表

时间	乾隆	嘉庆	道光	咸丰	同治	光绪	宣统	总计
出售田土者	10	4	29	11	56	201	28	339

---

[1] 据（光绪）《天柱县志》载：光绪五年时，每银一两"银价换一千六百文"；又载三十年时："每银一两作钱一千六百五十文"。又据（光绪）《天柱县志》，《中国地方志集成·贵州府县志辑》第 22 册，第 195、202 页。一般情况下，本书银钱比皆取 1600 文为准。

[2] 清水江流经今天柱县出境进入湖南会同县，翁洞是清水江流经贵州境内的最后一个集镇。自明代晚期以来，就是清水江林区木材转运的集散点，也是贵州东南部最大的集镇。历代政府皆在此设卡收税，故也是历代动荡时期权势人物争夺的战略要地。

[3] 丁道谦：《贵州经济研究》，贵州中央日社 1941 年版，第 139 页。

从该表人数分布看，乾隆、嘉庆二朝人数肯定不完全代表其真实数量。可能因为年代距今相对久远，或由于其他原因契约多有失散。道光、咸丰、同治、光绪、宣统五朝则相对符合实际情况，五朝共 91 年。在这 91 年间出售田、土农户有 325 人，平均每年 3.6 户出售田、土，五朝中每一朝年平均户数依次分别为 1 户、1 户、3.9 户、5.1 户、7 户。出售土地农户呈不断增加趋势

甘洞、攸洞、地良三村民国时期出售土地的 525 户中，各时期分布如表 3-6 所示。

表 3-6　民国时期甘洞、攸洞、地良三村出售田、土者人数汇总表

时间	1912—1935 年	1936—1945 年	1946—1949 年	总计
出售田、土者	320	131	74	525

从该表人数分布看，1912 至 1935 年间平均每年有 13.9 户出售田、土，1936 至 1945 年间平均每年有 13.1 户出售田、土，1946 至 1949 年间平均每年有 18.5 户出售田、土。

综合表 3-3 和表 3-4 内天柱县甘洞、地良、攸洞数字显示，1158 件契约涉及买进田、土者共 499 人，其中清代 200 人、民国 299 人。清朝不同时期买进田、土者如表 3-7 所示。

表 3-7　清乾隆朝到宣统朝甘洞、攸洞、地良三村购进田、土者人数汇总表

时间	乾隆	嘉庆	道光	咸丰	同治	光绪	宣统	总计
买进田、土者	5	4	22	8	40	100	21	200

从该表人数分布看，乾隆、嘉庆、两朝人数肯定不完全代表其真实数量。可能因为年代距今相对久远、或由于其他原因契约多有失散。道光、咸丰、同治、光绪、宣统五朝则相对符合实际情况，五朝共 91 年，在这 91 年间参与购进土地者有 191 人，平均每年 2 人，实际人数更多。值得指出的是，咸丰朝历时 10 年、同治朝历时 13 年、光绪朝历时 34 年、宣统朝历时 3 年，每一朝的年平均数也是 3 人左右，与五朝的总计平均数相吻合。如此均衡的现象隐含着哪些地权转移中的信息，还有待于进一步地探索。

据对民国时期 38 年间的统计，参与买进田、土者有 299 人，平均每年 7.9 人。

民国时期各阶段参与买卖田、土人数则如表3-8所示。

表3-8　民国时期甘洞、地良、攸洞三地购进田、土者人数汇总表

时间	1912—1935年	1936—1945年	1946—1949年	总 计
买进田、土者	159	85	55	299

从该表可以看出不同时间段参与田、土买卖者的平均人数。其中1912—1934年22年间，平均每年6.9人，1936—1945年10年间，平均每年8.5人，1946—1949年4年间，平均每年13.8人。显示出民国年间地权呈现出扩散趋势。

第四，每次交易完成的土地转移数量都不大。我们仍以有具体土地面积的买卖田契为例。300年间共发生交易2946次，农户所出售田、土面积共计1923亩，平均每户出售田、土0.652亩；再以天柱侗族聚居的高酿三村自乾隆到民国年间所进行的881次水田交易计，平均每笔交易面积0.671亩。从现存的契约可见出售土地面积往往都不大。1914年3月17日蒋玉连卖田契所载，出售的土地面积仅有一边，约1亩田的1/32，契约如下。

　　契约3-4
　　立卖田契字人高攸蒋玉连。为因要钱度用，无（所）得处，自愿将到土名登高攸田二丘，收花一边，上抵杨姓屋坎，下刘姓田，左抵路，右抵买主田为界，四至分明，要钱出卖。先问族亲人等，无钱承买，自愿请中上门问到本寨龙运全兄弟三人名下承买，当面言定价钱一千二百四十八文。其钱亲领入手应用，其田付与买主耕管为业。自卖之后，不得异言。恐口无凭，立有卖字是实。
　　凭中　蒋玉才
　　中华民国岁次甲寅年三月十七日　子笔□德□　立
　　外添三字①

再如下面一次九南村的田地买卖，出售田地面积仅3斗。契约文书如下：

---

① 张新民主编：《天柱文书·第一辑》第12册，第211页。

契约 3-5

立买卖田字人杨光焯。为因家下缺少钱用无出，自己愿意将祖业坐落地名盘圳大路坎上田乙丘，计谷三斗，要行出卖。自己靖中问到本寨。

龙士科名下承买为业，当日凭中三面意（议）定价钱乙百八十八文正，亲手领足应用。其田自卖之后，任凭买主耕种为业，卖主不得异言。恐后无凭，立此卖字世头（是实）。

凭中　杨光明

光绪十四年四月初五日亲笔　立[1]

在锦屏县九南村卖田契中，光绪十三年（1887 年）十一月十五日所出售的田地仅值钱 246 文，也显然是一块面积的很小田产；而黎平县罗里村民国十五年（1926 年）正月十九日出售田一丘面积 1 把，仅 1/18 亩[2]。

宗族共同财产也进入到买卖中。许多民族学研究成果表明，明清时期侗族往往聚族而居，"结款"而形成宗族社会，宗族关系维系了侗族社会日常生活的方方面面[3]。为保障族内各项公共事务和共同活动正常进行，宗族成员或者先赋的共同拥有族产，或者共同出资购置田地等形成族产，族产依据活动性质不同分为不同种类，有祭祀先祖、修庙建祠等活动组成的会社如除夕、清明会、中元（冬至）会等，这些会社管理的族产叫祭田，有赡族或助学的会社财产，如义田或学田，也有为铺路搭桥等各种公共事务的会产。天柱县有竹林村所出卖的田是"会税四亩正"，即是会产。竹林乡许多土地买卖契约中，都能见到这些会社的存在，如有"口星会"［民国辛酉年（1921 年）］、"老虎会"［光绪三十三年（1907 年）、宣统三年（1911 年）］、"清明会"［民国二十六年（1937 年）、民国甲寅年（1914 年）］、"观音会"［民国庚寅年（1950 年）］等。黎平文书中看到罗里乡有"昭宗祠"（民国甲寅年七月初五日）；彰溪有宣统二年出售"关圣会田"1/6 股份、"三官会"田地 1 把［光绪二十六年（1900 年）十月二十一

---

① 高聪、谭洪沛主编：《贵州清水江流域明清土司契约文书·亮寨篇》，第 171 页。
② 黎平县档案馆未刊稿。文书号：LP-42-17。
③ 黄才贵：《侗族社会的合款制》，载朱俊民主编：《百越史研究》，贵州人民出版社 1987 年版，第 336—340 页。

日]、"丰飞山庙"田三石 [民国丙寅年（1926 年）正月初九日]、"师祖会"田
[光绪二十六年（1900 年）七月二十二日]、八挂村有"高归清明会"田四担 [民
国二十九年（1940 年）三月初二日]、"关圣会"2/6 股和 1/6 股 [八挂村宣统
三年（1911 年）二月二十六日和民国二年（1913 年）十月三十日]、"关圣会"1/6
股 [八挂宣统二年（1910 年）十二月二十七日]、罗里村"清明会"风水田拜
扫田 [民国戊午七年（1918 年）三月初七日]、"丁济会" [道光二十四年（1844 年）
二月初一日]、"圣公会" [光绪二十九年（1903 年）十一月初五日]。再如从
收集到的许多土地买卖文书中书写出售的田产名称，也知道有些宗族组织会
社的性质及会田的特征，如"下抵龚姓会田""立卖庵堂田"等，显然是宗祠
的祭田，再如"老人会砚（规）章田""盘学堂田"则显然是义田与学田。族
田是全族人的"共业"，所得主要是宗祠公用或共族分享。汉族地区宗族组织
内的族田管理经营即有古训："族人不得租佃义田，诈立名字者同。"[1] 因而有
严格的规矩，"原则上不准本族人租种"[2]。凸洞三村的族田是可以同姓人租种的。
如一件民国壬申年三月初一日的典田契中，业主龙喜泮就将自己一丘田出典给
"清明朝宗公会主承典，其田付与公会耕"[3]，不唯由族人租种，还时有买卖族田、
会田事情发生。如上列中秋会、老人会田、"老人会砚（规）章田""坡休烙（修
路）会""盘学堂田"等都在买卖行列中，连最重要的宗祠祭田也在出售行列中，
如契约 3-6 所示。

契约 3-6
立卖庵堂田字人龚砚远、砚全、东本、东吉、砚金、其才、祥河、
祥辉通族字人等，今因要钱修整庵堂使用，无所出处，共议将到土名
谢板田出卖，上抵山左抵买主田，右抵山，四至分明。共议请中上门
问到本村龚砚有名下承买，凭中言定价钱，二十六千八百文正，其亲
手领足，买主不得短少分文，其田交与买主永远耕管为业。自卖之后，

① 〔宋〕范仲淹：《义庄规矩》，载《范仲淹全集》下，凤凰出版社 2004 年版，第 920 页。
② 张研：《清代族田与社会结构》，中国人民大学出版社 1991 年版，第 13 页。
③ 张新民主编：《天柱文书·第一辑》第 14 册，第 60 页。

不得异言，恐后无凭，立有卖字为据。内添五字。凭中代笔龚祥焕。

民国十五年三月初七日　立字。①

虽然这次出售族田所得目的是用于修缮本族祠堂，但实际上却是一次地权转移，由"共公"所有会田转化为家庭私人所有。再如契约 3-7 所示：

契约 3-7

立卖会田字人杨宗能杨宗乾兄弟二人，今因缺少使用，无所出处，自愿将到地名各□一丘共计十九股卖我一股，其田界限上抵伍绍银田，下抵胡国芳田，左抵大路，右抵山，四抵分清要洋出卖自己请中问到仗洞村伍绍全名下承买。当日凭中议定田价钞洋三千五百八十元整，其洋亲手领足，其田付与买主永远为业。自买之后，不得异言。恐口无凭，立有卖字存照是实。

凭中　代笔杨宗城

民国丙戌年三月二十三日　立②

契约中所出售的土地是"立卖会田字"，这就说得很清楚是出售的会田，是自己本宗的祭田。

二、农户失地程度及呈现出的地权转移风向

清代和民国清水江流域侗、苗民族地区土地买卖反映出农村经济社会生活状况及变化，经济社会生活的状况及变化是衡量社会财富分配和土地制度的主要标志。具体而言，清水江流域侗、苗民族地区清代和民国间流失的土地怎样改变着社会的财富分配？失去土地的农户又面临怎样的现实生活？都可从农户失地程度与农户购进土地程度两个方面弄清这一现实面貌，进而探索清水江流域侗、苗民族地区农村地权变化及对土地制度的影响。这里先从农户失地程度

---

① 张新民主编：《天柱文书·第一辑》第 21 册，第 298 页。
② 张新民主编：《天柱文书·第一辑》第 12 册，第 68 页。

的境况进行观察。

（一）出售土地农户失去田亩面积所反映出来的地权转移

土地是农民赖以生存的基本生产资料，对这些生产资料的占有是其生活的根本保障。农户如果丧失了过多的土地，不仅影响他们的生活温饱，同时也是这一社会土地集中的征兆。那么进入本研究所统计的村寨，在清朝与民国时有多少人出卖自己的土地？又出卖了多少田土？是否因此而出现大量的失地农户而形成土地兼并之风？现收集到的进入本项研究所统计村寨顺治朝到民国间2946件土地买卖契约文书中，有2376户农户出售了土地，又据表3-5和表3-6对天柱县高酿镇攸洞、甘洞和地良村1158件田地买卖契约统计，出卖土地农户共有864户，其中清朝339户，民国525户。

就上述两种统计而言，无论哪一种统计都显示出有这么多农户出售了自己的土地，至少预示着土地买卖异常活跃。但更重要的问题是，他们一生售出的土地到底有多少，所出售的土地是否包含了自己赖以生存的最后一块土地，而土地出售后自己的生活是否因此而发生困难甚至深陷贫困，是否在兼并之风强迫下丧失自己土地后成为佃农或雇工，等等。为此，我们先设定一个影响农户基本生活的失地面积为基数，对上述疑问稍事分析。从清水江文书中的众多"分关书"中知道，凡每一农户分家时分出新户所得田产大都在200边左右。似乎说明，在这里维持一户人家基本生活所需田亩应当在200边，也即需要5.5亩田[1]。若以此为标准，如果一户人家出售田地在1.2亩以上，他们所出售的田产则有可能影响其正常的生活水平。1.2亩用当地传统面积单位折算，以边为单位，那么就是40边；以运为单位，就是20运；以笋为单位，就是15笋；以石（或担）为单位，就是8石；以把为单位，就是21把。如果失地在2亩以上，则可能陷入贫困。下面分别对涉及的天柱、锦屏、黎平三县各村寨，凡出售田亩

---

[1] 在中国经济发达的江南地区，传统社会中维持一户农户基本生活所须田亩，据记载："江南人多地狭，地不足于耕。如江南农民的耕地面积，一般不过五亩乃至十亩，而每一亩须养活二人。（〔清〕顾炎武：《天下郡国利病书》，卷二十一《江南九 苏松 松江府》）"又据〔清〕张履祥：《补农书 策邬氏生业》："瘠田十亩，自耕尽可足一家之食。"清水江流域侗、苗民族一般户均6人左右，地户均5.5亩，与顾炎武所言江南"一般不过五亩乃至十亩，而每一亩须养活二人"大致相符。

面积在 1.2 亩及以上田地农户所出售田亩面积做统计分析。

天柱县侗族聚居的高酿镇攸洞、甘洞和地良三个村失去田亩在 40 边及 40 边以上农户有 98 户。超过 2 亩（72 边）的有 45 户，他们中乾隆朝 2 户、嘉庆朝 1 户、道光朝 1 户、同治朝 12 户、光绪朝 10 户、宣统朝 3 户、民国时期有 15 户。苗族聚居农户田地流失情况又如何呢？翁洞镇与竹林乡下属几个行政村出售田地在 1.2 亩（12 箩或 40 边）及以上农户，翁洞镇各村有 48 户，竹林乡各村有 67 户。竹林与翁洞两村中，超过 2 亩（20 箩或 30 运或 72 边）的有 20 户，其中乾隆 2 户、嘉庆 1 户、同治 7 户、光绪 3 户、宣统 2 户、民国 4 户。

锦屏县同样也分别以侗、苗族村进行观察。侗族聚集的九寨乡柳寨村出售田亩在 1.2 亩（40 边）及以上农户有 46 户，其中超过 2 亩的有 18 户；苗族聚居的九南和亮寨村出售田亩 1.2 亩（8 石）及以上田地农户有 138 户，其中九南村 2 亩（12 石）以上农户清代有 20 户，民国有 11 户；亮寨村清代 12 户，民国 9 户。

黎平县侗族聚居的罗里乡三个村出售田地超过了 1.2 亩（8 石）的农户数分别是：彰溪村 33 户、八挂村 32 户、罗里村 98 户，三个村中出售田地超过 2 亩（12 石）以上的彰溪村有 16 户、八挂村有 15 户、罗里村有 47 户。

上面只是对 2346 件买卖田地契约文书的统计，另外 600 件旱田（土）买卖所发生的失地情况也应当大体一致，两者合计有 2946 次土地买卖，有 2375 户农户出售土地。对 2346 次田地买卖所出售田亩面积逐一统计[①]，失地情况是 509 户农户失去自家田亩在 1.2 亩及以上，占全部农户的 21.4%，这一方面表明，这些农户失去的土地有可能影响到一家人的基本生活；另一方面近 1/5 的人失去了土地也表明，这里的土地买卖已呈现了土地向少数人集中，透出了土地兼并的风向。

（二）失地农户面临的贫困威胁及解救方式

国内许多研究者都指出，自由的土地买卖给土地兼并开了方便之门，也给

[①] 因进入统计村寨遗存的买卖田地契约文书，对旱田（土）面积的计量，一般都以丘、团等为单位，没有具体的边、箩、石、把或亩等单位，这就给明确的数量计算带来了困难，故本文只选择有具体数量单位的田地为样本，清代买卖田契约 892 件，民国 1454 件，对这里的地权分配做判断。

失地农户带来了悲惨生活。如有学者研究指出："农民生活的悲惨与土地兼并间无疑是有直接因果关系。"[1]有学者认为在土地买卖过程中除少量自耕农因购置土地可能上升为地主外，大量的自耕农"则是濒于破产逐步佃农化"[2]。清水江流域有频繁的土地买卖，许多农户在买卖土地中失去了田地。那么，清水江流域失地农户将面临什么样的困境呢。

从清水江侗、苗民族聚居地区一些农户出售土地过程看，一些农户原占有较多土地，但在多次出售土地后便可能陷入无地的窘况。如在天柱高酿镇侗族聚居的三个村中，攸洞村 38 户农户中就有 20 户超过了 2 亩，其中 8 户超过了 3 亩以上，如粟庆发出卖的田地是 195 边，折合田亩已是 5.36 亩地，是一户人家的基本生存所需田地了；甘洞村杨昌球 1876 年一次就出售田 263 边，约 7.3 亩，已超出一户人家基本生活所需田地；地良村龙耀祖家同治八年（1869 年）三月初三日一次就出卖了 558 边，折合为田亩是 11.5 亩，已超出维持一户基本生活需要田地的 2 倍。龙绪显从 1914 年到 1929 年的 15 年间分 5 次出卖山土和田地共 13 丘，仅田面积为 12 挑和 63 边，折成田亩为 3.75 亩，其山地和田地总合起来也是一户人家基本生活所需要的面积了[3]。

苗族聚居的翁洞镇和竹林乡，一些农户出售田平均亩数较大。翁洞镇三个村中，吴祖澍共 4 次出售了 3.8 亩（57 运）、蒋永化 2.6 亩（26 箩）、吴祖培 3 次共 2.3 亩（35 运）、吴祖伯 2.85 亩（43 运）、吴梁氏与子吴德贞、德全 8 次共出售 11.3 亩（140 运又 2 亩），吴德太 4 次共出售约 2.3 亩（34 运）；竹林乡三个村中，吴炳寿 2 次共出售田 22 丘，其中一次就有 2 亩；潘光元兄弟共出售 32 丘田，其中有明确面积单位的田约 3.2 亩（32 箩）；潘积庆 4 次共出售 18 丘，能统计出田亩的至少 6 亩（60 箩）以上；民国时期刘期光出售 2.4 亩（24 箩）以上，吴会贞一家 3 次共 7.9 亩（79 箩），刘期旦 8 次共出售 29 丘，肯定超出 3 亩以上。如无其他生活来源，上述农户中大多数生活肯定面临贫困。

一些农户总是迫于不可克服的原因丧失了其赖以生存的宝贵土地，成为土

---

[1] 杨士泰：《清末民国地权制度变迁研究》，中国社会科学出版社 2010 年版，第 188 页。
[2] 白钢：《中国封建社会长期延续问题的探讨》，《光明日报》1982 年 10 月 20 日。
[3] 张新民主编：《天柱文书·第一辑》第 10、11 册。

地兼并的牺牲品。如农户杨焕鼎弟兄四人出卖土地的文书将他们失去土地的原因讲述得很明白。

契约 3-8

立断卖塘字约人杨焕鼎弟兄四人。为因家下缺少银用无处得出，自愿将先祖贵下之塘以用三股均分，本名所占二股（四至略），四至分明。自己请中登门问到自愿出卖两股与本房杨希明名下承买为业。当面凭中议定断价钱壹拾陆仟肆百捌拾文亲手收回应用。其塘自卖之后任凭买主管业，卖主不得异言，诺有亲族争论俱在卖主一力承当。恐口无凭，立此断卖字为据承照。

凭中　杨树敏

代笔　杨典华

民国庚申年十一月二十七日　立 [①]

文书中"为因家下缺少银用无处得出"，是这个家庭出售田产的直接原因。清水江文书田地买卖契约中，大多书写"为因家下缺少银用无处得出"，可见是其普遍的现象。其实，因家庭缺少银用而出售本就不多的土地，只能暂缓燃眉之急，却可能带来更长期的困境，毕竟失去了多少田地就减少了相应收入。

另有一些失地农户转让田土的过程，表明在土地兼并中失地农户的纠结与无奈。如有贫困农户因经济困难先将自己田地典押出去，在无能力赎回后只得忍痛转让。锦屏县文斗村农户姜文甫契约文书即是一例，他先是在乾隆五十九年（1794 年）十二月十四日将田一丘出典，契约如下。

契约 3-9

立典田约人中房姜文甫。为因家下缺少钱用无出，自愿将祖到田坐落地名眼翁大田一丘，凭中出典与邓大朝名下承典为业。三面议定典价文银拾参两整亲手领回应用，其田不俱远近，价到赎回，不得异言。恐后无凭，立此典约存照。

---

① 黎平县档案馆未刊稿，文书号：LP-371-127。

立典人　姜文甫

凭中　姜岩生

代笔　曹辰周

乾隆五十九年十二月十四日　立

按当地习惯，典当田土赎回期限为三年。显然，姜文甫在三年时间后，没有能力赎回出典的土地，最后在嘉庆二年（1797 年）二月二十八日只得将其出卖与原典主。契约如下。

契约 3-10

立断卖田约人姜文甫。为因家中缺少银用无从得出，自愿将到祖田一丘，坐落土名眼翁大田一，凭中出卖与邓大朝名下承买为业。凭中议定断价银拾陆两整亲手领回应用。其田自卖之后，任凭买主耕种管业，卖主兄弟不得异言。恐后无凭，立此断卖远永存照。

外批：此田在正粮一分正。

代笔　姜廷瑜

凭中　姜德占

嘉庆二年二月十九日　立[①]

姜文甫典卖田土不止一次，一年后他又出典眼翁禾田二丘，在此之前的嘉庆元年（1796 年）三月他就出卖冉翁田五丘。这样多次先典后卖必然损其生存，使其陷入生活窘迫之中。

类似情形在黎平县契约文书中也能见到，契约如下。

契约 3-11

立断约田字人杨秀敏。为因先年父亲在日砍伐木植，交易亏本甚巨，曾将祖遗之田地名扒报大小田二丘共载谷十二担，典与杨希明表爹承典为业。迄今已数十年。无奈因典价太重万难取续，兼之应纳注

---

① 姜文甫前后两件文书，分别载陈金全、杜万华主编：《贵州文斗寨苗族契约法律文书汇编——姜元泽家藏契约文书》，人民出版社 2008 年版，第 53、57 页。

口之粮尚未曾挥。是以央中仰将此田复出断卖与中排表叔杨培仁、芳、家卓叔侄三人名下承买为业。当凭三面议定,除典价之处,另补断价大洋一元二角八仙亲手领回应用。其田自卖之后,任凭买主招人耕种管业,卖主不得异言。恐后无凭,立此断卖字,子孙发达,存照为据。

    粮照老约完纳

    凭中 杨富家

    请笔 杨维邦

    民国二十三年阴历三月初八日   立[①]

将耕地(田地)典当他人,自乾隆时期[②]以来它就困扰着这里农户的生产生活,似乎是无助的农户迫于生计而选择的仅次于出卖土地的救急措施了。许多农户即使无奈典当了田地,但总是千方百计地加以保全。罗里村一件典当文书就将出典农户千方百计地加以保全的挣扎心境表露得一览无遗。光绪四年(1878年)四月二十九日杨声和就将一丘田出典,契约如下。

    契约 3-12

    立典田契约人声和弟兄三人。因为账费缺少钱用无出,自愿将祖业与晚叔共之田地名叩井田一丘,约禾五十把,今将一并典与杨绍震晚叔名下承典为业。当日凭中议定典价银壹拾五两整入手取回应用。其田自典之后凭典主耕管不得异言,立此典字为据。

    凭中 杨光基

    光绪四年四月二十九日[③]

声和弟兄三人一次就典当田亩50把,约合市亩2.78亩,算是一块不小的田地了,将其出典肯定会出现生活上的困境。为了保全2.78亩田地,出典12年后的光绪十六年(1890年)其家人进行了一次兑付典价,却因钱不够而未能

---

① 黎平县档案馆编:《贵州清水江文书·黎平卷》第一辑第8册,未刊稿,第371—140页。

② 在遗存的清水江文书中,最早一件典田契约出现在乾隆四年,其载于《罗里文书》。

③ 黎平县档案馆未刊稿,文书号:LP-230-103。

赎回，直到民国四年（1915 年）才全部赎回[①]。

另一些农户则依靠多次典当田地度日。攸同村农户刘泽欢先后在 1913、1916、1919、1937、1938、1943 六个年份，共七次将自己的三处田地出典[②]。刘泽欢典当土地，主要是为了救济生活所需，契约 3-13 显示他通过借贷获得粮食。

> 契约 3-13
>
> 立借谷字人刘泽欢，今因家下缺少粮食，无处借出，自己上门借到刘新鸾谷子三挑，每挑加五行息，限至十月内本利一体归还，不得有误。倘有误者，自愿将岑细坡田乙丘作抵，上下本主，左抵路，右抵山，四至分明。至期未获，任凭借主下田耕种收花为利，恐口无凭，立有抵字可拿。
>
> 代笔　刘庆口
>
> 民国十七年五月廿日　立[③]

显然，刘泽欢仅靠耕种自己的土地不能维持一家人的日常生活，只能选择典当田土度日，其契约内所约定的回赎典金是每月加四或五行息，本身就是当时高利贷的利息。可以预见，不断典当土地离失去土地的时日不会太远了，失去土地只能最后走上佃户的境地。

清水江苗侗地区农户失地最大威胁主要来自于高利贷。许多农户由于借高利贷后无法偿还债务，最后被迫出卖自己的土地。清水江流域现存各种文书中，

---

① 在光绪四年（1878 年）的典契上，又先后外批（添写）了两次与典田有关的契约。第一次外批是"光绪十六年五月十三日又领去豆银四两七钱一分，还光头"。第二次外批是"民国四年与五爷赎此，系金桃娘银。日后分花与金桃。光家批"。

② 刘泽欢在 1921 年还有借贷："借到本房刘东贵满娘钱柒千零四百文正……其分每千每月当利分四十文正。"在第二年还利息十封零九十枚。参见张新民主编：《天柱文书·第一辑》第 14 册，第 22 页。

③ 张新民主编：《天柱文书·第一辑》第 14 册，第 53 页。

除买卖田地山林契约外，最多的就是借贷与抵押契约了①，这显示当地有较多的农户有借贷行为，也说明当地农户筹措现金的方式主要是靠借贷，而高利贷则是葬送农户最后一丘田地的利剑。锦屏县苗族聚居的河口乡岩湾寨范绍尧家的处境最为典型，如契约3-14所记载。

契约3-14

立典契人岩湾寨范绍尧。为因生理缺少姜佐彰公本利银共该六十两整，无银归还。自愿将到本名田三丘、地名坐落补先，凭中出典与姜佐彰旬下承典为业。当日凭中议定价银六十两整。其田自典之后，任从银主耕种为业，不俱远近，赎回照依旧价，二彼不得异言。今欲有凭，立字为据。

凭中　范保义　文机　姜佐兴　廷德、之瑾

代笔　宗尧

嘉庆十年四月初三日　立②

由该契约看到，范绍尧出典田地给姜佐彰，原因是先前因为"生理"（某种生产经营活动——引者注）曾向姜佐彰举债，但到期无钱还贷本利，不得以只好将自己田地出典给"银主"姜佐彰，以典价抵债。更悲惨的是，由于所出典田地无钱"照依旧价赎回"，只得于四年后将该田出卖。

契约3-15

立断卖田契人岩湾寨范绍尧。为因缺少银用，无出，自愿将到田大小四丘，地名坐落补生，请中出卖与家室寨（即加池寨——引者注）姜廷德承买为业。当日议定价银八十九两整，亲手取回应用。其田自卖之后，凭从买主耕种管业，卖主子孙以及外人不得异言。恐后无凭，立字为据是实。

---

① 据徐钰统计，《天柱文书》中民间借贷文书有101件，典田契约文书有224件。（参见徐钰：《清至民国时期清水江流域民间借贷活动研究——以〈天柱文书〉为中心》，贵州大学硕士学位论文2016。据罗云丹统计，《清水江文书》一、二、三辑内有借贷文书116件，见罗云丹等"贵州省社科规划办2013年度社会科学课题结题报告：《清水江文书》索引"。）
② 张应强、王宗勋主编：《清水江文书·第一辑》第3册，第16页。

　　凭中　范玉平

　　代书　范绍卿。

　　嘉庆十四年十月二十一日　立①

（三）失地农户与佃农化群体显现出的土地兼并风向

　　清水江流域，由于田地组成的复杂性，佃田的分类也有三种：有佃种屯所的军田，所缴纳的田赋叫军粮；有承佃土司的田地，其所纳税赋叫司粮；有佃种地主的私田，所缴纳的田赋叫府粮。下引契约为康熙二十八年（1689年）九月二十五日涉及土司田地承佃的文书。

　　契约 3-16

　　本司管辖乌潭等上四寨，杨童等下四寨头人欧宇太、欧贵吾、欧起吾、欧秀华、欧德楚、欧卿明、杨起贵、欧用吾、杨付明、欧才交、胜泰、欧文榜、欧祖宝、杨正国，并八寨众民等，为吐退粮田以专耕纳。

　　情因本司所辖密、帮、岑、孟四寨，先年被贼兵高李二家杀掳逃窜远去，所遗粮田蒙本司责令各寨众民招人佃种，田（丘）分租，完纳钱粮已经一十八年矣。其小里、绞边、丘团、六寨分顶孟寨本色粮一十二石，又岑图寨粮一半七斗五升；新寨、八寨分顶密寨本色粮一十二石，又岑图寨粮一半七斗五升。今新寨、八寨众民自愿将顶密寨、岑图二寨共本色粮一十二石七斗五升，上凭本司父亲老爷，吐退□还密寨招回本土之民欧友中、欧起蛟、欧起云、欧玉还、欧玉林、欧德明、欧太云等承顶耕纳。其密寨、岑图之田原系干田薄地，三年两不逢收，历来有粮无差，自退之后，凡有公务照依旧例并不派累密寨之民，逐年只帮新寨、八寨奏销眼（银）四钱可也。如日后子孙倘有丈田或造粮册之费，照粮起派不得遗累系八寨之民，其过往送差人夫，八寨并不送到密寨。

　　一退永远，并无异言，今恐人信难凭，立此吐退，子孙永远存照。

　　新化长官司正堂欧阳　验记

---

① 张应强、王宗勋主编：《清水江文书·第一辑》第3册，第16页。

原差　金良弼
凭中　君聘二老爷
　　　相乾八老爷
欧才科　亲笔
康熙二十八年九月二十五日　立 [①]

该文书虽然不是一件为租佃田地，租佃双方订立的契约文书。但文书中所显示引发纠纷的原因，却是由分担租佃田地赋税而起，所以它是租佃契约原件的延续部分，因而也类同于租佃契约。该件文书是清水江流域目前所见到的最早租佃契约。

这里，我们主要关注承佃私人田地的佃户。就整体而言，土地兼并过程中农户失去土地是否就意味着真正遭受贫困？社会是否会出现一个佃农化农户群体？从田地转移后果看，土地兼并又是否表明这里造就了许多大地主，而形成地主土地所有制度？后一个问题留待下一章分析。在清水江流域农户失去土地是否就意味着真正遭受贫困，进而形成一个佃农群体？可从三个方面来观察分析。

第一，一些失地农户总是因生活窘迫才无奈地选择出让自己部分田地，由此可能陷入更加贫困的境地。一般而言，从农户出卖田土的原因大致可以判断农户贫困状况，例如以下文书。

契约 3-17
立断卖田约人本房姜有香、兰香婆媳二人。为因缺少粮食无处所出，自愿将到田地名皆包库，在买主趋路之田下……今将出卖与姜宗保名下承买为籽。当日凭中三面议定价银八两五钱整……
道光三十年六月十三日 [②]

注意该契约订立的时间：六月十三日，此时正值水稻下种打田的夏种时，

---

① 龙令洌：《粮田吐退契》辑校，载《贵州档案》2008 年第 3 期。本文引用时对文书断句稍有改动。
② 张应强、王宗勋主编：《清水江文书·第一辑》第 1 册，第 361 页。

也正是农村中贫困农户所面临的青黄不接困难时期。立契卖田人姜金培卖田原因是缺少粮食，正好处于青黄不接关口上，可见其变卖田地是生活处在极端窘迫境况。如果说这次卖田是发生在特定时间的无奈之举，那么下面一件契约所显示出来的特定时间，更体现出卖田地者生活的极端窘迫。

契约 3-18

立断卖田字人吴门龙氏子吴尚桂。为因家下缺少口粮日食难度，母子商议无处出自，自己愿意将先年祖业之田，坐落土名深冲大沟内大小田贰丘，计谷贰石整，原粮参勺，自己上门问到本寨舅父龙士渊名下承断为业，当日议定断价谷壹石伍斗整……

光绪二十五年十二月二十八日 立 [①]

同样注意该契约订立的时间：十二月二十八日，此时正是稻谷收获后冬储粮食时期。而立契卖田人龙氏吴尚桂母子卖田的原因却是"因家下缺少口粮日食难度"，可见稻谷收获后并没有改变家庭缺少粮食窘境。无论是青黄不接还是收获季节，农户都面临着"缺少口粮日食难度"的困境，其根本原因是土地不足，从而只得被迫出卖土地。这种因贫困而又不得不出售自己土地的恶性循环，等待失地农户的命运只能是贫困了。下述各件契约，无不透露出各时期贫困农户面临的种种困难。尽管原因有所不同，但共同点在于都是迫于生计不得已出卖自己土地，现将文书中各类出售原因简编如下。

契约 3-19

立断卖田字人本寨姜廷烈、老兰兄弟二人。烟晚母归世，无银费用，弟兄情愿断卖水田一丘，坐落土名……坐落鄙姑，约禾六把。请中出卖与本寨姜廷德名下承买为业。当日三面议定断价纹银壹拾贰两整……

乾隆六十年五月十八日廷烈弟兄 立 [②]

---

① 高聪、谭洪沛主编：《贵州清水江流域明清土司契约文书·九南篇》，第 171 页。
② 张应强、王宗勋主编：《清水江文书·第一辑》第 3 册，第 312 页。

契约 3-20

立断卖园字人姜金培。为因缺少粮食无处所出，自愿将到包库之菜园一块，其园（四至略——引者注）四抵分明。今将出卖与姜源淋名下，元钱一千文，亲手收足应用……

中华丙寅年正月初七日亲笔立①

契约 3-21

立断卖菜园关杉木约人姜发保叔侄。为因要钱养母，无处寻出，自愿将到菜园二块……出卖与美观家滨名下承卖买为业，当日议定价光洋一圆正……

中华丙寅年七月初六日　立②

契约 3-22

立断卖田契约人龙福林□□。因父母亡故缺少银用无出，自己愿意将祖业坐落土名深冲岭上秧田□丘，代粮壹合五勺六抄，自己问□□堂兄龙大全弟兄名下承断为业，当日议定断价银二十二两八钱……

□光元年十二月二十三日　立③

契约 3-23

立断卖田契约人龙士朋、龙士旺弟兄。为因缺少口粮无出，自愿将田……二丘、出茶地边田一丘，合共三丘计谷三石，至今出断与九南仪居得洞陆鸣祥三人名下承卖买为业。当日议定断价钱二千文整……

同治元年四月二十日　立④

类似上述所引契约，虽然仅是今锦屏县境内发生的事件，但在天柱县及黎

---

① 张应强、王宗勋主编：《清水江文书·第一辑》第 3 册，第 417 页。
② 同上，第 422 页。
③ 高聪、谭洪沛主编：《贵州清水江流域明清土司契约文书·九南篇》，第 111 页。
④ 同上，第 138 页。

平县也能见到。这些契约中，除婚丧嫁娶等需要较大数量资金外，往往仅为取得钱千文或者数百文，就不惜出售土地换回少量现金。那些要米度日和急切赎回出典田地等农户，则是直接反映出因生活已处在困难境地下才将土地出售，悲惨后果自不言而喻。

　　然而，清水江流域土地契约中明确写明卖田卖地的具体原因的契约毕竟是极少数，绝大多数的契约纸面上都常规表述为"今因家下要钱使用，无所出处"之类文契版式语言，很难据此表明他们是由于在土地兼并中由于家道中落或遭到盘剥而被迫出售土地，文契版式语言程式化表述掩盖了农户出售土地时真实原因；文契版式语言"今因家下要钱使用"的真实性本身也很可疑，一些不断购进土地的地主也偶在出售土地时声称"今因家下要钱使用"，如下面一份契约是龙荣喜在1913年的卖田契，表示买田原因是"今因缺少钱用"。

　　　　契约3-24
　　　　立卖田契字人龙荣喜。今因缺少钱用，自愿将到土名冲麻田二丘，收花十八边，上坻（抵）德元，下坻（抵）德元，左右坻（抵）山，四至分明，要钱出卖。先问亲房，无钱承买。请冲（中）上门问到本房龙永祥、贵、升兄弟三人名下承买。当凭冲（中）议定价钱壹十五千四百八十文整。其钱亲领入手应用，其田付与买主耕管为业，字（自）卖之后，不得异言。恐口无凭，立有卖字为据。
　　　　凭中　龙恩祖
　　　　代笔　德显
　　　　民国二年十二月十一日　立[①]

　　卖主龙荣喜从1886至1919年间不断地从他人手中购置田土、林山共13次，就在1910、1912、1913年还三次购进二丘田一丘地。显然，其卖田契所书写"今因缺少钱用"并不是实情。可见，这里大多数卖契中所书写的出卖原因"今因家下要钱使用"往往是套话。因此，很难从契约中度量出卖者的贫困程度及失地（田）的后果。

---

① 民国二年十二月十一日龙荣喜卖田契，载《天柱文书·第一辑》第10册，第69页。

第二，将上述失地在 2 亩及以上农户与出售田亩的全部 2375 农户比较，天柱县、锦屏县、黎平县三地失去田地在 2 亩田以上农户合计是 509 户，表明绝大多数出售土地者一生出售的田产在 2 亩以下，这不足以构成因失地而陷入社会性贫困的处境。在本研究前面已指出，这里实际上出售田亩面积往往都不大，一般出售的田亩面积在 10 边至 20 边左右，许多数次出卖田产的农户，其总量也就在 32 边以下。天柱县、锦屏县、黎平县各村寨 400 年间共参与交易出售田地的 2375 户农户，所出售田亩面积共计 1923 亩，平均每户出售田亩 0.8 亩。高酿三个村从乾隆四十一年（1752 年）起到民国的 168 年间，共参与交易的 875 户农户所出售田亩面积共计 416.52 亩，平均每户出售田亩 0.476 亩。这不足以说明因丧失田地而失去基本生活资料。如果说从上引天柱县、黎平县、锦屏县失去土地农户中有 509 户出卖田地超过了 2 亩以上，若将其放置于 300 年时间长河里，那么 509 户农户在这宽泛的时间与空间内，构成不了群体贫困效应，社会也不可能形成佃农化群体。

第三，从时间上看，上述统计农户在道光朝之前由于资料不足难说是其真实情况外，从趋势上看从咸丰到民国时期卖田农户逐年递增。尤其是同治时期最多、卖田的年平均户也最多，更醒目的是所出售的田地量也较大，上述最大一宗田地出卖就发生在这一时间段，说明失去基本生活土地的人数在增加。这样看似掀起了较强的土地兼并势头，或田地集中倾向加剧。但如果考虑到同治朝这一非常时期出售土地者并非小农，往往是当地拥有较多土地的地主在战乱中的抛售行为，如一件同治六年（1867 年）八月初二日卖田契约中，就言及其出售六十挑（10 亩）田地的原因是"今因逃难在外要钱使用"[1]，显然是迫于战乱中的动荡才抛售这样多的田地。

综合以上现象并将其回归到 300 年的时间长河内观察，清水江流域在土地买卖过程中失地农户上述特征所显示出来的土地兼并风向是：有持续不断的土地买卖，有较多的农户失去了土地，但这些农户并不因此而深陷贫困的泥潭，不足以将地权分配置于贫富不均的两端，这也是清水江流域侗、苗民族中租佃农稀少的原因。

---

① 张新民主编：《天柱文书·第一辑》第 21 册，第 201 页。

第四章
农户购进田地面积与地权的转移和分配

土地买卖中一方流失土地，另一方则购进土地，并且某些农户因不断购置积累土地而成为地主，甚至因土地向地主一端集中成为大地主，从而推动土地兼并。清水江流域侗、苗民族各地是否因某些农户不断购置积累土地而成为地主，导致地权向少数人集中，购进土地农户的动向最为关键。有两个视角提供的信息可以为我们观察购进土地农户的动向：一是在整个土地转移过程中大量购进田地的农户有多少；二是这些农户所各自购进的田地面积有多少，占整个流失田地面积的比重有多大。第一个视角可以判断是否推动起本地的土地兼并，第二个视角可以判断是否构成一个地主土地占有制度。

一、农户购进田地面积及分户情形

（一）购进田地农户及占有田亩面积的分户情形

文书中有许多是同一个人（户）置田地契约，它可以再现某一人（户）一生土地买卖及土地聚集过程。而且许多人购进行为时间长达数十年，有的个人契约跨越清末民初，即使在清一代也不乏跨越两三朝者，故此类文书能清晰地告诉我们一个农户毕生土地积累的过程及结果。下面就此情形分别对天柱县、锦屏县、黎平县所涉及各村的田地买卖契约作出分析①。

---

① 这里仅是从田地着眼，缺少土（旱地、旱田）的面积，还不足以充分概括地权转移全貌。

天柱各村购进田地 5 次及以上农户有 71 户 [1]，其中，据对侗族聚居的高酿镇的攸洞、甘洞、地良三个村 1158 件各时期的文书统计，5 次（件）及以上购进田地者有 72 户，但契约文书写明田亩具体面积者只有 43 户。这 43 户中少者一个人（户）尚存 5 份，多者 28 份。从购进田地面积看，超过 6.62 亩（200 边）的有 18 户，占总户数的 42%；超过 13.22 亩（400 边）的有 5 户，占总户数的 11.6%；有 3 户购进田地面积在 15 亩（500 边）以上，占总户数的 0.7%。在苗族聚居的翁洞镇和竹林乡，翁洞镇三个村 256 份田地买卖契约文书中，清代有 68 次，民国 188 次，有 18 户在 5 次及以上；竹林乡三个村 193 件田地买卖契约文书中清代 63 次，民国 130 次，5 次及以上者有 10 户。总计两地共 6 个村寨 449 件各个时期田地买卖契约，购进田地在 5 次及以上者有 28 户。这 28 户中少者一个人（户）尚存 5 份，多者 19 份；从购进田地面积看在 6 至 10 亩左右的有 5 户，占总户数的 42%，11 至 13 亩左右的有 2 户，占总户数的 11.6%，只有 1 户购进田地面积 21.6 亩，故在 15 亩以上也只有 1 户，占总户数的 0.7%。

锦屏县九寨乡柳寨村、敦寨镇九南村和亮寨村购进田地在 5 次及以上农户有 22 户，其中侗族聚居柳寨村 195 次田地买卖中，有 9 人购置 5 次以上，购进田地面积为 6—13 亩的有 5 户，13—15 亩为 0 户，超过 15 亩的只有 2 户，最高实际亩数在 27.2 亩。在苗族聚居的各村，九南村 134 次田地买卖中购置田地 5 次及以上者有 8 人，亮寨村 114 次田地买卖中购进田地 5 次及以上有 5 人。他们中少者一个人（户）尚存 5 份，多者 25 份。亮寨村与九南村中，购进田地面积为 6—13 亩的有 2 户，13—15 亩为 1 户，超过 15 亩的有 3 户，最高实际亩数在 40 亩。

黎平县罗里乡的罗里村、八挂村与漳溪村三个村皆是侗族聚居地。田地买卖契约清代有 397 份（次）、民国 303 份（次），其中购进田地在 5 次及以上农户有 26 户，他们中少者一个人（户）尚存 5 份，多者达 37 份。在 26 户购进

---

[1] 设定最低限度为 5 次，出于从本研究第三章统计出售田亩平均每次在 0.6 亩左右，农户平均 5 亩田地的关系考虑，那么一农户 5 次买进田亩量在 3 亩以上，这样的土地买卖才有土地集中趋向的统计意义。

田地者中，购进田地面积 6—13 亩的有 10 户，13—15 亩的有 3 户，超过 15 亩的有 3 户，其中最大一户实际面积至少有 120 亩。

上述农户占有田亩分户情况，反映出土地买卖对土地集中的影响，从而观察到土地向少数人集中的风向。从土地买卖的频次看，根据天柱县侗族聚居的高酿三个村 1158 件各时期的文书统计，进入本表统计 5 次（件）及以上购进田地者有 43 户，共有 447 次购进田地。对苗族聚居的翁洞镇和竹林乡 6 个村寨 449 件各个时期契约的统计，购进田地在 5 次及以上者有 28 户，共有 239 次购进，户均 8.5 次。锦屏县九寨乡柳寨村 195 次田地买卖中，购置 5 次以上农户只有 9 户，却占有了 140 次；而在苗族聚居的九南与亮寨 248 次，购置 5 次以上农户只有 13 户，进行了 106 次购进田地，户均 8.1 次。黎平县罗里乡的三个村皆是侗族聚居地。700 次田地买卖中，购置 5 次以上农户只有 28 户，有 290 次购进，少数人多次购进田地，户均 10.3 次。各地户均买进田地 10 次以上，显示出土地向少数人集中的风向。其次，15 亩以上农户占比很少。从出售田地亩数上观察，三县各村土地买卖的田地面积流向如表 4-1 所示。虽然三县各村情况不平衡，但仍然反映出大多数农户所购置田地都在 6 亩以下与 6 至 13 亩间。有可能形成大地主趋向的 15 亩以上农户占比不大。

表 4-1　天柱、锦屏、黎平三县各村土地买卖的田地面积流向[①]

区域		天柱				锦屏				黎平			
面积		6 亩以下	6-13 亩	13-15 亩	15 亩以上	6 亩以下	6-13 亩	13-15 亩	15 亩以上	6 亩以下	6-13 亩	13-15 亩	15 亩以上
户数	侗族	17	18	5	3	2	5	—	2	10	10	3	3
	苗族	20	5	2	1	5	2	1	5	—	—	—	—
占户比	侗族	45.7%	42%	11.6%	0.7%	22.2%	55.6%	—	22.2%	38.5%	38.5%	11.5%	11.5%
	苗族	71.4%	17.8%	0.72%	0.36%	38.46%	15.38%	0.77%	38.46%	—	—	—	—

---

① 资料来源：《天柱文书》《清水江文书》《贵州清水江文书·黎平卷》（未刊稿）。

从各农户不断地购置田产行为，可以观察到他们一生中累进财产的途径，也是测算他们一生所购置田地山林总量的素材，同时也是判断他们是否可能由普通农户演变成地主的依据。尽管上述农户中15亩以上农户占比很少，但可谓是在土地买卖中通过购置而积累起较多田地的农户中的佼佼者，大概也是少数民族地区众多农户毕生土地积累史的代表，具体积累的生动过程将在第三节中讨论。

综合上述农户占有田亩分户以及占有田亩所体现出来的田地面积流向，表明尽管每一个人一生都有多次购进土地的行为，但土地分配却呈现分散状态，通过土地买卖购进较大土地数量的农户为数极少。

（二）苗侗地区的"阶级身份地主"与自耕农阶层

上面所提供的"大农户"土地占有量，只是其拥有土地总量中通过土地买卖方式累进的土地，没有计算他们自有的土地数量，因而不是他们一生拥有的全部土地。那么，清水江流域侗、苗民族地主们一般占有多少土地呢？清水江文书中的另一些类型文书，为我们观察置地农户一生中拥有的土地总量提供了实证素材。清水江文书中的分家文书、归户册、赋税征收单据，都是我们了解他们拥有土地的途径。如文书中有许多农户分家时订立的"分关合同"，通过分关合同中析产信息，可以看出分家之前本户人家所拥有的田地总量。还有一些不完整的归户册（编审册），归户册不仅有鱼鳞册的田亩总量登记，还有该总量田亩应纳之税额（税亩）登记，是观察一户土地占有量的最好文本[①]。此外，清水江文书中的赋税单也是证明户主占有土地田亩的根据，通过所纳税额据田赋税率，可换算出该税额户的实际田亩（税亩）。这里仅以分关合同为素材，将分家时田亩在10亩（约360边、约60石、约100箩、约150运、约180把）及以上的农户分列如表4-2，以此来观察他们所占有的土地面积。

[①] 考虑到分析环节尽量地简明，这里不再引归户册作证据来计算每一户人家的田亩数量。但为了直观地展示其衡量田亩的清晰性，这里引用一件归户册作为本章的附录五，以供参考。

表4-2　分家时拥有田产在10亩及以上农户 ①

序号	地名	农户名	面积	立分合同时间	文书来源
1	天柱县	龙东全	758 边	光绪十四年十月十七日	A:GT-033-002
2		公秀彬	2664 边	光绪二十四年三月□□日	A:GT-035-152
3		龙光灿	502 边	光绪三十年七月	A:GT-033-138
4		胡启林等	349.7 边	民国二年三月	A:GT-033-081
5		杨光容	954 边	民国十五年十一月二十九日	A:GT-035-146
6		杨通海	376 边	民国十九年六月吉日	A:GT-035-001
7		胡国俊	988 边	民国乙卯年三月吉日	A:GT-003-112
8		龚砚祖	955 边	民国二十九年二月十五日	A:GT-035-137
9		李茂昭	400 边	民国三十八年腊月初九日	A:GT-036-004
10		蒋景樑弟兄	150 运	民国十六年四月二日	A:GT-008-061
11		刘良汉弟兄	194 运、42 笒	宣统二年十二月	A:GT-009-056
12		蒋永化	15.15（税亩）	康熙十二年二月十五日	A:GT-011-186
13		吴绍美、吴绍兰	373 笒	同治四年五月十八日	A:GT-018-035
14	锦屏县	姜魁遗产	280 担	道光六年五月初九日	B: 第 177 页
15		龙本式、龙本杰弟兄	93 石	光绪三年十一月十四日	C: 第 230 页
16		龙起珍、起敬、起端弟兄	259 亩	光绪二十四年六月十七日	C: 第 234—236 页
17		龙于炳龙于炽弟兄	152 石	民国二年桂月二十四日	C: 第 238 页
18		龙世铨世鉽世龙弟兄三人	44 石 +	民国二十二年二月初二日	C: 第 240 页
19		龙于炳与二子分家	90 石	民国二十六年九月初一日	C: 第 242 页
20		龙玉衡叔侄	1634 把	民国三十三年八月二十二日	C: 第 246—247 页
21		陆远达三弟兄	90 石	道光七年二月十三日	D: 第 258 页
22		陆昌礼三弟兄	143.2 石	同治三年八月二十四日	D: 第 262—264 页
23	黎平县	张志成张志德兄弟	103 石	民国二十六年六月初八日	E：①第 103 页
24		（张）承彦兄弟	129 石	分田合同无时间记录	E②第 105 页
25		张志洪与所生两子	217 石	无时间记录	E：②第 238—327 页
26		张胜先、张金先兄弟	86.5 石	民国二十三年腊月十三日	E：②第 306 页
27		张承彦为儿子勤先、银先	107.5 石	民国二十七年十一月初九日	E②第 308、309 页
28		胡世志、胡世休、胡世端兄弟	135 石	道光二十一年十月二十日	E：④第 63—64 页
29		杨德润等	58 担	民国三十六年二月二十五日	E：⑨第 243 页
30		闵臣贤叔侄	131.5 石、6.3 把	民国二十六年六月二十二日	E：⑦第 371—373 页
31		杨会元诸子	40 把、95 石	道光十四年六月初六日	E：⑦第 156—159 页

① 注："A:GT-033-002"中的"A"示意张新民主编《天柱文书·第一辑》，"GT-033-002"是该文书在《天柱文书·第一辑》中的位置；"B"示意陈金全、梁聪主编《贵州文斗寨苗族契约法律文书汇编——姜元泽家藏契约文书》；"C"示意高聪、谭洪沛主编《贵州清水江流域明清土司契约文书·亮寨篇》；"D"示意高聪、谭洪沛主编《贵州清水江流域明清土司契约文书·九寨篇》；"E"示意《贵州清水江文书·黎平卷》第一辑（未刊稿），"①"为第一辑内册数，后为页码。

分家时对家庭所有田地再分配，应当是一个家庭田地积累到最饱和时期的土地量。表4-2内所列出30户分关合同既是每一农户分家时田地拥有量，实际也是该家庭田地占有的总量。按照当地习俗田亩计算单位36边、6石、10箩、15运、18把折算田1亩，那么，统计表内农户中，天柱县13户中占有土地最多一户约合74亩（2664边），20至30亩有5户，其余在10亩至14亩间。在锦屏县统计的9户农户中，10至20亩6户，30亩以上的3户，其中最大一户在文书数字上有259亩[①]；黎平县统计的9户中，10至20亩的有7户，20亩以上的2户，其中最大一户是36亩。我们在清水江北岸侗族聚集的三穗县八弓镇清末文书中，也看到拥有相似田亩面积的家庭，如据一份道光八年（1828年）二月五日分关文书统计，陈万淮分家时，三弟兄平均所得为109箩，那么当时家庭全部田地是327箩，大致折合田亩是32.7亩[②]，另据两份田土登记册，三穗县八弓镇杨再福家有131箩田，计税亩12亩，又土9箩计税亩7分，另一户123箩田，计税亩11亩[③]。

当然，他们也是通过土地买卖途径积累土地成长起来的农户。问题是，这些通过长期土地买卖而累积了一定田地财产的农户，他们拥有的财产使他们在农村中处于什么样的社会地位？如果我们以地主、富农、中农、贫农等阶级身份来观察农村农户土地所有分配情况表示社会身份地位的话，那么这些通过买卖土地拥有比一般农户更多田亩的占有者，是否身份就是地主或大地主。上述农户中除一户占有74亩土和有一户占有259亩田地者，当属于阶级身份中的地主无疑外，其余农户阶级身份就不太明确了，这也与表4-1中购进水田在5次及以上农户田亩数量是否是地主不太明确一样。这就得为地主身份设一个大致的标准。

在农村中划分阶级成分是在中华人民共和国成立初期进行土地改革（简称"土改"）时期，土改时期全国各地对地主阶级成分划分的标准，不仅从一户农

---

① 表4-2中第16号分关合同中所记载的259亩，实际上不是该家庭的私有田地所有量，因为其中有军户田产——屯田性质的田地，屯田不属于个人拥有。
② 三穗县档案馆藏文书：SS-26-19-019。
③ 三穗县档案馆藏文书：SS-30-151-147；SS-30-151-148。

户所占有的土地量来判断他是否是地主，通常还考虑是否通过地租等剥削方式获得财富。贵州黔东南清水江流域各县土地改革大都在1951年10月到1952年10月间进行，当时各县的地主成分划分标准不是十分确切，这里，我们以1951年土地改革时划分阶级阶层占有土地的两种统计数据稍做比较，从中找到地主占有土地的大致标准。这可以从两个方面去衡量标准，首先看划分地主的标准。据资料显示，1951年时天柱县全县地主人均占有耕地4.7亩，富农2.7亩，中农1.2亩，贫农0.38亩[①]。据此标准，若以1农户平均人口4—5人计，户均田21.15亩（761边）农户则属于地主了；又据天柱县档案馆土改资料，1951年高酿镇甘洞、地良两村划为地主户中，甘洞村最低占有田土86.22挑，约14.8亩，地良最低占有田土82.5挑[②]，约13.7亩，两者折合边则为500余边。据此两项数据为标准，那么户均500边以上的农户则就是地主无疑了。其次，大地主的标准是什么？在天柱县白市乡乐章德有稻田29327亩，人均17.3亩[③]。这是天柱县四个大地主中的典型，那么人均17.3亩是大地主的标准了。

据锦屏县档案馆藏第一期土改与第二期土改统计资料显示，第一期土改划定地主613户，共3174人，人均粮食1703.8斤，其中汉族地主405户2014人，人均粮食2938斤；侗族地主93户542人，人均粮食1883斤[④]。如果将人均粮食换算成田亩并求平均值，那么人均田土是4.4亩[⑤]。第二期土改划定地主有610户，共3241人口，人均田土5.726亩，又在一、二、三区的8个乡67个村划定侗族地主134户共922人，人均2498斤粮食折合田土5亩，两者平均则人均5.36亩。由此可判断，锦屏县地主人均田土在4.4至5.36亩间。又据土改资料显示，九南村和亮寨村所在的敦寨乡，划定地主126户共662人，人

---

① 贵州省天柱县志编纂委员会编：《天柱县志》，贵州人民出版社1993年版，第348页。
② 天柱县第5区高酿乡第八村地主阶级政治经济情况统计；天柱县第5区高酿乡第九村地主阶级政治经济情况统计；天柱县档案馆，全宗1号，案卷顺序14号。
③ 贵州省天柱县志编纂委员会编：《天柱县志》，第348页。
④ 《土地改革情况统计表》，1952年6月。中共锦屏县委办公室印制（藏于锦屏县档案馆，档案号：05001）。
⑤ 粮食换算成田亩按当地1亩田产谷500斤计（据《土地改革情况统计表》，1952年6月中共锦屏县委办公室印制，档案号05001），则上述地主人均田地分别是3.4亩、5.87亩和3.76亩，如果三者平均计算，则人均田地是4.34亩。

均粮食 2480 斤。折合成亩是 4.93 亩①；在九南村划定侗族地主 2 户，男女各 5 人，人均粮食 2227 斤，折成田亩是 4.45 亩。综合上述各村人均田亩作平均，那么划定锦屏地主的标准在人均田地 4.4 亩至 5.7 亩间的中位数 5 亩②。如果折算成户均量，以户均人口 4 至 5 人计算，那么地主的标准在户均占有田土 20 至 25 亩间。

　　黎平县地主的标准，时任县委书记在 1952 年 11 月 6 日的《黎平县土地改革总结报告》中讲道："土改前，地主一千七百四十三户，一万零三百八十七人。占有土地二千八百五十三万五千七百零八斤，每人平均二千七百四十七斤。富农一千五百六十八户，八千八百四十一人，占有土地一千二百六十四万九千二百四十四斤，每人平均一千四百三十一斤。小土地出租者九百三十七户，二千七百二十五人，占有土地三百七十八万六千六百八十七斤，每人平均一千三百九十斤。佃富农与佃中农一千六百六十三户，七千八百一十四人，占有土地一百七十五万六千零四斤，每人平均二百二十五斤。中农一万二千八百三十九户，六万零三百九十七人，占有土地四千二百四十三万七千六百四十四斤，每人平均七百零三斤……贫雇农二万七千五百七十二户，十一万三千九百六十七人，占有土地二千一百六十二万一千二百四十斤，每人平均一百九十斤。"③ 据该报告，地主户均占田 16372 斤。当地习俗 1 石谷 95 市斤左右，大致 6 石谷合田 1 亩，那么据总结报告内数据折算，拥有 28.7 亩田产者为地主；又据罗里乡土改资料，罗里乡五湖村中农家庭一般田在 40—60 石间，60 石以上为富农，80 石以上为地主④，

---

① 《土地改革统计表·敦寨乡》，1952 年 5 月 17 日中共锦屏县委办公室印制。"锦屏县三区敦寨乡土改前后各阶层占有土地山林比较表　表一"（藏于锦屏县档案馆，档案号：05001）

② 《锦屏县志》的统计数字为：地主占全县人口 6.68%，占有全部耕地的 29.95%，人均耕地 5.13 亩，富农 3.03 亩。《锦屏县志》，第 415 页。

③ 金政委"关于对从事其他职业又出租土地者确定成分的通知"中讲到，"当地地主每户所有土地平均数……这个平均数在我们专区是一万三千五百三十四斤"（平均 2706.8 斤）《黎平县志》载"解放前后各阶层占有土地情况表"中统计数字是：地主人均 8.62 亩，即人口只占总人口的 4.36% 却占有 25.15% 的土地。富农人均占有 4.1 亩、富裕中农人均 2.57 亩，中农人均 1.8 亩，贫农 0.71 亩。（《黎平县志》第 197 页）如果照地主每人平均 2747 斤，又每人平均土地 8.62 亩，那么每亩的产量是 316.68 斤，又每石是 53 斤。

④ "第二村十二组查田评产登记册"，1952 年 5 月 7 日。罗里乡五湖村村支两委办公室藏档案。

那么中农户均5—10亩田土；九层村中农户均则在5—9亩间[1]。

　　从上述对三个县在1950年时的农村土地分配情况留存的资料看，地主、中农和贫农三个主要的农村阶层土地占有的平均值有一个基本数字标准，大致上是地主户均田地25亩左右、中农户均6—8亩。据此标准，从积累情况看，要一生购置田地至少在15亩以上者[2]，才有可能成为地主。那么，据表4-1所显示出田亩面积百分比看，这样的农户天柱、锦屏、黎平三个县的情况：侗族地区分别是0.7%、22.2 %、11.5%，苗族地区天柱县是0.36%，锦屏县是38%；如果以占田40亩以上可能成为较大地主的话，表4-1和表4-2内各农户占有土地显示，天柱县清到民国间只有2户购进田地分别为74亩和51亩，锦屏县只有2户买进田地分别为40亩和37亩，黎平县上30亩的只有1户，买进了132亩。就此情形而言，表4-1所列各户中大多数占有土地显然不能划归为大地主。

　　如果再从剥削的属性一面看，自有500边以上土地农户并不一定就是出租土地剥削地租的地主，或许是自耕农。据一些学者对自耕农的定义，"一户人均自有土地不少于当时当地人均耕地的一半为下限，不超过当时当地人均耕地的5倍为上限"为自耕农[3]，那么黎平县人均1.49亩[4]，这样人均7.45亩都在自耕农范围，那么上述黎平县罗村乡的农户，大都是自耕农。天柱县人均1.1亩[5]，锦屏县各村土地占有者大多数都属于自耕农。如果再从土地买卖历时性看，从清乾隆朝至民国间整个置地农户群体共有537户，其中只16余户（购进田15亩以上）成长为地主，只占置地农户总数的0.29%，显然土地买卖本身没有培育起一个地主阶层。因此，据上述文书分析与档案资料比对结果可以认为，

---

① 1952年12月31日文件"九层公社报寨大队上寨生产队土地改革分户清册"（卷一151张、卷二124张），罗里乡五湖村村支两委办公室藏档案。

② 从收集到的各地清水江文书中的分家合同文书中可以看到，一般农户分家时，家庭成员每人平均分得田地在2—5亩间。以此为起点不断地买进田地，至少达到15亩，才可能积累到20亩及以上田产。

③ 苑义书、董丛林：《近代中国小农经济的变迁》，人民出版社2001年版，第12页。

④ 贵州省黎平县县志编委会编：《黎平县志》，第197页。

⑤ 天柱县档案馆藏《天柱县6个区17个乡186个村土改前后各阶层占有土地比较表》全宗1号，案卷顺序42，1952年10月8日填。

无论从户均占有田地面积，还是农户总数比两个方面，清水江流域侗、苗民族地区农户都是以自耕农为主体，似乎不存在一个地主阶级土地所有制度。这一判断在下一节观察分析中将进一步地充分说明。

（三）农户购进田亩流向促成的地权转移与分配态势

惯常人们都是从特定时间和特定范围内土地总量与占有土地农户数间不同比例来判断该范围内的地权形态——土地兼并及地权分配结构。现有的涉及清代地权形态的历史资料，虽然有清代编纂的地方志，但也仅记载了区域内某一时期的土地总量，而无各农户占有土地量及不同户数量间的比例等反映地权分配的各种数据，所以从清代编纂的地方志史料很难对清代的地权形态作出有效判断。这就为清晰了解清水江流域乾隆到民国间土地兼并和集中的深度，尤其是不同时期的土地兼并和集中的态势带来了极大困难。

本项研究涉及的天柱、锦屏、黎平三个县十四个行政村部分清代至民国间田土转移文书信息，为观察土地转移过程中土地兼并和集中态势提供了最好的史证。从天柱县三个乡镇的九个行政村田地买卖契约可以看到，参与购置田地的农户，在清代有 261 户，民国时期有 459 户；锦屏县两个乡三个行政村田地买卖契约可以看到，在清代购置田地的农户有 158 户，民国时期有 155 户，黎平县罗里乡三个行政村田地买卖契约可以看到，购置田地的农户清代有 184 户，民国有 295 户。通过他们一生中在土地市场所买进田地量，分析土地买卖带来的地权转移促成的土地分户格局，土地兼并集中与地权分配的态势便清晰的展现出来了，由此可以对所形成的地权结构作出判断。

我们以 1 户中农户所拥有田产量作为衡量 1 户农户一生购置田地的分水线，观察农户在土地买卖过程中是否超越 1 户中农户所拥有的田地量，并通过土地买卖市场促成的田地分户格局，展现土地转移过程中土地兼并和集中的态势。在清水江流域，一般中农户田地拥有量大致在户均 6—8 亩。表 4-3 所列田地分户各项，就是根据天柱县、锦屏县和黎平县共 2346 份田地买卖文书所统计出的清代农户购置田亩量的分户情况。

表 4-3　乾隆至宣统年间土地买卖分户及地权分配形态

		6 亩以下	6—13 亩	13—15 亩	15 亩以上	总量
天柱县	购田户数	250	6	3	2	261
	占户比	95.8%	2.3%	1.1%	0.8%	100%
	占田亩数	197.8	45.5	27.4	30.3	301
	占田比	65.7%	15.1%	9.1%	10.1%	100%
锦屏县	购田户数	138	7	1	2	148
	占户比	93.2%	4.7%	0.8%	1.3%	100%
	占田亩数	112	70	17	58	257
	占田比	43.6%	27.2%	6.6%	22.6%	100%
黎平县	购田户数	177	6	—	1	184
	占户比	96.2%	3.26%	—	0.54%	100%
	占田亩数	111.1	61.4	—	132.2	304.7
	占田比	36.5%	20.1%	—	43.4%	100%

据上分户表反映出的清水江流域田地买卖，至少从四个方面反映出清水江流域土地分配态势。第一，虽然各县的情况不一，但总情形是清代五朝购进土地农户中，93% 的农户在 6 亩以下，说明在土地买卖过程中，大多数人一生中所购置田地面积都不大。具体地讲，通过土地买卖而超越中农水准的农户不多。第二，土地买卖呈现一个明显趋势，即土地向少数人集中的倾向异常突出。从分户情形看到，不到 5% 的农户，却购进了土地市场 50% 以上的田亩，似乎显示出土地买卖形成向少数人集中的兼并趋势。第三，尽管有村寨不到 5% 的农户却购进了 50% 以上的田亩，但通过买卖而积累起大量田地的农户又极少。从分户表可以看到，虽然有 9 户的土地超过了当地富农所拥有的 13 亩以上，但其绝对量都不大，其中只有 1 户在 100 亩以上，其余皆在 20 亩以下。第四，清水江流域各地的土地集中情况差异较大，如侗族聚居的黎平县罗里乡，184户农户购置了田地，但其中 1 户就占有了整个买卖田地量的 43.4%，从而成为了大地主。而同样在侗族为主的地区的天柱县高酿镇，却只有 10%。如果与侗族聚居区比较，锦屏县苗族聚居的亮寨村及九南村土地集中程度则又不及侗族聚居地区程度高。[①]

———————————

① 在明清时期，现锦屏县是黎平府属地，在雍正朝曾分析置县，至道光时则又废县为乡，直到 1914 年又恢复成县。

民国时期清水江流域田地买卖形成的田地分户情况，及呈现出的土地集中倾向，同样可以通过上述统计方式进行观察。表4-4是民国时期土地买卖形成的田地分户和地权分配形态。

表4-4　民国时期土地买卖分户形成的地权分配形态

		6亩以下	6—13亩	14—15亩	15亩以上	总量
天柱县	购田户数	445	11	2	1	459
	占户比	97%	2.4%	0.4%	0.2%	100%
	占田亩数	187.8	79.3	26.3	21.6	315
	占田比	60%	25%	8.2%	6.8%	100%
锦屏县	购田户数	150	2	—	3	155
	占户比	97%	1.1%	—	1.9%	100%
	占田亩数	216.1	15.9	—	76	308
	占田比	70%	5.1%	—	24.7%	100%
黎平县	购田户数	288	3	2	2	295
	占户比	97.6%	1.06%	0.67%	0.67%	100%
	占田亩数	240	24.3	29.2	149.5	448
	占田比	54%	5.4%	6.5%	33.3%	100%

将民国时期分户数据统计与清代分户数据统计比较，整体上看两者各方面的情形与呈现出的土地集中趋势大致一样。一样的大都没有超越过中农的标准，一样的有明显的土地向少数人集中倾向，一样的个别人积累起较多的田地，一样的跃然有占较大份额的买主但所购进田地的绝对数量并不大，地区间差距也一样的呈相同情况，只是在苗族聚居的锦屏，土地集中的倾向反而还较清代松散。似乎清代自乾隆以来三百年间田地买卖的运行标准，一如既往地在民国四十年间进行而没有多大的变化。

二、"大户"买进田地限度与土地兼并

古谚"力农至富"。勤劳致富,进而"殖产兴业"拥有更多的土地过上好日子，既是中国传统社会农民一生的经济梦想，也是其一生的现实生活。本项研究涉及三县各行政村1766—1949年间发生的1158次以上的土地买卖，至少有500户以上的农户购置了土地就是其具体的表现。农民一生的现实生活和经济梦想，是促进土地买卖的强大动力，静静地推动着中国农村经济社会发展并构成其中

国传统经济制度。因此，本章通过对一些农户的买卖田地契约，追踪他们买卖田地的活动及土地买卖的方式、特征，去观察普通农户在"力农至富"的农耕生涯中，一生最大可能积累起的土地量，进而揭示侗村苗寨地区土地买卖怎样影响着土地集中的趋势。

（一）天柱县置买大户一生累积田产的数量

天柱县文书中，购进田、土、山林等土地在 10 次以上者，在天柱高酿的三个村中，清乾隆朝至宣统朝间至少有 16 户，民国时期至少有 21 户，其中刘昌儒有 36 次、杨炳泽 63 次，林昌福 50 次、龙海泰 47 次、龙金发 35 次、龙锦才 36 次、龙兴儒 36 次。总其一生，天柱县攸洞刘昌儒、甘洞龙耀明、地良龙贵宗三户购置田地超过了 600 边（18.75 亩）田，此外，杨昌球在同治八年（1869 年）三月三日一次从龙耀祖等人处购进田面积 598 边[①]，为天柱文书中仅见的面积最大的一次田地买卖；而购进田地最多的是龙贵宗，共 704 边约 22亩。民国时期翁洞镇杨永兴买进 21.6 亩。锦屏县九寨乡柳寨村龙民成在晚清时买进 27.2 亩，敦寨镇九南寨龙运嵩民国时期买进 22 亩，晚清时期敦寨镇亮寨村龙于炳买进 40 亩、龙家茂买进 37 亩，黎平县八卦村胡本元民国时期买进 23亩，罗里村杨希民晚清至民国时期买进 132 亩。

在翁洞镇岑板村蒋启德家中，至今保存有其家族从康熙到民国间的各种文书，主要有田地山场的买卖契约，还有少数几件简单的家谱、家庭分家的"分关合同"。从各时期的田地山场买卖契约文书，可以清晰地发现各时期蒋姓家族一户农户甚至包含这个农户的整个家族成员田产积累的过程，是一个家族土地财产积累与分化的历史见证。而从简单的家谱、"分关合同"文书中，既可梳理出自明代晚期直至 1950 年止，蒋启德家族历史变化的基本脉络；同时其分关书中注明的财产处置分割，一方面显示出历史上某一特定时间蒋氏家族的一户成员的田地最终拥有量，同时又是蒋氏家族新一户家庭财产积累的起点。

从遗存至今的蒋启德家族文书知道，翁洞镇岑板村蒋氏家族最早一次分家，是在康熙十二年（1673 年）二月十五日，分家合同如下：

---

① 张新民主编：《天柱文书·第一辑》第 10 册，第 60 页。

契约 4-1

立分关人蒋永化，情因取（娶）妻杨氏所生四子：长子蒋世大、二子蒋世耀、三子蒋世万、四子蒋世昌，俱已完娶，居世创有田产，理宜分管。请凭房族、亲识将有田地肥瘠相品搭均分，对神拈阄。上凭青天，下凭人伦，分耕已定。在后毋得异论，立此分关为照。

蒋世大：分落大地杂大小柒丘，又并楠木冲肆方丘，并黄巡捕井水田一丘，并小难二处，并楠木冲猪娘田在内。

蒋世耀：分落黄巡捕梁家屋脚下丘，并下桼冲，并地难冲田壹丘，并中段小田贰丘，并柳溪田壹分，楠木冲田壹分，小丘一分，外捕小地难凹田一载亲酒。

蒋世万：分落楠木冲洞脚一丘，并黄巡捕梁家屋脚上丘，并强酱中段三丘，并柳溪田壹分，并楠木一分，田贰丘。

蒋世昌：分落强酱庙脚并盘古阳田贰丘，并洞头坪田一丘，黄巡捕溢（烂）泥冲田壹丘，洞头坪下丘，并强酱冲田一丘在内，并养老田。

蒋世大名下税肆亩捌分五厘一毛（毫）二糸五忽，内收七甲幺（亩）。

蒋世耀名下税叁亩陆分一毛（毫）二糸五忽。

蒋世万名下税叁亩叁分伍厘一毛（毫）二糸五忽。

蒋世昌名下税叁亩叁分伍厘一毛（毫）二糸五忽。

亲房蒋俊贤俊乔、蒋永芳、蒋永福朝

皇上康熙拾贰年癸丑岁二月十五日 立分关

写分关　蒋永朝 [①]

该分关合同文书反映的历史信息，首先从家族史来说，蒋永化与四子的分家标志着一个家族谱系的开始。由一个家庭分化出的四个家庭，此后四个家庭又不断地分化，至民国，形成了分布于翁洞镇岑板村、黄巡村、克寨村蒋氏家

---

① 天柱县档案馆藏文书：GT-011-186（1）。

族谱系①。其次，从财产关系来说，分家前的田产，是一户农户全家积累田产总量的标识；而分家时对田产的均分，又是一个新家庭财产积累的原点。就此而言，一方面，蒋永化与其四子（可能有孙辈）组成的一户家庭，有田地约15亩，这可以看作是当时一户农户田产的拥有量；另一方面，每一个儿子所得到的田产，既是此时自己田产的拥有量，同时又是此后积累田产的起点。从上述析产均分所得看到，除按习俗长子所分略因而所得约4.9亩外，其余三子大致在3.4亩。

这里，我们主要追踪蒋永化二子蒋世耀及其子孙后代的家族史及田地积累史。下面罗列一组契约文书，既可以显示其家庭演化过程，也显示了其每一户新户财产积累的过程。从其中一份文书看到，在康熙四十八年（1709年）六月二十五日蒋世耀孙子蒋通道以纹银3两整，从房族祖父蒋永年父子买到"上屋宅基"一间；其中一份分关合同显示，雍正八年（1730年）正月二十六日蒋通道与兄蒋通贤共分地基一间，得到其中"内边壹半"。乾隆二十七年（1762年）五月初十日蒋通道与所生四子蒋宗凤、宗未、宗黄、宗焕四兄弟立分关合同：

　　契约4-2

　　　　立分关兄弟人蒋宗凤、宗未、宗黄、宗焕，今因四人兄弟，窃慕往哲遗风，岂宜一旦分拆兄弟人心不古，勉强同居。蒋通道所生四子，人多甚冗，难以炊爨，恐生嫌隙。是以兄弟和同商议，邀请房族人等，

① 翁洞镇蒋氏家族遗存文书中的一些简要的世系表文书，分关合同文书与田地买卖契约文书综合比较，大致可以复原出沅州芷江上五里白水洞迁天柱翁洞岑板村、黄巡村、克寨村蒋姓家族自明代万历年到民国三十八年的血缘世系。血缘世系（"月字号"）构成大致如下：

蒋世大（崇祯五年生）→通先、通乡、通盛

蒋世耀（崇祯九年生）→通桥、通贤、通道

九世祖万历时期芷江上五里蒋永化→世世万（崇祯十四年生）→通祖、通儒、通辛、通秀

蒋世昌（顺治三年生）→通辅、通艺、通亮

蒋永化长子蒋世大家族七代世系谱→通字辈→蒋宗俸→荣孟→政魁→昌连→景新、景孝→蒋太洪、太坚

永化二子蒋世耀家族七代世系谱

蒋世耀→二子蒋通道（康熙十八年七月二十九日生）→蒋宗凤、蒋宗未、蒋宗黄、女下兰

宗未（康熙五十四年十月初八日生）→荣燕、荣用、荣义→孙政万、政年、政鹏、义子政殿→蒋昌应→景耀、景兴。

将先祖父母所创山场、园铺、财物器用等件，品搭均分，拈阄为定，至公无私。各宜安分管业，在后子孙不得争论。恐后无凭，计开四至，分落土名：蒋宗末分落赏洞凹路坎上山场一分，又并屋背下截一分，又并枫木林右边一分，又并枫木林头一分，又并水白蜡湾在中间一分，又并田坎脚山场一分，又并响洞山场右边一分，计开竹圆（园）背茶园在右边一分，屋背园濠边一截，大禁山茶园左边一分，门首园外一截一分，又并殿杂山场右边一分，又并界上山场一分。凭中言定，在后不得异言。再，今欲有凭，立此分关存照。□□□□坪路坎上，上踏园一分。又并楠木冲头山场，左边一分。又并寨脚田右边内一分。

  通虎

  凭中 蒋通邦

  宗廷

  代笔人 蒋荣贵

  乾隆贰拾七年五月初十日 立①

该合同文书由第二子通道的第二子宗末所持有。从中看到二子蒋宗末分得山场共七分（份）、茶园三分（份）、杂木山场二分（份）。

嘉庆十二年（1807年）三月十五日蒋宗末三个儿子——长兄蒋荣燕、次弟荣用、晚弟荣义分家析产。

  契约 4-3

  立分关字人长兄蒋荣燕、次弟荣用、晚弟荣义，兄弟三人，窃慕往哲遗风，岂宜一旦分析，第人心不古，勉强同居，恐生嫌隙，是以兄弟和同商议，请凭房族亲戚在内，各将分受祖父及己续置田地、山场、园圃、家伙、器皿等项，品搭均分，拈阄为定。长兄蒋荣燕分落地名地南冲下丘右边一间、并张家田坎脚小田一丘、并塝上右边一间、甘家冲田左边一间、铜盆塘屋皆长丘左边一分，并塝上左边一间、梁家冲中间长丘右边坎脚小田一丘、路坎脚山右边一幅、并右边田角一分，

---

  ① 文书原持有者：蒋启良；来源地：瓮洞镇黄巡村。

（地）田楠木冲大丘左边一间、管子坡山右边一幅、并盖上油树一分、并地南白蜡湾上一分、并桐木湾下节一分、并响洞排坡左边一副、瓦窑坪店脚园口坉、并路坎脚右边一幅、并寨脚园外节一分、又并大禁山茶园左边一分，并竹园背茶园左边一分。诸凡开载明白，至公无私。异居之后，各以关（契）管业，不得分争彼多此少，祸起萧墙。如有此情，将此合同分关质证。今欲有凭，立写合同分关三纸，各执一张，永为子孙耕管存照。

内添廿柒字①

本次分家析产，包括了山场林地和田地等。该件分家合同文书是长子荣燕所持一份，但照均分习俗，次弟荣用、晚弟荣义所得田地山场林地份额也大致相当。

下面是一份道光二十七年（1847年）三月二日的分关文书。

契约4-4

并屋基人长房蒋宗俸、子荣盂、孙政魁、孙昌连；二房宗未子三荣燕、荣用、荣义、孙政万、政年、政鹏、义子政殿；三房蒋宗黄、子荣现、孙蒋政握，四房蒋宗焕、子荣邦、孙政东。上长、二、三房将屋基下蹬屋基三间，蒋政握并在右边柱，坐一半；蒋政万、政年、政鹏、政殿、昌莲五人并在左边柱，坐一半。又上蹬屋基一间，长房、二房、三房日后并坐。今领有凭立并单是实。

蒋荣用　笔
内添一字
　　蒋政澜
凭中 蒋昌学
　　蒋昌能
立并单合同二约存照（半字）
道光二十七年三月初二日　立并单②

————————

① 文书原持有者：杨明江；来源地：瓮洞镇黄巡捕村杨家组。
② 同上。

该件分关文书虽然只是对家族屋基的分割，但从中显示出了其家族成员间的关系。综合上引文书中的家族血缘关系，至此构筑起了蒋永化第二子蒋世耀家支二房的谱系：蒋永化→蒋世耀→通道→宗末→荣用→政万、政年、政鹏、义子政殿。这里的蒋宗末，即二房一支的承先启后者，后来的文书中称之为"二公"。

下面几份文书终将二房二公一支的谱系延续到民国时期。一份道光十六年（1836年）的契约是蒋荣用、蒋昌应祖孙二人买田的记载。

契约 4-5

立契卖田人蒋政池，今因要银用度，无从得处，父子商议，情愿将到土名下黄莲冲水田壹丘，收谷式（贰）箩半，载税伍厘，要行出卖，先进亲房无人承就，请中招到房族蒋荣用、蒋昌应二人近前承买为业。当日凭中议作卖价常银柒两捌钱整，

卖主　蒋政池（押）

子昌怀（押）　昌宏（押）

道光十六年丙申三月初四日　立契

尽管该份文书没有显示蒋昌应的父亲是蒋荣用四子中的哪一位，即后来文书中所称的"二公"，但其建立起了荣用与昌应间的祖孙关系。而下面文书内信息，则可以看到昌应的儿子是景耀和景兴。

契约 4-6

立卖田字人蒋永化公裔孙等，情因祖遗众田，土名楠木冲三角丘坎上坝头田一丘，计谷拾捌箩，上下抵永化田，左抵壕，右抵太黄。上载税四分伍厘，要行出卖。请中招到蒋景新、太洪、启煌名下承买为业，当日凭中议定价钱伍拾肆仟零八十文正。即日田价领清，无欠分文。其有酒席画字抱缕在内，若有来历不清，众等向前理落，不干买主之事。自卖之后，任从买主耕种，卖主不得异言。今欲有凭，立卖字存照。

大公之孙 蒋太洪、太坚　　　　　二公之孙 景耀、景兴

三公之孙 景材（押）、太连（押）　四公之孙 瑞鉴、太中

凭中　蒋启柏

公笔　太连代笔

民国十壹年三月初十日 立 ①

该文书是将蒋氏家族公产分割殆尽的行为,且最后家族遗留公产由本族"大公之孙蒋景新、太洪、启煌名下承买为业"。而文书所列家族成员中,有"二公之孙景耀、景兴"。此"二公"则是蒋昌应之父,那么景耀、景兴则是蒋昌应之子。遗存的文书中,有一些蒋景耀的活动轨迹。

契约 4-7

立合同分家业、养老账项开于后,共二本。为各项就四股均派,养老谷子三十四运,四股均派,景耀五运。景金、景伦二十岁以上,六股养老,老账二十岁以前四股均还,廿岁以后就子均还。自四月初五以后,各借各还。景耀兄弟求亲,每人邦钱伍仟文。酒水百事不知。父亲过年肉每个四斤。三十一年景耀元配喜事,支用拾陆仟文,景耀私还。父亲以后去世,老屋会用就子均派,不得争论。猪、牛、景耀所有园圃、山场、房屋、田土、地基一概均分。

光绪叁拾贰年四月初五日立

宣统贰年父去算亲四股均派,每股除礼金钱伍仟捌佰捌十文余外,景耀多壹仟陆佰文。

家长蒋政清景星罗永盛 杨成加吴见春 永茂笔 ②

从该份合同文书叙述看,大致是"二公"一房蒋昌应在析分家产后,对儿子为赡养自己所作的处置,特别提到自己养老所需三十四运谷子,景耀提供五运。还可以看到,景耀弟兄此时还尚未成家。该件文书的"外批"上可知,景耀父亲在宣统二年(1910 年)去世。宣统三年(1911 年),景耀弟兄们开始分家。分家合同如下。

契约 4-8

立合同分关字人蒋景要瀛、景朝均、景金能兄弟。所有田地山场

---

① 文书原持有者:蒋启和;来源地:瓮洞镇黄巡村。
② 文书原持有者:蒋启德;来源地:翁洞镇岑板村蒋二组。

房屋地基园圃一概均分，今帮求亲钱蒋景要愿邦景瀛朝亲事钱。二人宣统三年十二月十二日手领，不得异言。日后求亲之时，不与景要相干。立合同字为据。

　　凭　杨思陞吴见春　杨成家　永成代笔

　　凭家长　蒋景陞

　　宣统三年十二月十二日　立

　　其有对科乙个又母亲帐子乙龙未分①

蒋景耀在 1949 年立有一份遗嘱，内容与光绪三十二年（1906 年）四月初五日蒋昌应所立赡养合同非常相似，文书如下。

　　契约 4-9

　　蒋景耀情有门户之田，门口水田壹丘，计谷陆运；又并对门秧田内涧，及船冲之山并记子次之山，一律将其作价超蒋报恩。再有坳田牯牛垮三涧田，白蜡坳壹丘所收禾花，奉半为余之养老费食。是以新嘱，各执一纸存照。

　　凭房　蒋景能　蒋太顺　蒋太江　蒋太梅

　　立合同二纸各一纸

　　自请侄蒋太清代笔

　　中华民国卅八年二月吉日立②

该件文书，是蒋景耀对自己后事的预先安排。但如果从家族史看，此时的蒋景耀及家庭是该家族在历史文书中的最后一位。于是，二房的谱系在此时就连接成了一个蒋永化→蒋世耀→通道→宗末→荣用→政万、政年、政鹏、义子政殿→蒋昌应→景耀、景兴的谱系，时间从明代万历年间延续到 1949 年。该家族一份家谱记载蒋永化生于万历时期。如果我们以万历二十八年（1600 年）为起点，那么到 1949 年，文书给我们展示了一个家族 350 年清晰而生动的家族演变史。

家族的演化生息，总是与家族财产活动息息相关。凡上所涉及分关合同，

---

① 文书原持有者：蒋启德；来源地：翁洞镇岑板村蒋二组。
② 同上。

无不是对家族财产在家庭成员内分配所作的处置，同时在生产生活中，也不断地买卖田地以积累财富。表4-5就是蒋氏家族二房一支一些成员在各个时期所购进田产的记录。

表4-5　蒋氏家族二房一支购置田产年表

卖主	田土	面积	买主	价格	时间
蒋政池	1丘	2.5笺	蒋荣用、蒋昌应	7.8	道光十六年丙申三月初四日
蒋昌应	1涧	5斗	蒋政万	1900	道光十八年四月十四日
蒋政娥	3丘	7运	蒋政鹏	38.2	咸丰四年岁次甲寅二月十八日
杨泽金	3丘	20运	蒋政年、政鹏兄弟	71000	咸丰十一年三月廿日
游润文	1丘1涧	6运	蒋昌连	20400	咸丰九年三月初二日
蒋政娥	6丘	7笺	蒋政鹏	9300	同治三年正月初九日

由于遗存文书的残缺，只有表内几件文书记载了"二公"家支蒋荣用及其后代等三代人从道光至同治年间的少数买田行为，并且每次买入田地的面积也很小，据此我们很难去测定一户农户一生的土地拥有量，但其毕竟反映了各时期农户期望增殖田地财产的愿望，见证其积累田地的努力。

这个家支的蒋景耀（也有契约文书中写作蒋景要）主要生活于民国时期，其间他进行了许多次的田地买卖，留下了一些民国时期各年期的买卖田地契约文书，为我们观察一户农户一生怎样积累田产，又所能积累多少田产，提供了翔实而生动的资料。表4-6就是其民国年间买进田地的记录。

表4-6　蒋景耀民国时期购置田产年表

卖主	田土面积	买主	价格	时间
吴祖树、庚等	1丘	蒋景耀	19两9钱	民国六年十月四日
杨氏新莲吴祖庚母子	6丘，共收谷12运	蒋景耀	钱56800文	民国七年戊午岁三月二十二日
吴门蒋氏爱春	16丘1涧，谷30运，又秧草山随田3丈3尺，又壕田7丘1涧	蒋景耀	钱120800文	民国拾一年三月初贰日
吴蒋氏	田16丘	蒋景耀	60两4钱4分	民国十二年三月十三日
杨永兴	8丘22运	蒋景耀	价稻谷52石8斗	民国十七年十一月二十五日
吴祖培	1丘，收谷4运	蒋景耀	钱78800文	民国辛未年柒月初八日

续表

卖主	田土面积	买主	价格	时间
吴梁氏伯贞子德益、全	田2丘，共计谷5运	蒋景耀	洋26元四角8分	民国二十七年戊寅岁八月十一日
吴德泉	1丘5运，1丘谷4运	蒋景耀父子	钞洋265元6角	民国廿九年四月初六日
吴德泉	1丘谷4运	蒋景耀父子	钞洋109元8角	民国二十九年五月初六日
吴德泉	1丘谷5运	蒋景耀父子	价钞洋150元8角	民国二十九年□月二十六日
吴杨氏陈香、梁氏伯贞、子德泉	6丘谷18运	蒋景耀	钞洋888元8角	民国三十年辛巳岁九月二十八日
吴德泉	4团	蒋景耀	清币洋648元	民国三十叁年二月廿九日
吴德泉	荒田3涧，田坎旦山1副，又并蒋家对门大路坎脚墙1副	蒋景耀	法币洋368元	民国叁拾叁年玖月贰拾柒日
杨永兴	8丘谷22运	蒋景耀	价稻谷52石8斗老斗	民国卅七年十一月二十五日
蒋泰松	2丘谷6运	蒋景耀	价稻谷16石8斗8升	民国卅九年九月二十四日

从蒋景耀的田地买契看到，民国六年（1917年）十月四日，他用19.9两银子，买进田1丘，是其积累田产的开始，至1950年九月二十四日，用稻谷16.88担作价，买进田二丘，面积6运。在33年间共买田地15次，田地面积136运、三涧和十七丘。按照15运田折合1亩折算，136运约合9.066亩；再加难于折算出面积的三涧和十七丘，便是蒋景耀一生所积累田产的终点。

蒋景耀还有一些表明其田产数量的文书，也可作为其一生中积累田产与拥有田产数量的证据。民国三十年（1941年）田产登记时，其有田5.5亩；民国三十年（1941年）十二月二十四日蒋景耀"征收田赋收据"登记其田产为税亩5.5亩[1]；民国三十二年（1943年）元月十八日"蒋景耀保结证"，证明其田产是税亩6.6亩[2]，民国三十七年（1948年）蒋景耀"征收田赋收据"内注明，其有田产9.3税亩。

---

[1] 天柱县档案馆藏文书：GT—WCB—073GT—008—207、GT—WCB—092GT—008—217。
[2] 天柱县档案馆藏文书：GT—WCB—086GT—008—135。

上述田产登记及税收文书，则从一个侧面反映了蒋景耀田产拥有量的变化痕迹。大致形成了 5.5、6.6 和 9.3 亩的三个阶段，而最后 9.3 亩的拥有量，也与其购置田产所得数量大致相当。

同样在苗族聚居的天柱县竹林乡，也能看到与翁洞蒋氏家族相同的家族与家庭农户田地积累的历史进程。竹林乡高坡村，清至民国时期一直是竹林乡的中心村落。这里的潘氏家族聚集于园冲与长圳寨间的小盆地内，家族各家庭成员的田地分布其间。一份发生于顺治七年（1650 年）的土地买卖契约，就记载着该家族成员在竹林乡的土地买卖历史。

> 契约 4-10
>
> 立卖田契人张引保，今为家下要钱用度，无从得处，夫妻商议，请中在内将到自己分上祖业土名二坡脚田一丘，计禾六手，欲行出卖。召到剪刀坡高坡寨潘爱溪处为业，三面议作业价九呈（成）银三两整。其价□□亲领入手用讫，其田任从业主子孙耕种，并无包复别寸土在内，再无房门异论，卖契为据。
>
> 亲房屋头　张银保、张陀宝　共吃艮一分
>
> 卖田契人　张引保（押）凭中　刘孙宝（押）
>
> 顺治七年庚寅岁　二月二十日立 [①]

该次交易买主一方是潘爱溪。从竹林村潘氏家族遗存的清代以来各种契约文书看到，潘爱溪及其后代在此繁衍生息，逐渐发展壮大成了一个潘氏家族。同时，以潘爱溪为起点的家族成员也不断地买进田产，故顺治七年（1650 年）的一次土地买卖，可看作潘爱溪宗族土地买卖的历史起点。这里以清康熙至民国间潘氏家族土地买卖进行分析，揭示潘氏家族土地积累的历史进程。从遗存的各种契约文书看到，潘清宇康熙年间买山场林地 2 块，开启了该家族持续的土地买卖。下表是该家族各时期一个家庭田地买卖的频次及所买进的田地数额。

---

① 张新民主编：《天柱文书·第一辑》第 9 册，第 270 页。

表 4-7 潘氏家族各家庭购进田产情况表

时期 家庭	康熙	乾隆	嘉庆	道光	咸丰	同治	光绪	宣统	民国
潘清宇	林地 2 块	—	—	—	—	—	—	—	—
潘贵明	—	田 82 边；林地 2 块	—	—	—	—	—	—	—
潘进林	—	田 64 边 11 手；林地 5 块	—	—	—	—	—	—	—
潘必荣	—	15 边；林地 1 块	林地 1 块	—	—	—	—	—	—
潘爵熙	—	—	山地 2 块	—	—	—	—	—	—
潘开爵	—	—	—	—	—	—	—	—	—
潘通明	—	—	—	—	—	10 丘 20 箩	—	—	—
潘来芳	—	—	—	—	—	—	—	—	—
潘光槐	—	—	—	—	—	—	田 11 丘；山场 5 块	田 24 丘	田 7 丘 2 墱；山场 5 块

　　表中所列各户，除潘光槐一户遗存了较多契约文书外，其他各户显然不是其家庭所拥有的全部契约文书，因此这些文书不具有一户农户一生土地积累量的统计意义。本表之所以尽将这些文书列出，只是作为潘氏家族各家庭各时期持续土地买卖的历史证明。唯有生活于清末民国时期的潘光槐存留了相当多的契约文书，为统计潘光槐一生积累多少田产提供了较翔实的资料。这些遗存文书显示，潘光槐从 1895—1936 年 15 次买进田地，得水田至少 35 丘。由于其契约中对购进田地单位面积的记录，都只用多少丘来表示而没有实际的面积单位，对于田亩量单位面积统计发生了困难。这里，只能用田产的价格来推测田亩面积。潘光槐一生买田支出费用，光绪时共支出铜钱 116658 文，宣统时共支出铜钱 39880 文，民国时共支出铜钱 215560 文和大洋 48.8 元。据相关文书作出的折算，大致约 20 亩。

　　天柱县邦洞乡观周村，清代名为官舟寨，属天柱安乐乡四图里，也是一个侗族聚居村。该村位于县境内中部，离县城不到 5 公里，可以作为城郊地区的经济地理区位看待。2011 年凯里学院陈洪波、龙泽江在该村一户杨姓人家收集到该家族土地买卖及其他相关契约文书 300 余份。据这些文书，可以将其家庭自清乾隆晚期到光绪晚期的土地拥有量再现出来。表4-8就是通过对遗存文书中的"除帖字""过割清单"类文书、"归户册"文书内田亩信息，统计出该家族成员自乾隆到光绪时期家庭所拥有田地的数量。

表4-8　观周村杨氏家族各时期家庭土地拥有量（本表详细内容参见本书附表2-4）[1]

家族	杨後天	杨汉拨	杨含珍	杨珍拨	杨开元
时期	乾隆五十八年	嘉庆二十三年	道光十年	道光二十年	光绪年间
土地拥有量	7.79亩	10.13亩	17.59亩	17.87亩	19.93亩

列表中除光绪时期的杨开元外，显示了该家族成员各时期购置土地的数量，也是其一生积累田亩的总量。杨开元拥有田产，是统计于该户人家所藏文书中一件名称为《计开田单》的田土归户册，册面有"杨开元抄清"字样。

　　契约4-11

　　祖业：

　　白土田乙丘花十挑，税九分，东抵秀才，西抵路，南抵锡福，北抵买主。一升四合四勺，一分一厘七毛。白土田乙丘花十五挑，税二亩八厘，东抵庵堂田，西抵文炳，南抵文斗，北抵荣昌。三升三合二勺八抄，二分五厘五毛八丝四忽。……盘阶田十乙丘，花十挑，税七分，东抵山，西抵山，南抵庵堂，北抵山。一升一合二勺，八厘六毛一丝。寨却秧田乙丘，花六挑，税九分，东抵正大，西抵路，南抵冲房田，北抵再伟。一升四合四勺，一分一厘七毛一丝。高野冲田三丘，花五挑，税三分，东抵山，西抵山，南抵岳寨田，北抵荒地。四合八勺，三厘六毛九丝。熟二十七丘，一十伍亩五分三厘。荒三十三丘，肆亩贰分五厘。

　　同治十叁年　立[2]

① 资料转引自陈洪波、龙泽江、吴声榕：《从除贴字等看清代贵州天柱地区田赋实征》，《原生态民族文化学刊》2016年第1期。
② 同上。

又从该家族遗存下来的田地买卖契约看，杨开元从事土地买卖时间主要在同治至光绪年间。那么《计开田单》至少是光绪时期该农户家的田产登记。对《计开田单》登记的田产统计，共有大小田土 73.5 丘，收禾 210 挑。将其折算成税亩，则大致为 19 亩 9 分 3 厘[①]；税亩为 19 亩 9 分 3 厘既包含了杨开元从同治到光绪年间所购置田地的数量，也是其一生积累的田地的总和。表明杨开元一家在光绪时其土地拥有量的最大值是 19.93 亩。

（二）黎平县罗里村地主所拥有田地的极限量

罗里村一直是古州土司衙门驻地。乌下江两岸平畴百里，田土肥沃，农业生产自然条件良好。土地买卖频繁，与本研究所涉及其他地区比较，这里一次出卖的田地单位面积也较大，典田行为与租佃土地行为明显多于其他地区。我们在遗存的契约文书中看到，一些有身份的农户大都购置土地，从认识土地积累过程及通过积累可能达到单位面积限度看，他们购置土地的历史可能更有代表性。

罗里村杨大恒家现在藏有 300 余份各类契约文书。杨大恒家族自古就居住于罗里村最为富庶的区域之一：高寨，显示其家族的古老与地位。一件乾隆十七年（1752 年）分家合同，显示了该家族从杨通菴、如松、停凤叔侄始便开始了家族的分化与家族结构的重组。分家合同文书如下。

契约 4-12

    立分关合同杨通菴、如松、停凤。因各自分居人心不齐，勤懒不一。叔侄自愿将山场杉木以及私粮各自管业，凭亲戚族人当日分定，日后不得异言。恐口无凭，立此分关合同子孙发达。□□照如松收存。

    今将山场地名钱粮各□□□共列于后

    景芭赖半边冲在右与胡象臣为界 靠要半边冲他妈山一块在右下至田角 高居三处 景旁山上载冲左右凭岭 景歹龙半边冲在右 透底

[①] 我们的统计与《计开田单》记载的总计数量不一致。原因如下：1. 从《计开田单》中看到杨氏家族自己登记的田丘数为 60 丘，而我们据《计开田单》的记载，实际计算大小共为 73.5 丘；2. 归户册上统计税亩为 19 亩 7 分 8 厘，而我们据此的统计是税亩为 19 亩 9 分 3 厘。这些小差别可能是《计开田单》在对盘阶田一连大小多少丘的计算上，出现了差错。

山一冲下底（抵）田　子子各右边与彩章凭岭分界　归邓山一块　景泰
与寨洋（宰洋）山分界　停凤分栽杉木长大伐卖木价平分　登甲与君
茂共

代钱粮

补远姐一升五合三勺　补妹大五合三勺　起织粮五合　胜和贰合
五勺　德菴三合　胜云粮一升

公众山未分开列地名于后

颓匠　跳邓（与德菴共）楼上山（与银桂共）格暴　顿甲（只得
杉木无山，与国泰共）景盼（与德菴共）

凭亲戚族人　杨廷亮　杨德菴　杨俊儒

代笔　　　　杨际胜

乾隆十七年四月初九日　立

分关合同子孙发达（半书）①

从该分关合同判断，持本合同人如松，其父辈是杨通菴的兄长杨□菴。又
据后续家族文书，如松应是杨文才的父亲。一份嘉庆五年（1800 年）的文书，
杨文才、杨文超弟兄的记载②。一份光绪二十九年（1903 年）的"正实收"文
书，杨文才、杨品直、杨绍震、杨世彬，是一家四代③。光绪十六年（1890 年）
文书中有杨绍震、杨礼公孙字辈的表述④。这样，据上述文书内的记载，一部从
康熙到 1947 年间杨氏家族的谱系就完整地连接起来：杨□菴→杨如松→文才、
文超→杨品直→杨绍礼、杨绍震→杨世彬→昌礼。

遗存文书中也记载了该家族成员各时期的身份。乾隆六十年（1795 年），
杨文才被族人称作"旧爷"⑤；嘉庆十三年（1808 年），杨文才、杨文超又被称
为"先生"；嘉庆二十三年（1818 年），杨文才被族人称作"公"⑥。杨绍礼在

---

① 黎平县档案馆编：《贵州清水江文书·黎平卷》第一辑第 7 册，第 165 页。
② 同上，第 173 页。
③ 同上，第 239 页。
④ 同上，第 229 页。
⑤ 同上，第 174 页。
⑥ 同上，第 191 页。

咸丰十年（1860 年）就被称作"大爷"，杨绍震在同治九年（1870 年）被称作"先生"，后又有"晚爷"之称。光绪二十九年（1903 年），杨绍礼花 40 两银子，为其 28 岁的儿子杨世彬捐得从九品官秩，民国十五年（1926 年）二月十一日杨世彬被称为杨五爷。

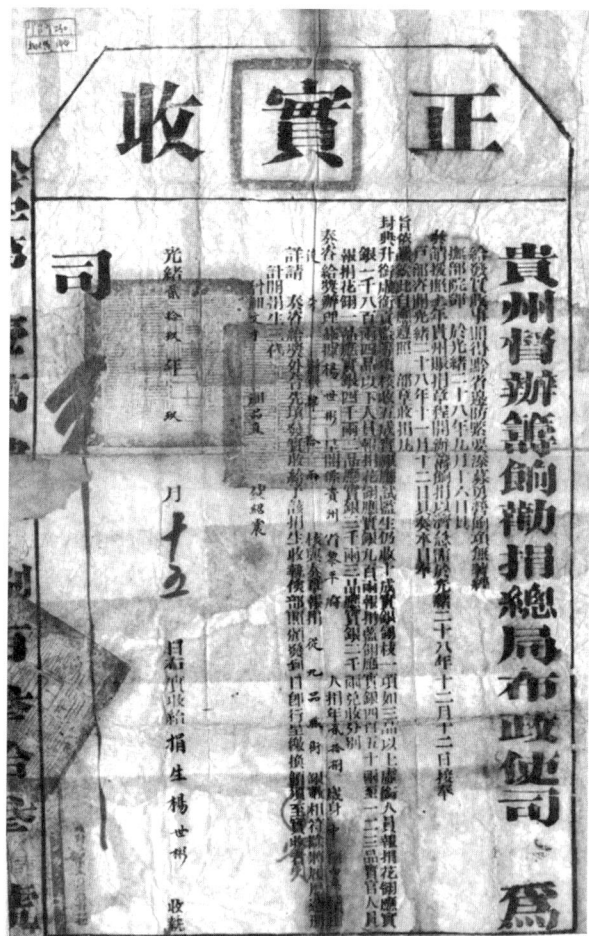

图 4-1　杨世彬捐得从九品官秩书状（光绪二十九年）

　　该家族成员自乾隆时代起就不断地在罗里村及周边村寨置田买地。从遗存文书看到，杨文才乾隆六十年（1795 年）六月初二日支出银 2 两，买杨柄归荆山场杉木契，嘉庆年间有 5 次买进山场林地，道光年间 1 次，此外还在嘉庆年间出佃归贺溪与景记山场。其子杨品直道光六年（1826 年）十一月二十七日，与堂兄杨义直买透德山一冲两岔，又在一个时间不详的契约看到，他买进杨姓人家杉木 1 次。一份同治十年（1871 年）正月二十六日的契约文书看到，杨宏基将地基一幅卖给房叔杨绍礼、杨绍震。

杨绍震在咸丰九年（1859 年）正月初八日用 730 文钱买断聂法昆弟兄景结格茶油林地一块，从此到民国三年（1914 年）持续地买进田产，表 4-9 是其历年购进田产与经营田地的记录。

表 4-9　杨绍震购置田产及土地经营年表

	咸丰		同治		光绪		民国	
	次数	面积	次数	面积	次数	面积	次数	面积
田、塘、土	—	—	12	12 石 82.5 把 10 担	17	55 把 24 石	1	□□
山场林地	1	1 块	2	□□	10	□□	—	—
房屋地基	—	—	2	8 居	4	7 间	—	—
阴地	—	—	□□	2 丈	2	□□	—	—
承典田	—	—	4	20 担 5 石	2	20 把	—	—
出佃林地	—	—	—	—	6	□□	—	—

杨绍震子杨世彬，宣统元年（1909 年）与栽手订立出佃山场合同，开始以其独立家庭身份出现在家族的田地买卖与经营活动中。民国三年（1914 年）四月十四日，杨世彬用铜钱 6280 文，买杨正祥塘契一眼；民国十五年（1926 年）二月十一日，用银 26.08 两买杨光家扣井田契一丘 1/2 股；民国二十二年（1933 年）十二月初五日，杨世彬买进杨秀桂、杨锡珍门口台子田契一丘 8 石；民国十年（1921 年）八月初三日，杨世彬、启龙舅甥用铜钱 4080 文，买进杨光壁归板溪报等山场一块。杨世彬还不断地出佃山场林地，买卖杉木。从宣统元年（1909 年）第一次佃山场林地，至民国二十八年（1939 年）时，共出佃山场林地 6 次，买进杉木 6 次。

由于契约文书资料的不完整，无法对乾隆至咸丰时期杨氏家族各家庭所买进田产面积作清晰统计，但杨绍震家遗留下较多的买田契约，且置田买地时间历经清代咸丰、同治、光绪、宣统四朝直到民国初年，前后长达 54 年，是可以对杨绍震一生购置多少田地作出较充分和清晰的统计。他在 54 年里购置田产 29 次，买进田地 66 石和 137.5 把，如果以田亩折算，两者合计大约田 30 亩。虽然不能确认 30 亩田产是杨氏家族自乾隆朝以来购进田产的峰值，但却是杨绍震一生所买进的总量。杨绍震后代儿孙，民国期间主要精力在经营林业生产，有少量的买卖山场林地。因此可断定，30 余亩面积是自咸丰朝以来杨绍震及其后代家庭拥有田产所能达到的最高限度，其祖辈看，分家时有 10 余亩田。

罗里村杨希明家族，可谓是罗里村的名门望族。罗里村村民主要由所谓"五房"构成。

一份文书记录了五房首人名单：杨荣祖、杨希沛、刘树勋、明昌恩、杨淮德①。罗里村五姓共处杂居，应当视为因地缘而非血缘结成的社会关系。这里的"五房"的房，相当于里甲制度中的"牌"。杨希明兄就是房首之一的杨希沛，杨希明家族居住在罗里村一个被称作"中排"的地方，中排下临乌下江水码头，上靠全村商业中心。杨希明不断在中排购置扩充地产，一份宣统元年（1909 年）四月二十三日卖店房地基契约中，称该地基位于"罗里中排码头大路砍下店房二间，价新宝银 76.48 两"②。杨氏家族民国八年（1919 年）三月修宗祠需用钱，杨希明用价铜钱 11080 文收买了家族祖遗留下码头上边上坎地基二间③。杨希明也非普通村民，光绪十七年（1891 年）十月初十日的一份卖田契约中显示，杨希明身份是"三爷阁下"④，民国六年（1917 年）闰二月二十五日文书显示，杨希明又有"老爷"称谓。⑤杨希明有身份又"财大气粗"，为邻里敬畏。民国七年（1918 年）二月十日一份"送字契约"文书表明，由于杨希明家新造门楼逼近杨凌仁家大田，杨凌仁家只得将自己宽 1 尺长 8 尺宽的田角内土地"送"与

---

① 黎平县档案馆编：《贵州清水江文书·黎平卷》第一辑第 8 册，第 302 页。
② 同上，第 160 页。
③ 同上，第 141 页。
④ 同上，第 75 页。
⑤ 同上，第 152 页。

杨希明作为其进出门楼道路用地[①]。

杨希明家族及家庭成员关系，在遗存各类文书中也可梳理出个大概。一份文书中，杨敦化称杨希明为血侄，[②]另一份文书中也记载，光绪二十六年（1900年）七月十八日，"杨培厚奶孙二人"将43把田出卖给三叔杨希明，该契的"中人"是叔祖敦义和杨希沛[③]，那么家族三代人的字辈就是杨敦义、杨希明、杨培厚。

从文书中看到，杨氏家族首人杨希沛有三弟兄。杨希槐、杨希沛、杨希明、杨希贤是同胞弟兄关系。如下列文书所示。

契约 4-13

立卖田字人胞兄杨希沛。情因缺少银用自愿将先父得买分落本名之田，土名边董田壹丘，载谷叁拾石；又景孖秧田壹丘载谷肆石；又岺成田壹丘载谷拾贰石，合共大小田参丘，今出卖与胞弟杨希明名下承买为业。当日凭中言定价新宝银贰佰肆拾捌两捌钱整，亲手领回应用。其田自卖之后，任凭买主耕种管业，卖主不得异言。恐后无凭，立此买据为字。

凭中　本族杨希声　胞弟希贤

宣统元年九月二十四日　亲笔　立[④]

该件文书显示，杨希沛将12石出卖与胞弟杨希明，杨希明付纹银25.88两，其亲弟兄关系也说得很明白。一份宣统元年（1909年）十一月十八日的卖田契上[⑤]，杨希槐称杨希沛为弟，宣统元年（1909年）九月二十四日契约，也是自己将田出卖与"胞弟希明"，同时又称杨希贤为胞弟。联系上述家庭文书中的亲缘关系，可见这个家庭有四弟兄——杨希槐、杨希沛、杨希明、杨希贤。杨希明排行为三，故被人们称作"三爷阁下"。

---

① 黎平县档案馆编：《贵州清水江文书·黎平卷》第一辑第 8 册，第 156 页。
② 同上，第 82 页。
③ 同上，第 93 页。
④ 同上，第 141 页。
⑤ 是以外批的形式写在光绪三年八月二十七日卖田老契上。黎平县档案馆编：《贵州清水江文书·黎平卷》第二辑第 8 册，第 62 页。

下面契约表明，杨希明子为杨培芳、培仁，杨培芳子为杨家卓，形成杨希明一家三代人血亲关系。

契约 4-14

立断卖田约字人杨秀敏。为因先年父亲砍伐木植交易亏本甚巨，曾将祖遗之田地名扒报大小田二丘，共载谷十二担，典与杨希明表爷承典为业，迄今已数十年，实奈因典价太重，万难取赎，兼之应纳注口之粮尚未曾（推）挥，是以央中即将此田复出断卖与中排表叔杨培芳、培仁，家卓叔侄三人名下承买为业，当凭三面议定，除典之外，另补断价大洋一元两角八仙，亲手领回应用。其田断卖之后，任凭买主招人耕种管业，卖主不得异言。恐后无凭，立此断卖字；子孙发达，存照为据。

外批落一字　粮照老约完纳

凭中　杨富家

请笔　杨维邦

民国二十三年阴历三月初八日　立①

该件契约文书讲述的是：先前杨秀敏父亲将面积十二石的田产典与杨希明，时间过去了数十年，典主与承典人都与故世。现典主儿子杨秀敏决定将先父出典与杨希明的田产，出卖与杨培芳、培仁、家卓叔侄。从本契约中杨秀敏称杨希明为表爷，称杨培芳、培仁为表叔，那么，杨培芳、培仁则是杨希明儿子；其中"家卓叔侄"的表述看，家卓是杨培芳、培仁两人中某一人的儿子。杨培芳、培仁，家卓叔侄作为该田承典人杨希明的血亲后代，当然作为产权的所有人承买了这块田产。

综合以上契约内显示的血亲关系，大致将杨希明家族代际间关系呈现出来：曾祖辈杨□□→杨敦化、敦义→杨希槐、杨希沛、杨希明、杨希贤→杨培芳、培仁→杨家卓。

该次出售的田地，种类有秧田，大粮田，面积达 46 石，合田亩近 8 亩，

---

① 黎平县档案馆编：《贵州清水江文书·黎平卷》第一辑第 8 册，第 176 页。

银钱 248.8 两也是很大的数目。在民国三年（1914 年）正月十三日，杨希明又买杨希沛土地寺大街前地基三间，价足银 18.08 两。

杨希明家族各时期各户家庭的田地积累史，在遗存的田地买卖契约文书中都有显示，但主要是杨希明本人的买卖田地契约，其先辈文书遗存不多，仅就所见，将其叔父辈购置田地情况做如下简表以示。

表 4-10　杨希明先辈购置田产年表

时间	卖主	买主	田地	面积	价格/两
光绪二十八年八月十三日	杨钟瑞、钟林	杨敦义	孟德 1 块，鳌罗 1 所	山场杉木	8.2
光绪二十八年六月十一日	杨世霖	杨敦义公	得格门口秧田 1 丘	18 把	41.8
光绪二十八年十一月初二日	杨昌祖	杨敦义大人	边杂邓作 2 丘田	36 石	92.8
光绪二十九年十一月初五日	□□	关圣公会首杨敦义	出典归宋田 1 丘	20 石	32
光绪三十年四月二十七日	迫寨胡氏子钟林	杨敦义	孟德等处山场	杉木股	8.48

杨希明本人第一次购置田产是在光绪十年（1884 年）十一月十一日，用钱 7580 文购买高更寨杨连朝地名邓我的田 6 丘，面积 5 石，自此开始了自己的财产积累历史，直到民国十年（1921 年）二月十三日用银 16.28 两购得杨昌祖家祖遗屋地基二间。在 37 年间，先后购置的财产有田、土、塘、山场林地、林木、屋基地、阴地。表 4-11 是对其一生购置田地财产所作的简要统计。

表 4-11　杨希明光绪到民国时期财富积累简表[1]

	光绪		宣统		民国	
	次数	面积	次数	面积	次数	面积
田、塘、土	44	775 石、174.5 把	5	48 石、3 把	—	—
山场林地	18	□□	7	□□	1	□□
房屋地基	2	4 间	1	一大块	6	7 居
阴地	—	—	1	1.2 丈	1	1 排
承典田地	2	20 担、7 石	1	5 石	—	—

---

[1]《贵州清水江文书·黎平卷》第四十二卷"黎平县罗里乡罗里村十一组杨文敏家藏文书（二）"，第四十三卷"黎平县罗里乡罗里村十一组杨文敏家藏文书（三）"。

从遗存文书看，杨希明两儿子杨培芳、培仁也分别购置田地财产，现将其遗存契约文书列表于下。

表 4-12　杨培芳、培仁购置田地财产年表 [①]

时间	卖者	买者	性质	面积	价格
民国丁卯年十二月十八日	本房杨典高	杨培仁	坐屋地基 3 间	14 封	180 文
民国十一年十二月二十五日	杨廷祖叔父光先	杨培远	所遗屋地基	1.5 间	1800 文
民国十二年十二月二十日	听上乃宇香	杨培仁	屋地基	1.5 间	16480 文
民国甲子年十二月初十日	杨培远	杨培仁	屋地基	1.5 间	13880 文
民国戊辰年正月十二日	杨培远、高弟兄	杨培仁	祖遗门口塘	1 丘	光洋 1168 文
民国己巳年六月初三日	杨培高	杨培仁	祖遗屋地	1.5 间	9680 文
民国壬申年八月二十八日	杨运达	杨培仁	化头山场杉木 1 块	1/2	大洋 1.16 元
民国辛酉年三月二十二日	杨运连	杨培芳	头棉花地 4 把	□□	12000
民国二十二年二月初六日	吴登怀	杨培芳、仁、家卓三人	3 丘	1.5 石	大洋 2 元
民国十五年四月初六日	苗丢寨杨文现	杨培芳、仁、任镒书	岸马山场 1 块土股	□□	4480 文
民国庚辰年三月二十日	□□	杨培芳、仁、家卓	分杉山合同	二岭一小凹	□□

杨希明家族三代人都在置田买地，但终其一生究竟又能积累多少？主要生活于清光绪年间的杨希明，在 37 年间竟然有 49 次买进田地，26 次买进山场林地，买进田 823 石、178 把，折算成亩约合 148 亩。148 亩田产，可谓是杨希明一生的终极积累。从此后其子孙的买卖契约文书看到，他们主要是买卖林木，更多的是在购置房基地产。

相对而言，闵氏家族显然不是罗里村大家族。闵思珍身世及家族情况，我们没有在文书中找他之前的活动痕迹，也未看到类似的家族谱系，故无从知道闵氏家族之前在罗里村的历史。但闵思珍在民国二十年（1931 年）时充任罗里

---

① 黎平县档案馆编：《贵州清水江文书·黎平卷》第一辑第 8 册，第四十四卷"罗里乡罗里村 13 组 杨秀凯、杨灿武家藏文书（一）"。

第三牌长①，在民国二十年（1931 年）黎平县清查田亩分局任命其为第七区分所彦木保罗里甲清查委员；民国二十二年（1933 年）六月任罗里寨闾长②；民国二十七年（1938 年）的一份文书表明，闵思珍之子闵臣焕此时已充任罗里乡第一保保长。在旧的乡村社会，上述身份往往是由本村的大户承担。因此，闵思珍家族田地积累史，在罗里村民国时期具有典型意义。

从该家族遗存文书中看到，闵思珍家族最早一次土地买卖，是光绪二十三年（1897 年）闵思珍与其兄闵思廷进行的。但从闵思珍家族留下的文书中可以看到，他们有过两次分家析产。从两次分家所订立的"分关合同"，可以复制出其后代的谱系，也可以观察到该家族各时期的田产积累情况。

> 契约 4-15
>
> 　立分关合约字人闵思廷、思珍兄弟等。为因家务纷纭难于料理，是以弟兄商议分居。请凭亲友，除母亲自买之田作为养膳，妻女私买之业作为私收。今将先父所遗微产并弟兄共买之田地，以及屋宇猪牲、家中物件等项，品搭均匀，以发达两字拈阄分瓜。其有山场鱼塘以及未入分关之业，公共料理。自分之后各管各业，不得异言。势则分为两宅，谊则尤是一家，克勤克俭，永敦雍睦，相亲相爱，无伤手足之情。今欲有凭立此合约两纸，各执一纸，永远发达存照为据。
>
> 　计开思珍分占达字田产于后：把也田一丘 捌石 边井典田一丘拾石 谷寨田二丘叁拾石 归亚溪田拾肆丘拾五石 谷寨旁上田一丘叁石 邓送田六丘领羊田一丘 共肆石 扒白田贰丘伍石 归羊溪田肆丘伍石 亚豆田一丘陆石 归羊盘坡田贰丘一石 边井田一丘拾石 井夯共田贰丘肆石 井边沟外坎树脚田各一丘共拾贰石
>
> 　外分占外边房屋两间地基两间半当中立栽岩为界，外边大路走出下边基地门口共有。坎下余基、花街两家联共。未入分关之业公同管理。
>
> 　　胡泽亮
>
> 　凭亲　唐宗礼

① 黎平县档案馆编：《贵州清水江文书·黎平卷》第一辑第 7 册，第 392 页。
② 同上，第 391 页。

　　　口玉堂

笔　　　胡昌恩

中华民国五年丙辰岁三月二十四日　立 [①]

　　该合同文书告诉我们闵思廷、思珍的弟兄血亲关系，这对于我们分析土地关系来说，更重要的是提供了闵氏家族土地积累诸多信息：首先，分家之前他们共同经营着父辈的土地；其次，又说明他们弟兄俩共同为家庭购置田产；再次，分家的意义在于，他宣告了旧家庭积累土地历史的完结，并开始了一个各自家庭积累田产的起点。

　　第二次分家发生在民国二十三年（1934年），分关合同如下。

　　契约4-16

　　立分关字人闵臣贤、焕，侄科福叔侄。为因祖遗业产各愿群分，原夫念叔侄之情笃，念友恭之道，何忍分炊私心自用。□为树大枝分流长者派别。与其合爨而纷纭，何若离居而安静。今叔侄奉祖父命，央房族作证，将祖父遗业产田地并物件等项，分作三股凭拈阄为定，并□厚薄偏私，将业产高下肥瘠编搭均匀，以后各守其业不得异言翻悔妄争，永修和好笃敦友爱。今将田地一股开列于后，永远遵管业。今欲有凭，立此分关，永远付臣贤。

　　扒报大田下边田大小两丘，载谷四石；对门亚豆田一丘，载谷六石；谷寨田大小两丘，谷捌石；□洋田大小拾丘、大禾田一丘、归洋边井禾田一丘、归洋两□田一丘，四共载谷拾贰石；亚豆花田贰把玖边。

　　凭族　章子珍　杨家富

　　代笔　杨富坤

　　民国二十三年六月二十二日　立

　　民国三十年卒月七日，凭嫡堂兄贤礼，又将祖遗之业所剩者着三股分占。今臣贤占边井田坝中大秧田一丘，载谷壹拾石；又占景邓田大小三丘占一半，又子子益田一丘，载谷壹石半，又宰麻花地一把，

① 黎平县档案馆编：《贵州清水江文书·黎平卷》第一辑第7册，第311页。

占上节。永远如照分关管业。

　　此批　笔　杨德章

　　三十年十月初八日 ①

　　从该份分关合同，可以理顺闵氏弟兄家庭三代成员间的血缘关系。首先，合同书中写道"今叔侄奉祖父命"，可见分家是在闵氏弟兄（不清楚是思廷还是思珍——引者注）要求下进行；其二，此次分家的主体是闵臣贤、焕，侄科福。这里的侄，应当是代表其父亲参与分家，由此判断，该次分家实际是闵臣贤、焕三弟兄的分家。第三次分家是在民国三十年（1941年），该次只是对民国二十三年（1934年）未分配的遗留家产再次分割。

　　联系上述三次分家的文书资料，一个家族四代的代际关系便显现了出来。其谱系简单的表述如下：祖辈（闵氏弟兄）父亲→闵思廷、思珍弟兄→闵臣贤、焕、□□三弟兄→闵启明、科福等。1951年，黎平人民政府征收农业税，时闵臣焕子闵启明向人民政府缴纳的是稻谷782斤 ②。那么，该家族的土地积累史又怎样？下面是其家族从光绪二十三年（1897年）到民国三十年（1941年）历年的土地买卖契约制作的土地简表。

表4-13　闵氏家族光绪二十三年到民国三十年历年的土地买卖

	光绪朝		宣统朝		民国	
	次数	面积	次数	面积	次数	面积
闵思廷、思珍	2	6把2间	1	4石	6	14石
闵思廷	4	15石5把	1	8石	8	26石2把
闵思珍	—	—	—	—	13	69石3把
闵臣贤	—	—	—	—	2	6石

　　虽然闵思廷、思珍弟兄二人留下了35次的买田契约，但这些契约中，只有6次契约内有具体的田亩记载，所以很难从中推测出其一生购置了多少田产。好在闵氏家族留下了几次分家析产文书，每一次都对田产作出了处置。故通过

① 黎平县档案馆编：《贵州清水江文书·黎平卷》第一辑第7册，第371页。
② 黎平县档案馆藏文书：LP-WS-231-197至LP-WS-231-201。

这几次分家析产，能够知道分家时一个家庭所拥有的田亩数量。

上引分家文书知道，闵思廷、思珍弟兄俩第一次分家在民国五年（1916 年）。在分家之前，闵氏弟兄俩从他们父辈那里，继承了多少土地，由于缺少文书证据不得而知。但此次分家析产，闵思珍共分田面积 118 石，折算成亩约 19.7 亩。那么，据"品搭均匀，以发达两字拈阄分瓜"原则，闵思廷也应当分到相同的田产，这就可以推断，闵氏弟兄经父子两代人至少 30 年的田产积累［闵思廷可见到的第一张田契是光绪二十三年（1897 年）——引者注］临到分家时，田产共有约 40 亩。

上引民国二十三年（1934 年）六月二十二日的分家文书，从文书看应当是闵思珍家庭内的分家。本次分关田产共分三股。其中臣贤一股的田产是 22 石、2 把 9 边，臣焕一股为田 27 石、2 把，侄科福一股田 34 石、2 把。这次分家表明，未分家前的家庭成员中，共有田 83 石，折算成亩是 13.83 亩。在这次分关文书上，每一件都以外批的方式记载了在民国三十年（1941 年）又再次分家的事，这次分家是对上次剩余田产进行再分配。臣贤一股得田产 11.5 石、1 把，臣焕一股得田 15 石，科福一股得田 16 石、1 把。那么，民国二十三年（1934 年）未分割的田产是 42.5 石、2 把。折算成亩约 7.1 亩。那么，民国二十三年（1934 年）的实际田产是 21 亩左右。

此外，闵思珍家两代人从清光绪朝到民国三十年（1941 年）至少 70 年间，先后有三次田产的统计。民国五年（1916 年）时拥有亩量是 20 余亩，民国二十三年（1934 年）拥有田产是 125.5 石[1]，合田亩 20 余亩，也是家庭土地饱和状态时的田亩量。闵臣焕从民国三十年（1941 年）起，直到 1949 年，都有每年的"征收粮赋收据"。民国三十年（1941 年）记载缴纳田赋是"征实一石三斗一升七合"，在民国三十年至三十一年两年的"征收粮赋收据"中，闵臣焕登记的田产是 11.1 亩。在民国三十一年（1942 年）十月二十三日的征实税是一石三斗一升七合，那么征实一石三斗一升七合的粮额应当是 11.1 亩所纳的田赋。除了民国三十五与三十六年外，基本上都保持在这个额度上。说明闵臣

---

① 民国二十三年，作为当地的第二次分家未分财产，所以当时的实际田产量应当是 83 石＋42.5 石。

焕在这期间其拥有的田亩在 11.1 亩 [①]。

　　闵氏家族的历史说明，一个家庭历经四代人的努力，通过土地市场积累田产，第二代在民国五年（1914 年）时，家庭有田产 42 余亩，第三代在民国二十三年（1934 年）时，家庭有田产 20 余亩，到 1949 年时第四代闵臣焕家，只有 11.1 亩；同时也表明，42 余亩田产也是这个家庭四代人中所积累到田地的最高限度 [②]。

（三）土地积累的特点及其对土地分配的影响

　　以上可谓是利用契约文书素材，对清水江流域自清顺治朝至民国时期购置土地农户群像中较为突出农户所作的肖像素描。这些家庭成员前后上下有七代人或者五代人，都在不懈努力地通过土地市场扩大自己的田土山林。或许他们一生所付出的时间长短不一，采取手段或许不同，并且经历过改朝换代的巨大社会变化，但在积累时间、一生土地累积构成方式、规模、土地资源类型选择、资金筹措、土地经营方式上存在着共同性。他们身上的共性就构成了清水江侗苗地区土地积累表现出来的特征。这里选择其中代表人物，黎平县罗里乡罗里村杨绍震家庭为典型进行分析揭示。

　　第一，继承与购置是田地积累的路径与演变的主要方式。通过上述契约再现的历史事实，一户农户田产积累的路径与演变过程不外是：首先其父辈的土地量，应是其财富的起点，然后开始自己购进方式，最后形成自己的最终地产总量。这就使一户农户积累的地产由两个部分构成，其一是继承从父亲分家后获得的田土，其二是自己一生买进的田产。天柱县翁洞蒋世耀个人田产，最先来自家庭分家时，从父亲蒋永化 15 亩左右均分得到田产 3.4 亩左右。这一财产继承形式直到民国时期，蒋景耀通过分家得到不多的田产，然后通过自己不断的努力，最后达到了 9.066 亩。黎平县罗里村杨绍震家祖父辈时有 10 余亩田，这 10 余亩中的部分，通过其父亲转移（继承）到了杨绍震手中，成为杨绍震

---

① 黎平县档案馆藏文书：LP-WS-231-139 至 LP-WS-231-162。
②1951 年黎平人民政府征收农业税，时闵臣焕子闵启明向人民政府缴纳的是稻谷 782 斤。黎平县档案馆藏文书：LP-WS-231-197 至 LP-WS-231-201。

个人田产的第一部分。此后他不断地购进田地，最后扩展到田产 30 亩。罗里村的另一户闵思珍，在民国五年（1916 年）分家时自己得到了田产面积 118 石，成为自己个人田产，之后买进田产，在民国二十三年（1934 年）田产增加到了125.5 石。闵思珍子闵臣焕，在民国二十三年（1934 年）分家时，得到田产 27石和 2 把，之后不断买进田地，到民国三十一年（1942 年）时，已增至 11.1 亩。由继承与在土地市场上购进田地，最后完成一生的田产总量累积，几乎成为这里农户积累田产的基本形态。

这种土地积累的常态，不利于大土地所有者的形成。由于农户田产构成是从继承开始，而每一次分户后，新户所能得到的田地不过三四亩左右，在起点基数过低的情况下，从上述各农户各时期买田史看，即使后来努力买进田产，穷尽一生所购进田产可能是起点的 3 倍或者 4 倍，甚至 10 倍，也只积累起 10 亩，最多 40 亩的限度。

第二，田地购买时间漫长，可以说，田地买卖过程终其生产生活的一生。所谓购买时间，是指一农户一生中，从第一次到最后一次购进田地的时间。翁洞蒋景耀从民国六年（1917 年）十月四日开始，至 1950 年 9 月 24 日最后一次买进田产，历时 33 年，积累田地 9.066 亩。竹林农户潘光槐从 1895—1936 年15 次买进田地，得水田至少 35 丘左右。杨绍震通过 54 年的经营积累，最后扩展到田产 30 亩。杨希明第一次购置田产是在光绪十年（1884 年），直到民国十年（1921 年）共 37 年间，买进 148 亩田产。闵思珍从光绪二十三年（1897 年）起到民国二十三年（1934 年）共 34 年，买进 20 余亩。天柱县攸洞村刘文举、刘昌儒父子，是从清道光到民国时期购进田地的大户。刘文举用了 50 年时间进行了 16 次购置行为，终积累田产 407 边；刘昌儒则费时 42 年独立进行了 37次购置田地行为，一生购置田亩 686 边[①]。上述各户购买时间都在 33 年至 60 年间。如果从 20 岁开始独立购置田产，那么买卖田地直至 50 多岁，甚至 70 岁才终止，可谓"涓涓细流"终其一生。每一位购进田产的农户都有较长的购买

---

① 林芊：《侗族乡民的财富梦》，载张新民主编：《探索清水江文书的踪迹》，巴蜀书社 2014 年版，第 100 页。

时间，一方面有利于土地买卖市场的活跃，另一方面也有利于每一户农户增进更多田产面积的机会。

第三，每次买卖田产量小，制约了大土地所有者的成长。本章所分析的上述各农户，是数千买进田地农户中的大户，从他们一生所积累的田产面积与其买卖频次比较看，蒋景耀一生 15 次买进田地，最终拥有 9.066 亩田地，平均每次 0.6 亩；闵思珍一生 13 次买进田地，最终拥有约 11 亩，平均每次 0.8 亩；杨绍震一生 30 次买进田地，最终拥有田地约 30 亩，平均每次 1 亩；杨希民一生 49 次买进田地，最终拥有约 148 亩，平均每次 3.2 亩。他们的事例表明，买卖次数多，不一定能积累起相对多的田地，而一次买进较大面积田产，绝对有利于积累起更多的田地。可见，与买卖频次而言，单次购进面积是影响田地积累的关键原因。

这些农户相对来说也是当地有身份的人，一般视为来自"旺族"的大户人家。我们知道，清水江流域参与土地买卖更多的还是那些小户，他们一生购进土地的能力肯定不及大户，然而因其人员众多在清水江流域却更有代表性。小农户一生的购买能力及可能积累的田地，可以观察一下清水江支流邛水河畔的剑河县磻溪乡坪岑村王有谋一生的田地购置情况。王有谋从光绪二十七年（1901 年）三月二十九日至民国三十四年（1945 年）五月十三日间，在近半个世纪时间内共有 13 次购置田地，最少一次购进田地面积 1 担，最多一次是民国三十四年（1945 年）五月十三日，他用洋 13 万 8 千元购买锦屏县第九保小归科村杨秀林家田 8 挑。终其王有谋一生的买田史，所置田地面积也不过 23.5 担又 10 挑，约合面积 5.5 亩。本研究的附录记录了近万次的土地买卖，从中不难看出每一次出卖的田地面积都不大，极少有一次超过 1 亩面积的农户。本书附表 1-9 是罗里乡罗里村一组民国时期田地买卖契约，可以看到，每一块出售土地大都面积狭小，这就是为什么 43 宗田地由 5 个姓氏的 10 多户农户买进的原因所在。在正常的情况下，像天柱县攸洞村刘昌儒在清宣统二年（1910 年）五月八日一次购进田亩 115 边，约 3.1 亩；宣统三年（1911 年）四月二十九日又以每边

1680 文钱价格买下一宗田地，共 125 边，约 3.5 亩 ①，则是数百年间极其罕见的事件。清水江流域单次出售田地面积狭小，制约了大土地所有者的成长。

清水江流域土地买卖过程中形成的上述特征，对清水江流域土地集中趋势有决定性影响。广大农户不乏增殖土地的强烈渴望，一生都在孜孜不倦地尽可能地买进每一边（箩、运、把）田地，虽然促进这里土地买卖市场的活跃，但一个显著的、不可避免的事实是：那些致力于积累田地的农户，都难免买进田地费时、单次田地买进面积狭小的现象发生。因此，即便是有能力的农户，毕其一生努力通过土地买卖市场所能达到的限度，除极少数人外，大多数只能在10—20亩间的限度。因此，这里土地向少数人集中的可能性，受到了极大的限制。上述土地买卖形成的特征及其对土地集中趋势的影响的历史过程，就是清水江流域少数民族地区"清水江模式"生动而具体的体现。

---

① 参见张新民主编：《天柱文书·第一辑》第 10 册，第 149、150 页。在目前所能看到的清水江流域各地契约文书中，有两起一次出售较大田地面积的契约，一起是同治六年（1876 年）杨昌球一次就出售田约 7.3 亩，一起是同治八年（1878 年）三月初三日龙耀祖一次出卖田亩是 11.5 亩，都是天柱县地良村和甘洞村发生的事件，考虑到这两次出售行为是发生在姜映芳领导的苗侗民族起义高潮时期，恰好这两地又是起义军活动的中心地带，地主出于种种原因抛售自己田地，应当是非正常的买卖事件。

第五章
中国民族地区的土地分配制度

中国农村社会的土地分配及地权转移态势，自古以来即是中国社会发展中的重大事件，并为政治家们所重视，同时，也成为各种社会思想家及文人议论时政抨击社会的重大议题，特别是近代以来其也成为学者们研究中国社会的基本论题而得到高度重视。民国以来出现了几次有广泛影响的社会史大争论，基本论点主要在土地是否高度集中在地主阶级手中并导致地权两极分化，还是土地由农民阶级分散经营，由此形成了不同的解释。主流观点往往强调地权分配呈向地主集中并导致严重的两极分化发展趋势，这种研究形成的理论被经济史学家章有义概括为"永远集中论"与"永远兼并论"，直到 20 世纪末学者们仍然提出"到乾隆年间，土地兼并已发展到极端严重的地步"[①]。有学者指出："占农村人口 90% 以上的中农、贫农及其他人员，只占有 20%—30% 的土地。"[②] 有研究表明民国南京政府时期地权整体状况是：占全国人口 11.8% 的地主富农垄断了 61.7% 的土地，而占人口 66% 的贫雇农只有 17.2% 的土地，仅相当于大地主的 1/4[③]。

进入 21 世纪以来，研究领域中出现了较以往不同的强劲新声。许多学者本着对反映地权形态的丰富史料实事求是的研究表明，清代地权形态远非可用"集中"加以概全。如著名经济史学家方行的一项研究表明，"有清一代的地权分配一直处于分散中，大部分的土地为农民阶级所有，地主所占有的土地不过

---

① 郑庆平，岳琛编：《中国近代农业经济概论》，人民出版社 1987 年版，第 5 页。
② 钱忠好：《中国农村土地制度历史变迁的经济学分析》，《江苏社会科学》2000 年第 3 期。
③ 刘克强：《20 世纪 30 年代土地阶级分配的整体考查和数量估计》，《中国经济史研究》2002 年第 1 期。

十之三、四而已"①。与此同时，许多国外学者对中国中、东部区域地权形态的研究也表明，以往研究所强调的清末至民国那种严重的土地兼并实际上也非普遍现象②。至于自明代以来不断发展中的中国农村经济所形成的土地所有制度，著名经济史学家李文治则将之概括为"农民所有制"③。由于学者们更注重用实际经验材料重现和观察中国土地制度，由此各地丰富而具体的史料被研究者大量地开发和利用，于是一些学者在区域研究中发现，中国地域广阔，各地区经济社会发展水平不一致，实际土地占有情形差异很大，一些地区甚至不存在地主土地占有制度。如秦晖、金雁在对中国古代土地制度发展史比较研究后认为：宋元以来地主占有逐渐小农化，大地产与无地农民均减少，到民国时期租佃关系几乎消失。这与20世纪研究所形成的中国地权形态呈现出土地兼并－两极分化－租佃经济的土地制度模式迥异。接着他们又用民国时期土地档案资料及民间文献，分析了民国时期土地分布状态，得出了"关中无地主"与"关中无租佃"的结论，并构建了著名的"关中模式"④。

　　本书第三、四两章分别从失去土地和购进土地两个侧面，对清水江流域土地买卖进行分析，目的在于一方面通过具体的买卖行为重现土地买卖的基本历史面貌；另一方面则是期望通过具体的买卖行为，去动态地揭示土地兼并与集中显现出来的地权分配趋势，这关系到清水江流域经济社会土地所有制性质；并且因是侗、苗民族等少数民族聚居地区，其土地所有制性质对于认识中国内地边疆少数民族地区土地占有制性质的真实面貌具有一定代表性。那么，这一面貌是否体现出中国内地边疆少数民族地区土地占有制性质？本书第四章的分析已指出，自清代至民国时期，清水江流域有农户通过土地买卖积累田产而成为比一般农户占有较多土地的地主。但是，这些由土地买卖积累了较多土地的地主是否构成了一个地主土地所有制？这就要从土地买卖过程显示的地权结构特征与地权转移的过程特征两方面，即地权结构的"清水江模式"来观察分析。

---

① 方行、经君健、魏金玉主编：《中国经济通史·清代经济卷》上册，第302页。
② 黄宗智：《华北的小农经济与社会变迁》，第78—79页。
③ 李文治、江太新：《中国地主制经济论——中国土地关系发展与变化》，第256页。
④ 秦晖：《田园诗与狂想曲——关中模式与前近代社会的再认识》，第45、48—57页。

一、清水江模式

（一）土地买卖构成的地权结构

据 1951 年天柱、锦屏、黎平三县土改档案资料显示，民国时期富农和地主的土地量一般在户均 15 亩以上，如果以 15 亩为基准，那么，前述三县清代和民国时期田地买卖过程中形成的田亩分户，以及呈现出来的土地集中倾向，实际上构成了这里地权分配的一般结构样态。三县的地权结构如表 5-1 所示。

表 5-1　清水江流域土地分配形成的地权结构比较表

时间	农民成分	天柱县		锦屏县		黎平县	
		占户比	占田比	占户比	占田比	占户比	占田比
清代	中农及以下	95.8%	65.7%	93.2%	45.3%	96.1%	36.5%
	中农、富裕中农	2.3%	15.1%	4.7%	28.3%	3.6%	20.1%
	富农、地主	1.54%	11%	1.95%	24.02%	0.54%	43.3%
民国	中农及以下	95.4%	60%	97%	70%	97.6%	54%
	中农、富裕中农	2.4%	25%	1.1%	5.1%	1.06%	5.4%
	富农、地主	0.5%	15%	1.9%	24.7%	1.34%	39.6%

列表 5-1 说明，在土地市场上反映出来的地权分配结构是：第一，占有绝大多数的中农及以下身份的农户，占有了土地市场上近 50% 以上的土地，且民国时期多于清代；第二，中农和富裕中农所占的田地与富农与地主户均比例的差异并不悬殊；第三，极少数人通过土地买卖集中了较大份额的田产。

但是，列表 5-1 一个异常现象是，与土改时期土地占有的常态比较，通过土地市场造成的田地分配上的巨大差异，超过了常态下土地分配差异。所谓常态，即 1950 年时三县地权分配的状态。土地市场上的土地集中比例大于生活中常态的比例，可以从民国时期的一些情况比较中得到印证，以这里涉及的天柱县侗族聚居的三个村为例。据天柱县土地改革档案，1951 年甘洞、地良两村农户共有 449 户，有土地 17270 挑，其中地主身份 17 户（缺少攸洞资料），占全户数的 3.78%，有土地 2285 挑，占全部土地的 13.2%。[①] 民国时期甘洞与地良二村 3.78% 地主占全部土地的 13.2%，而通过土地市场，只有总户数的 0.5% 农户却占有了 15% 的田地。显然，与土改时期的情况相比较，土地市场上的土地集中比例大于生活中常态的比例。因此，清水江流域土地市场对地权分配的影响是：在土地市场上，农户并非因此失去自己基本生活所必需的土地，这从第四章的情况可以看到。但通过土地市场，极少数人积累了大量的土地，这也是在第四章中看到的事实。可见，土地买卖并不是造成贫困的原因，也不是成为富裕农户（地主）的绝对方式，但土地市场却是促成极富农户的一种手段，这无疑是清水江流域地权结构的一个显著特征。

同样，土地买卖过程同时也反映出清水江流域地权结构的第二个特征：地权呈分散状态。表 5-1 显示，天柱县清代与民国自耕农（指富裕中农及以下）占有的土地份额分别是 80.8% 与 80.5%，锦屏县分别是 73.6% 与 75.1%，黎平县分别是 56.6% 与 59.4%。可见，即使在相对易于促成土地集中的土地市场上，自耕农所占有的土地份额都超过了 56% 以上。这无不表明，虽然极少数人占有大量土地，却没有改变大多数土地仍然由人口众多的自耕农占有的土地分配格局。

土地买卖市场上形成的地权分配结构也与民国时期实际土地占有的常态相吻合。据 1950 年天柱第一任人民政府县长报告，1950 年时整个县地主"占有田地产量 313082 挑，占有田土产量的 28.66%"，"贫雇农占有土地 15.39%"。[②] 此统计揭示了土地占有的两个极端，即贫农与地主共计占有土地的 44%，而 56% 的土地则是小土地者所有；又据上引 1952 年 11 月 6 日黎平县委书记《土地改革总结报告》统计数据折算，地主占有田土产量的 25.75%，贫雇农占有土地 19.57%，54.68% 的土地则是小土地者所有。可见小土地者占有土地总量造成地权呈分散状态。又据天柱县人民政府 1952 年对全县 168 个行政村土地改革前土地分配情况的统计，占人口 6% 的地主拥有土地 28%，占人口 36% 的中

---

① 1. 天柱县第 5 区高酿乡第八村地主阶级政治经济情况统计；2. 天柱县第 5 区高酿乡第九村地主阶级政治经济情况统计。天柱县档案馆，全宗 1 号，案卷顺序 14 号。

② 孔换章：《回顾天柱县的土改运动》，载中共天柱县委党史办编：《回顾天柱解放》，1989 年版，第 207 页。

农拥有土地 42%。^① 在锦屏县，据 1951 年土地改革资料，柳寨村所在的九寨乡第 2 行政村，全村占人口 1.4% 的地主占有土地 8%^②，而占人口 47% 的中农（含富裕中农）占全部土地的 61%。^③ 又据锦屏县 1952 年第一期土改统计资料，地主占全部人口的 9.67%，占有产量的 20.88%^④。小土地者占有土地总量造成地权呈分散状态，决定了这里的土地分配难以形成制度性的地主经济。

土地买卖过程同时也反映出清水江流域地权分配的第三个特征：除异常显著的少数人占有相当多的土地外，大多数地主土地绝对占有量相当有限。黎平县罗里村民国时期田地买卖总量是 448 亩，杨希明在 20 世纪 20 年代独自一人买进了田 120 亩（另有土 12.2 亩），占有了全部市场土地的 26.7%，但类似地主的人数却异常少。反映在土地买卖市场中的这一特征，同样也与实际生活中的常态大体相符合。如在天柱县高酿镇三个村，最大两户中一户占有 74 亩土，另一户 51 亩。^⑤ 比照 1951 年土地改革时划定成分的结果，高酿镇甘洞、地良两村 17 户地主中，最大一户占有田亩 510 挑（85 亩），是当时最大的地主，稍次一户有 375 挑（62.5 亩）^⑥；1951 年土地改革柳寨村所在的锦屏县九寨乡的魁胆、孟寨、凸寨等村，却只有两户地主，其中一户是破落地主，两户地主分别占有土地 21 亩和 11 亩^⑦；亮寨村、九南村所在的敦寨乡，全镇地主有 126 户，人均粮食只有 2480 斤。九南村所在的第 8 村只有地主 2 户，人均粮食 2227 斤^⑧，这类村寨不唯没有大地主，可谓无地主了。地主户均占有如此土地量，不仅是上述村寨普遍再现，也许是清水江流域少数民族地区的一个普遍现象，表明这里不存在一个大地主阶级的土地占有制度。

---

① 天柱县档案馆，全宗 1 号，案卷顺序 42 号。"天柱县六个区十七个乡 168 个村土改前后各阶层占有土地比较表"。
② 锦屏县档案馆，全宗 54 号，案卷 183 号。"九寨乡第三、四、五村土改前后情况统计表"。
③ 锦屏县档案馆，全宗 54 号，案卷 181 号。"九寨乡第二村土改前后各阶层占有土地山林比较表"。
④ 中共锦屏县委办公室印制，《土地改革情况统计表》，1952 年 6 月，档案号 05001。
⑤ 从天柱县高酿镇胡启明归户册看到，民国三十年土地营业管理执照统计，共 51 亩。天柱县档案馆藏文书 GT-003-091/GT-003-9/T-003-99、GT-003-105。
⑥ 天柱县档案馆，全宗 1 号，案卷顺序 14 号，1951 年。
⑦ "锦屏县三区敦寨乡土改前后各阶层占有土地山林比较表 表一"。土地改革统计表敦寨乡 1952 年 5 月 17 日，中共锦屏县委办公室印制，第 4 页。
⑧ 张肖梅：《贵州经济》，第 4 页。

不存在一个大地主阶级土地占有制度的地权结构，在民国时期的统计更能体现出来。1951 年，新成立的贵州省人民政府在清水江流域的镇远专区与都匀专区进行了全面消灭地主剥削阶级的土地改革。镇远专区的天柱县、锦屏县，都匀专区所属黎平县，都对本县区域内民国时期土地分配情况进行了全面的调查。表 5-2 是据上述三县档案馆收藏的土地改革调查资料来分析民国时期的土地分配样态。

表 5-2　1951 年土地改革前天柱县、锦屏县、黎平县、三穗县、台江县地权结构表

农民成分	区域									
	三穗县		天柱县		锦屏县		黎平县		台江县	
	人口占比	占田比	人口占比	占田比	人口占比	占田比	人口占比	占田比	人口占比	占田比
地主	6.21%	27.88%	6.4%	28.7%	7.765%	23.83%	4.36%	25.1%	5.46%	17.12%
中农	29.35%	37.03%	37.29%	44.5%	35.55%	46.32%	31.75%	29.4%	36.85%	52.6%

就表 5-2 内占田比例看，中农占田比最少是黎平县的 29.4%，最多是台江县，占有全部土地的 52.6%，而整体上中农占有田地 41.95% 以上，表明了清水江流域是一个中农社会。

如果与本省比较，据 1951 年的土地改革统计，民国时期贵州土地占有分配情况是：占全省农村人口 6.43% 的土地主拥有全省 37% 的土地，占农村人口 4.28% 的富农拥有土地 11.08%，占农村人口 29.8% 的中农拥有土地 30.06%，占农村人口 35.93% 的贫农只拥有土地 9.25%。[1] 而在清水江流域，显然上述村寨无论是地主身份人口占比和地主所占田比远远低于全省。若与省外比较，民国时期经济学家针对贵州与中国其他省农民土地占有情况对比时说："但具农民阶级之划分，复不若他各省之畸轻畸重显著。"[2] 指出整体上贵州农村土地分化不及其他各省严重，于是形成这样一种层级关系，土地集中贵州不及全国平均水平，清水江流域侗苗民族地区又不及贵州平均水平。由此可见，清水江流域侗苗民族地区地权分配状态显然不足以在本地构成一个地主土地占有制。

---

[1] 参见"贵州省土地改革运动前后各阶层占有土地变化表"，载《黔地新生——解放初期贵州土地改革档案文献选编》，黔新出 2011 年一次性内部资准字（省批）第 80 号，第 85 页。
[2] 张肖梅：《贵州经济》第六章，中国国民经济研究所 1939 年版，F 4 页。

（二）清水江流域地权分配的特征

天柱县、锦屏县和黎平县清到民国年间土地买卖与地权分配的历史进程，显示出了较强的地权分配的地域特征。

第一，从土地买卖的频次看，仅九个村局部的买卖契约就显示发生了2097次地权转让，全少有1098人出卖了自己的土地；如果从高酿三个村情况看，乾隆到1949年的169年间就发生了1747次田土地权转让，可谓土地转移异常活跃，且土地兼并现象清朝时期强于民国。

第二，在土地市场上，土地买卖过程又显示出：加入到土地交易的双方人数多，但大多数交易一次出售田土面积并不大，因而无论从土地转移过程中农户流失田地面积，还是从一户农户毕生购置土地总量中，都可以发现没有形成一个由占有大部分土地的地主阶层，表明这里虽然有土地兼并现象，然而却没有形成土地集中的结果，也没有形成一个大地主阶层，自耕农占有田地占据了农户中的大多数。

第三，特别要指出的是，将表5-2内常态下地主占有田地百分比，与表5-1田地买卖状态下形成的地主占有田地的百分比两者进行比较，常态下地主占有田地百分比远远低于田地买卖过程中形成的状态，亦即通过土地买卖形成的土地集中倾向高于常态下土地集中的现实。造成这种土地分配的奇怪现象的症结在哪里？唯一的解释是大地主阶层的不稳定性，换句话说，在于这里有土地兼并之风向，却没有形成大地主土地占有制度。

这样，清水江流域清代至民国间的土地买卖呈现出一个相同的模式：有活跃的土地买卖；通过土地买卖土地有向少数人集中的倾向。但整体上占有较大土地份额的地主却不多，即通过土地买卖市场，能培育出一个中农与富农间的阶层，却很难产生占有较多土地的地主阶层。这种由土地转移及由此形成的地权分配特征，可以称之为"清水江模式"。

二、生成清水江模式的社会经济因素

是哪些因素生成了清水江模式这一地权结构模式。与国内经济发达地区比较而言，那些促成土地向少数人集中的一些主要行为在这里也不盛行，致使买卖过程中土地不易于向个人集中，这大致体现在如下几个方面。

（一）地权转移方式非"亲族优先"

从收集到的清代和民国间土地买卖契约文书看到清水江流域土地买卖的一些特征，一村出售的土地往往由许多人参与购置，这就分散了地权集中的可能。在中国，土地买卖的一个特征是"亲族优先"，其后果是有利于土地向本姓家族成员集中，从而产生大地主的机制。这种传统习俗，我们从清水江流域各地土地买卖契约中可以进行观察。表5-3是简化了的罗里乡罗里村一组民国时期田地买卖契约。

表5-3　民国时期罗里村亲属间田地买卖关系简表 [①]

序号	时间	卖主	买主	田及田亩	价格
1	民国三十五年七月二十九日	杨秀锦	杨科祖	稿串田谷4石	洋26.8元
2	民国三十六年八月二十八日	杨秀辉	杨科祖	归一田2丘1石2石	大洋8.48元
3	民国三十八年十二月初二日	杨焕祖	杨科祖	岭长田3丘2石	大洋9.28
4	民国二十一年五月二十六日	吴秀斌	杨正全	归腊亨座屋田1.5石	光洋1.08
5	民国二十三年十一月二十七日	姜艰辰	吴正全	孖伦田坝脚田1石	7角8仙
6	民国三十六年正月二十二日	杨秀敏	吴正全	八居对门花地载花3把	大洋6.68
7	民国二十六年十二月十一日	杨源深等	吴恩乾	归宰稼栏亚已记岭30石田11石	10.8
8	民国三十年六月二十一日	杨清猷	吴正全	已记岭等处30田8股3.7石	10.8
9	民国元年腊月十八日	杨昌廷等	杨胜直	八居对门河坎棉花地1块3把	6080文
10	民国元年三月初三日	杨承祖、荣生	杨安瑞	井边田契1丘4石	12.38
11	民国二十二年十二月初五日	杨锡珍	杨世彬、杨秀桂	门口台子田契1丘8石	8.8元
12	民国三十三年二月初六日	杨克家	杨持家	八吉江对门卖棉花地契1.5把	大洋9元
13	民国元年二月十五日	杨承先	闵思标、闵思廷	归送田3丘契6石	6800文
14	民国元年七月初二日	杨光清	杨孪志、闵思廷	归共8丘、11丘田契18石6石	16800文
15	民国元年七月十六日	刘树政	闵思廷	对门迫巳神田1丘契2石	5200文
16	民国二年五月初一日	杨建章弟兄	闵思廷弟兄二人	紧洋1丘田契4把	3298文
17	民国五年十月二十三日	王芝清	闵思廷弟兄二人	景落勋大小田4丘契4石	10408文

[①] 黎平县档案馆编：《贵州清水江文书·黎平卷》第一辑第7册，第三十二卷，罗里村二组杨成德、杨流波、吴登元家收藏。

续表

序号	时间	卖主	买主	田及田亩	价格
18	民国六年五月二十六日	杨昌远明顺弟兄	胡昌思	扒报田契 2.5 石	2480 文
19	民国六年六月二十四日	彭尚先、老晚弟兄	闵思珍	八居江对门棉花地契 2 把	8280 文
20	民国七年二月二十二日	杨胜云借条	闵思廷出借	扒报田 1 丘 12 石作抵押息每千文谷 30 斤	9000 文
21	民国八年三月二十六日	朱甲生成生弟兄出典	闵春贵承典	归洋田大小 7 丘禾 20 把租谷 240 斤	典价8000 文
22	民国十年六月十六日	杨学志	闵思珍	归供 8 丘、11 丘田契 8 石 6 石	11480 文
23	民国十三年三月初一日	吴沛光借钱	闵思廷出借	6000 文抵田 3 丘 10 石	千文息 30斤谷
24	民国二年四月初三日	胡唐氏同子丙申	闵茂盛弟兄	边景、沟外、对门江亚豆田 7 丘共 41 石	50880 文
25	民国十四年十月十四日	杨承权	闵思珍	边巴秧 1 丘田契 6 石	13.2 元光洋
26	民国十四年十一月初七日	杨阳氏同子宏椿枢庚	闵思珍	边井 1 丘田契 10 石	16.8 元
27	民国十五年六月初九日	杨胜坤、杨胜璠、杨胜灵	杨宏铨	对门亚豆棉花地契花 7 把	8.5 元
28	民国十五年六月十七日	杨胜明	胡昌恩	扒报 3 丘田契 6 石	7.48
29	民国十六年二月二十八日	唐忠礼	闵思珍	对门禾头棉花地 1 块 1 把	3480 文
30	民国十八年十一月初七日	姜三年拔	闵思珍	巳丢棉花地 1 块契 1/3 股	12040 文
31	民国十八年十二月二十六日	杨荣昌	闵思珍	亚豆棉花地 1 块契	10.08 元
32	民国二十年三月二十二日	石寅弟借钱	闵老五出借	10 封，1 年期邓甲田 6 石抵押	每封息谷20 斤
33	民国二十一年十月初二日	胡大方母子	闵思贞	扒报田 8 丘契 16 石	18.28 元
34	民国二十一年十月初七日	胡大方同母焦氏	闵思珍	扒报田 8 丘契 25 石	
35	民国二十三年八月二十二日	杨昌前、宽弟兄	满朝明	卖地基 1 间契	16800 文
36	民国二十四年正月十六日	杨昌连	闵思珍	稿遗山场杉木契 1 块 1/16 股	4.4 元
37	民国二十四年二月初十日	杨昌能、杨昌华、杨昌连	杨通盛、杨通运	岑阳岭上包包共 9 丘田 8 石	9.12 元
38	民国二十六年十二月二十八日	闵臣礼、侄闵应福	闵思珍	门口十字路鱼塘契 1 口 1/2	17.38 元
39	民国二十七年二月十九日	杨通盛	闵臣贤	邓送田契 3 丘，5 丘3 石，2 石	4 元
40	民国二十七年二月十九日	杨通盛	闵臣贤	归洋田契 2 丘，2 丘4 石 1/4 股	4 元
41	民国二十九年二月十七日	借杨世彬等宗祠产业	闵臣贤	对门棉花田 1 丘 6石抵押 3 年期，无息	借 400 斤谷
42	民国三十三年正月二十三日	闵臣贤胞弟兄	闵臣焕	鱼塘契 2 口 113 股	币洋 2428元
43	民国三十三年正月二十二日	闵臣贤	闵臣焕	鱼塘契 1 口	18.88 元大洋

表5-3所列43件契约是一个自然村内民国时期田地买卖契约，是这一时期内进行土地买卖的实证。由上述买卖事件显示出，田地买卖往往在异姓间进行，并不贯守传统乡村田地买卖中通常"先本族"习俗；其中闵思廷、闵思珍虽然是血亲弟兄，也是较多次购置田地的买主，但他们都是以个体家庭独立买进，似乎购进田地是因为家庭经济实力而非依靠血缘宗族力量。天柱县翁洞的蒋景耀15次买田地，涉及四姓，本姓只两次。

同样的情况在天柱县也能看到。表5-4是简化了的天柱县攸洞村清代同治与光绪时期伍姓家族各份买地契。伍姓家族同治与光绪时期土地买卖表明，出售的12宗田土山林地，虽然全都是伍姓家族成员购得，然而却分别落入不同的8户农家。即使同姓间土地也不易集中在某一人手中，由此分散了土地向个人集中的倾向。

表5-4　攸洞村亲属间田地买卖关系简表 [①]

时　间	卖主	买主	面积	田地价格
同治二年十月十四日	杨通衡等	伍汉荣	土1团	18□□文
同治七年四月十五日	伍东吉	伍汉荣	山1团	1180文
同治□年七月二十二日	杨通俊	伍□明	山1团	400文
同治十一年三月十七日	杨通衡	伍汉荣	荒坪	1200文正
同治十一年三月十七日	胡述宗	伍光祖	30边	2800文
同治二□年四月十一日	潘光学等	伍荣宗	山1团	6280文
光绪十六年七月初三日	杨承旺	伍华恩	土1团	2080文
光绪十五年七月二十日	杨安邦	伍荣光	20边	1300文
光绪二十年□月二十二日	伍华谱	伍荣厚	土1团	1620文
光绪二十三年四月二十二	龙玉开	伍荣光	20边	3568文
光绪二十五年六月初九日	潘年保	伍荣光	16边	1868文
光绪三十一年五月二十日	伍华榜	伍华卓	6边	6080文

当然，在清水江流域各地情况也不尽一致。锦屏县亮寨村田地买卖中家族优先习俗就很突出，从敦寨镇的亮寨一个自然村39宗民国田地买卖看到，亲族间土地买卖频率就很高了。如表5-5所示。

①张新民主编：《天柱文书·第一辑》第11册。

表5-5　亮寨村亲属间田地买卖关系简表 [①]

序号	时间	卖主	买主	单位面积（数量）	价钱（利息）
1	民国元年三月十七日	吴与能	龙于炳	3丘（约谷4石）	6800文
2	民国元年六月十九日	龙门吴氏	渊侄胡炳葵	1丘（约谷3石）	九成钱2180文
3	民国二年七月初四日	吴朝芳	表兄龙丁炳	2丘（约谷6石）	9488文
4	民国三年二月十六日	龙攀远	族叔龙世溥	1丘（约谷9石）	20280文
5	民国三年十月十一日	吴氏同男老四、老五	龙奉先爷	1丘（约谷4石）	九成钱34□□文
6	民国三年	龙文泗	龙仁云	1丘（约谷20石）	钞洋19.2元
7	民国四年四月初十日	龙绍有	族叔龙奉先爷	1丘（约谷5石）	九成钱14580文
8	民国五年闰二月初九日	龙见、龙能	族祖龙能	1丘（约谷6石）	九成钱9280文
9	民国六年正月初一日	龙绍波、龙绍桃、侄龙仁来	堂叔龙能	7丘（约谷20石）	九成钱26880文
10	民国六年二月二十九日	龙家德	堂兄龙家贵	2丘（约谷3石）	4680文
11	民国七年正月二十二日	龙元梓	龙琪	1块	3000文
12	民国九年二月初十日	龙于海	族兄龙于炳	1丘（约谷3石）	5000文
13	民国九年七月二十四日	龙世弼	族祖龙先顺	2丘（约谷12石）	铜元43封80枚
14	民国十年正月三十日	胡炳吉	表兄龙绍先	1丘（约谷13石）	铜元20封680文
15	民国十年三月十三日	唐宏生	龙绍先	3丘（约谷12石）	铜元22封800文
16	民国十年四月十五日	龙家云	堂兄龙家茂	4丘（约谷42石）	元钱148封80文
17	民国十年七月十六日	龙双发	堂兄龙家茂	4丘（约谷42石）	42封80枚
18	民国十年九月初八日	龙于昌	龙于炳	□□	50600文
19	民国十年九月二十六日	胡炳葵	表兄龙绍先	1丘（约谷4石）	铜元无封80文
20	民国十年十月初二日	龙鍹	族侄龙绍先	1丘（约谷2石）	元钱1封16个

---

① 高聪、谭洪沛主编：《贵州清水江流域明清土司契约文书·亮寨篇》。

续表

序号	时间	卖主	买主	单位面积（数量）	价钱（利息）
21	民国十年十月初九日	龙双生	龙绍洪	1丘（约谷2石）	元钱8封680文
22	民国十年十二月初三日	龙家云	堂兄龙家茂	3丘（约谷40石）	132880文
23	民国十一年三月十九日	王明荣	龙于炳	2丘（约谷14石）	37480文
24	民国十一年五月初一日	王明荣	龙于炳	2丘（约谷5石5斗）	15480文
25	民国十三年五月二十五日	龙于炽	龙于炳	1丘（约谷7石）	31780文
26	民国十三年十一月初十日	吴朝用	龙于炳	2丘（约谷2石5斗）	11480文
27	民国十四年八月二十八日	龙于礼	龙仁烈、延、于州、于质、仁福、文江	1丘（约谷4石）	1000文
28	民国十五年五月三十日	吴来成	姑父龙于炳	2丘（约谷10石）	10封48个
29	民国十五年十一月初二日	龙恩远	族公龙绍先	2丘（约谷32石）	91880文
30	民国丙寅年十二月初十日	胡泽举	龙绍先	2丘（约谷22石）	元钱68封800文
31	民国十五年十二月二十日	胡植顺	龙绍先	2丘（约谷12石）	37680文
32	民国十八年七月初三日	朱家厚	龙绍铭	1丘（约谷3石）	元钱18800文
33	民国十九年三月二十七日	龙球远	堂叔龙世林	1丘（约谷10石）	78080文
34	民国二十年二月初四日	龙家瑷、龙家琚	族公龙绍能	2丘（约谷11石）	大洋8元8角2分
35	民国二十年二月二十八日	龙世弼	族叔龙绍明	4丘（约谷27石）	光洋10元2角8分
36	民国二十年九月初八日	朱崇清	龙绍明	1丘（约谷8石）	光洋5元2角
37	民国二十二年四月	吴昌武	杨正惠	1丘（收花14运）	43元4角
38	民国二十二年五月初四日	龙贱来	族兄龙世林	1块	元钱4080文
39	民国二十二年十一月十三日	龙仁礼	龙于海	4丘（约谷27石）	1800文
40	民国二十三年正月初六日	龙广远	堂叔龙世林	二丘（约谷18石）	元钱280880文

　　从表5-4中看到，40宗出售的田地有22宗被本姓宗族家庭成员所购买。

　　从收集到的亮寨乾隆朝以来的卖田契约可以看到，越是到近代，田地由本姓宗族成员优先购置的倾向越明显。这是亮寨土地流动中区别于其他两地的一个方面。

　　上述三地田地买卖行为，应是当地农村传统习俗的表现，其表现出的土地交易双方亲属特征直接地影响着地权分配。首先，多数田地买卖还是在各姓氏间自由进行，并不因宗亲优先而使土地向本宗族内成员集中；其次，尽管在亮寨田地买卖亲族优先倾向较为突出，但却往往是以个体家庭独立买进，就如同罗里村闵氏弟兄与攸洞的伍姓家族成员一样；最后，每一宗买卖所出售田地大都面积狭小，从而使众多农户有可能参与到购置田产活动中来。可见，上述土地买卖表现出来的习俗现象有两个显著的特征：一是购进田地凭借的是买主经济实力，而非依靠血缘宗亲的惯性。表现在契约文书上，罗里村民国时期的田地买卖契约，连通常格式化的"先问房亲"的套语都不再书写。二是田地狭小的自然环境制约因素，从每一块出售土地面积看大都面积狭小，从而便于众多的农户有可能参与到购置田产活动中来。今天清水江流域的每一个村寨，几乎户户都藏有过去的土地买卖契约文书。因此，从地权转移方向看，上述习俗特征分散了土地向个别人集中的倾向，田地也没能向家族集中。事实上，无论是罗里村、攸洞村还是亮寨村的买主，其购进田地大都是小田块，即便如闵氏亲兄弟、龙氏弟兄等多次购进田地，其一生也不过20余亩田地。这里看不到那种田地"阡陌纵横"的大地主。就土地集中来讲，清水江土地买卖习俗不是产生大地主的温床。这应当是从土地市场上体现出来的清水江模式特征的重要内涵之一。

（二）地权转移频次不高

　　清水江流域一田二次或多次出售的机会不多，因而地权转移频次不繁。土地兼并一般又与土地转移的频次有关，即一田多次转卖的频次。在中国封建社会土地兼并盛行地区,同一块土地被数次买卖的事实从来不绝于书。《后汉书·仲长统传》(卷四十九)引《昌言·损益篇》言："今田无常主，民无常居"；《唐会要》卷八五《定户等第》载："人之贫富不定，则田之去来无常"；《朱子类语》卷一〇九《朱子》六《论取士》更言："人家田产，只五六年间，便自不同，富者贫，贫者富。"以至于在明代盛行"千年田八百主"这类见诸文献的谚语[①]。清代的情况也如时人所言："俗语云：百年田地转三家"，"今则不然……
十年之间，已易数主"。[②] 上述议论不过是对一块土地频繁易主导致土地兼并之
风的现象发出的感叹。从目前已收集到的天柱县、锦屏县和黎平县等清水江流
域土地买卖契约文书看，都存在着一田两次买卖及多次转让的情况。如天柱县
一件契约文书所示：

契约 5-1
立断卖田约人伍光能。自己将到先年得买伍贵佰名下土名□栗冲
田半丘，□禾十九稿，载粮照册当约三勺□。作田价纹银七□三钱整。
其银亲领入手应用其田，付与买主伍贵章子孙永远耕管为业。自今向
后不得异言今恐无凭立此卖约永远存照
凭中伍贵佰
代笔 伍如林
乾隆四十六年正月初二日　　立卖

卖主伍光能出售的"□栗冲田半丘田土"，原是"先年"从伍贵佰那里"买
得"，显然，这是一丘地权第二次被转让。再如黎平县罗里乡一件契约文书写道：

契约 5-2
立断卖田约人杨大任、如金、永健、士高、行一、再珍。为因先
年祖父得买岑落田一丘约禾十把，今断卖与苗丢杨文彬名下承买为业，
当日买卖主面言价银五两五钱正，亲手收回应用，其田代原粮一杯，
凭从买主耕种管业，日后不得异言。恐后无凭立字为据
凭中杨良臣
代笔杨粹璋
乾隆五十一年八月初五日　　立[③]

---

① 顾炎武：《天下郡国利病书》第九册，《常镇》引《武进县志》。载顾炎武：《顾炎武全集》第 12
册，第 814 页。
②〔清〕钱泳：《履园丛话·水学》卷四，中华书局 1979 版，第 110 页。
③ 黎平县档案馆藏文书：LP-631-24。

该契约显示，本次所出售田产是其祖父先年所买。同样是一丘地权第二次被转让。

契约 5-3

立断卖田约人罗里杨□□□□□□□用费自愿将先年得买中排杨灿玉田壹丘□□□□□□名归柱并田角在内凭中断卖与高更寨杨宗杰名下承买为业当日凭中议定断卖银拾玖两伍钱整亲手□回□用其田自断之后凭从买主耕种管业卖主不得异言亦不得与弟兄族人争论一卖一了父卖子休今恐人信难凭立此断卖字约付与买主收执发达存照

外批　杨宗杰逐年代卖主上纳府粮三合

凭中杨雁高

代笔杨应亨

道光四年四月初四日 [①]

契约 5-4

立断卖田字约人杨树美为因缺少钱用无处所出自愿先年得买谷寨榜上之田大小二丘约谷十担自己请中上门问到上排杨运隆名下承买为业当日凭中议定断价铜钱三千一百零十文亲手收足应用其田自卖之后凭从买主耕种管业卖主不得□□。今恐人为难立此卖字是实为据

凭中杨映廷

代笔张国理

民国三年十二月三日 [②]

该契约附件上表明，该田在宣统三年（1911 年）之前至少有过一次买卖。

地权的再次转让，从清到民国都时有发生，并且少数田产发生过多次转移，如下一组田地买卖契约显示出本块田经历过三次转让。

---

① 黎平县档案馆编：《贵州清水江文书·黎平卷》第一辑第 8 册，第四十五卷，第 266 页。
② 黎平县档案馆编：《贵州清水江文书·黎平卷》第一辑第 7 册，第三十九卷，第 6 页。

契约 5-5

立清白字人杨胜梅。为因稿楼之田二丘载谷参担。前以卖与吴姓，吴姓又卖与高更，钱粮翻搕两次，立有复断字可凭。今高更又卖与杨绍震，复将钱粮拷搕。蒙乡团排解，籍此粮搕索多次。是以今我另立清白字样，倘日后再有滋事，任凭执字送官，我自甘领罪。所立清白字是实

内批：此田二丘仍照吴性姓老约，只有府粮一名。

刘通澜先生

刘之曜先生

凭乡团　杨能兴先生

杨光硕公

杨正高公

请笔　杨光基

光绪拾年五月拾捌日 [①]

该契约虽然是清白契约，主要内容是澄清卖田过程中隐匿的田赋——"府粮"，但从它所表述的内容看，内中所指田地有三次出售经历。

契约 5-6

立断卖田字人罗里寨杨经贤为因缺少用费无处得出自愿将先年得买亡昧之田一丘载谷六石请中出卖与彭海洲名下承买为业当日凭中议定断价大洋拾元零陆角捌仙整。入手收足应用其田自卖之后任从买主耕种管业卖主日后不得异言今恐人口难凭立此断卖字为据

随代府粮五合外有按月谷石买主自纳

凭中杨昌和

民国十九年又六月初四日亲笔　立 [②]

从该契约看出，所出售之田已是第二次买卖行为，四年之后该田又再一次

---

① 黎平县档案馆藏文书：LP-230-116。
② 黎平县档案馆编：《贵州清水江文书·黎平卷》第一辑第7册，第三十六卷，第211页。

立契出售，契约如下：

契约 5-7

立断卖田字约人厅上彭海洲为因家下缺少钱用费无处得出自己请中登门问到自愿将先年得买地名亡昧田一丘载谷陆石出断卖与上寨杨现彩名下永买为业当面凭中议定价洋捌元零捌仙整亲手领足应用其田自卖之后凭银主下田耕种管业卖主日后不得异言如有族内外人争论居（俱）在卖主一刀担当不关买主之事一卖一了口说无凭立此断字永远发达为据。

中笔杨树先

民国二十三年十月初六日 [①]

下面是一组田产被四次出售的记载。

契约 5-8

立断卖田约人岑荡龙敬同祖母潘氏，奶孙为因家中缺少费用无出，自愿将先父得买之田，坐落土名得洞烂泥冲一分，其大小田一十八丘，代芳（荒）田在内计谷四十担，上低（抵）冲头，下低冲脚；又半坡杉木山脚田一丘、又长田一丘、又茶山脚田一丘、又坎下田一丘、又长领（岭）脚田二丘、又柿子树田一丘、又竹园脚田三丘，共大小田一十二丘，二约谷二十石，随代民粮合九南完纳。今凭中出断与王开龙先生名下承买为业。当日凭中三面议定断价大铜钱陆十陆仟八十文，清（亲）手领足应用。其田自断卖之后，恁从买主耕理管业，卖主不得异言。恐有不清居（俱）在卖主理落，不与族内人等相干。了断百了，永远存照发达。

凭中　刘福寿潘在海刘朝贵

清同治元年七月十六日　亲笔　立 [②]

该契中讲到，此次出售的得洞烂泥冲大小田 18 丘的田产，原是自愿将先

---

① 黎平县档案馆编：《贵州清水江文书·黎平卷》第一辑第 9 册，第四十八卷，第 28 页。
② 高聪、谭洪沛主编：《贵州清水江流域明清土司契约文书·九南篇》，第 139 页。

父得买之一分田。所以这次应当是得洞烂泥冲大小田 18 丘田的第二次转让。8年后，该分田产再次出让，契约如下：

契约 5-9

立断卖田约人墩寨厂（场）王明礼、王明义弟兄二人。为因先年得洞之田，今家少费用无出，自愿将得买龙敬之田一分土名烂泥冲，上抵胡姓荒田为界，下抵大田脚坎外沟为界，左抵荒山为界，右抵荒山为界，四至分明。一共大小田丘一并在内，约谷二十石。内除嫩寨半冲田一丘，又除吴通义小田二丘，不杂别人之田；今又有半坡杉木山脚田一丘、又长田一丘、又茶山脚田一丘、又坎下田一丘、又长领（岭）脚田二丘、又柿子树田一丘、又竹园脚田三丘，一共大小田拾二丘，约谷十五石四头，代原粮一升零二勺五抄；……欲行出卖。自己请中问到德洞潘宏义、陆凤明二人名下承买为业，凭中议定断价大钱二拾七千四百六十文整，亲手领回应用。其业凭凭买主耕种管业，卖主不得异言。恐后无凭，立此卖字发达存照。

凭中　杨显华　龙家松　陆凤元

代笔　王际和

同治十年十二月二十八日　立[1]

这应当是第三次。可是两年后，该田再次易主，也是该田的第四次出售，契约是以外批形式呈现。契约外批文字如下：

外批：此约同治十二年九月十八日凭中卖与陆凤元管业。[2]

实际上，同治十二年（1873 年）九月十八日的第四次出售也保留有一份新书写的契约文书，契约如下：

契约 5-10

立断卖田契约人潘宏毅（前契中的潘宏义）潘宏恩弟兄商议，先

---

① 高聪、谭洪沛主编：《贵州清水江流域明清土司契约文书·九南篇》，第 149 页。
② 同上。

年三人得买墩寨厂王明礼、王明义得洞烂泥冲田一分，三股均分。至今本名一股……要行出卖与本寨陆凤元名下承卖为业，当日言定原价拾千零八十八文，亲手领回应用。其田自卖之后，任凭买主耕种管业，卖主不得异言。恐后无凭，立此断约一纸永远发达存照。

  凭堂叔中代笔 潘在河

  同治十二年九月十八日 立①

黎平县罗里村也有一田四次出售的文书记载，如下一件文书写道：

  契约 5-11

  立断卖田字约人九层寨吴玉明为因缺少费用无出自愿将先年得买罗里之田地名迫景田壹丘载谷三十五石二股均分本名所占一半请中出卖与罗里陈万东名下承买为业当面凭中受过断价纹银贰拾捌俩捌钱整亲手取用分厘无少其田至（自）断之后凭从买主耕种管业卖主不得异言恐后无凭立此断字永远存照

  外批涂二字落一字

  外批粮照老约完纳

  凭中吴秉贤

  咸丰三年五月十六日 亲笔 立

这是原契。在原契中写道"先年得买"及外批中写道"粮照老约完纳"等信息，已说明是第二次交易。而在该契上，又分别书写了另外两次出卖记录，一次记录是"外批 陈年寿弟兄二人让与罗里杨登化、元二人承买为业，凭中杨正义 胡连开 代笔杨光隆 咸丰十一年（1861 年）二月二十三日 立"另一次是"批光绪二十四年（1898 年）十二月二十四日此田付与希明管业，希沛笔"。可见，自该田在咸丰三年（1853 年）第二次被出售后，又在咸丰十一年（1861年）、光绪二十四年（1898 年）第三次和第四次被转卖。

地权转移的间隔周期是衡量土地兼并频次的最核心指标，即所谓"千年田

---

① 高聪、谭洪沛主编：《贵州清水江流域明清土司契约文书·九南篇》，第 149 页。

八百主"。或"十年之间，已易数主"。清水江土地买卖契约所体现出的一块田产两次出售时间间隔频次，除少数明确有记载外，大都是用"先祖得买""先父得买"或者"先前得买"三种表述，来说明田产的第一次出售时间，这三种表述方法显然不能明确告诉我们二次田产转让间的准确年份间隔，但从契约文意看，两次出售间隔大都有一个相当长周期。进入本项研究的再次出售田产的契约，大都是这种间隔周期。下面是一宗最特殊的时间周期的买卖契约。

> 契约 5-12
> 立断卖田字人杨绍善。为因缺少银用，自愿将先祖父得买岑羊之田大小四丘，载谷拾伍担，今出断卖与杨昌义名下承买为业。当日议定足银十柒两贰钱捌分，亲手收足。其田自卖之后恁从买主耕种管业，卖主不得异言。口说无凭，立此断字为据。
> 外批代粮钱一百捌拾捌文
> 凭中朱安顺
> 代笔杨光永
> 光绪二十九年十月初九日　立 [1]

> 契约 5-13
> 立断卖田字人杨昌义。为因缺少银用无出，自愿将先买主（祖）父得买岑羊之田大小四丘，载谷拾伍担，今出断卖与杨承先名下承买为业。当日凭中议定足银十柒两贰钱捌分整，亲手收足。其田自卖之后恁从买主耕种管业，卖主不得异言。口说无凭，立此断字为据。
> 外批代粮钱一百捌拾捌文
> 凭中　太林
> 亲笔
> 光绪二十九年十月十六日　立 [2]

---

[1] 黎平县档案馆编：《贵州清水江文书·黎平卷》第一辑第 7 册，黎平县档案馆未刊稿，文书号 LP-231-28。
[2] 同上，文书号 LP-231-29。

这是一宗田地再出售时产生的两份契约。第一份契约实际上记载了两次出售田地的时间，首次时间为"先祖父得买"，那肯定是比较久之前的事，再次出售时间是光绪二十九年（1903 年）十月初九日，而记载了第三次出售的时间是光绪二十九年（1903 年）十月十六日，这两次出售间的时间周期才 7 天。可谓所见到的最快的时间。

毕竟这种特殊事件发生太少。下面将能找到的明确记载了田产转让频次和时间间隔的契约一一罗列，以分析地权转让的频次周期。

1. 黎平县

一份光绪三十二年（1906 年）三月初一日产生的契约写到，杨康达将"去岁"得买的"迫景田"出售，又光绪十六年（1890 年）三月十三日杨显祖将其父先年所买田出售与杨奇俊，光绪十七年（1891 年）七月二十八日杨奇俊将该田又出售给杨希明（三次出售）。可见再次转让时间一年。光绪二十九年（1903 年）和光绪三十二年（1906 年），杨绍善先后将自己先祖购置的一田和自己先年购置的一块花地出售[①]，间隔在 4 年之后出售。

有间隔 34 年出售的田地。

> 契约 5-14
> 立断卖田字约人卷寨胡世龙为因缺少银用自愿将谷寨溪边田一丘载谷拾二担今将出断卖与罗里杨希槐名下承买为业当日凭中议定价纹银拾伍两捌钱捌分整亲手取用其田自卖之后凭银主耕种管业卖主不得异言恐后无凭立此断卖字发达存照为据
> 外批约内代经粮一升三合上排占一升高寨占二合
> 外批约内洛（落）三字
> 笔包（胞）弟世基
> 凭中胡士福
> 光绪三年八月二十九日　　立

该契上又记录了一次田地转卖的事："外批此田分落希沛管业今因缺少银

---

① 黎平县档案馆编：《贵州清水江文书·黎平卷》第一辑第 7 册，第三十七卷，第 305、311 页。

用自愿将约内田出卖与胞弟希明名下承买为业凭中议定价新宝银伍拾壹两捌钱亲手领用是实 。宣统元年十一月十八日希沛亲笔批"两次出售时间间隔周期在34 年。

2. 锦屏县

亮寨管寨屯一块地名"高懒坡"田一分,首次出售时间是道光三十年（1850年）,此后"高懒坡"田分别在同治五年（1866 年）、宣统三年（1911 年）和民国丁巳年（1917 年）出售。从首次到第四次出售,间隔时间为 67 年[①]。其间三次在 16 年左右,一次在 45 年。九南寨一块地名"大平坡"的田一丘,首次出让时间是光绪七年（1881 年）,此后又分别在光绪十二年（1886 年）正月和光绪十二年（1886 年）二月两次出让[②]；又一块地名"寨脚牌田三合田"光绪三十二年（1906 年）第二次出售,民国十七年（1928 年）又第三次出售,期间间隔22 年[③]；地名"水诈右边溪田"一分,首次出售时间是民国五年(1916 年),此后又在民国二十二年（1934 年）出售,间隔17 年[④]；一块地名"务晚大小田"十丘,民国二十六年（1937 年）出售（第二次）,又在民国三十三年（1944 年）再次出售（第三次）。[⑤]

3. 天柱县

契约 5-15

立卖田契人冲冷吴万来。今因要钱使用，无所出处。自愿将到土名冲冷田乙丘，上抵胡承宗，下抵龙承德田，左光父田，右抵山，四至分明，要钱出卖。先问房足（族）无钱承买。亲（请）中问到刘耀祖、今富承买。当日言定价钱乙十八百八十文正，收花二十边。其钱清领。其田交与买手耕官（管）为业。自卖之后，不得意（异）言。恐口无凭，立有卖字存照。

---

① 高聪、谭洪沛主编：《贵州清水江流域明清土司契约文书·亮寨篇》，第 72 页。
② 同上，第 161 页。
③ 同上，第 191 页。
④ 同上，第 194 页。
⑤ 同上，第 232 页。

内天（添）三四（字）。

凭中　龙必登

亲笔　吴万元珠堂

光绪六年十一月二十四日　立[①]

契约 5-16

立卖田契字人刘金富，今因家下要钱使用，无所出处，自愿将到地名冲论田一丘，禾把十八稿，上抵胡第宗田，下抵龙神旺田，左抵杨光富田，右抵山，四至分明，要钱出卖。自己上门问到叔刘昌儒承买，当日对面议定价钱乙十一阡（仟）文整。其钱亲手领足任用，其田卖与买主耕管，永远为业。自卖之后，不得异言。恐口无凭，立有卖字是实。

代笔　刘溪保

光绪廿年正月二十四日　立契[②]

上列两份契约均是同一丘田（冲冷田）的两次出卖，第一次是在光绪六年（1880 年）十一月二十四日，第二次是光绪二十年（1894 年）一月二十日。两次出售间隔时间 14 年。

契约 5-17

立卖田契人高冲村吴玉明恒兄弟二人，今因要钱使用，无所得出，自愿将到土名圭瓮冲田四丘，收禾玖拾稿，上高坝上乔头田乙丘，收禾花贰拾边，上下抵胡运宗田，左抵龙德田，右抵溪，四至分名（明），要钱出卖，先问房族无人承买，请中问到圭辉村刘金富承买，当凭中人言定价钱肆拾伍千捌百文，其钱领清，其田卖与买主为业，自卖之后，不得异言，恐口无凭，立有卖字存照。

凭中　吴玉安书堂

代笔　杨松林

---

① 高聪、谭洪沛主编：《贵州清水江流域明清土司契约文书·亮寨篇》，第 88 页。

② 张新民主编：《天柱文书·第一辑》第 10 册，第 111 页。

光绪四年十一月初六日　立①

契约 5-18

立卖田契字人刘金富，今因家下要钱出卖，无所出处。自愿将到土名圭仁冲田乙丘，上抵买主，下抵龙姓田，左抵山，右抵路，四至分明为界。请中问到本村刘永定承买。当日凭中言定价钱二拾九千八佰八十文。其钱亲主领足，其田卖与买主耕官（管）为业。自卖之后，不得异言。恐口无凭，立有卖字存照为据。

凭中　老易

代笔　耀芳

天运辛亥年十二月二十九日　立②

上列两件契约描述的是同一丘田（圭瓮冲）的两次出售，第一次时间是光绪四年（1878年）十一月初六日，第二次是天运辛亥年十二月二十九日，即1911年，两次时间间隔33年。

契约 5-19

立卖田契字人宕桥村石宗才，今因胞叔石元宝亡故，备买棺木衣物等项费用，无所出处，自愿到胞叔先年得买地名各达德下田大小四丘，共收禾三十六稿。上抵龚砚富山，下抵龚姓会田，左右抵山，下又四丘，四抵分明，要钱出卖。请中上门问到甘洞积德寨杨通楠名下承买，当日议定价钱，乙十八千九百八十文整，其钱亲手领足应用，其田卖与买主，永远耕管为业。自卖之后，不得异言，恐口无凭，立有卖字为据。

卖主　石宗才

凭中　许应彬

代笔　龚占方

中华民国九年四月十九日　立契③

---

① 张新民主编：《天柱文书·第一辑》第10册，第86页。

② 同上，第156页。

③ 同上，第269页。

查该份文书所言出卖的"胞叔先年得买地名各达德下田大小四丘",是"胞叔"在民国元年（1912 年）十月十三日从龚开迁手中购进,共间隔时间 8 年。

契约 5-20

买主姓名：杨炳泽；不动产种类：田；坐落：林院；面积：一丘；四至：东至南至西至北至详原契；卖价：伍两玖钱肆分；应纳税额：伍角叁仙伍星；前业主揭交旧契张数；立契年月日：民国十年四月初八日。卖主：杨来明；中人：杨秀椿。

中华民国十三年一月十九日给 [1]

本份"新卖契"中说明该丘田有上手契,上一次出卖时间是民国十年（1921 年）四月初八日。可见是一田再次转移,时间间隔 3 年。

综合上列事例,可见　田地再次转卖的情况无疑在清水江流域时有发生。同时,从这些一田二次及以上买卖的情形,也体现出了清水江流域地权转移上的一些特征。首先,一田二次出售的情形并不多。在对黎平县罗里乡清至民国发生的 276 次田地买卖进行分析后得出：所出售的田产有过二次及以上买卖的情形,清代有 33 宗、民国有 60 宗；在锦屏县九南村亮寨村 361 次田地买卖中,清代有 38 宗、民国有 27 宗；在整理过的天柱县 1747 件田土买卖契约中,这类田不及 30 件。可见,虽然各地发生的频次不一样,但整体趋势地权再次转移的频次不高,而多次转卖的现象极少。其次,再次出让的时间间隔大都在数年或十多年后,最短的间隔在 1 年,最长一件从同治四年（1865 年）第一次转移再到民国三年（1914 年）第二次转移 [2],间隔时间 49 年。因此,从一田数次出售的情形看,清水江土地一田数次转让的频率不高,不可能存在"千年田八百主"的现象,即使"百年田地转三家"也极为罕见,从而也表明土地兼并的现象并不剧烈。这应当是从土地市场上体现出来的清水江模式特征的重要内涵之一。

---

[1] 张新民主编：《天柱文书·第一辑》第 20 册,第 237 页。文书原件是表格,本处只引表格中的文字。
[2] 同上,第 12 册,第 361 页。

三、影响土地分配的田地价格特征下的清水江模式

中国传统社会的土地制度表明，地权分配除受到政治控制力量支配外，还要受两种因素影响。一是土地市场的条件，它支配地主户购买田地的可能速度，也就是田地集中的速度，二是中国传统的遗产分配制度支配财产分散的速度。土地市场的条件反映在田价上，后者在社会传统习俗上。社会传统习俗怎样影响着土地分配，是另一个课题。本书从清水江流域历史时期的田价，去分析田价对土地分配的影响，进而揭示土地价格影响着清水江模式下的土地制度。这里以天柱县为例进行分析。因为天柱县是清水江流域社会经济发达地区，天柱县的田价对于说明清水江流域土地交易也更有典型意义。

（一）清至民国时期的田地价格

土地买卖产生的契约文书是观察土地价格变化最直接的文本。分析其中蕴涵的各种土地价格关系信息，能够揭示土地产权转移过程中土地价格及变化脉络。从天柱县的攸洞、甘侗、地良三个行政村收集到的清代田地（水田）买卖契约365份，及少量的竹林村买卖契约，以此为素材讨论清代自康熙、乾隆、嘉庆、道光、咸丰、同治、光绪和宣统历朝的田地买卖价格。通过对三组田地价格参数的汇集分析[①]，将三组田地价格参数进行综合平均计算，结果即是田地的社会价格。通过田价比较百分比还可以观察到各朝田价变化的情形。表5-6是康熙到宣统三年（1911年）的社会平均田价及其田价变化动态。

---

① 在分析田地价格时，有两个前提必须说明。本文是以平均价格作为田地的社会价格。每一件独立田契上书写的土地价格，不能说就是买卖当时的社会基础价格，因为独立的一份土地契约所确定的价格，往往会受到许多偶然因素影响。因此，本文讨论的田地的社会价格，是以一定数量契约内田价的平均价格为基础。本文采用区分三组参数方式进行综合测算。一是历年价格参数，即以每一个历史时期历年间的土地契约为一个单位，对其价格进行平均，得出一个历史时间段的平均价格。如要测算出同治时期的田地价格，就将同治时期历年田价总合为一个单位，再以平均价为准。二是同一年的价格参数，即采用由不同的人在同一年间购置土地的契约为一单位，求其平均数则为当时的社会价格。三是其一个人的价格参数，以同一个人在不同历史时期产生的契约为一个单位，目的是将其与上述两个单位相同时间段价格进行比较。最后，汇集这三组数据参数进行总合，求得平均数，最终作为一个历史时期的社会价格。更详细的分析，参见林芊：《清代苗侗民族地区的田价》，载张新民、朱荫贵主编：《民间契约文书乡土中国社会》，江苏人民出版社2014年版，第60—82页。

表5-6　清代天柱县攸洞、甘侗、地良田地价格表［单位：文（两）/边］①

时间	康熙 两/文	乾隆 两/文	嘉庆 两/文	道光	咸丰	同治	光绪 I	光绪 II	光绪 III	光绪 IV	宣统
田价	0.229/416	0.275/508	0.269/458	620	342	99.3	213	306	500	540	1488

　　表5-6说明，整个清朝时期天柱县土地价格总体上呈缓缓上升态势，期间有三个时期出现价格大起大落的变化。第一次发生在道光、咸丰年间，第二次发生在咸丰、同治年间，第三次发生在光绪、宣统年间。咸丰朝开始了价格大势跌落的走势，而光绪末期的田价已预示了价格飞涨的到来。

　　以上主要是天柱侗族地区各历史时期的田价。那么，侗族地区田价与国内其他地区田地价格差异怎样。现根据清代国内部分地区的资料作一简要比较。先将三村的地区计量田地单位面积的"边"换算成"亩"。按天柱传统计量，6边为一挑，6挑折合一亩，则每亩田为36边。据表5-6将每边田价换算成每亩田价为表5-7。

表5-7　天柱侗族地区康熙到宣统年间每亩田的价格［单位：文（两）/亩］

时间	康熙 两/文	乾隆 两/文	嘉庆 两/文	道光	咸丰	同治	光绪 I	光绪 II	光绪 III	光绪 IV	宣统
田价	8.24/14985	9.9/18288	9.68/16488	22608	12312	3575	7668	11018	18000	19440	53568

　　在直隶省（公河北省）买卖契约中随机抽出如下数份："乾隆三十六年九月初十日李成宫卖地契""嘉庆一十九年又二月十五日李壮清卖地契""道光十三年五月初八日王永畴卖地契""咸丰七年又五月十八日杨魁文卖地契""同治元年贾辛里卖地契每亩地价""光绪十五年王玉辰卖地契""光绪二十三年刘洛多卖地契""光绪三十二年王春荣卖地契""宣统元年文三九卖地契"②，将上

---

① 注：这里将康熙、乾隆、嘉庆年间的价格单位由银两换算成钱文，均列于表中。银两与钱文的换算以光绪五年规定"每两作钱一千八百五拾文"（光绪《天柱县志》，载《中国地方志集成·贵州府县志辑》第22册，第195页）；光绪朝分为四个时间段，分别为"光绪Ⅰ"指光绪元年至十年，"光绪Ⅱ"指光绪十一年至二十年，"光绪Ⅲ"指光绪二十一年至三十年，"光绪Ⅳ"指光绪三十一年至三十四年，共四个时间段。
② 戴建兵等：《河北近代土地契约研究》，中国农业出版社2010年版，第217、219、234、164、168、173、177页。

列契约中土地交易成交价格折算成每亩的地价并制成表 5-8。将直隶省每亩地价格再与天柱同期每亩田价比照，直隶省的土地每亩价格高出很多。需要指出的是，直隶省的土地是水浇地而非水田，而惯例水田的田价普遍高于水浇地价，就此而言，天柱侗族地区田价更处于一个低价位。

表 5-8　直隶省乾隆到宣统年间每亩土地价格表（单位：文/亩）[①]

时间	乾隆	嘉庆	道光	咸丰	同治	光绪 I	光绪 II	光绪 III	光绪 IV	宣统
田价	—	16444	35714	59000	24336	—	25000	30000	17100	25560

如果说天柱的田与直隶省的地相互间比较不太能真实地反映出两地地价差异的话，那么，下面的田价比较则显现出侗族地区真实状态。下列是三份江浙地区的买卖田契，将其中的成交价换算成每亩价格，则"嘉庆二十年一月陈锦荣绝卖田"显示每亩价银 22.5 两、"道光二十四年十一月倪云阁绝卖田"显示每亩价 21333 文、"浙江某地乾隆三十五年"每亩田价 23.58 两[②]。再比照同期天柱地区田价，天柱田价与经济发达的江、浙两地价格悬殊在两倍以上。同样，再与南方广东同时期田价简单比较，李龙潜著《清代广东土地的几个问题》一文，列有"清代广东绝卖田地价格"（表），记载了每亩田平均田价分别为乾隆 12.99 两、嘉庆 11.18 两、道光 23.34 两、咸丰 11.19 两、同治 16.91 两、光绪 18.82 两、宣统 50.42 两[③]。同期田价也高出天柱地区平均 1/3。

再将天柱侗族地区于全省、全国背景下观察田价差异态势。据民国二十三年（1934 年）统计的田价三种等级价格，全国平均最高价 200 元，贵州省平均 180 元，最低价全国平均 1 元，贵州平均 10 元。而天柱县的价格与之比较则如表 5-9 所示，其差异态势也与民国时期贵州省历年地价变化及与全国同期变化指数的表现幅度如出一辙。

----

① 注：这里将原契约中同治、宣统价格单位由银两，分别为每亩 13.52 两和 14.2 两换算成钱文。银两与钱文的换算以光绪五年规定"每两作钱一千八百五拾文"。（光绪《天柱县志》，载《中国地方志集成·贵州府县志辑》第 22 册，第 195 页。）
② 杨国桢：《明清土地契约文书研究》，人民出版社 1988 年版，第 242、257 页。
③ 李龙潜：《明清广东社会经济研究》，上海古籍出版社 2006 年版，第 92 页。

表 5-9　1934 年田价比较表（单位 : 元 / 亩）①

等级 地区	最高	普通	最低
全国平均	200	43	1
贵州省	180	62	10
天柱县	117	68.4	3

上述分析让我们看到，无论与全省，还是全国的田价比较，都呈现出侗族地区的田价处于同时期价格的低价位水平。

通过简单地对比看出，侗族地区田价一直低于其他地区，且与经济发达地区价格差异极为悬殊，原因是什么？低田价掩盖着一个怎样的区域生活形态，因本文字数限制，不再讨论。但是较低的田价却让更多的农户在一生中有能力的某一时刻，购置田产提高生活水准。由此解释了为何在清水江流域有如此众多的农户进行土地买卖。

（二）田地价格影响着清水江流域的土地分配

那么，什么因素造成了天柱侗族地区的低田价水平？影响土地价格变化的因素有很多，但社会条件和自然条件是两大基本因素。道光和光绪两朝土地价格较之前都有明显上升是社会因素作用所至，主要与社会人口增长相关。人口自然增长与土地价格息息相关，人口因素以两种力量影响价格：其一是人口增长若滞后于土地的开垦，其土地价格变化不大；其二是人口增加，耕地面积却不变，则土地价格势必上扬，如果人口增长过快，超过了土地的增长，人均占有土地面积不断减少，造成人多地少的矛盾，势必导致土地供求关系紧张，引发土地价格一路飘升。道光时期土地价格上升幅度较之前有明显增长，显然是由于人口增长所促成。天柱县清代具体的人口资料很少，但从现存的一点资料，也能看出人口与土地间的关系呈现出人口增长快于土地的增长。据资

① 资料来源 : 1.全国平均田价来源于《中国经济年鉴》1935 年版，第三篇第五章"农业"；2.贵州省田价来源于贵州社会科学编辑部、贵州省档案馆、贵州历史文献研究会、贵州省人口学会：《贵州近代经济史资料选辑（上）》第一卷，四川社会科学院出版社 1987 年版，第 172 页；3.天柱县田价来自对部分契约文书的统计。

料显示，康熙四年（1665 年）时，天柱县人口"实在人丁五千四百四十六丁，实在苗丁四千零七十七丁。实在九千五百二十三丁"。而同一时间全县有"田七百五十二顷地十七亩"[1]。在这段资料中，统计人口是按"汉丁"和"苗丁"划分，两者总共有 28569 人，按一丁 3 人计算[2]，"汉丁"人口 16338 人；统计出的"田七百五十二顷地十七亩"数量是编户汉丁的粮田，即"税亩"，汉丁土地折合为亩则有 75217 亩。那么每人平均土地 4.6 亩。再据乾隆五十六年（1791 年）《镇远府志》载，天柱县"田七百八十一顷七十四亩八分二厘九毫"，较之康熙四年（1665 年）增加了 2953 亩，而人口则"新编户口二千五百六十四户"[3]。按户均 6 人计算，人口增加了 15384 人，新增人口在新增土地中人均只有 0.19 亩。显然，田地增长滞后于人口增长。如果单就人口而言，可能是道光间的一组数据说明当时天柱人口情况[4]："汉苗村寨计三百三十八，共二万五千二百九十户。男妇大小共十四万六千二百有奇"[5] 这则记载显示此时天柱人口较康熙四年（1665 年）时增长了 5 倍。

上述情形似乎表明，天柱县自康熙四年（1665 年）以来，一方面人口持续增长，另一方面开垦田土增长并不显著，日益增加的人口与土地开垦滞后的不均衡发展引发了土地紧张状况，故自乾隆人口持续增加后产生了人均土地相对下降的隐患，对此有后人无不感叹道："忆自戊申乾隆五十三年（1788 年）、己酉（1789 年）以至甲寅、乙卯（1794 年、1795 年），人民极多，坡则遍种登岭、土则无处不辟……"[6] 这道出了因人口增加形成的土地压力，这是道光时期土地价格明显上升的原因。

田土开垦率滞后于人口增长导致田价上扬，在光绪朝更加突出。表 5-8 中

---

① 〔清〕王复宗纂：(乾隆)《天柱县志》，载《中国地方志集成·贵州府县志辑》，第 77、80 页。
② 吴慧：《清代人口的计量问题》，《中国社会经济史研究》1988 年第 1 期。
③ 〔清〕蔡宗复修，龚传坤、犹法显纂：(乾隆)《镇远府志》，载《中国地方志集成·贵州府县志辑》，第 112 页。
④ 据《黔南识略》印行于道光年，故书中有许多内容为此时刊刊时增补。
⑤ 〔清〕爱必达：《黔南识略》，载《中国地方志集成·贵州府县志辑》，第 5 页。
⑥ 陈荣瑄：《苗叛纪略》，载贵州省民族研究所编：《民族研究参考资料》第十六集，贵州省民族研究所 1982 年版，第 41 页。

光绪时期的田价变化表明，自光绪 20 年后田价翻了近一倍，至宣统则是 4 倍。这种一路飘升的田价，只能是宜于开垦的土地资源日益减少所至。一则史料显示，人们开垦土地已向条件较差的地区推进，光绪六年（1882 年）五月二十八日，贵州巡抚岑毓英上奏称："凡山头地角稍可植种之区，地已尽力开垦。"[①] 道出了长期过度开垦土地致使土地资源捉襟见肘的实情。

　　至于咸丰和同治年间土地价格显著下落，也与社会因素紧密相连。最直接的原因是战争引发的社会动荡。咸丰、同治年间（1854—1873 年）贵州爆发了各民族大起义，天柱县是起义军活动和征战的主要地区之一。咸丰五年（1855 年）姜应芳在天柱织云领导侗族起义，攸洞、甘洞和地良侗族人民纷纷响应，起义烽火在天柱各地燃烧。史载咸丰八年（1858 年）五月，"姜应芳复结廖洞（施秉、台拱）教匪陈老七等出清江濮洞司，击溃天柱练石榴坡"；咸丰十年（1860 年）姜应芳又在彼邻三村的汉寨地区建立"九龙山"根据地，并联合另一支由张秀眉领导的苗族起义军协同作战。同治元年至四年（1862—1866 年）间起义军先后四次攻占天柱县城。咸丰九年（1859 年）八月，太平军翼王石达开还率部征战"靖州，思州苗应之，将道天柱"[②]。在社会急剧动荡时期必然会遏止人们置地增田的欲望，近 20 年的社会动荡无疑影响着土地价格下降，况且起义军又实施"决誓打富济贫"[③] 的政治主张，迫于巨大军政威力震慑，大地主阶层也纷纷惊慌倾售田土，两种情形交织在一起，造成土地价格一跌再跌。这就造成了自咸丰至同治年间田价一路下滑跌入到低谷。如契约 5-21 的田契就是一份地主逃难而仓皇抛出土地的契约文书。

　　　　契约 5-21
　　　　立卖田契字约人万合村龙道和、道文，今因逃难在外要钱使用，无所出处，自愿将到凸洞大田一丘，禾花计六十挑出卖。请中问到地灵团水南冲杨再珠、再沐二人名下承买，即日当凭议定价钱，二十八千

---

① 葛全胜主编：《清代奏折汇编：农业、环境》，商务印书馆 2005 年版，第 539 页。
②《天柱县五区团防志》，载《中国地方志集成·贵州府县志辑》，第 18 页。
③ 竺柏松：《姜应芳起义史料汇编》，载贵州省民族研究所编：《民族研究参考资料》第十六集，第 3 页。

文正。其钱交与卖主入手应用，其田付与买主永远为业。子卖之后，不得异言，恐口无凭，立有卖契为契。凭中刘泰荣，代笔龙利涉。

同治六年八月初二日立①

　　该田出售价仅每挑 466.66 文，折合为边则为 77.77 文一边。若以亩计，60挑合 10 亩地，相当于 2800 文一亩田。甘洞积德村的杨再模个人购进土地史，也是清咸丰与同治战乱年间卖主低价出售田土的典型事例。在杨再模现存的九份置田契约中，只有光绪十三年（1887 年）发生过一次，其余都集中在同治六至九年（1867—1870 年）购进土地，而且购进土地一次量很大，如同治七年（1868年）四月十二日刘润泽一次出售给杨再模田地共计 200 边，而出售价格 5800 文，每边仅 29 文，而同一时期的平均价为 228 一边。

　　光绪初田价不高，这是战争造成人口锐减的结果。社会动荡的余波在光绪朝后也还存在。战争动乱又加上瘟疫蔓延，给天柱经济社会带来了极大破坏，导致人口锐减、土地荒芜，史载至清初期时，经历了"刀兵之殃、瘟瘴、摆子之苦"后，"即云我寨，清平时，甲分两保，户按八百。今定乱之后，仅存一二"②。由于人口大量缺失，故到光绪前十年，土地价格只缓慢回升，直到光绪二十年（1894 年）后才开始呈现涨势。

　　但是，导致田价增长最基本的原因还是自然条件。土地资源受到自然条件的束缚，即当地的自然环境能提供多少可供开垦利用的田地。清水江流域的土地开垦有两种方式，一是军屯，一是民耕，即朱燮元《条陈便宜九事》中所言的"军耕抵饷，民耕输粮，以屯课耕……九便"③。明朝在洪武二十五年（1392 年）就在天柱设"天柱所"开始屯田。清王朝建立以来，加强了对清水江流域的开发。尤其是雍正朝改土归流后，加大了在此屯田和民耕步伐。张广泗在《议复苗疆善后事宜书》中主张加强屯田，认为"与其招集汉民不若添设屯军"，提出 "查苗人所种水田，上田每亩可出稻谷五石，中田可出四石，下田可出三石。

---

① 天柱县档案馆藏，文书号：GT-035-04。
②《中和团兵燹劫记》，载贵州省民族研究所编：《民族研究参考资料》第十六集，第 19 页。
③《朱燮元条陈便宜九事》，载《黔书·续黔书·黔记·黔语》，第 77 页。

合计屯军每户给田上田六亩，或中田八亩或下田十亩"①。此后，由屯田而渐渐变化为鼓励民田的开垦，此现象在康熙二十九年（1690 年）田雯《黔书》"改隶"论中有曰："若夫改卫为县，军则久已为民，载屯弁而归有司……"② 于是地方政府针对原有田土的不足，鼓励居民开山辟田。乾隆九年（1744 年）署贵州布政使陈惠荣九月二十八日（11 月 2 日）奏称："黔中山多田少，数年以来劝民开垦。除山头地角尊旨听民自垦。"③ 受到土地不断地开垦出来的影响，田地价格不可能有较大攀升，另一方面，土地资源归根结底是有限的，在经历一定历史时间的不断开垦后，宜于开垦的土地资源相对减少，必然推动土地价格上扬。正是土地自然环境本身的作用，左右了土地价格的变化。

　　由于侗族聚居的攸洞、甘洞和地良地区有较丰富的土地资源储藏，使其在乾隆到光绪朝 100 多年间，田价整体上维持在一个低幅缓涨的水平。整个清代，这里虽然经济发展使土地大量被开垦出来，也会导致可开垦的土地资源越来越少，势必推高土地价格，但表 5-7 所显示，这期间田价增长幅度应当说是缓慢的。这与攸洞等三村地处深丘地带，虽然良田资源本来就少，但广阔丘陵蕴藏着较大的可开垦田地资源，并且是开发较晚地区，人口因而有较大可供利用田地的空间。资料显示，天柱县在康熙四年（1665）时，人均占有田地 5 亩左右，在 1950 年时，甘洞、攸洞和地良三个村人均占有田地 7 亩④。可见，整体上凸洞地区相对富裕的土地资源平抑了田价的暴涨。正是从乾隆到宣统 100 多年间这里土地资源储藏较为丰富，相对能满足人们对土地的基本需求，故田价才呈现出增长缓慢趋势。

　　除上述因素外，影响天柱田地价格还有许多原因，如土地收益。而影响土地收益的因素也有许多，如土地产出物的经济效益、土地上附着的杂役杂派过多或赋税过重，都会影响土地的价格变化。这里仅就土地出产物经济效益论田

---

①〔清〕鄂尔泰等修，靖道谟、杜诠纂：(乾隆)《贵州通志·艺文志》，载《中国地方志集成·贵州府县志辑》第 5 册，第 116、117 页。
②罗书勤等点校：《黔书·续黔书·黔记·黔语》，第 38 页。
③葛全胜主编：《清代奏折汇编：农业、环境》，第 84 页。
④贵州省天柱县档案馆档案：1. 全宗 1 号案卷顺序 55 号；2. 全宗 1 号案卷顺序 18 号。

价变化。贵州地处西南一隅，且山重水复交通不畅，相对周边各省而言，至清朝也少有通商，形成局部余粮现象，因此粮价一直不高。我们没有找到天柱这一时期的粮价与田价关系的具体数字，但可以用贵州田价变化作参照系。据康熙二十九年（1690 年）时田雯所讲："余以戊辰（1689 年）之八月黔视事，值岁丰谷贱，凡一金可籴六斛。"[1] 乾隆七年（1742 年）贵州提督镇远总兵冷文瑞十月十一日（11 月 26 日）也奏称："贵阳省城米价每仓石市价银一两二钱，上下游石七钱至一两一、二。"[2] 同治时人徐家干论及清水江流域风俗时说："苗疆产米最白。斗也较中土为大，每米一石重有三百六十斤，其价值总不过三四五吊而止。"[3] 同治七年（1868 年）是战乱时期且又经历了天灾和瘟疫肆虐，而当年秋七月，张亮基在奏中称："每米一京石，照市折发价银二两。"综合以上记载，康熙历来米价最高为 1 石米价银二两，价低时则"石七钱"。直到 1950 年时与攸洞毗邻的汉寨，三角五分即可买米 10 斤[4]。米贱伤农，不仅土地收益不高，田价也随之不可能增高。清中期就有人看出了贵州虽是穷困地区，但产米又相对富余的奇怪现象，并意识到其带来不利于经济发展的后果，称"民间也往往阴受其余"[5]。在土地价格方面则是田价普遍低。嘉庆二十年（1815 年），吴振棫记黔东南清水江流域田价时称："田不论亩，……上田值一二金。"[6] 天柱县是贵州的主要产粮区，据《黔南识略》记载，因米粮富余，每年挽运清江兵米 1019 石，邛水兵米 494 石，还"贮藏常平仓谷三万一千六百十八石"[7]，是典型的局部余粮区域。攸洞等三村所在的高酿地区历来是天柱的产粮区域，并且与外界交往更为闭塞，必然导致局部余粮而粮价不高、"民间也往往阴受其余"[8]的怪圈，局部余粮现象整体上抑制了土地价格，决定了其田价长期处于相对较

① 罗书勤等点校：《黔书·续黔书·黔记·黔语》，第 38 页。
② 葛全胜主编：《清代奏折汇编：农业、环境》，第 77 页。
③ 徐家干：《苗疆闻见录》，贵州人民出版社 1997 年版，第 178 页。
④ 中共天柱县委党史办编：《回顾天柱解放》，内部印刷，第 37 页。
⑤ 葛全胜主编：《清代奏折汇编：农业、环境》，第 250 页。
⑥ 罗书勤等点校：《黔书·续黔书·黔记·黔语》，第 385 页。
⑦〔清〕爱必达：《黔南识略》卷十五，第 137 页。
⑧ 葛全胜主编：《清代奏折汇编：农业、环境》，第 250 页。

低且起伏不大的状态。

　　上述事实表明，天柱侗族地区田价虽然有高低不均的变化，但从整个清代的"长时段"看，田价总体是在较低价格水平上运行，故这里有了频繁的土地买卖与众多的参与买卖的农户。而较为闭塞的社会环境带来的土地效益不高，又因相对富裕的后备土地资源可以开垦，决定了这里的土地价格能够长期地保持其较低水平上。可见，是自然与社会的原因，影响着这里的土地分配趋势，整体上抑制了土地兼并导致的土地向少数人集中。这应当是从土地价格上体现出来的"清水江模式"特征的重要内涵之一。

　　简约地讲，清水江模式的基本特征在于：土地买卖活跃；土地流失造成土地有向少数人集中的倾向；土地买卖市场能培育出一个中农与富农间的阶层，却很难产生占有较多土地的地主阶层。进一步的探索还发现，土地转移并不遵守"先近亲"的原则、极少出现一田二次或多次出售的现象，以及因土地收益不高相对富裕的土地资源形成的田价低廉等状况，都是清水江模式的深层内涵，也是生成清水江模式的因素。

　　清水江模式决定了清水江流域少数民族地区不存在中国封建社会中地主阶级土地所有制。清水江流域土地买卖文书中透露出来的以上诸种历史轨迹说明，就地权分配而言，是一个由自耕农为主构成的乡民社会，这种乡民社会倒与一些经济史学家所谓中国明清以来出现的"农民所有制"的看法极其相似[1]。清水江流域苗侗聚居地区的地权分配状态，可以说是贵州少数民族地区的典型，它表明20世纪50年代以前少数民族地区土地集中现象并不突出，不存在显著的地主制经济。

---

[1] 如一些研究认为的那样："明清时期地权分配——农民所有制广泛存在。"参见李文治、江太新：《中国地主制经济论——封建土地关系发展与变化》，第257页。

四、杨家大院：清水江模式下的典型农户

三穗县档案馆从滚马乡上德明村十一组杨正品家收集到契约文书 340 余份①。这些文书全是杨家大院各家庭从乾隆朝起讫止民国间的各类契约文书。如果细心研读杨家大院契约文书即可发现，这些文书中包含的丰富信息，不仅为我们了解村民家庭经济及经营情况提供了真实的资料，更重要的是，它是我们透过杨家大院各家庭在各个时期的家庭经济及经营活动，观察土地买卖与地权分配所呈现出来的清水江模式生动而具体的一个案例。

首先有必要对这里所涉及的"家庭""杨家大院"作一个说明。简要地讲，这里所谓的家庭，就是一个核心家庭。但由于是从动态的角度对一个家庭进行观察，涉及一个祖先下来的不同时期的各个家庭，由于这一关系，故这里的家庭往往又内含着家族的色彩。杨家大院，最初的杨氏家族并没能创建起一个有规模的杨家大院，杨家大院是经过同一直系血缘家族几代人的共同努力，而形成一个村寨中居于中心地位的一个家族的各个家庭的建筑群。这个村寨，就是三穗县滚马乡上德明行政村，更确切地说是上德明行政村的中心村——大寨。所谓群，即由数个家庭建筑所组成的一个建筑群体。杨家大院其实就是大寨中杨氏家族各家庭的统称。

（一）杨家大院土地买卖及相关契约文书

杨家大院契约文书类型繁多，其中最多的是田地买卖契约文书。因为分析地权分配，就尤其关注田地买卖契约文书，还涉及分家析产文书（分关合同）、家庭事务及纠纷的调解文书等。契约 5-22 就是一份田地买卖契约文书。动态地看，它实际上就是家庭经济经营活动中某一时刻的行为记录。

---

① 本书所涉及杨家大院产生于清乾隆朝到民国时期的土地买卖契约文书，收藏于三穗县档案馆编《清水江文书》第一本，卷宗号 WS-SS-53（杨正品）。在本书完成时，三穗县部分文书由贵州人民出版社公开出版发行，杨家大院这部分文书收录于贵州省档案馆、黔东南州档案馆、三穗县档案馆合编：《贵州清水江文书·三穗卷》第二辑第 7、8 册，贵州人民出版社 2018 年版。为方便起见，本书将引用文书以公开出版文书的版权形式标注。

契约 5-22

立卖田契人杨秀伦子再钦。情因生理缺少本艮（银），父子商议自愿将到钦受分名下歇气塘坎下军田乙丘，载粮二升一合五勺，计花七十五纂将来出卖。上门问到族孙杨政彰名下承买。三面议定卖价艮五十五两整。当日艮契两交并无少欠。其田界至东抵河沟，南抵本买主田，西低再传田北抵坡，四至分明。自卖之后任从买主永远管业，恐人心不古立此卖契一纸为据。

凭中人　堂弟再钱（画押）

　　　　胞弟再铭（画押）、再镒（画押）

内涂一字天（添）一字

子再钦亲笔（画押）

乾隆五十九年十一月十八日立卖契人秀伦（画押）[①]

文书涉及主要信息有田地买卖事主双方、买卖田产及量化数据，田产地点与方位、价格及约定义务，等等。对于家庭经济而言它承载的最主要事实是：一个家庭由此失去了七十五纂（田地面积）的家庭财产，而另一个家庭由此增进了七十五纂家庭财产。契约所完成的这一进一出，实际上就是农村家庭经济活动的主要事件。一般来说，农村家庭经济主要生产与生活资料是田地，如果将特定农户一个"家庭周期"[②]进行的买卖活动所得（或者所失）田产进行统计，大致可以知道这个家庭的经济实力，也可知道买卖活动对于经营家庭经济的重要意义。而田地价格及支出，则又是观察家庭经济资金储备与支出的重要参数。杨家大院遗存的 340 余份各种契约文书，自乾隆三十五年（1770 年）始，到最后一件为民国十九年（1930 年）的"丁粮税单"前后历时 160 余年时间，期间各个家庭各自的买卖契约，就是这些家庭经营财产积累活动的凭证。

分家析产契约也是了解农村家庭经济经营活动的又一个窗口。阅读契约5-23 这件"分关合同"，可以为我们提供一个家庭经济的变化动态。

---

① 贵州省档案馆、黔东南州档案馆、三穗县档案馆编:《贵州清水江文书·三穗卷》第二辑第 7 册，第 19 页。

② 这里的周期，大致是指一个家庭在尚未分家时，全部家庭成员的经济行为。

契约 5-23

立分关遗嘱杨石氏。今因三子长永胜、次录胜、三成胜均已结缘，愿趁我在将□所遗之业□□亲族派做三股均分拈阄为定。三子成胜当年虽分祧二房，凡二房遗田多多少少亦将与吾家参杂品搭派分，后不得争多争少。务念同胞一脉一德一心，光增贻谋，氏窃有厚望焉。

今将三子拈处田业列□□□□

长子永胜阄得□□□□□□□共花贰拾捌挑，□□□□寨地田柒丘花拾肆□□□□背上坝大秧田壹丘花捌挑又挨大路边田壹丘花壹挑。（有字损坏看不清，故相应数字也不清）

次子灵胜阄得坡背上专堰头里边田柒丘外边连肆丘，共花参拾陆挑，又搭跺金沟□田一坝共五丘□□捌挑，又搭便竹通周门□下花塝路田伍丘花伍挑，又便竹上坝生光田坎上长田壹丘花肆挑，又便竹中坝河砍上田贰丘花三挑。

三子成胜阄得坡背下坝田参花拾肆挑，又搭坡背上坝田挨河码头连三丘花捌挑，又搭埂竹下□田连贰拾贰丘花又挨金光买乔胜田坎下田壹丘花贰拾肆挑，又龙中生祖大田坎下田一丘花贰挑，又搭坪王山脚下田一丘花柒挑。

凭亲族禧昌（画押）、璧昌（画押）、舞光（画押）、鹭昌（画押）

关书 云昌（发达）

民国八年岁次己未九月十八日杨石氏　立交三子成胜　永远为据。[1]

与买卖契约同样，分关合同也显示出家庭经济中田产经营活动，只是分关合同显示的是一个家庭田产的消解事件。从契约 5-23 表达的信息看，一个原始家庭田产被分割成三份而不复存在了，但却裂生了三个拥有田产的新家庭，意味着原有家庭解体导致经济活动的结束与新的家庭经济活动的开始。实际上，由于分家成员的复杂性，此类经济经营活动也是多种多样，本文后面将对此作讨论。

本节所讨论的是上德明村杨家大院家族自乾隆至民国时期各家庭的家庭经

---

[1] 贵州省档案馆、黔东南州档案馆、三穗县档案馆编：《贵州清水江文书·三穗卷》第二辑第 8 册，第 57 页。

济活动，因此，居住于杨家大院的杨氏家族世系就很重要，它是我们了解杨家大院各时期家庭单位的依据。我们没有找到这个家族详细的族谱，幸好遗存文书中有两件相关文献，为我们勾勒出这个家族的世系。契约5-24就是其中一件文书全文：

　　　契约5-24
　　　始祖　考再华、妣吴氏
　　　高祖　考政彰、妣吴氏、李氏
　　　曾祖　考文通、妣黄氏
　　　祖　　考杨公讳际光、妣刘氏
　　　父严　考杨公讳燕昌、前母杨婆何氏、慈母杨婆张氏
　　　二叔父杨尔昌、三叔父杨乃昌、四叔父杨嗣昌
　　　叔祖　考杨公讳韫光、妣杨婆吴氏、大伯父杨其昌、伯母杨田氏
　　　二叔父杨衍昌
　　　叔曾祖　考杨公讳习通、妣杨婆王氏
　　　叔祖　　考杨公讳泽光、妣杨婆吴氏
　　　大堂叔父杨寿昌、二堂叔父杨守昌、三堂叔父杨演昌、母胡氏
　　　三姑太婆杨氏
　　　外祖　考张启能、妣吴氏①

　　显然，这是一件简约的族谱，却清晰地罗列出自始祖杨再华开始，到第五代杨燕昌的整个杨家大院家族世系。此外，还有一份文书内容是这个简谱的附件，内容记载了自第三代杨文通起各家庭成员的生卒年。杨再华生于雍正五年（1727年），杨燕昌有一份民国十九年（1930年）的"粮单"，这五代人时间历经200余年。借助这两份简约的族谱文书，即可对散落在现存文书中涉及的人物作出身份与代际判断，进而对这些反映家庭经济活动的文书进行有序阅读，又可结合买卖田地契约文书中的购买年文书，组成一个便于分析家庭经济经营

---

① 贵州省档案馆、黔东南州档案馆、三穗县档案馆编：《贵州清水江文书·三穗卷》第二辑第8册，第80页。

的、完整的"家庭周期"样本。

此外，还有一些涉及家庭事务的文书。它们都有助于我们了解农村家庭经济的经营行为与经营方式，我们在后续的论证过程中将会有针对性地利用这些文书中的相关信息。

（二）杨家大院家庭渊源及其族群身份

本节所涉及的史料主要是上德明村十一组杨正品家藏契约文书。契约文书以田地买卖为主，而涉及的田土，注明田产所在地主要集中于塘冲村、上德明（大寨）村、枫木溪村等地。塘冲、上德明（大寨）、枫木溪，都属于今三穗县滚马乡上德明村所属的三个行政村。德明，即元代所置得民长官司，是元代在今三穗县境设立的四个长官司之一①，明洪武二十年（1387年）并入邛水十五洞蛮夷长官司，清初降为得民洞，由塘冲村、上德明村与下德明村构成。雍正时期因改土归流，成为新设置的镇远分县（邛水县）的一部分。同时，自明洪武时代起，得民又是湖广镇远卫军管地，在此驻军屯田设得明堡，直到雍正十年（1732年）随"改卫入府"才裁撤得民堡。因此，明代至清初时期的得民，即是土司领地，同时又是卫所屯兵设堡之处。在20世纪80年代初的官方文献中，上德明村村民民族成分大都为汉族，占当地全部村民的73.57%②。

上德明村（大寨）地处三穗县的邛水河上游，邛水河流经三地两岸小平原，是贵州东南部宜农地区。明清朝时期由镇远府通往黎平府、清江厅（今剑河县）与台拱厅（今台拱县）官道皆经此地，乾隆后期贵州学政洪亮吉由清江厅往镇远行此古驿道上时，曾留下诗一首："石径空蒙露有光，四山风刺夹衣凉。杜鹃一树红于血，月黑愁过鬼乌塘。"诗中的"鬼乌"即今贵乌村，杨家大院成员在此地购置有许多良田。上德明出产草米（即糯米），当地村民从古驿道肩背马驮输送至镇远府城出售。据1990年资料，塘冲村、上德明（大寨）村、枫木溪村三地耕地面积2249亩，其中田1892亩，土357亩③。

---

① 四长官司即"晓爱泸洞赤溪等处、卑带洞大小田等处、得民洞、秃罗"。《元史·地理志》"思州军民安抚司"。
② 三穗县人民政府编：《贵州省三穗县地名志》，内部印刷1984年版，第27页。
③ 三穗县志编纂委员会编：《三穗县志》，民族出版社1994年版，第45页。

杨正品家藏 340 余份各类契约文书中的人物，其血缘关系全部来自上德明村一个叫杨家大院的居住户。现在杨家大院主体建筑只是一个无人居住、仅存残垣断壁的院落遗存。笔者于 2016 年 7 月与 2019 年 10 月曾两次到当地采访，据一位当地居民讲，他记忆中杨家大院有木楼民居至少 30 间，由 3—4 米高的围墙与外面民居建筑区隔开来，目前残存的围墙还有 380 多米。当地杨氏后代大都不知道杨家大院始建于何时，而在一些学者的田野报告中所引口述资料则称，该大院是他们先祖元末迁此地后开辟的居住地，至今已有 700 年历史①。另据民间传说，该地作为杨氏家族最初落脚点，确是与一位名叫杨再华的先祖有关。

杨家大院的第一人——杨再华这一说法，是有史料可征的。从契约 5-24 所载：杨家大院始祖是杨再华，高祖政彰、曾祖文通、祖际光、父燕昌，历经了五代人。该简约的家谱可能是第六代人杨永胜所记录②。此外，阅读从杨正品家收集到的文书可知，杨再华父亲是杨秀桐③，另有一份文书是民国三十二年（1943 年）的户口簿册页，户主为杨杰秀④，那么，就形成了由康熙直到民国时期的杨秀桐→杨再华→杨政彰→杨文通→杨际光→杨燕昌→杨永胜→杨杰秀⑤，由此组成了一个可谓同一血缘九族的完整家族谱系。

民间传说杨秀桐育有四子，在家排行老四的杨再华，与其三哥杨再越，从原家庭中分离出来，自行到新地开荒（今上德明村属地的邛水河北岸）。一份文书标明，其死后归葬圭绍溪，圭绍溪是距上德明（大寨）二公里左右的塘冲村一处地方，而他后代去世则大多葬在今上德明的歇气塘（后形成其家族墓地），可见圭绍溪所在的塘冲村是其家族的"老家"，而其前往上德明开荒后又不断

---

①2017 年 3 月落成的上德明村村寨门"景区"内风雨桥头，立有落款是中国社会科学院学者所书联一幅："八百年黔东侗寨，三百房江南民居。"
②据一案控文书，杨燕昌娶小妾石氏（参见《贵州清水江文书·三穗卷》，第二辑第 8 册，第 78 页）；又据一件家庭"分关合同"内的记载，石氏所生长子，名字杨永胜。（参见《贵州清水江文书·三穗卷》第二辑第 8 册，第 57 页）据此可肯定杨永胜为杨燕昌长子，成为自杨再华起的杨氏第六代。
③一件乾隆三十八年十二月二十二日卖地契约中，买主为杨秀桐与再光，载《贵州清水江文书·三穗卷》第二辑第 7 册，第 5 页。
④贵州省档案馆、黔东南州档案馆、三穗县档案馆编：《贵州清水江文书·三穗卷》第二辑第 8 册，第 70 页。
⑤杨再华生于雍正五年，那么其父亲一定出生于康熙时。

在此扩大土地，其中主要在"对门河"今杨家大院所在的上德明村（邛水河南岸地）购置田产，开创了现在的杨家大院雏形。现存土地买卖契约文书可知，杨再华诸子可能在其身后分了家。今天上德明村杨氏家族都称该家族由杨政彰、政彪、政图三房构成①。从时间上看，以长房杨政彰至长房长孙辈到杨燕昌时的不同时期几个家庭而言，杨再华主要生活于乾隆时期，杨政彰主要生活在乾隆、嘉庆间，杨文通则在嘉庆、道光间，杨际光嘉庆咸丰间、杨燕昌则在咸丰与民国早期。

杨再华生于雍正五年（1727年），如果二十几岁离开老宅塘冲至上德明发展，时间大致在乾隆初年。那么，杨家大院始建就非是民间传说的元末时期，只能是乾隆朝早期。但从契约文书所记载内容看，也非如民间传说杨再华开始迁居此地开荒草创，因为许多契约文书都表明，乾隆早期生活在这里的是与其同一血缘的一个大家族。一份乾隆三十八年（1773年）十二月二十二日的契约就是其父亲与其长兄再兴所为，内容是杨门蒋氏与孙再溥将名为"老基"的屋基一坪的1/2，卖与"胞叔杨秀桐、再兴父子"。再有，一件乾隆三十五年（1770年）属于杨再华的文书是一件官版"契尾"，表明他已是这里的长住编户。与它同一时期的契约文书中，许多都是与其有血亲关系的杨氏成员②。各种证据可见，至少雍正时期之前杨再华一系的杨氏家族已是当地的主要居民之一。

有意思的是杨再华家族的身份。与20世纪80年代时不同，今天官方文献里这里各姓氏居民都是侗族。侗族是这里的土著，今天上德明村的杨姓村民也自称为侗族，但从杨家大院自乾隆时期留下的文书中可以发现，其家族土地契约文书许多田产注明是"屯田""军田"，或者注明赋役为"军粮"，如乾隆五十八年（1793年）十二月初九日，杨政彰弟兄购杨再尊"屯田大小三丘，花二十纂，差粮四厘"③；契约5-22中显示杨政彰购叔爷杨秀伦"受分名下歇气

---

① 据我们的访谈，当地许多人都讲到，杨再华二子杨政明（铭）返回了老宅，这个老宅当是塘冲村，故在上德明发达起来的杨氏家庭由三房构成。

② 贵州省档案馆、黔东南州档案馆、三穗县档案馆编：《贵州清水江文书·三穗卷》第二辑第7册，第2—19页。

③ 同上，第18页。

塘坎下军粮田一丘，载粮二升一合五勺，计花七十五纂"，似乎这个家族与屯军身份有紧密联系。如上德明杨氏家族田产集中所在地之一、一处叫作"五间"的田坝，分为上五间、中五间和下五间，契约文书中皆称其田地为军田，如契约 5-25 所示。

契约 5-25

立卖田契人族叔杨再义。请因生理缺银，自愿将到受分鬼已来屯田大小四丘、又得晏田乙丘、又兼五间军民田二丘出卖。凭中问到族侄政彰、政彪、政名、政图弟兄四人承买，三面议定买价银九八色一百六十两正，新手领明。四处共花一百纂，民粮一分二厘，又政彰完军粮六合五勺，自卖之后买主随田上纳不得遗累卖主。今欲将凭立卖字为据，今各处田界开列于后。

计开：

鬼已来包田四丘……

一处得晏田一丘（后略），伍间外边田一丘（后略）、里边田一丘（后略）。

兄　再文、再朋、再科

凭中

　　弟　再甲

　　叔　秀俊（押）

堂兄　再立

嘉庆四年十二月初六日立卖契再义新笔（押）[1]

起于杨再华这个家族的第五代杨燕昌，在同治十二年（1873 年）五月初五日整理本家先祖土地契约文书时，清理原则是"照老契新立"，将其家族自乾隆到同治间田产登记册醒目地书写为"军田契簿"[2]，以区别于民田或者土司田

---

① 贵州省档案馆、黔东南州档案馆、三穗县档案馆编：《贵州清水江文书·三穗卷》第二辑第 7 册，第 26 页。

② 同上，第 8 册，第 25—29 页。

的民粮。从现存杨家大院文书看到，这个家族在清代时田产主要分布于上德明村、塘冲村、枫木溪村，而三地买卖契约中都有记载为军田或屯田的田产①。由此杨燕昌家族可以判定为军屯家庭。一般而言，屯民多是汉族。

综合如上遗存的各种文书明确的历史信息与口述民间传说互证，上德明村杨家大院的草创绝非是杨再华独立开荒拓土的英雄故事那样，实际上是其族群先辈作为屯军的杨氏家族的一次军事行动促成的移民身份，在今天的上德明（大寨）留屯繁衍的过程。当然，目前没有确切史料说明作为屯军户的杨姓族群杨再华一系入住上德明的时间。只能作一些背景史事分析以提供一些信息。今三穗县县域明清时期称邛水属地，归镇远府行政。镇远府由元末的思州土司经改土归流而置府，时间在明初。据载，洪武十八年（1385 年）四月，"思州诸蛮洞作乱，命信国公汤和为征虏将军、江夏侯周德兴为之副，帅师从桢王讨之。……和等师抵其地，恐蛮人惊溃，乃于诸洞分屯立栅，与蛮民杂耕"②。留兵守之并伴随着"洞分屯立栅，与蛮民杂耕"，即是屯田行为。镇远府所属邛水上游得民（德明）洞安设得民堡，属湖广镇远卫派出军事机构。塘冲、上德明与下德明皆原得民洞地方，必然也是大量屯军所在之地。至明末时尽管贵州屯田屡遭破坏，但基本格局仍然是西部集中于水西一带，东部则集中于邛水一带。得民（德明）洞是邛水流域最早设堡屯田之地，可见这里屯田量大、持续时间长。

（三）田地产的积累与家庭经济的经营活动

农村家庭经济首要的资产是田地。田地产既是生产资料，又是财富的象征，更实实在在地决定整个家庭的现实生活水平与未来生活的前景。故中国农村，积累田地是农户的终身向往与家庭经济始终的目标，也是除生产劳动外的最重要经营家庭经济的活动。在清水江流域，作为主要生产资料的田地产，包括了田（水田）、土（旱田）、山场林地（杉木林、油茶树林、油桐树柴山、杂木林）、

---

① 在今三穗县滚马乡下德明村也收集到许多契约文书，其中买卖田契中的田土，也有许多记载是屯田或军田，参见《贵州清水江文书·三穗卷》第二辑第 9 册，第 168—210 页。历史上，塘冲、上德明、下德明三地，皆属于明初所置得民堡。
② 贵州民族研究所编：《〈明实录〉贵州资料辑录》—《太祖洪武实录》，第 7 页。

塘地、园地、屋基地、阴地等。清水江流域各地的土地买卖契约文书，基本上都是上述地产项目。在上德明村地产买卖契约文书中，主要是田产。

由于农村家庭经济主要是围绕田地产的拥有量，于是怎样积累田产就是农村最重要的经济活动。现存杨家大院不同时期的五代个体家庭，都有若干买卖田地产契约文书遗存，是各家庭拥有田地产的真实资料，从中清理出所拥有田地产的数量，可以再现每个家庭的经济状况，同时又可见到一个家庭的主要经济活动。契约 5-26 是目前能见到的最早与杨家大院家族相关的契约文书。

契约 5-26

立卖□基人吴正峰、正梅兄弟二人，今因家下无米□还借支，兄弟人商议将到祖遗凹上龙园一坪，先尽族亲无人承买，方凭中上门问到杨再滑(华)名下承买，三面义定价银三两二钱正。其园四抵东抵岭，北抵杨正福，南抵杨正□□□抵榜，西抵路，四抵分明。自卖之后杨姓永远管，吴姓子孙不得异言，今恐无凭立卖字为据。

凭中代笔杨秀亨

□中吴正已

乾隆三十五年九月十六日 立卖家吴□□[①]

杨再华买进田地，可惜的是该件契约在出售物的部分文字毁损，不能清晰知道其出售的是何物，但从残留的一"基"判断，最可能的是"屋基"。目前收集到的杨家大院的契约文书中，一份乾隆三十七年（1772 年）镇远县契尾，记载了杨再华用银 142 两购买杨尚茗的田地，此后就是杨再华及后代不断地购置田产的契约，表 5-10 是杨再华买卖契约中所见土地。

---

① 贵州省档案馆、黔东南州档案馆、三穗县档案馆编:《贵州清水江文书·三穗卷》第二辑第 7 册，第 2 页。

表 5-10 杨再华土地买卖表 ①

时间	卖家	买家	面积	价格（银两）
乾隆三十五年九月十六日	吴正峰、吴正梅	杨再华	园地一坪	3.2
乾隆三十七年四月二十二日	杨尚茗	杨再华	契尾	142
乾隆四十三年三月二十一日	杨再朝、杨政临	杨西岳	山土茶桐一塝	（九八色）4
乾隆四十五年十二月十九日	欧胜能	杨再华	田 40 篆	12
乾隆四十九年十一月二十九日	杨再燔	杨再华	文字不清	（铜钱）2 □□□
乾隆五十五年十一月十五日	杨政熙	杨西岳	山土	4.6
乾隆五十六年十二月二十四日	杨再尊	杨西岳	—	—
嘉庆三年一月二十七日	杨政皆、坤、嫂曹氏	杨再华	山土一处	15.6
嘉庆十一年六月二十六日	杨通粹	杨再华等	宅基	—

　　表 5-10 是目前能够看到的杨再华一生 9 次买进田和山土园地的记载。就买进田土而言，9 次中增进有多少面积的田土？自己又固有多少土地面积？大概在杨再华去世后，其子四弟兄有一次分家析产。据该"分关合同"文书所载，"彰公"分得田 5 处面积 129 笼 ②。从契约 5-24 的家谱上可以看到，杨再华育有杨政彰、政明、政彪、政图四子（有无女儿无从得知），文书中所称的彰公肯定就是长子杨政彰了。按照当地习俗，分家时包括田地在内的所有家产一般弟兄间均分。那么 129 笼这个数字的四倍 516 笼，就是杨再华家庭未分家时田产总量 ③，再加上一些山场园地，大概就是杨再华一生所积累起的整个家庭田地资产。

　　家庭田产的增长有两种方式，一是开辟荒地，一是购置。从开辟荒地来说，

---

① 贵州省档案馆、黔东南州档案馆、三穗县档案馆编：《贵州清水江文书·三穗卷》第二辑第 7 册，第 2—46 页。杨再华，字西岳（1727—1798 年），本表中的杨西岳，即杨再华。

② 一件标明为光绪三十四年八月十一日由"永胜照玖□老簿具抄一字不异"的文书记载了这次四人分田产的内容：明公分得三处 90 罗又 □□□，彰公分得 5 处 129 罗；彪公分得 11 罗 □□□□□□□；四房分得之业□□图公分得 18 罗又 □ 1 □罗。四房各分得之业又 28 罗。该契合同文本纸张有缺损，故一些字缺漏不全。本处只引可以判明的"彰公"一份的数量为统计依据。参见贵州省档案馆、黔东南州档案馆、三穗县档案馆编：《贵州清水江文书·三穗卷》第二辑第 8 册，第 49 页。

③ 一家的总量肯定超过这个数字，因为统计样本都是不充分的。下面对杨家大院某一时期某人一生通过买卖购进田土总量所作的类似统计，与此情形相同。本书用于统计杨家大院各家庭乾隆自民国间购置田地数量的土地买卖契约文书，均收藏于三穗县档案馆编：《清水江文书》第一本，档案卷宗号：WS-SS-53（杨正品）。

主要是山地旱田，当地基本上不种旱地作物，因此其经济价值远不如水田，故所开辟的荒地都将改造成水田，这需要一个较长的时间，所以尽快地增加水田大都只能通过购置方式。据史料说杨再华出生于雍正五年（1727 年），又从目前的契约文书看，他第一次买进田产是在乾隆三十五年（1770 年），那么此时他已 43 岁。能够购进田产表明家庭经济有相当的实力，乾隆三十七年（1772 年）的"契尾"列出他一次出资银 142 两购进田产，就是一次有实力的大手笔，同时也是其持续增进田产愿望的保障。从购置田产而言，此时的杨再华已结束了那个传说中一无所有的拓荒者形象，转变成了通过购置方式不断增进田产经营家庭经济的"业主"，最后建立起了能给儿孙留下 516 箩（约 52 亩）田产的殷实人家[①]。

农户增加田地的愿望，一方面是为了提高生活消费水平。杨再华不断地增进家庭田产，无疑为保障家庭生活及提高生活水平作出了贡献。另一方面可能因为家庭人口的增长。从家谱上可以看到，杨再华育有四个儿子，而另一份文书上记载，其长孙杨文通、次孙习通分别出生于乾隆四十六年（1781 年）和四十八年（1783 年）。杨再华去世是在嘉庆二年（1797 年），可见在其后期家庭还未分家前，他拥有一个三代人的大家庭。家庭人口增长的事实又表明，杨再华家庭田产的增长绝对数量可能因人口增长而消化，实际上人均田产未能有多大提高。因此大致可以判断，至少在杨再华时期，家庭的土地增长没有对其家庭成员生活消费水平的提高产生积极影响，但其强烈的愿望与力田致富的热情积极的影响了后代，由此启动了其后代家庭急速持久的增进田产的惯性。杨政彰家庭就是其中一个典型家庭。

作为长子，杨政彰第一次购置田地是在乾隆五十八年（1793 年）六月十三日，用价银 9 两买进吴奉瑶田一丘，最后一次是在道光七年（1827 年）二月二十五日，买进杨政轩等的田二处五丘花 23 罗。在 44 年间共进行了 59 次买进田土山场园地等事项。同时，杨政彰还与其弟政明（铬）、政彪、政图共

---

① 据 1951 年三穗县土地改革执行评定成分政策，一户家庭人均占有土地 20 箩（约 2 亩）以上者，即一般认定为地主。

同联手购进田土 23 次，最后一次是在道光三年（1823 年）三月十三日与政名、侄睿通三人共同出资铜钱 8800 文，买进杨先明山土荒田一股。在其独立进行的 59 次购置行为中，共购进田 101 丘、面积 442 箩又 20 纂，山场屋基园地 17 块（幅），共支出银 993 两，铜钱 80300 文；另外兄弟间共同出资购进田 25 丘，面积 1 亩 276 箩又 450 纂，山场园地屋基至少 6 块（幅）以上，购田支出银 722 两，山场等支出银 194.5 两，铜钱 8800 文。①

杨政彰生卒时间没有确切史料，仅能依据遗存契约文书做一些推测。一份道光十年（1830 年）十二月十九日的买契是杨政明与侄杨文通、杨睿通三人共同行为，其中的杨文通，据契约 5-24 可知是政彰长子，表明此时政彰已不见踪影。再从两件契约比较看，一份是杨政彰最后一次购置田产是在道光七年（1827 年），一份是杨文通第一次购置田产，时间在道光八年（1828 年），那么据此可以断定杨政彰是在道光八年（1828 年）前故世。如果再合理推测，杨政彰大约在 25 岁生长子文通，而其长子杨文通生于乾隆四十六年（1781 年）。那么，杨政彰大致生于乾隆二十年（1755 年）（这时其父杨再华 27 岁左右）。

那么，杨政彰在一生中拥有多少田产？目前的契约文书提供了统计方式：一是通过分关文书推算其存量，二是统计其通过买进田为增量，两者相加则是其一生的总量。据前述分关文书所载，"彰公"分得 5 处 129 箩，而自己独立购进田 101 丘面积 442 箩又 20 纂，两者的总合就是其一生购进田产的总量，这个总量为 571 箩又 20 纂。如果再从弟兄间共同购进田 25 丘（面积 1 亩 276 箩又 450 纂）中，分得自己 1/4 的所有权，那么其一生拥有田地总量就是 640 箩 0.25 亩又 132.5 纂。此外还有其他的山场园地屋基。

从契约 5-24 的简谱可知，杨政彰夫妻育有两子，长子杨文通，次子杨习通。如果按一户人家 6 口人计算（考虑到可能还生育有女儿），其家庭田产人均至少 110 箩（大约 11 亩）以上。这样一个显著的事实是，这个家庭经济较之前的杨再华家庭已有根本性的转折，首先，人均田亩显著增长，就意味着家庭生

---

① 贵州省档案馆、黔东南州档案馆、三穗县档案馆编：《贵州清水江文书·三穗卷》第二辑第 7 册，第 16—158 页。

活水准也相应地有显著提升；第二，居住环境也有显著改善，与其父亲原有家庭相比较，杨政彰明显地增多了对住宅用地的买进，仅在嘉庆时期，购进屋基的年份就有嘉庆十一年（1806 年）、十八年（1813 年）、二十三年（1818 年）；第三，最具意义的是随着家庭经济实力不断增强，多次地购进屋基，开启了大规模地扩展房屋的行动。可以说，到这个时期奠定了杨家大院的基业。同时，因财富积累超越其家族其他成员，因而杨再华一支成为上德明村杨氏旺族[①]。尤其在杨文通时期。

杨文通是杨政彰长子。杨政彰娶妻吴氏、李氏，杨文通不知出自吴氏还是李氏。据一文书记载，杨文通生于乾隆四十六年（1781 年），去世于咸丰三年（1853 年），其购置田产时 37 岁，此时也建立起自己独立的家庭，成为上德明村起自杨再华家族的第三代家庭。

杨文通开始购置田地时间是道光八年（1828 年）十二月十七日，用价铜钱22 千文购进杨再琨田 7 丘面积 14 箩，最后一次是道光二十六年（1846 年）三月十一日购进孙洪仁、洪列枫木溪高岗田 4 丘面积 40 箩，18 年间共 20 次购置田土，期间与其弟杨习通联手共同购进 5 次，而其独立购进田 23 丘面积 130 箩，至少 7 处屋基山场园地，共用铜钱 545 088 文；与弟习通共同购进田 13 丘面积96 箩，至少 3 处以上屋基山场园地，用铜钱 387 900 文。[②]

统计杨文通一生拥有田产总量，同样可用存量与增量的方式进行。从增量方面看，他自购和与其弟共同所购中属于自己的部分，两者合计田 178 箩；就存量而言，一份道光十一年（1831 年）文书是他与弟习通共有田产粮簿，主要为塘冲村田产与上德明村田产，此外还有部分颇洞村田产。但该契因破损文字不清晰而难于判断具体数量，好在有几份分关文书可以作出一些统计。道光十四年（1834 年），文通、习通分家时，文通阄得发字号上德明田 130 丘 834 箩，阄得日字号田 151 丘 593 箩，两地共计 281 丘 1427 箩。道光三十年（1850 年）

---

① 可以预测杨政彰弟兄也与他步骤一致地在上德明一带力田致富。

② 杨习通独立购进 19 次，共 42 丘，面积 119.5 箩又 13 挑，至少 6 处以上屋基山场园地，用铜钱 443500 文，另银 56 两。杨文通、习通一生购进田土契约。参见贵州省档案馆、黔东南州档案馆、三穗县档案馆编：《贵州清水江文书·三穗卷》第二辑第 7 册，第 162—261 页。

有两份分关合同，一份是文通、博通、睿通叔侄等对共同田产的分割处置，文通阄得地字号田 22 笭；一份是文通、习通对共同购置田产的 153 笭分割处置，均分后得 77 笭。总计如上几份分关合同均分田产，在道光三十年（1850 年）时，文通拥有田产 1526 笭，大约 153 亩。可见杨文通家庭拥有田产数量远远大于之前家族的各家庭，家庭经济有了很大发展。

杨文通家庭经济发展在上德明村杨氏家族历史进程中具有标志性意义。首先是田地所有权在地域上明显地向外扩张，从原来田土主要集中在上德明村，不断地西向塘冲村、东北向枫木溪村、东南向颇洞村方向扩展，形成了一个以上德明（大寨）为中心地、跨越周边数公里范围内占有田土的家庭，并且还更远地辐射到滚马乡贵乌（鬼乌）村方向[1]；其次，这一时期的文书中，出现了杨家大院田的明确记载[2]，至少标志着此时已形成了一个族群共居的杨家大院实体，更演变成为一个地标性的建筑群体，它与上德明村的三圣会、经纬馆、学堂等公共建筑一起，已有了超越单纯家庭庭院的社会意义。

据契约 5-24 记载，杨文通夫妻育有二子，长子杨际光、次子杨韫光。杨际光生于嘉庆十三年（1808 年），亡于乙卯年（1855 年），其父健在期间未在田地买卖契约文书中见到他的身影。咸丰三年（1853 年）其父亡故后，有零星的契约文书记载杨际光购置田地并又很快地消失：咸丰三年（1853 年）十二月十三日用钱二十多千 500 文购进杨贯通田 1 丘面积 8 笭，同月二十日又用钱 3600 文购进杨瑷光 9 股山土中的 3 股；咸丰四年（1854 年）九月初四日用青红大钱 20 千文购进杨通模五间田二格面积 12 箩，第二年便故世[3]。在杨家的经济活动与田产经营中，他可谓生存在父亲的阴影内，还未有独立支撑一个家庭的机会便去世。

杨际光夫妻育有杨燕昌、杨尔昌、杨乃昌、杨嗣昌四子。杨际光去世当年，

---

① 贵州省档案馆、黔东南州档案馆、三穗县档案馆编:《贵州清水江文书·三穗卷》第二辑第 8 册，第 32 页。

② 明确有杨家大院的记载，是一件道光十三年十二月十七日买卖鱼塘契约中提到。参见贵州省档案馆、黔东南州档案馆、三穗县档案馆编:《贵州清水江文书·三穗卷》第二辑第 7 册，第 158 页。

③ 杨际光一生购置田地文书，参见贵州省档案馆、黔东南州档案馆、三穗县档案馆编:《贵州清水江文书·三穗卷》第二辑第 8 册，第 316 页。

贵州清水江流域苗族民众在民族领袖张秀眉领导下举旗掀起了反抗清政府统治的大起义,台拱厅(台江县)与邛水县(三穗县)作为首义之地,此后毗邻的天柱县侗族民族领袖姜应芳又举旗响应,号召广大侗族民众反抗清政府当局[①]。苗、侗民族汇聚成的大起义引发了当地社会激烈动荡,上德明应当是受到起义军首先冲击地区之一,杨家大院各户纷纷外逃躲避战火,一份杨家大院文书记载,杨际光儿子们到了湖南沅州避难,从该家族成员许多在咸丰五至十年间(1855—1860年)亡故于清溪的记载看,很有可能遭遇战火。直到同治五年(1866年)战火在三穗平息后,作为第五代的杨燕昌才自避难地沅州返回上德明村。

杨燕昌在这个家族的文书中出现时间是同治七年(1868年),这年杨燕昌从逃难地沅州返回上德明。回乡后的杨燕昌主要家庭经济活动,一是开始清理家产,直到同治十一年(1872年)。二是出售在颇洞村的田产,大概由于其家庭经济在战乱中遭受不小损失,为家庭生计不得不出售以往在颇洞购置的田产,出售田地产达520笋之多。三是在稍事休养生息后,又继续其家庭购置田产的惯例开始购置田土,他首先就是回购了之前出售的一块田产。其购置财产史是从同治十一年(1872年)十二月二十日买周廷璋田二丘面积24挑,用价20千文,最后一次是在光绪五年(1879年)二月□□日购进杨达昌田2丘面积3挑。13年间有8次买进行为,共购进田20丘,面积41挑又116笋,山场林地2处,共用价铜钱121700文[②]。杨燕昌购置田产频率与面积,显然远远地低于其前辈,这也看出经历过社会动荡,一户家庭的经济恢复尚需要一个相当长的周期。

杨燕昌有多少田地?可以从与他相关的几份文书中理出一个头绪。同治十一年(1872年)五月初二日执照,记载杨燕昌上德明田19处103丘510笋;同治十一年(1872年)五月二十六日,杨燕昌执照载颇洞田12处22丘199笋,又16处74丘279笋,同治十一年(1872年)五月二十六日杨玉堂(杨燕昌,字玉堂——引者注)执照,载塘冲田11处23丘290笋。从田地执照看到,此时杨燕昌有田1267笋。另外,一份同治十一年(1872年)十月初二日杨燕昌

① 就是史称的"咸同大起义",起义军频繁活动于清水江流域广大地区近20年。
② 杨燕昌一生购置田地及相关契约文书,参见贵州省档案馆、黔东南州档案馆、三穗县档案馆编:《贵州清水江文书·三穗卷》第二辑第8册,第9—61页。

与其叔母（习通妻）杨吴氏分关合同,是分"祖遗上德明之田",杨燕昌阄得"久字号",共田 71 丘面积 379 箩[1]。上述文书所载田产数额总计,就是杨燕昌在同治十一年（1872 年）的田产总数,这个总数就是 1646 箩,大致 165 亩。

（四）家庭经济财富的经营特征

始自杨再华的上德明村杨氏家族,从乾隆早期起就持续不断地买卖田地,尽管时间长达一个半世纪,大致可以看到都有一些共同的特征。

第一,购置田地是家庭经济及经营的最基本形式,是家庭生产资料与生活资料增进的主要来源。首先,从家庭财富的积累方式上看,继承与购置是田地积累的路径与演变的主要方式。通过上述契约再现的历史事实,一户农户田产积累的路径与演变过程不外是:其父辈的土地量,应是其财富的起点,然后开始自己购进,最后形成自己的最终田地产总量。这就使一户农户积累的地产由两个部分构成,其一是继承从父亲那分家后获得的田土,其二是自己一生买进的田产。由继承与在土地市场上购进田地,最后完成一生的田产总量,几乎成为这里农户积累田产的基本形态。其次,是田地购买年时间漫长,可以说,田地买卖过程终其生产生活的一生。所谓购买年时间,是指一农户一生中,从第一次到最后一次购进田地的时间。杨再华虽然 40 余岁才有购进田产记录,但随后却有近 30 年的购买年;杨政彰一生的购买年则有 44 年。再次,每次买卖田产量小。上述杨家大院每一个家庭的一个家庭周期与其买卖频次比较,以最为活跃的杨政彰为例,一生 59 次买田地,最终拥有 442 箩（约 44 亩）,平均每次 7.49 箩（0.75 亩）。事例表明尽管每一户家庭可能有频次较多的购买年,却难以很快地积累起相对较多的田地;而一次买进较大面积田产,绝对有利于积累起更多的田地。杨政彰最大一次购进是在清嘉庆二年（1797 年）,虽然没有具体的面积记载,但 12 丘和 220 两的银价[2],也应当算是数亩的面积。可见,与买卖频次而言,单次购进面积是影响田地积累的关键原因。而极少大面积地

---

① 贵州省档案馆、黔东南州档案馆、三穗县档案馆编:《贵州清水江文书·三穗卷》第二辑第 8 册,第 21 页。
② 贵州省档案馆、黔东南州档案馆、三穗县档案馆编:《贵州清水江文书·三穗卷》第二辑第 7 册,第 20 页。

购进田地，从主观来讲可能与本身的购买力相关。总之，杨家大院的历史表明，尽管每一户家庭为扩展家庭经济都积极地买进田产，但受到经济实力主要是资金不足的影响，其经营规模与收益也受到限制。

第二，农村家庭经济，其家庭成员的财产权会面临一个很严酷的现实，就是分家析产。由于分家析产往往都是在家庭成员间进行，所以可看作一次家庭经济内部的财产经营活动。与外部由购置而增进家庭经济实力不同，分家析产的结果无疑是对一个家庭长期经营积累起来的财产的一次分解。

通常分家是在家庭内部亲弟兄间进行。如杨家大院的第三代家庭杨文通与习通，就先后在道光十六年（1836年）和十八年（1838年），两次对先父及与先父共创产业进行均分。第一次是对田产进行均分，第二次是对山场林地屋基及园坪等地产均分。家庭财产的均分是当地村民对家庭经济产权的一种顽强的认同心理，并认为均分田地等财产有利家庭经济的经营，因而往往都进行得很彻底。凡涉及田地产权问题，都会通过均分方式加以厘清。

由于家庭成员结构不同，由分家导致的产权处置也会不同。上德明村的家庭结构虽然基本上是核心家庭，但核心家庭曾经某一时期是大家庭甚至是扩大的家庭，因而在家庭经济活动中，往往都经历过父子间、叔（伯）侄间，或堂兄弟间，甚至爷孙间共同经营家庭经济的行为。因此，在未分家时形成了这些成员间的共同财产，甚至家族共有财产的复杂产权形态，处置这些产权也成为家庭经济活动的又一重要行为。

从杨家大院现存的分关合同中看，大致对曾经的大家庭共同田产的均分在如下成员间进行。道光十八年（1838年）六月二十七日的分关合同是杨文通、睿通、博通对"我等先父共创鬼坞、鬼住军民田土基园竹木自来共管理"财产进行"三股均分"，据此合同所载分割的财产主要有：杨文通弟兄二人阄得"野猫沟下坝田一段大小十八丘花七十萝"，三房杨博通弟兄五人阄得"野猫沟上段田一坝大小十九丘花八十萝"，四房杨睿通弟兄三人阄得"云盘坝田一段大小田十五丘花七十二萝"。从合同中表述的产权原有者"先父"一句看，这个"先父"实际上指杨政彰、政彪、政图三弟兄构成的大家庭时期共同购置的田产，他们的后代分化成了分关合同中所称的大房（杨文通与习通）、三房杨博通、四房杨睿通等杨家大院三房。显然，这次家庭田产的处置是对房族共同财

产的分割。一份光绪四年（1878 年）五月二十六日的分关文书显示，是杨燕昌
与堂弟杨新昌间的分关合同，处置的家庭财产是上次未分清的屋基、园坪、荒
田，方式是"两股均分"。杨燕昌阄得"天字号"所列"新寨老屋基上一股前
后连两坪、田四丘面积五挑，又鬼竹溪溪口荒田一坪。一份同治十一年（1872 年）
十月初二日的杨燕昌与其叔母（习通妻）杨吴氏的分关合同中分"祖遗上德明
之田"，杨燕昌阄得"久字号"，共田 71 丘面积 379 箩。[1] 契约 5-27 是一份光
绪三十二年（1906 年）三月十八日的分关合同，就显得复杂一些。

契约 5-27

立分子承祧关书杨石氏。今因二叔祖习通房（防）苗叛逃亡绝灭

无着，凭众亲族自愿将到（杨石氏——引者注）亲生第三子成胜分顶

永承叔祖之祧，各立门户侍奉香火，□□□名下抽□□基园开列于后

随三子自种自收，空口无凭，立分关为据。[2]

首先，需对分关人关系作一些说明，合同中的杨石氏，是杨燕昌的妻子[3]。
文中的三子成胜，是杨石氏与燕昌所生第三子；合同中的叔父习通，即杨燕昌
父亲杨文通的弟杨习通。其次，这次产权分配也比较另类，由于杨成胜过继给
杨习通，故在这次分家中，嗣子杨成胜获得了习通名下遗留的部分田产的所有
权。但是，另类主要体现在后来于民国八年（1919 年）分家时对产权的处置，
上引契约 5-23 就是这次分关合同。契约 5-23 中的"三子成胜"，与这次光绪
三十二年（1906 年）三月十八日"立分子承祧关书杨石氏"中"永承叔祖之祧"
的成胜，为同一个人。这样，成胜就以双重身份参与了分家，一方面，他以嗣
子身份参与叔叔家庭内部的财产均分，阄得屋基三坪、仓基一坪、祠堂园一半
面积及田产 114 箩；另一方面，又以原家庭成员身份与两个亲哥哥参与家庭财
产的均分，阄得田产 101 挑。两次参与分家其所得仅田产就 214 箩，远远超过

---

① 贵州省档案馆、黔东南州档案馆、三穗县档案馆编：《贵州清水江文书·三穗卷》第二辑第 8 册，
第 42、21 页。

② 同上，第 48 页。

③ 据一案控文书，杨燕昌娶小妾石氏，参见贵州省档案馆、黔东南州档案馆、三穗县档案馆编：《贵
州清水江文书·三穗卷》第二辑第 8 册，第 78 页。

了其他分家成员所得。

由上述分关合同呈现出来的分家复杂性，实际上由家庭经济经营的方式决定，尤其是对大家庭或家族成员间共同财产的处置更是如此。单个家庭在增置田产时遇到经济实力不足，就会采取联合大家庭或者家族成员集资购置田产，如果联合的是同一血缘不同房族的家庭成员，就会形成如上分家析产时出现的身份差异，从而形成田产的同血缘大家庭或家族成员间共同占有的"亚产权"形态。但是，共同出资只是作为经营家庭经济的一种策略，而非产权的最终形态，最后都面临着均分，只不过它形成了一个农村家庭经济经营的特别现象：只要有田产的买卖活动，就有大家庭（房族）或家族成员间共同产权的存在。但分家作为家庭经济内部的经营活动，其最终目的就是将家庭、大家庭或家族共有财产分割得干干净净。

第三，农村家庭经济的经营还有许多方式，但杨家大院成员选择的另一种经营方式具有特别意义。杨氏家族成员持续不断地买进田产，资金从何而来？显然，出售自产稻谷等粮食作物是其基本来源。上德明村的良田沃土盛产稻米且品质良好，尤其是所产"草米"（糯米）闻名遐迩。故这里的大米远销镇远府城，同时在本地大米市场上也因极具竞争力而能卖出好价钱。出售稻谷应当是增置田地资金的主要来源，据民间传说，杨再华弟兄俩就经常贩运稻谷至镇远城出售[1]。此外，其家族遗存文书中还有少许的借贷文书，放贷或许也是家庭积累资本的又一个方式。

契约 5-28 是一块道光时期建桥落成后勒石的纪念碑，它显示另一种家庭经济的经营对杨家大院有特别的意义。

契约 5-28

古者逢山开路，遇水修桥，以补道路之不足者，以使行者隆冬不涉溪水。绍奎溪口虽非通渠，而上下往来者，实必出此。值春水暴涨，山石沙土涌之，益堪苦矣。余先君杨再华存日，念襄涉水跋山之维艰，

---

[1] 杨中秀，典范道德示后人——上德明杨氏先祖杨再华纪略。三穗县政协文史委员会编：《三穗文史》，内部印刷，2014 年第 2 期。

非桥不便，立意要建此桥，以便行人，事未举而先君疾，修砌之念犹未隧也，日以桥事为念，故临终遗嘱望儿辈建桥。余兄弟非欲不恪遵遗命，以观速成。因先君临终更有坚立家塾之一项，未能谋及于斯。至壬申春塾功告竣，遂援请石师于四月良辰十八开工，至秋八月十日落成。其使人不济而安若泰山，故名曰永安桥。然此桥之修建，决不敢以功德自居，不过遵先君遗命，遂先君之愿耳。是为序。

　　生员　杨淳耀、英、杨政彪、贡生杨政图

　　率男生员　旁边、亨通、习通、灼通、炳尉、睿通、运通、融通、悟通、洪通、遂通

　　孙　际光①

就该桥碑表述的内容而言，简约地说，自杨再华力农致富起始就在酝酿着一种特殊的家庭经济经营方式，即社会投资：一方面投资于乡学教育，一方面投资社会公益，并在第二代，第三代成员中完成。如碑刻所言，嘉庆十七年（1812年）修建馆舍，开设义学，随后家族成员又集资接续完成修桥铺路的公益事业。

杨氏家族各家庭成员通过上述资金投入转换成社会资本，塑造起家族新的社会形象。对公益事业的投资这一经营方式，收获的效益已溢出了经济利益本身的意义。建义学、修桥铺路等公益事业都是功在当代，利在千秋的乡村德政，对乡里的贡献提高了其家庭成员的社会地位。从现存田地买卖契约文书也可看到，自嘉庆时代起，其家庭主要成员的身份发生了很明显的变化，一件嘉庆十九年（1814年）的契约文书中，杨政彪有了"先生"的称号，无不与其家族于嘉庆十七年（1812年）修建落成的义学馆舍相关，道光时期的文书中，就很常见杨文通"先生"的身影了。至道光时期路桥修成时②，许多家庭成员都有了生员的身份，其中杨政图荣称"贡生"。乡村义学及延请先生讲学也是一件有意义的乡村文化建设大事，并且还在家族陵墓所在地歇气塘附近山岭上再建周长6米、程高12米文笔状石塔一座，取名文笔峰。在学馆生童的琅琅读书声中，

---

① 三穗卷组政协文史委员会编：《三穗文史》，内部印刷，2014年第2期，第6页。
② 该碑没有刻写时间信息，但从碑中所列名单最后一人杨际光可知，立碑时间当在道光时期。因为咸丰五年杨际光即故世。

文笔峰后落日的霞晖下，杨家大院弥漫起一股儒学文化的气息，家庭成员因先生的身份也赋予了乡贤的资历，开始了杨家大院家庭成员由单纯地在乡地主向有社会声望的乡绅转型。

杨家大院各家庭从雍正到民国的土地经营活动表明，杨氏家族各时期的家庭在土地市场上，通过土地买卖积累起相当多的田地，表明上德明村有活跃的土地买卖市场，也表明这里土地的流转也促成了土地集中倾向。然而，尽管杨家大院各个家庭毕生都在积累田产，并且杨家大院有作为的成员通过致富、经营文化投资及参与乡村事务，已具备起地主的身份，但每个家庭最终都在100亩田地数字前止步，并且在第二代分化后又成为小农家庭。

下篇

清水江流域林农经济中的地权与地权分配

　　本篇指称的清水江流域"林农经济"是什么？明代晚期贵州黔东南清水江流域富积的木材资源通过商人源源不断地向流域外输出，进入内地市场。随着贸易量的增加推进了人工植树，林业生产。清水江流域到清代逐渐成为国家南方重要的木材生产基地，与此相伴的木材商品市场也相应地发展起来，形成了清水江流域内不断壮大的林业经济。林业经济分化出两类从业人员，一类是专事贩运木材、经营木材买卖及与市场密切相关的从业人员；另一类是流域内的广大农民，他们开始不断地参与到种植杉木及管护林木的生产中来，形成了一种与农业并行的林业生产业态。由于前者的生产活动主要在市场一端，他们的生产经营活动被研究者称为"木材经济"，后者则与之不同，他们有自身特征。从生产角度来说，后者一方面主要从事农业生产，一方面又从事林木种植生产；从经营来说，他们与木材市场的联系也仅是砍伐出售自栽林木，向市场提供初级木材（原木）；从身份来说，由于其生产方式亦农亦林的双重性特征，他们可定义为林农。这种以林农生产者为主体，通过从事原木生产与出售过程中获得利益的林业生产业态，称之为"林农经济"。因此，清水江流域的"林农经济"，从产业特性上来说，它区别于那些由专业林业工人从事的林木生产与初加工的林业生产；从劳动性质上看，它区别于专门从事于林业生产的产业；从经营过程来讲它止步于市场一端的"木材经济"前面。"木材经济"的繁荣与"林农经济"的发展，共同构成了清水江流域历史上独特的"林业时代"。如果仅从林业生产基础一端来说，自康熙晚期以来由那些"挖山植木"的广大林农所不断发展壮大的过程，也可称之为"林农时代"。①

---

① "木材经济"及"木材时代"，因不是本书研究的主题，故不在此进行讨论。相关研究可参阅《锦屏县林业志》等。

第六章
股分：林业生产中林地权的占有形式

一、清水江流域的林农经济

（一）从皇木采办到人工育林的林农经济

清水江流域自清乾隆、嘉庆以来，逐渐成为中国南方最重要的木材资源供给地，全国各地木商纷纷入驻清水江沿岸集镇设立木行，木材产品自清水江源源不断的流往洞庭湖，沿长江东至南京集散，辐射整个江南地区，再北上北京，林业经济欣欣向荣。木材贸易刺激了清水江两岸本地农民木植生产的积极性，广大农民将自栽木植与木商贸易，挖山植木和出售林木成为其经济生活的另一大来源，由此林农经济成为清水江农业生产之外的又一重要产业。

清水江流域的林农经济本源自于朝廷的皇木采办。在明代，贵州东部就是朝廷皇木采办主要场所。在明朝正德年间，清水江流域镇远府就纳入到大木采运范围地区。正德十四年（1519年）五月，朝廷为采办皇木事，"免湖广荆州、岳州、辰州，四川重庆、叙州、马湖，贵州思南、铜仁、镇远九府正官来朝，以方采营建大木故也"[1]。嘉靖时期皇木采办深入到清水江腹地黎平府。嘉靖三十六年（1557年）左副都御史李宪卿总督四川、湖广、贵州采木事时，先是派出人员勘测采木地点，继后再实施采伐。所勘察地区如报告中言："贵州巡抚右副都御史高翀历思、石、镇、黎"，勘测到"三省见采丈围以上楠杉二千余，丈四五以上亦一百一十七"。嘉靖三十七年（1558年），又"以采木免贵州

---

[1] 贵州民族研究所编：《〈明实录〉贵州资料辑录》十《武宗正德实录》，第682页。

思州、思南、石阡、铜仁、黎平、镇远六府各州县正官入觐"①，其所免"六府各州县正官入觐"内的黎平、镇远两府都有辖地在清水江流域内。伴随皇木采办的是，清水江流域木材经济也发展起来，如镇远府等处，万历初何起鸣任贵州巡抚（1579—1582年）时，在其所陈"邛水防御疏"中提道："一应客商人等，不许潜入夷寨，兴贩杉版，致惹衅端。"②文中所谓"兴贩杉版"当是嘉靖时商人采买木材事实。再如万历二十五年（1597年）靖州府天柱县令朱梓在新市镇建"官殿数十间，募土著、聚客商往来，鱼、盐、木货泊舟于此"③，上述事实说明当时虽然采办皇木都是政府行为，但已有民间木商参与其中。到明末清初，顾祖禹1660—1681年间辑录而成的《读史方舆纪要》报道了黎平府清水江流域的木材生产情况："清水江在卫西南，即新化江……可通竹木牌箅，至靖州之远口堡。"④所谓"牌箅"，即是将众多木材札成长长的排筏，以便于江中漂运。上述史料表明自正德年间始，清水江流域的镇远府邛水（今三穗县）一线、黎平府新化江（亮江）和靖州府天柱县清水江一线，木材经济伴随皇木采办而发展起来。

康熙后期清水江主流成了重要"例木"和经济林产地。康熙二十一年（1682年）"工部郎中图㻞往湖广"，直接到天柱县和黎平府采木。这次采木历时十三年，清水江下游天柱县坌处镇清浪村发现的一块刊刻于道光八年（1828年）的石碑，碑文中即记录了这次采木事件："尝思普天之下莫非王土，其于山川水土，各有界至之攸。是以我等地方，自开辟清水江以来，蒙前各大宪设立坌处为采办皇木之所，至康熙二十四年，客苗乱行，被黎平府属之毛坪、黄寨、挂治三处乘机霸市，擅设三关，上下经控，抚藩臬道名载……"⑤该碑文陈述至少在康熙二十四年（1685年）"蒙前各大宪设立坌处为采办皇木之所"，是目前清朝清水江流域发现的最早直接述诸康熙朝清水江采木史事。康熙时期，清水江流域

①《明实录·世宗嘉靖实录》卷四百六十二，第5页。
②〔明〕王耒贤修，许一德纂：(万历)《贵州通志》卷二十，第370页。
③〔清〕王复宗纂修：(康熙)《天柱县志·关梁》上卷，载《中国地方志集成·贵州府县志辑》，第73页。
④顾祖禹：《读史方舆纪要》卷一百二十，中华书局1955年版，第121—122页。
⑤转引自吴育瑞：《清水江边有侗寨》，http://www.gog.com.cn 08-10-27。

的桐木油茶经济林也发展起来。

雍正至乾隆时期伴随林业经济迅速发展壮大，尤其是人工杉木林的兴起，林农经济也与之成长起来。雍正五年（1727 年），张广泗就任贵州巡抚，向朝廷奏报号召种杉植树："黔地山多地广，小民取用日杂，令民各视土宜，逐步栽植。每户数十株至百株不等，种多者量加鼓励。"显然张广泗的倡议在清水江流域得到广泛的推行，人工栽培杉木推广开来，林农经济得到发展。乾隆后期成书的《黔南识略》对此有记载："种杉之地，必预种麦及苞谷一二年，以松土性，欲其易植也，杉阅十五六年始有子，秧初出，谓之杉秧，既出而复移之，分行列界，相距以尺，沃之以土膏，欲其茂也。稍壮，见有拳曲者则去之，补以他栽树。"契约 6-1 是一件在雍正八年（1730 年）产生于清水江支流乌下江下游乌山寨的林契，它是将山坡出售用于栽培林木。

> 契约 6-1
>
> 立断卖山坡约人苗举寨龙南依。为因家下缺少，自愿祖业山坡一所，坐落土名定包，上平田水沟，下平溪，左平头沟冲，右走路岭。平（凭）中卖与乌山寨小苗光吴文明、有才、富才、得先才英名下，得买议定艮八两亲手收回应用，恁后无平立此断字是实，凡有约在□堂□乎保管。
>
> 吴艮包
>
> 凭中
>
> 吴翻化
>
> 代笔 杨起搂
>
> 雍正八年十月十八日　立 [①]

契约 6-2 是一件立契于雍正九年（1731 年）的林契，它清楚地表明是一件杉木买卖契约。

---

① 张应强、王宗勋主编：《清水江文书·第三辑》第 3 册，第 313 页。

契约 6-2

立卖山场杉木约人姜闵刚，为因家下缺少用度，无所得出，自愿将祖遗山场杉木一所，坐落地名九桑，做四股均分，本名占一股。请中出卖与姜相云、姜茂云兄弟名下承买为业。当日凭中当面议定价银二两正，亲手收回应用。其山场杉木自卖之后，任凭买主二人永远管业，不许族外人争论。今恐无凭，立此卖约，永远遵照。

凭中　姜利两　受银五分

代笔　姜邦奇　受银五分

雍正九年十月十八日 [1]

黎平文书中虽然没有乾隆之前的林契，但据《黎平县林业志》叙述林业生产起始一事，引一块碑铭所记，雍正八年（1730年），黎平县茅贡腊洞村民吴廷光在跳郎坪栽种杉木，管护三十年，砍伐3000株。该碑铭在黎平县茅贡腊洞村，名《永记碑》，碑文如下："吾祖遗一山，土名跳郎坡。计三冲五岭，而宽六万余方丈，荒芜无林。祖父传冷曰：无树则无以作栋梁，无材则无以安身，欲求栋梁之材，首树树也。吾父子二人，听命祖遗，于雍正八年育杉秧，翌年开山植树，乾隆十五年告成，吾父子朝出墓人之辛，开山辟棘之苦，请匹人勒石永记。"[2] 这是今黎平县最早育林生产的记载。

林农经济的发展反之也推动了林业生产，到乾隆、嘉庆年间清水江流域林业经济进入到黄金时期，清水江流域在康熙时还是采木处女地状态的中游清江（剑河县）至锦屏间，此时成为输出木材的苗河。乾隆五十五年（1790年），刊本《沅州府志》载：黔阳县托口"上通贵州，苗峒巨木异材奏集于此。官之采办与商之贩卖者，皆就此估值以售，编筏东下"[3]，反映的就是清水江流域林木采运与商人木材贸易的景况。尤其是锦屏"三江"一线，已成为清廷在清水江流域林木采办的主要地区和木材集散中心，这一盛况一直持续至民国时期。

① 张应强、王宗勋主编：《清水江文书·第二辑》第1册，第1页。

② 黎平县林业局编：《黎平县林业志》，贵州人民出版社1989年版，第115页。

③〔清〕张官五等修纂:(乾隆)《沅州府志》卷八"市镇"，中国言实出版社2016年版，第76页。

（二）林业契约中见到的林农经济特征

梳理现存的林业契约便可发现，从康熙以来山场及杉木买卖契约到了乾隆朝不仅逐渐增加，而且在地域上向更广阔的流域内扩散，到民国时期已在流域内成规模的分布，它反映出林农经济不仅是一个持续不断发展的产业，并形成两个显著特征。

首先从时间上划出生产发展的阶段性历史进程。分析文书产生的时间，可为我们进一步看清林业生产发展在时间上的先后状况。本项研究共观察和梳理了收集于《清水江文书》《天柱文书》和部分《黎平文书》《三穗文书》中的林契，以及部分学者调查研究收集到的林业契约文书共计 5000 余份。表 6-1 是对上述林业文书中各时期林地买卖契的统计。

表 6-1　各时期林地买卖契统计表（单位：份）①

	康熙	雍正	乾隆	嘉庆	道光	咸丰	同治	光绪	宣统	民国	总计
三穗	—	—	8	31	31	3	—	50	4	40	167
天柱	8	1	12	16	116	24	62	237	28	709	1213
锦屏	1	2	199	419	475	71	91	459	72	738	2527
黎平	—	—	121	154	294	89	67	200	43	324	1292

不同时期林业契约对林业生产历史来说，本质上是一种林业生产时间性与空间性的相互对应关系，如果将表 6-1 内林业契约时空对应关系连接起来，它实际上构建了林业发展历史进程的面貌。它在时间维度下展现流域内林业生产的规模变化，与空间变化的维度，构建了一幅林业生产在时间、空间及作为生产规模标志的林地买卖契约数量的三维历史图景。对应林契在时间与空间上的关系，可以从宏观观察到清水江流域林业生产在空间上的发展变化，表 6-1 显示出林业生产由下游向上游推展并在流域内发育壮大的空间变化轨

---

① 林契来源：三穗取自于滚马乡德明村。天柱县的统计数据取自于《天柱文书》1—22 册，但其中所收集的石洞乡摆洞、冲敏、勒洞三村寨林契未统计入该表内；龙泽江收集的石洞乡柳寨林契也未统计入该表内。锦屏县的统计数据取自《清水江文书》第一、二、三辑。《九南篇》《亮寨篇》《贵州清水江文书·锦屏卷》等中的林契未计入表内。

迹。这一宏观历史现象的建构通过文书的叙述可具体的展示出来。契约 6-3
的内容是康熙二十二年（1683 年）潘显宇将位于地名叫作"妻重嫁元头山"
的一处山场出卖。

> 契约 6-3
>
> 立卖山场人潘显宇。今因家下要银使用，无从得处，夫妇商议，
> 将到自己妻重嫁山场土名元头山一所，东抵□山，西抵得所，上抵路，
> 下抵元墦背，并不包卖他人寸土在内。凭中出卖与房下侄儿潘魁明处
> 承买，当日三面议作卖价银伍钱三□正，其银入手去讫，其山场付魁
> 耕管。一卖一了，二卖二休，在后不许争论，如有返悔争论，在于卖
> 主理口，今欲有凭，恐人不古，立此卖契为照。
>
> 　凭中　潘荣卿　潘用卿
>
> 　代笔书人　潘显华
>
> 康熙二十二年岁次癸亥拾月初八日　立 [1]

第二，清水江文书不仅给了我们观察林业生产发展的时间变化实像，同时
林业契约从空间上展示了林业生产的发展规模。已收集到的流域内林契分布点
及其文书数量，自然就体现出林业生产分布的空间态势。本文共观察梳理的林
契主要来自《清水江文书》《天柱文书》《黎平文书》，此外取材于部分《三
穗文书》及部分学者调查研究收集到的文书共计 5000 余份。这些文书的来源
地，最真实地反映了清水江流域林业生产分布区域，形成了从湘黔边界的翁洞
延伸至南加的清水江干流两岸分布态势。而在南北两岸支流上，有从黎平县北
流而来的亮江、从罗里北流而来的乌下江，在北岸有从三穗县衮马南流而下的
邛水（六洞河、八卦河）小江一线。文书广泛分布于剑河、三穗、天柱、锦屏、
黎平五县的山水间，实际上将流域内林业生产大空间分布一览无余地清晰展现
出来：林业生产从清水江下游的天柱县延伸到中上游的锦屏、剑河，并在支流
上的亮江、乌下江、邛水－小江等小流域渐次展开。

简要地罗列与分析上述史事主旨在于强调：清水江流域自晚明历清代至民

---

[1] 张新民主编：《天柱文书·第一辑》，第 106 页。

国时期，一个重要民族产业就是林业生产，其产业规模堪称这一时期中国南方林业主产区之一，与之相伴的是当地农民挖山植木，林农经济也成长发育壮大。当地侗、苗民族自清代到民国时期几百年的林农经济生产过程中，产生了大量的林地买卖及与林地经营相关契约文书（下文简称"林契"），它与农业生活中的田地买卖契约一样，成为今天了解和研究当地少数民族社会土地制度的重要历史文献。

二、林业生产中的股及"股分"形式

清水江文书中的林地买卖契约，一个突出的现象就是几乎凡契皆有"股"。这里的"股"，主要是指一座山场内不同的股份、林产品分成股份等。林契中无处不在的股份所反映出历史事实是：从社会生活方面看，是侗、苗社会中分家析产的过程，也是林地产权的分配与再分配、林农租山分成的保障；从经济生产活动上看，几乎可以说，股权维系了清水江流域林业生产的秩序，股份买卖成为了林农从事林业生产与经营的又一个主要内容。

（一）最早的林业契约中的股权登记

对清代以来清水江流域林业生产的研究，有一个很有影响的观点，即林业契约的产生是人工林业生产的产物，而人工育林营林导致了"股份"分配，因此，股存在的逻辑前提是因为乾隆时期出现的人工育林营林。[1] 这一判断是否确切，就有必要找到证明。这就涉及一个历史事实问题，即清水江流域最早的林业契约产生于何时？最早的林业契约是否同时划分着股权？

目前所能见到的清水江流域最早的涉林契约是明代嘉靖十年（1531 年）"潘元怀等长坪断卖契"，内容见契约 6-4。

---

[1] 该观点可参见唐立、杨友庚、武内房司主编：《贵州苗族林业契约文书汇编（1736—1950 年）》第一辑"序文"，东京外国语大学 2003 年版，第 10 页，后来罗洪祥等著文引申了这个观念，参见罗洪祥、赵大华、吴云：《清代黔东南文斗苗族林业契约补论》，《民族研究》2004 年第 2 期。

契约6-4

亮寨长官司□下颡寨立断卖长坪约人潘元怀、潘安兴众房等，缺少银两使用，情愿请中□祖公长坪一冲，地名溪冲，东至百寨坡□□、南至坡为界、北至凉伞坡为界、西至豆地为界，四至分明。凭中出卖与九南陆万隆、陆万忠、龙稳卓、龙传秀四人承断。凭中议作断价银六两五钱整，众人眼同亲领家用外，其长坪自断之□任从买主子孙□□□业，不许卖主□□争论。有争者，卖主一面承担。二家情愿再不许翻悔，一断一了，二断二了，断根绝卖，永不归宗，再无异言。今恐人信难凭，立此断约，永远执照用者。

庚寅年二月十八日　立[1]

这是清水江支流亮江上的买卖契，文书中亮寨长官司时属于黎平府行政区域。虽然契约中所出售的是"祖公长坪一冲,"但到底是不是林地，实际上还是很模糊的。类似模棱两可的契约在清水江主流天柱县境内也可见到，契约6-5是一件明代崇祯十年（1637年）杨后昊卖山地契约。

契约6-5

立卖山契人杨后昊、杨后富、钦□□□□时岁凶荒缺食度日，兄弟叔侄商议，意愿将祖禁山场牛岭斗高山洞□□□山地头欲行出卖。无人承受，请中在内启到黄田八甲生员吴学林近□□买为业，三面议作山价银九呈银玖两正。其银是叔侄亲领处讫。其□林山冲□禁当任后开垦为田，不得生端童论异言。祖如有此□执约□罪□□立此卖契为照。计开四抵，上抵本主塘冲四，右抵十□大芒冲吴学皋山，左自荇菜塘抵谢家山界。横抵高山斗大芒山界，下抵水四冲吴学忠田坎上。

崇祯十年六月十九日　立[2]

虽然文书中写道"将祖禁山场牛岭斗高山洞□□□山地头欲行出卖"，肯定是一块山地，但同样困惑的是契约中又写有一句"其□林山冲□禁当任后开

---

① 高聪、谭洪沛主编：《贵州清水江流域明清土司契约文书·九南篇》，第335页。
② 天柱县地湖乡岩古村村坪元山一组潘姓家藏。

垦为田"，似乎又不是林地。在清水江文书中，目前所能见到、并清楚地表明是林地的契约文书，大都在康熙时期。契约 6-6 是时间最早的一份明确的涉林契约，内容如下：

契约 6-6

立卖山场人潘显宇，今因家下要银使用，无从得处，夫妇商议，将到自己妻重嫁山场土名元头山一所，东抵□山，西抵得所，上抵路，下抵元墙背，并不包卖他人寸土在内，凭中出卖与房下侄儿潘魁明处承买，当日三面议作卖价银伍钱三□正，其银入手去讫，其山场付魁耕管，一卖一了，二卖二休，在后不许争论，如有返悔争论，在于卖主理□，今欲有凭，恐人不古，立此卖契为照。

凭中　潘荣卿　潘用卿

代笔书人　潘显华

康熙二十二年岁次癸亥拾月初八日　立 [1]

该契约发生地也是在天柱县境内，契文中明确表明所出售地产是一所山场。相对而言，在清水江主流上的锦屏县境内，今天遗存林契最多的文斗、平鳌、河口等地，发现的林契时间较天柱稍晚，所能见到时间最早林契，为康熙四十三年（1704 年）的卖山契。

从上述对林契产生时间的追踪分析所见，即便不算上明代模棱两可的林契，那种清水江林业契约产生于乾隆早期的判断也显然有误，由此也导致与之相关联的人工育林与林地股权产生的两个逻辑判断也必然站不住脚。从上引林契中所见，最早的林业生产非人工育杉，林契中也无股权的分割。上述错判的原因在于研究者当时史料缺乏，主要是据在文斗寨与平鳌发现的 850 余份 [2] 契约为依据作出的判断。

---

① 天柱县竹林乡高坡村一组潘德清家藏。

② 当时文书汇集情况是，在杨友赓著文中提到 650 余件。参见唐立、杨友赓、武内房司主编：《贵州苗族林业契约文书汇编（1736—1950 年）》第一辑，第 2 页；在罗洪祥等论文中提到文书只有 399 件（参见罗洪祥、赵大华、吴云：《清代黔东南文斗苗族林业契约补论》，《民族研究》2004 年第 2 期。

在目前已刊印出版的清水江文书中，最早有股份分割的契约不是林契，而是土地买卖。契约6-7就是一件连带着股份的土地买卖契约。

契约6-7

贵州黎平府湖耳司蛮夷长官管辖地寨苗人吴王宝，同弟吴艮宝、吴老二、吴老关等。为因家下缺钱使用，无从得处，情愿将到自己祖业管耕一处，土名石榴山冲旷野荒地一冲，请中问到亮寨司九南寨民人龙稳传名下承买为业。当日三面言定议值价钱，吴王保、吴艮保名下银壹两柒钱，吴老二、吴老关名下一股银壹两柒钱，一共参两四钱整，入手回家应用去讫外。其荒地东抵石榴山，南抵大王坡，西北抵溪，四至分明。断粮浚卖，任从买主子孙开荒修砌管业，再不干买主之事，亦无房族弟男子侄争论，二家各不许憣（反）悔，如有一人先行憣（反）悔者，甘罚生金三两，白水牛一只入官公用，仍旧成交。恐今人信难凭，立此父卖子绝文约永远子孙收照用者。

吴王保名下多银参钱正。

明嘉靖三十五年十一月廿三日　立约 [①]

契中所言"自己祖业管耕一处土名石榴山冲旷野荒地一冲"，显然是未开垦的田地而非林地，但重要的是，这是一块四弟兄共有的地产。据契文中"吴老二、吴老关名下一股"一句，该土地可能是一个家族两房堂兄弟间共有的产业，被分为两股。将土地以"股"分配，这是目前清水江契约中所见最早的一件文书史料。

在涉及林业生产的上万件契约文书中，最早表明林地存在着"股份"的契约是在雍正时期。契约6-8就是产生于雍正九年（1731年）的带股份契约。

---

① 高聪、谭洪沛主编：《贵州清水江流域明清土司契约文书·九南篇》，第99页。

契约 6-8

立卖山场杉木约人姜闵刚，为因家下缺少用度，无所得出，自愿
将祖遗山场杉木一所，坐落地名九桑，做四股均分，本名占一股。请
中出卖与姜相云、姜茂云兄弟名下承买为业。当日凭中当面议定价银
二两正，亲手收回应用。其山场杉木自卖之后，任凭买主二人永远管业，
不许族外人争论。今恐无凭，立此卖约，永远遵照。

　　凭中　姜利两　受银五分

　　代笔　姜邦奇　受银五分

雍正九年十月十八日 [①]

该契约说明所出售山场为祖产，因继承而分为四股，其中一股为卖主姜闵
刚所有。从目前收集到的清水江林业契约看，自乾隆初年起无论是天柱、锦屏
还是黎平，林业契约中频繁地出现带有股份的林业契约。

（二）多重股：林地山场股的特征

透过现存清水江流域林业契约文书，尤其是锦屏县平略镇、河口乡境内
遗存的清至民国时期林地山场买卖契约可以看到，一块林地山场往往被分割
成许多份股数，被不同的家庭或同一家族不同成员分别占有。这种对同一块
林地山场，依据所有者权利分割成不同股份的行为本文称为"股分"。在契
约文书中对出售林地山场的股分标识，通常用股加数字表示，如 3 股、5 股，
或者 5 股中之 3 股（3/5 股）等。契约 6-9 就是将一块山场分割成 20 股的典
型股分契约。

契约 6-9

立卖山约人平鳌寨。为因文堵之事，出卖杉木一块，坐落地名皆
里乌之马等。二十股分山，不得争论。保乔得一股，番堂、文卿二人
共一股，金玄兄弟得一股，银乔得一股，用卿是一股，龙卿得一股，
老玄、老路共一股，天祥、天凤二人得一股，天云得一股，银锁得一

---

① 张应强、王宗勋主编：《清水江文书·第二辑》第 1 册，第 1 页。

股，天贤得一股，福三、银三二人共一股，银岩、老商、老七共一股，五云得二股，老朝得一股，班云、五云弟兄四人共二股，玉山得一股，文楼得一股。

　　代笔人　姜壹霞

　　起圣　代笔五分

　　乾隆二年十二月二十九日　立笔①

　　但是，清水江流域对一块或一处山场占有情况比较复杂，出现了多重股的股分现象，在文书中体现为股中股的多层股书写，如契约 6-10。

　　契约 6-10

　　立卖杉木约人苗衣寨姜老五。为因缺少银用无从得出，自家商议，情愿将所栽杉木坐落地名菩萨凹二十二大股，老五等占一大股分作四股，老五名下占一股出卖与姜天时名下承买，畜禁长大发卖，其地然归本主。当日凭中议定价银一两五钱五分整亲手领回应用。分厘无欠一断一了，二断二休。恐从后无凭，立此断约，子孙存照为据。

　　卖主　姜老五

　　凭中伍　姜贵卿受银二厘

　　依口代书姜有文受银二厘　押

　　乾隆二十九年十一月二十日　立②

　　此契是典型的表示股中股文书，其股的复杂性是菩萨凹山场股权为二层股。第一层是整个山场分成 22 大股，第二层 22 大股中之一大股又分作 4 股，姜老五占有其中 1 股。再如契约 6-11 内的股可分为三层：

　　契约 6-11

　　山分四大股，启光一大股，启华一大股；启华一股又分为二小股，启光占一股，东佐占一股。东佐占一大股，分为四小股，东佐占一股，

---

①张应强、王宗勋主编：《清水江文书·第二辑》第 3 册，第 1 页。
②同上，第 2 页。

启翠占一股东佐占，合祥一股，启周一股；启周一股分为两小股，作粥一股老寿一股。海琼一大股，启谟、启口、启薰、海琼四家分。①

该文书为一件山场簿，其中记载了光绪三年（1877年）三月二十八日"南思些山"分股情况。其股分情况是：第一层是分为4股，其中东佐占1股；第二层为东佐所占1股又分为4小股，其中启周1股；第三层是启周所占1股又分为2小股，作粥1股，老寿1股。类似"股中股"契约在清水江文书中占有相当比重。

清水江林业契约中反映出来的林业生产在产权上的多重股或者股中股的复杂分配现象，可能也是清水江流域苗、侗民族林业生产中形成的独特林地所有权分配形式。比照徽州山场林地契约，虽然也能见到带股的契约，如一份崇祯十年（1637年）买卖契约中，有"分力"②将大股二大股又细分为八股再行分配；在一份乾隆五十七年（1792年）祈门凌氏《合同文约誊写薄》内的"叶家原合文分单"看到，一块山场的各山主按原有股份，分配出售木材所得42两银③，但这类股分形式与清水江流域不同，它不是对分力内的股分，就是分银时的按股分成，很难看到清水江流域内以股分形式的地权出售，或者山场股权股中股分配情形。这种股分所体现出的地权分配差异，同样可以在与林业生产较发达的闽北林业契约文书的比较中见到。与徽州契约一样，《福建民间契约文书》中汇集有从明代到民国时期的林业契约文书，其中虽然也能看到有林地为家族所有，如一份康熙十三年（1674年）五月陈石孙等人的卖山契就提到"所卖其山系二房自己物业"，也有山场由数人股分的情形，如一份"明万历二十年（1592年）二月，陈秀一等卖山契"内写道，"其山租与陈积陈生三户共管"，现将其中"八十张让十绍七绿三口"出卖，得银一两五钱④。契中"八十张让十绍七绿

① 张应强、王宗勋主编：《清水江文书·第二辑》第1册，第91页。
② 此处"分力"是指租佃"山主"的山场林地进行种杉植木的劳动者，类似于清水江林业生产中的"栽手"。
③ 王钰欣、周绍泉主编：《徽州千年契约文书》前编，第四卷，花山文艺出版社1992年版，第441页。
④ 陈支平主编：《福建民间文书》第3册，广西师范大学出版社2007年版，第7页；第4册，第1页。

三口"就是山场股份之一的表述。但这种带有"股分"的契约文书是极少数，且上述契约中出现的股份，也只是租山佃户与山主分成所获得股份，还未见有山主将山场股分或者出售其中股份的事实。实际上，清代以来林业契约文书反映出来的清水江流域林业生产中形成的林地山场特征，不仅体现在股的多重性上，它还涉及股的多种计分单位，或由股的分配方式所体现出来的林地性质等内涵，留待下一节再做探讨。

（三）"两"与"甲"：股称呼的多重性

清水江林地山场中往往形成股中有股的多层股分现象，于是，在对股份的计量上也变得复杂起来，其中对股份的量化单位有了几种表达，即除通常用多少"股"表述股份外，还有"两""甲"等用语。用"两"表示股以对山场进行分割，最早出现于乾隆十年（1745 年）十月对一座名称为"小堂山"的山场股分，当时将小堂山记为"四十九两山"[①] 现存契约文书中，能见到的最早用两作单位计算股的完整契约，是一份乾隆二十五年（1760 年）的"分关"文书，参见契约 6-12。

　　契约 6-12
　　立清白分关人姜吉祥、上贤、士凤、启才、富宇、凤宇、和宇、得中、文学、文佐等。为因众□□买得污革、□石、千石三处山场，□□卖空，倘山内存落脚木根数枝，三阄均分……
　　祖保、长保二人四两四钱
　　唐乔、老干才、冉周三人陆两陆钱本
　　富中贰两共壹两本
　　加桓、良保二人共壹两本
　　……
　　□□共计叁拾肆两本

---

① 该记载是出现在咸丰年的一件"对门河上下远近等处簿"的山场簿内，是写在一件请柬的边页上。参见《清水江文书·第三辑》第 9 册，第 69 页。

乾隆二十五年七月十一日　　立 ①

从该件分关文书看到，在多人参与的山场财产分割中，祖保、长保二人分得该山场"四两四钱"部分。这里的两即是股的涵义，而钱则是对两单位的再进一步细分的单位示意。显然，文书中的"两"与股为同义的不同环境下的不同表述，股即是两，两即是股，契约6-13就是明确地表示出两与股为同义的合同。

契约6-13

立卖嫩杉木字人姜启章。为因要钱用度，情愿将已分下嫩杉木两块，坐落地名一处白号山、一处乌号山，共两处作拾股，分启章弟兄占一股半。此一股半启章名下占一半，包五名下占一半。今启章一半出卖以（与）本族姜启才、映辉两家蓄养管业，依中处定断价银叁两捌钱正入手应用。其木长大砍伐照股均派，木尽地归原主。倘有来历不清，不干买主之事。今欲有凭立卖字契照。

外批：此山作拾两分，启章、包五共占一两五钱，启章占七钱五分。

凭中　姜周杰

代笔　姜文启

乾隆五十八年十一月二十六日　　立 ②

该件文契正文所书写的是股，"共两处作拾股"，而在文契的"外批"中又写作"两"及两的下级单位钱："此山作拾两分。启章、包五共占一两五钱，启章占七钱五分" ③。可见在这里两与股是同一意义的两种表达，"拾股"也就是"拾两"。

乾隆以来至民国时期，林业契约中运用两来计股分股是一种常态。在空间

---

① 陈金全、杜万华主编：《贵州文斗寨苗族契约法律文书汇编——姜元泽家藏契约文书》，第6页。
② 张应强、王宗勋主编：《清水江文书·第三辑》第7册，第232页。
③ 从该契约计股方式看到，当还涉及更进一步的股的细分计算时，则采用两以下钱、分、厘等度量系统为单位。采用这一方式早在乾隆时期已开始进行，如契约6-13中"外批"所言一两七钱则是正文中的一股半，而又有启章、包五共占一两五钱，启章占七钱五分，是用"钱""分"进一步地作了更小的股单位；这是以"钱""分"作为细化再行股分的数量单位表示。

地域上于清水江流域，也是通行的表达方式。如契约6-14是一件黎平县罗里乡罗里村的林契，就是用两来计股分股。

契约6-14

地茶杨昌贤、石声昭、杨光贵得买山主杨秀元、开泰、张本立、陈洪谟十二家之山杉木三块，并栽主蒋、张、潘三姓在内歹郎大，今因砍伐头木下河，余存山中脚木，……昌贤三人与山主共养育，长大发卖。二两均分……

道光十年正月二十七日 [①]

在清水江林业契约中，对山场分割还存在利用"甲"字计股方式，即甲也是与股、两相当并进行股分的单位用语，如契约6-15。

契约6-15

立分山合同字贴。众人等并扒洞共五甲有山一所，下边小名拖边榜，上边小名乌格溪。山属宽旷，无奈人多事碍，荒芜日久，目触心伤，是以齐集公议，莫若瓜分，任其勤惰，勤奋者应获厚利，惰者亦无怨尤。平鳌四房编为两大甲，廷议、德中一大甲，文德、绍虞两大甲。扒洞继爵半甲。廷议、德中分落拖边榜，左抵难界凭顶，直上透顶为界，右抵冒造冲，中下凭冲直到河，沿上破犁嘴贯顶为界，右至岑究冲分界，大甲半甲管业。自分之后，务要各管各业，不得翻悔。今欲有凭，立此分山合同二约存照。

代笔：南昌府平城县唐孔连

乾隆五十年八月初二日　　立 [②]

该契约中"扒洞共五甲有山一所"一句，其语气为当地苗族用语习惯。按正常汉语表述，应读为：扒洞有山一所共有五甲，联系文中平鳌寨有四房编为二大甲；廷议、德中一大甲；文德、绍虞两大甲，（其中）扒洞继爵半甲；合

---

① 黎平县档案馆编：《贵州清水江文书·黎平卷》第一辑，未刊稿。
② 唐立、杨有赓、武内房司主编：《贵州苗族林业契约文书汇编（1936年—1950年）》第三卷，东京外国语大学2003年版，E-0004。

计为五甲。由此理解，该契约是将一处山分为五股，其"共五甲山"可理解为五股的山。可见，文契中的"甲"字实际是股的同义词。

与两一样，在空间与时间上，甲都流行于清水江流域。

到了光绪朝后，清水江林业契约中往往有股、甲、两三种用语混用的分山契。如契约6-16的文书中可见到：光绪二十一年（1895年）六月十一日分污界山场为三股[1]，上寨户占两大股；下寨占一大股。下寨所占股又分为四甲。又再分为如下股份。

契约6-16

一甲分为十股：姜未生、姜乔尧（红）各占四股半，其中未生所占分为三小股，未生占二两股，上寨际春占一股；未生占顾绞一股，分为三股。共合十股。

二甲分为六股：姜世俊、□□弟兄占两股半，乔尧叔侄占一股半，龙登富弟兄占一股；存一股分为八小股，熙麟叔侄占七小股，龙登富弟兄占一小股。

三甲分为七股：未生占两股，乔尧占一股，际春占一股，熙麟占一股；存一股分为八小股，熙麟占七小股，登富占一股；又存一股分为两股，世俊占半股，未生占半股。共合七股。

四甲分为七股：一股分为两小股，熙麟占一股，登富占一股；存六股世俊占三股，世清占三股。共七股。[2]

这是一种三层次的多重股契。第一层是3大股，其中下寨占1大股；第二层为下寨所占1大股再次分配为4甲；第三层为4甲中每1甲又分割成若干股，形成了股—甲—股的混用计股用语。但在12年以后的光绪三十三年（1907年）六月初四日，该山被再次股分，而这次计股份则甲与两混用，参见契约6-17。

---

① 从光绪二十一年六月初二日岑悟寨陆相士、相朝弟兄佃污界山契知道，山属于文斗上下两寨，上寨姜开文、际春、际元、际云等，下寨姜世清、世龙、姜熙麟、姜未生、永文、龙际富等。（张应强、王宗勋主编：《清水江文书·第三辑》第7册，第127—128页。）
② 张应强、王宗勋主编：《清水江文书·第三辑》第7册，第127页。

契约 6-17

下寨姜世清、乾叔侄、姜熙豪，上寨姜际春、元弟兄。岑梧陆春
秀弟兄，共山乌界，下寨一大股因前后买卖不一，派作四甲分列于后：

一甲作十两均分，熙豪占山八两一钱六分七厘，上寨姜际春、元
二人占山一两八钱三分三厘。

二甲作六两均分，世龙叔侄占二两五钱，熙豪占三两五钱。

三甲作七两均分，世龙叔侄占二两五钱，熙豪占二两五钱。

四甲作七两均分，世清占三两，世龙叔侄占三两，熙豪占一两。[①]

该次股分层次及标识是：第一层用甲，第二层用两，构成了甲—两的混用
计股格式。如果我们观察同一座山场在光绪朝期间不同时间股分联系起来，则
该同一座山场的股份则呈现出的是股、甲、两或者两、股、甲的混用。

上述引征文书看到，自乾隆朝以来清水江文书中有大量的股分山场契约存
在着股、甲、两三种计股分股用语。那么，股、甲、两三者间是一种什么关系。
如他们间是否有大小等级序差的从属关系呢？从上引契约文书看，似乎股为第
一级常见一些，但也有许多是将股与两用于同一层级关系，如契约 6-13；而
在契约 6-16 中，则第一级为甲，第二级为股。在一份嘉庆七年（1802 年）十
月十六日"中房契"内对记载：乌养界分四甲，其中每一甲又分 10 股、7 股、
13 股不等[②]，可见第一级为甲，第二级为股，而在契约 6-17 中，则是第一级为甲，
第二级为两。综合上述契约内股、两、甲运用格式看，似乎不存在固定的级别
差序层次的从属性质，以至于在光绪朝起三者可以一体混用。若是从用语出现
时间上看，股在明代林契中就用于分配用语，而用两计股目前所见是在乾隆十
年（1745 年），用甲则再稍晚一些，这倒是体现出了一个明显的时间差次序现象。

---

① 张应强、王宗勋主编：《清水江文书·第三辑》第 7 册，第 130—131 页。
② 同上，第 129 页。

三、林契内股的权属性引发的林地权论争

（一）"股"在清水江流域林业生产中的重要性

反映在林契中的清水江流域林业生产中股的现象，早已引起清水江文书研究学者们的注意，并从股本身显示出的诸多内在特征进行探讨。日本学者寺田浩明指出了其股的复数性，又注意到为计算方便，也用两标识计量股数，并以此作为对林业契约分类的出发点与依据。[①] 中国经济史学家朱荫贵不仅指出清水江流域林业生产中的股，与经济学界所界定一般股特性的差异所在，还从功能上对股进行类型划分，区别出有生活中的股与生产经营性的股两大类。[②] 吴述松对股的复杂性及股的再分配体现出的复数性作了进一步地揭示，并从经营方式上做了拓展性研究。[③] 本项研究也在吸取上述学者的研究成果基础上，进一步地探索了股分现象，对股的源头、特征——股的多层（重股）性、标识股权的多样性及股的生成机制作了初步探索。上述研究所展示出来的股的诸多内涵，应当就是清水江流域侗、苗民族林业生产生活的一大特征。

其实，股的多层性及股标识的多样性背后，一定与所有制度相关联。因为股不是林业生产的单独要素，它是一系列经济关系的集结点，其中一个最重要的关系是土地所有制度。因此，对于林业生产来说，股的重要性更在于其本身所传达出来的林地（山场）产权的制度性特征，是生产关系最直接的表现。就学术研究而言，以清水江文书为史料对清水江流域林业生产的研究，实际上是以股为焦点展开的土地制度研究，也是清水江文书研究最早的一批成果，并由此形成了几种不同观点。

杨友赓对一组锦屏林业契约分析后得出的基本观点是：主要由地主（山主）与林农（栽手）间缔结租佃关系进行的生产方式，形成了林业经济中的地主私

---

① 寺田浩明：《解说》，载唐立、杨友赓、武内房司主编：《贵州苗族林业契约文书汇编（1736—1950年）》第一辑，东京外国语大学 2001 年版，第 14—15、22—26 页。
② 朱荫贵：《试论清水江文书中的"股"》，载张新民主编：《探索清水江文书的踪迹》，第 77 页。
③ 参见王代莉、罗正福、吴述松：国家社科规划课题"近 500 年清水江流域文明发展史研究"结题文本（未刊稿），2016 年。第二章的第四节中"与人口增加、经济发展孕生的复杂股权分割"相关内容。

有制生产关系；林业生产是地主私有制度经济前提下的商品经济。[1] 林业经济
中地主经济私有权表现形式，除作者依从租佃林地山场契约作为典型案例外，
在另一篇研究论文中引一件咸丰二年（1852年）七月初二日订立的"卖山场杉
木契"为例，针对其中所言"……（共有八人）等，为因先年姜廷智、开式公
孙所卖股数末载分明，今木砍伐，我等股数自愿凭中一概卖与下寨姜仲英名下
承买为业……右批，此山分为两大股，六房卖主占一大股，下寨占一大股……"
可见是从股权及股权变化判断地权来源：主要有祖传产业和二次买卖（转手）
的产业，还有从"公产或共产"转换[2]。值得注意的是，作者据契约提到一处"公
有"或者"共有"的概念，但未对其内涵进行分析。

　　针对杨友赓上述观点，潘盛之提出了不同解释，他认为清水江流域的生产
关系"是林产品的私人所有与地权的家族村寨公有制度"。他分析道：那种认
为"侗族地区已经进入了封建地主时代，土地都已家有化，土地的租赁、买卖
现象已普遍存在。并以此为由，推论侗族地区的宜林地已经私有化了"的论证
是不合侗族地区实际情况的。为此他一方面征引侗族传统生活的实际调查报告，
同时征引林业契约发现："侗族地区的宜林地，其产权从来没有实行过私有林
权的转移，仅止于活立木的出售和典当。"如在乾隆二十八年（1763年）姜凤
宇卖山场杉木契约内，姜凤宇只是将山场"一股"卖与族内弟兄，而在乾隆
五十年（1785年）姜举周出卖杉木契约中，股分也都是在族内弟兄间进行。因
此无论是出售与购进，林地不过只是在同族间流动，所以是家族共同财产。由
此作者的结论是：清水江流域林地产权"直至新中国成立前，一直实行家族村
寨公有制，而活立木则可以归属个人所有"[3]。与潘盛之"家族村寨公有制度"
观点相近，稍后徐晓光征引一份光绪时人姚廷标诉状中的"祖继周生父兄弟九
人，公业均属于九股分占"的记述，对该件诉状文书中涉及的"公业"与九股

---

① 杨友赓：《清代清水江林区林业租佃关系概述》，《贵州文史丛刊》1990年第2期。
② 杨友赓：《清代苗族山林买卖契约反映的苗汉等族间的经济关系》，《贵州民族研究》1990年
第3期。
③ 潘盛之：《论侗族传统文化与侗族人工林业的形成》，《贵州民族学院学报（哲学社会科学版）》
2001年第1期。

股权的分配关系进行了分析，认为清中后期是"保留家族共有制前提下家庭股份制的出现"[1]，得出了与潘文相似结论。

罗洪祥则针对潘文的观点，从产权角度探讨林地所有权属性，明确提出了林地私有权制度，为此撰写了许多论文。其主要观点是：承认在商业性的"人工育林兴起前，锦屏文斗等林区的林地林木都是实行家族共有制度"。林业贸易初期，家族共有的产权制度向家庭私有变迁，自然的，由于林业经济越发展而产权就更为私有化；变迁的动力来自商业林经济利益的诱导，于是开始从公有向私人变迁。这一变迁过程只能产生于林业贸易初期，林业契约的产生是商业性林业生产的产物。特别是林业契约中以"卖木又卖地契"为特征的股权买卖的出现，更是林地所有制形式从此前的"家族共有制"变迁到"家庭私有制"的标志。因此，"林业契约只能是林地'家庭私有制'的产物"[2]。虽然罗文明确针对潘文"公有"概念论证出与之完全相反的地权属性，但与潘文一样，也从乾隆四十一年（1776年）九月十五日与乾隆四十四年（1779年）三月二十八日两件林地买卖契约中"股权"转移，判断出在人工育林前文斗的林地所有制形式是"家族共有制"。

对罗洪祥观点的推进，有潘志成、梁聪、李向宇。如潘志成、梁聪撰文对地权转移的过程研究，得出了"嘉庆道光年间……山场与土地日益集中到少部分人手中"[3]的观点。所不同的是，整个评论过程中没有注意到对股的解释，而这正是上述诸家所证明"家族共有"制度的关键性问题。李向宇重点辨析了股与所有制度间关系。首先从经济学意义上确定什么是"公共"性质股权的标准，然后分析了通常所说的林契中共股特征，再与经济学上的共股与契约中家族占有的股比较，说明这里的大多数股属性不具备公共股特性。针对部分契约中家庭成员间共股（家庭共股）内部分裂后形成新的个人股份（家庭）、以及个人股扩大为家庭成员间共股份，对此类股权变化作了动态分析，近乎建立了一个林业生产中"家族内公有股"产生模型——家族共有→家庭私有→家族共有循

---

① 徐晓光：《原生的法》，中国政法大学出版社2010年版，第289—291页。
② 罗洪祥：《清代黔东南文斗苗族林业契约补论》，《民族研究》2004年第2期。
③ 潘志成、梁聪：《清代锦屏文斗苗寨的宗族与宗族制度》，《贵州社会科学》2011年第2期。

环过程，而循环转换的导因则是林业生产与家庭人口增长的内在动力，也即家庭成员的增长导致对家庭财产的重新分配①。

上述对林契内股权属性引发的林地权论争，显示出两个有趣的论争现象，第一，无论是否有意还是无意，都体现出一个共同特征，即都从观察股及股份变化去论证林地产权属性。潘盛之等"公有论"者判定林业契约所买卖的股都是"公山"或者"共山"，因此股也是公共股，林地属于"公有"。罗洪祥则一方面确认早期存在着"公山"或者"共山"，类似股有公有属性。但又注重解释一直存在着买卖林地（股权）的事实，则基本可以认定股即是"私人"所有。第二，尽管他们都面对一个共同的"公山"与"共山"，罗洪祥据此作为逻辑起点，通过分析股权买卖，论证出了清水江流域林地权经历了一个由商品生产所促动起来的"化公为私"的私有制度成长过程；而潘盛之则视"公山"与"共山"为侗族传统习俗，建立了由传统习俗所维系起来的林地公有不变论，但其无法解释股权频繁地通过买卖向家庭转换的事实，所以徐晓光用了股权村寨或家族共有而私人只有使用权的概念加以弥补完善。

简而言之，导致问题论争的焦点，在股权的买卖上，而根本却是在对附着于股权买卖的逻辑前提——"公山"与"共山"的解释上。可谓论争成也"共山"（"公山"），消弭论争也在"共山"（"公山"）！看来，评断论争的"事非"关键还是在于"公山"或者"共山"的理解上。

（二）"共山"与"公山"

清水江林业契约文书中的林地山场买卖契约中，常见有"共山""公山"的用语，而且它们往往与山场股分行为紧密联系，试举两契示例。

契约 6-18 ："共山"的例契

立卖山场约人张化寨众姓人等，为因军需洁繁，缺少夫马费用。协同公议，只得将与平敖寨共山一所，坐落地名党亚他，其山左抵露猛冲，右抵乌松朱，原系两股平分，凭中将张化寨范姓一股，出卖与

---

① 李向宇：《清代苗侗民族林地所有制度新探》，《贵州社会科学》2015 年第 9 期。

平敖寨姜绍议，国昌、天时、文德、向之、明德、国珍、文遐八人名下为业。当日三面议定山价银八两正，凭中交足，不欠，众姓领回应用。其山自卖之后，任从姜姓八人世代子孙栽杉蓄禁，修理管业，张化众人不得异言。今恐无凭，立此卖山书契，永远为据存照。

  凭中：范继留、玉保、起相、子龙、起祥、元才

  代书：黄有恒

  乾隆三十四年二月十八日 立①

  契约6-19："公山"的例契

  立断卖山场契人族弟（姜）老路、老岩，为因要银使用无出，兄弟商议，情愿将己受分祖遗公山一股，坐落地名井食，其山原作十二股均分，岩、路兄弟实占一股，央中出断卖与兄兴周、佐周兄弟名下承买为业。当日凭中实受断价纹银三两三钱五分，亲手领回应用。其山自断之后，凭二兄管业栽插收租，卖主不得异言。此系宗人承买宗业，并不与外人相干。倘有来历不明，并私当等情，俱在卖主向前理落，不干买主之事，一断百了，永不翻悔。今恐人信难凭，立此断契存照。

  卖主：老路、老岩

  凭中：范文德

  代书：姜国昌

  乾隆四十一年九月十五日②

  上引两契中，契约6-18所出售之山称为"共山"，即张化寨众人与平敖寨众人将"共山"一坐出卖与平敖寨的姜绍议等。契约6-19出卖的也是一坐"公山"中的一股。这里的共山、公山意义，通常成为研究者据此判定清水江林业经济中林地所有权为"村社共有"或者"家族公有"的重要依据。

  其实，这两件买卖契约中，无论是"共山"还是"公山"，在买卖时本身都连带着股分进行，而并非众人所共有或者公有的一块山场。因此，有必要对

---

① 唐立、杨有赓、武内房司：《贵州苗族林业契约文书汇编（1736—1950）》，A-0009。
② 同上，A-0015。

相关文书中"共山""公山"的语义内涵做一些分析。譬如契约 6-18 中张化寨众人与平敖寨众人的共山，契约中就申明是"原系两股"，即该山在买卖前，张化寨众人与平敖寨众人就共同分割该山场，早已形成各占一股的地权格局，已非共同占有。因此，其"共"的意义是该山已分成二股，各占一股；再从张化寨一端而言，契约也表明，其中所占一股也非本寨众人共有，而是由众姓共同分割成多股，否则不会在契约中书写"张化寨范姓一股，出卖与平敖寨姜绍议……张化众人不得异言"的约定。有同样"共山"表述的契约如契约 6-20：

> 契约 6-20
>
> 立断卖杉木山场字人礼具村杨有能，为因年荒无措。自愿将孟美残共山分内所占半股出卖与龙畴武、老路二人名下承买为业。凭中议定价银七钱整，入手收回。自卖之后……
>
> 外批：此山系是二十四股，有能与有文共一股。
>
> 龙世功　笔
>
> 凭中　杨有文
>
> 乾隆五十八年六月十五日 ①

该契约内礼具村杨有能所出售的孟美残"共山分内所占半股"，实际也表明所出售的是共同分割山场后所形成多人占有股份，此时杨有能将自己所占半股出卖与龙畴武。因此，上述文契中"共"的语义，应当是"共同分割"的结果而非"共同所有"的本义。

那么，是不是在清水江林业契约中，凡有"共山"的书写，其涵义都是共同分割而非共同占有呢？那也不是。契约 6-21 中所谓"共山"，显然不是共分而是共有之义。

> 契约 6-21
>
> 立分山合同人姜映辉、绍牙、映光、映发、香姣、贵乔、姜廷望、国珩等。为因有共山一所，地名冉中农。其界上抵，下抵大溪，左凭

---

① 张断渊：贵州省教育厅 2013 年人文社科项目"苗埂·清水江文书汇编稿"（未刊稿）。

姜廷盛冲，右凭姜明岭。此山在共未曾经分，于是请中登山划界均分。

廷望兄弟分占上边，映辉众人他占下边……埋岩不得移动……

    合同各纸自存为据（该句话半书——引者注）

    凭中　姜明　汤仁海

    绍牙亲笔

    嘉庆七年二月十九日　立

    廷望存一纸　映辉存一纸

    嘉庆七年二月十九日分山合同　姜应辉

该契约中明确写道，作为共山的冉中农山场"在共未曾经分"。即在立分山合同之前，冉中农并没有分割，而是属于众人共同所有。显然，这里的"共山"则是共同所有之义。

在清水江林业文书中，既有许多类似契约中的"共山"属于共同占有之义，也有许多"共山"是共同分割之义。因此，理解文书中"共山"语义就得辨别共山书写的特定环境。凡是共山与股分联系，此"共"的内涵即是共同分割的语义。这一点在契约6-15中表述得特别充分："扒洞有山一所共五甲"，联系契文中平敖寨有四房编为二大甲；廷议、德中一大甲；文德、绍虞两大甲，（其中）扒洞继爵半甲，合计为五甲。那么"扒洞有山一所共五甲"即应当理解为扒洞有山一所，共分成五甲（股）。可见，此共山完全就是共同分山之义。因此，凡类似契约中的"共山"，都是作为股存在的逻辑前提，即共同分山才会形成个人占有股份，所以共山不是共同占有而是共同分割。

与"共山"相似，清水江林业契约中也有许多出卖林地山场写作"公山"。如契约6-19中记载有"祖遗公山一股"。在锦屏县平敖寨收集到的林业契约文书中，乌些思山在光绪十一年（1885年）三月三日佃与中仰潘大体等栽杉，言此山"今五公所占"①。同样，收集到的文斗寨、加池寨山林契约中都常见有"四公山"类似称呼。此类"公山"，不能因为族人长者或者族长尊称"公"，而将其看成是家族"公有"山场，其实它是股的同义语。如一份道光十年（1830年）

---

① 张应强、王宗勋主编：《清水江文书·第二辑》第1册，第91页。

十月初十日的契约中记载，四公山为 4 大股，分别为绍淹一公占 1 大股、绍旁一公占 1 大股、绍连一公占 1 大股、成秀一公占 1 大股。又岩湾范忠成用银四两二钱，买得绍连一公所占 1 大股中的 1/80。[①]另一份道光二十九年（1849 年）二月二十八日的"分山"契约中，记载"岩湾四公山地名刚晚在翁西霸往，各公所占之股分范绍嘉弟兄占一公；范绍昭弟兄占一公，分 3 大股；范绍休、绍华弟兄占一公……范本禹、本大、本烈、老宋、绍传等占一公。合成四公之山"。上引光绪十一年（1885 年）三月三日佃契中乌些思山，早在光绪四年（1878 年）的分山契中就注明："此山原为四公山，现分为五公山。"显然，这里"公"完全是股的同义语，公即是股，四公即 4 股。再如契约 6-22 中有"四公""三公"等书写。

　　契约 6-22

　　　　计开岩湾四公之山，壹公绍昭分为三公：绍淹一人占一公，镇西子二人占一公，绍昭绍儒绍礼三人占一公。二公绍嘉绍学占一公。三公分为四公：绍原占一公，绍纯占一公，绍芳、绍传占一公，本烈、本禹二人占一公，本禹一公分为二公，其中本禹、烈二人占一公，绍微、老宋、双合占一公；四公分三公，绍修、维翰二人占公，此一股分为三股，宗成乔海咸春三人占一公，祥现、老榜、老都三人占一公。[②]

　　该契约内信息非常明确：第一，公与股同义并写；第二，其中"壹公绍昭分为三公""三公分为四公"等，不外是股再分配后的细化，形成股中股。因此，其中的公实为股的意义，山股的划分，可以分为"公"，三公山即为 3 股、四公即 4 股、五公即为 5 股。

　　当然，与"共山"一样，一些公山也是与股共同联系在一起的，成为股的逻辑前提。如契约 6-19 内"情愿将己受分祖遗公山一股，坐落地名井食，其山原作十二股均分，"即公山与股联系在一起，后面的十二股也是此"公"的同义语。此类性质的契约在清水江流域当是通例，契约 6-23 产生于天柱县攸洞村，契中"本房公地"也是同样情形。

---

① 张应强、王宗勋主编：《清水江文书·第三辑》第 9 册，第 177 页。
② 同上，第 193 页。

契约 6-23

立卖山场约人龙朝锦子连兆。今因家下缺少银用，无所出处。自愿将到先年得买本房公地地名归鲜溪山场壹所，东至以溪口岩梁，依领为界，南至以溪为界，西至以刘元保地杉为界，北以领头为界，四至分明。山场参股均分，朝锦占二，成富占一股。朝锦将二股出卖。自己请中上门问到归辉刘文举承买为业。当日三面议定价贰两九钱四分整。其银卖主亲手领足，入手应用。其山场任从买主同成富修杉管业。后不得异言，若有异言，俱在卖主理落，不与买主相干。恐后无凭，立卖字是实为据。

凭中　刘元寿

代笔　龙成富

道光二十八年八月十五日　立 ①

出售的地名为归鲜溪的壹所山场，是先年得买的"本房公地"，而本房公地是早已被分割成了三股。因此，这里的"公"内有股的内涵，即应当理解成本房山场是一所已被"公分"成三股的山场。

综上分析可见，林地契约中所书写的"共山""公山"是不能简单地视为地权的共同所有或公共所有，它们在文书中往往是"股"概念的逻辑前提，因而在更多情况下，似乎是等同于股的另一种表义。它们是通过文书中与"股"相关要素所体现出来的清水江区域社会内特别的地权概念。

（三）"共山"与"公山"：解开林地权属论争的钥匙

回到本文辨析的论争现象，论争症结主要在对文书中股与所表述语句"共""公"的理解上。如果从本文对"共山"与"公山"诠释涵义出发，那么徐晓光在分析光绪间姚廷标诉状时，对共山与分股关系的理解是不恰当的，即不能作为"家族共有制"立论依据。该诉状实际上反映的是假造文书以侵吞族人私人财产性质的事件。理由在于：其一，案中所追述始自于"祖继周"的公山，实质已被其后代诸子多次分割为众股，各占其私股的山场，而非共同占有之"公

---

① 文书来源于天柱县高酿镇攸洞村刘宗域家藏。

山"，这里的"公山"，只能作为私股的逻辑前提存在，意思为共同分割成股份的山；其二，本案所涉及"半党东"山场，产权已是再次分割后的4股山场，各占其股（见第二次诉状内）；其三，该文书中虽然决断该产业为"三房私业"是一种谎称，但本身存在的"三房私业"已确认当时私业的存在。联系一纸内的两件诉状内容表明，如果在"祖继周"时代还是公山，那么早已被家族内诸子不断分割而化为乌有了。

同样，罗洪祥对所引两份契约文书中公或共的涵义解读也是不恰当的。罗文所引两件契约如下：

契约6-24

立断卖山场契人族弟（姜）老路、老岩，为因要银使用无出，兄弟商议，情愿将已受分祖遗公山一股，坐落地名井食，其山原作十二股均分，岩、路兄弟实占一股，央中出断卖与兄兴周、佐周兄弟名下承买为业。当日凭中实受断价纹银三两三钱五分，亲手领回应用。其山自断之后，凭二兄管业栽插收租，卖主不得异言。此系宗人承买宗业，并不与外人相干。倘有来历不明，并私当等情，俱在卖主向前理落，不干买主之事，一断百了，永不翻悔。今恐人信难凭，立此断契存照。

卖主：老路、老岩

凭中：范文德

代书：姜国昌

乾隆四十一年九月十五日[1]

契约6-25

卖山场杉木约人姜老官，为因家下要银使用无从得处，自愿将到共山一所，地名四里塘横岭杉木并地一股，出卖与族叔兴周弟兄名下承买为业。当日三面议作卖价纹银四两整。其银卖主领回应用，其木凭从买主永远管业。一卖二了，永不归回。恐后无凭，立此卖约为据。

凭中：姜老相

---

[1] 唐立、杨有赓、武内房司：《贵州苗族林业契约文书汇编（1736—1950）》，A-0015。

代笔：陆云辉

乾隆四十四年三月二十八日立

卖主：姜老官①

这里的"公"或者"共"，其实就是共同瓜分的结果，而不能推导为"家族共有制"之"公有"。从契约6-24看，首先，契文"受分祖遗公山一股"本身已非共同占有，早已被共同瓜分成12股份各为其人所有（契文作"其山原作十二股均分，岩、路兄弟实占一股"）；其次，不为共同所有的另一重要表现在于"央中出断卖与兄兴周、佐周兄弟名下承买为业"的私卖行为。作为共同所有产业，是不能私自处置的。契约6-25所出卖山场标明是"共山一所"，虽然契文中没有列出共山有多少股份，但至少不只姜老官1股是明确的，从而表明该山场也是一所早已被众人共同分割成数股份的山场，而非是众人共同所有的一所"共山"。它们表明，两座山场在该次买卖前或者后的时间段内，其产权都不是共同所有。就此山的私股性质而言，罗文将其判断为"这里的'公山''共山'说明，契约订立之前的一段时间，也即'公山''共山'还未分到家庭的时候……文斗的林地所有制形式是'家族共有制'不能成立。"

上述分析表明，一旦弄清了清水江流域林业契约中所谓"公山"与"共山"用语的本质属性，许多买卖契中所显示出的家族或者村寨公山或共山内的股权买卖，不过都是一种假性的"公有权"属性下的共股、假性公山或者假性共山现象。造成假象的原因大致有：对一座公山的股分往往越分越细化成众多家庭股，而股分山场本来面积就不大，那种在田土中通常以埋石区分权界的方式在林地上就很难推行，即使可能那也是极其烦琐的事，因此，众多家庭所占有的股权，是以一种观念存在而非埋石等物化行为，非物化的观念行为容易造成共有的错位表象。再由于林地交易频繁而交易空间又相对狭小，交易往往在同寨同姓或者邻寨同姓间完成，所以契约文书的书写对于后人来说，如果阅读契约时没有对同寨同姓有细致研究，易于产生同姓家族共有假象；这种假象也容易在阅读"分银合同"时产生，由于出售林地产品时往往以集体方式订立分银合同，

---

① 唐立、杨有赓、武内房司：《贵州苗族林业契约文书汇编（1736—1950）》，A-0009。

利益分配也是依据合同分配股银，这种"集体"行为表象掩饰了是按私股分配的本质，也容易造成"共有"假象。在潘盛之论文分析中，受假性共股公有现象影响就很明显。首先，潘盛之所引两份契约内股的买卖，都是早已被众人瓜分后的私人股权，尽管此次股权交易在同姓氏间往来，是不能当作"家庭内共有"；"共同所有"与"共同分割"两者产权性质完全不一样。其次，虽然所引乾隆二十八年（1763年）六月二十七日买卖契，是由姜凤宇转让给下房姜龙福，作者由此断定为家族间产权流动。其实这也是一个受假象所蒙蔽的误读，其实文契中的下房，是一支与上房的姜凤宇不同血缘关系的另一个姜氏文斗家族[①]。最后，作为支撑观点的主要证据乾隆五十年（1785年）十二月二十日的买卖活木契约，被作者推论为与上一契约一样"都是在同一家族内兄弟子侄中进行活立木转让，并不涉及地权转让"，实际上也失于疏漏，因为作者文中所引"上一契"即是明确的地权转移，如果考虑到大量乾隆时代地权转移文书的存在，那么这个推论太失之于武断[②]。

　　李向宇的研究推进了林地产权私人所有的论证，但从其对买卖契约内"股"与"共山""公山"属性定义看，尚可在其分析基础上作出某些修正。首先，如果考虑到"共"与"公"其语义不过是分割的涵义，那他的一个观点就显得矛盾：他确证林地产权私有，然后又认为"在清水江林业经济发展初期，林地的家族公有制是较为常见的经济形态"。实际上从现存文书中看到，林业经济发展初期林地的家族公有制就不是"较为常见"，较为常见的恰好是如他所证明的私有产权。李文之所以断言林业经济发展初期"林地的家族公有制"，显

---

① 林芊、王凤梅：《三家、三老家：文斗苗寨的宗族生成与扩展》，《原生态民族文化学刊》2016年第4期。
② 再者，作者的调查实际上也没有讲清是否是公有？首先，所例证的材料是《黎平县林业志》引用的正统七年（1442年）富禄永从司改县时，对移民与土著划分"墓田"的事件，提出三点意见，一是当时山林是家族占有，二是从买卖双方看，都是以家族代表人物进行，而非个体。该文将墓田解析为广袤的山场，本身就缺乏足够的证明；而黎平府在各地划分墓田，是按姓氏划分占有范围，并不能证明这些范畴内的山林就是同姓公有；所引文献也没有明确地指出福建公馆与江西会馆所卖之墓田是从公家处所购得。而作者引宰官村林地不是个人而是村寨共有，这一点，今天那里发现的许多山林契约，则可否定了这一推论。该论证的不足是时间跨度太大，以正统的时间概括了民国时期；第二是文书使用太少，显然不能有足够宽广的时间与空间来分析观察。

然是罗洪祥观点的另一种表述方式，不同点在于他本人对"共股"本质特征分析上，尤其是建立在股的投资性行为特征上。其次，如果以股的投资性行为特征判断股权性质，那么就得有第二个修正：李文分析认为清水江林业契约中的股，最先不是用于投资性的"股份制度"性质的股，这是他坚持存在着"林地的家族公有制"的原因。实际上，除了民国时期出现的股份制度外，民国以前契约文书内所载的股，性质不只是如朱荫贵所界定的用于对家产的继承分配，即"生活中的股"，它们从一开始就更多的是股权买卖，因而具备了"投资性"股份特征。由此，"最初林地的家族公有制"就失去了"较为常见"的经济前提。最后，李文在对分家析产合同分析后指出一种现象：由于家族变迁引发林地股权的分割，永远形成不了固定的家族林地共有；反之，家庭内部成员的扩展所聚合成的家族群体，又往往是家族公有股份的温床，由此提出了"股份制成为公私产权相互依存的有力武器"。这种循环论虽然也有其史事依据，但是如本文所证明那样，林契中的"股"其属性从来就是"分割"、并由此本质带来的"私人（家庭）所有"特征，那么就不可能有"股份制成为了公私产权相互依存的有力武器"之公与私的区别，也就没有因家族分裂为新家庭的所演化出来的那种家庭私有→家族共有→家庭私有循环过程，原因在于：无论是分家析产抑或重组家庭所导致的家庭内共股的拆分也好，或者重新立股也好，都只能是一种财产分配在量上的差别关系，而表示其财产关系性质的私人属性是一种矢量关系，不会因量上分割发生改变，家族或者家庭都只是外壳而已，因此，不存在着"公私产权相互依存的有力武器"的那种股份制。

四、林农经济中的地权分配与地权变化特征

（一）清水江林地产权的结构：个人私有制主导下的四类样态

清水江流域林农经济中林地所有权形态，在清水江林业契约文书中反映得非常明确。从遗存的清到民国时期林业契约看到，尽管林地权形态呈现出动态变化趋势、呈现出地权类型的多样化，但仍然显示出其私有化的基本面貌及其私人占有的主导变化方向，因而类型的多样化并不影响其私人占有制度的本质。

这一基本面貌及主导方向大致形成于乾隆时期（1736—1795 年）。乾隆十二年
（1747 年），清廷开辟清水江流域内"苗疆"的大规模行动已基本结束，通过改
土归流对"苗疆"的再造已建设起相对稳定的王朝制度，虽然咸同年间太平天
国革命兴起，清水江流域苗、侗民族纷纷响应而在苗疆掀起了疾风暴雨般的民
族暴动，前后历经十八年却没有退回到"前改土归流"社会。所以乾隆时期社
会制度基本定型。从经济发展上看，自清初逐渐兴起的林业生产，经过乾隆朝
60 年的经营和扩张到嘉庆时期进入繁荣，林业生产已是成熟产业。因此，相
对稳定的社会环境及相对成熟的业态，使林地产权也有了相对稳定的社会经济
基础。

　　通过对现存林业契约的分析，最晚在乾隆时期，清水江流域林地产权结构
就呈现出个人私有制主导下的四类样态。第一类是林地权的公有，第二类是无
主权荒山，第三类是私人股权下的共山（或公山），第四类是个体家庭完全所有。
清水江流域林地产权结构如表 6-2 所示，下面分别就此结构及特征加以剖析。

表 6-2　清水江流域山场林地权属结构

			林地权表现出来的特征
林地山场所有权结构	公有（共有）山场	村寨共有	本村寨成员或者相邻村寨成员共享其权利与义务。
		家族共有	本家族成员共享其权利与义务。
	无主权荒山		非生产性经济林性质的山体，是公有（共有）山场的物质前提。一旦进入生产领域，或者变成被共同占有，或者成为个体家庭私有。
	私人股权下的共山	村寨成员共山私股	原是公（共）有山场，被本村寨成员或者相邻村寨成员共同瓜分成不同股份，股份为私人所有。
		家族成员共山私股	原是家族内公（共）有山场，被家族内寨成员共同瓜分成不同股份，股份为私人所有。
	个体家庭独立所有		个人或者家庭所独立所有。

　　第一类林地权的公有属性，在林业契约文书中所见又可分为两种亚形态。
一种是村寨成员间公有。林地权的公有属性在锦屏县河口乡锦宗村乾隆五十一
年（1786 年）《万古不朽》碑刻文字中有较清晰的表述，碑刻内容大致为乾隆
五十一年（1786 年）范姓与潘姓争乌祖、乌迫、乌架一带山场而起官司，经调

解对林地权属进行最后处置，过程如契约 6-26 所示：

契约 6-26

盖闻起之于始，尤贵慎于终。予祖宗历居此土，原称剪宗寨，并无异姓，惟潘、范二姓而已。今纠集商议，将自乌祖溪、乌迫溪、乌架溪以上一带公众之地，前后所载林植，无论大小俱系十股均分。众寨人等地主占一股以存公，从栽手得九股。日后长大，不准私伐，务要邀至地主同卖。永远遵照，不得增减。庶有终有始，不负先人之遗念，子孙自然繁盛耳。

纠首：潘□□等五人　范□□等五人
乾隆五十一年孟冬月　日　立①

该契约内有许多地权信息：第一，是对山场的确权，即明确引起纷争的乌祖溪、乌迫溪、乌架溪等山，原来是没有任何权属的"公众之地"；第二，经同村寨两个姓氏成员协商，将此"公众之地"确权为本村寨成员共同所有；第三，再对林地上的产品权益确权。林木产品分为 10 股，种植者获得 9/10 股，林地主获得 1/10 股。地主是村寨成员，1/10 股即为全体成员所有，地主分成大概用于村寨的公共支出。由此看出林地权公有性质体现在两个层次上，首先是地权的完全村寨成员共同所有，其次是林产品的部分村寨成员共有，即按股份分成比例确定公有股份。村寨成员对林地的公有不仅是同村寨成员间实行，还在不同村寨成员间实行。不管是否同一村寨，但其公有性质却是一致的，表明村寨公有仍然是当地林地权的一种存在方式。

林地权的公有属性的另一种亚形态是家族成员间的共有，其情形可从契约 6-27 内容中看到：

契约 6-27

立断约人姜君德、姜云龙、姜计三、姜国祥。为因军需难办，缺银用度，今有平鳌寨姜子云、姜有德、起霞、起云等自向文堵上、下

---

① 锦屏县地方志办公室编，王宗勋、杨廷秀点编：《锦屏林业碑文选辑》，2005 年内部印刷，第 6 页。

两寨，凭中三面议同价银二十四两正，其山地名污拜碑，上凭岭、下
凭溪、三条大沟为界。即时凭中交银与四房领回应用，即交此山与平
鳌寨姜子云等子孙久远管业，文堵四房子孙不得异言争论。今欲有凭，
立此断约为照。

　　一纸（不是原契书写，为后来补书于契内——引者注）

　　此系子约，老约在有德处。（不是原契书写，为后来补书于契内——
引者注）

　　凭中　姜吉祥　姜文书担笔二钱

　　代笔　姜霞云受银三钱

　　立约合同为照（半书——引者注）

　　乾隆元年三月二十三日　立 [①]

　　此契文中所言"四房领回应用"一句，表明林地权从平鳌寨的姜子云等转
移至文斗四房家族所有，四房家族成员分别为姜君德、姜云龙、姜计三、姜国
祥等。家族共有性质的权属有多种表现形式，如契约6-28所示：

　　契约6-28

　　立分山合同人姜映辉、绍牙、映光、映发、香姣、贵乔、姜廷望、
国珩等。为因有共山一所，地名冉中农。其界上抵，下抵大溪，左凭
姜廷盛冲，右凭姜明岭。此山在共未曾经分，于是请中登山划界均分。
廷望兄弟分占上边，映辉众人他占下边……埋岩不得移动……

　　合同各纸自存为据（该句话半书——引者注）

　　凭中　姜明　汤仁海

　　绍牙亲笔

　　嘉庆七年二月十九日　立

　　廷望存一纸 映辉存一纸

　　该契约是一件分割山场文书，其中的地权信息是：第一，契文中"在共未
曾经分"一句，表明"共山"冉中农在未进行分割前，为文契中成员共同所有，

---

① 唐立、杨友赓、武内房司主编：《贵州苗族林业契约文书汇编（1736—1950年）》第一辑，A-0001。

显然，这里的"共山"是共同所有之义。第二，现在立契将冉中农共山分割，形成"廷望兄弟分占上边，映辉众人他占下边"的权属形式。"廷望兄弟"与"映辉众人"分别为两个家族。两个家族分别以本家族成员共同占有此次分割林地所得那一部分产权。虽然该契约显示出的产权转移方式与契约 6-27 稍有不同，但家族成员共同占有的性质却高度一致。

第二类无主权荒山。无主权荒山在现存清水江林契中的表述多比较隐含，它的身影曲折地隐藏在"林地权的公有属性"契约中。如契约 6-26 引起纷争的乌祖溪、乌迫溪、乌架溪等山，原来是没有任何权属的"公众之地"，只是经同村寨两个姓氏成员协商，作为"公众之地"的无主权荒山确权后，才被本村寨成员共同所有。可见，"公众之地"的无主权荒山，是通过对它的确权才从背后现身于前台。类似常情再如契约 6-29 所示：

契约 6-29

立卖坟地荒山字人魁胆寨人王地文、王岩四、王贵初、王岩生、周文秀、周文现、李荣全、彭红锦、龙秀吉、周文茂、黄孝坤、周汉存、周文开、王和炳、黄红顺、龙荣吉一十六人等。今因要钱使用无所出处，自愿将到坐落地名岑梯车荒山，上登坳抵买主，下抵田冲为界；左抵盘它带为界；右抵溪龙家桥上田冲为界，四至分明，并无参杂。要银出卖，自己问到本寨父王宁晚，子洞岩、洞乔、三乔、四乔、五吉、六吉父子承买为业。当面议定价银一十二两八钱正，其银领足应用，荒山交与父子永远管业。一十六甲自买之后不得异言，恐口无凭，立有卖口为据。

内添六字

龙秀吉笔

乾隆十一年丙寅岁四月初八日　立卖[1]

从契约中看到，岑梯车荒山在被村寨成员确权共同出售之前，如同契约 6-26

---

① 张应强、王宗勋主编：《清水江文书·第二辑》第 7 册，第 409 页。

内的乌祖溪等山一样，本来上是一块无主权荒山。

无主权荒山曲折地隐藏在"林地权的公有属性"中的现象，实际上表明它与公有属性林地权是一种相互依存的关系。无主权荒山只有在"前林业生产"状态下才有其存在环境。所谓"前林业生产"，即在没有林业生产的经济环境下山场的原始自然形态，亦即它的林地及林地上的林木产品的商品经济价值为零，因而本质上是没有主权的一块荒地，即使进入到林业生产中，也是以无主权荒山的身份而为村寨成员共同占有。这就是从林地产权意义上定义的无主权荒山。这种无主权荒山，一旦它进入生产领域，其无主权原始状态即刻发生变化，其方向分化为村寨成员共有或者宗族成员共有。所以我们看到，无主权荒山这一历史客观样态，在文书中往往以正在被分解的情形下才现身，被分解的过程有两大特征，一是参与瓜分的人员与地域相对广泛，二是所分解的荒山面积较大。前者往往是村寨成员或者相邻村寨众多成员共有，契约 6-26 最为典型。后者如契约 6-29 所示，从其抛售荒山价格上衡量，其荒山面积显然比所见到的同一时期大多数出售山场都大。

第三类私人股权下的共山，也有两种亚形式。一种主要是指一座山场的所有权被村寨成员共同私分，分割的地权以股份的形式为各成员个体私有，这一类型在契约文书中的表述如契约 6-30 所示。

契约 6-30

立卖山约人平鳌寨。为因文堵之事，出卖杉木一块，坐落地名皆里乌之马等。二十股分山，不得争论。保乔得一股，番堂、文卿二人共一股，金玄兄弟得一股，银乔得一股，用卿是一股，龙卿得一股，老玄、老路共一股，天祥、天凤二人得一股，天云得一股，银锁得一股，天贤得一股，福三、银三二人共一股，银岩、老商、老七共一股，五云得二股，老朝得一股，班云、五云弟兄四人共二股，玉山得一股，文楼得一股。

代笔人 姜壹霞

起圣 代笔五分。

乾隆二年十二月二十九日　立笔 ①

该契约中平鳌寨一座名为皆里乌之马的山场，虽然形式上以 20 股的形式被共同占有，但实际上所分割成的 20 份股，每一股都各为拥有股权者个人私自有，这就是"私人股权下的共山"的性质。

第二种是一所原来为家族或宗族内成员共有山场，经私分为股份后被各成员私有，但在生产过程中仍然以协作方式共同经营，如契约 6-31 所示。

契约 6-31

立清白分关人姜吉祥、上贤、士凤、启才、富宇、凤宇、和宇、得中、文学、文佐等。为因众□□买得污革、□石、千石三处山□□卖空，倘山内存落脚木根数枝，三阄均分。遗山不载拘系荒地，我三阄同心公议，将此三处山场分平均分，照字研匆（拈阄），当天发誓……启才、富宇、祖保、□□、尚宇、凤宇、金晓、乔保占一号污革溪山，照勾管业并无异。恐外人争论，那（拿）阄俱出，在众理清。恐后无凭立合同为据。

祖保、长保二人四两四钱

记坛、启本

唐乔、老干才、舟周三人陆两陆钱本

富中贰两共壹两本

保□□□两本

□□□□□两本

加桓、良保二人共壹两本

□□□两本

□□□贰两五钱本

凤宇贰两五钱本

银锁贰两五钱本

□□贰两五钱本

---

① 张应强、王宗勋：《清水江文书·第二辑》第 3 册，第 1 页。

　　□□贰两五钱本

　　金晓贰两五钱本

　　□□贰两五钱本

　　□□共计参拾肆两本

　　乾隆二十五年七月十一日　　立

　　合同□□（此句半书——引者注）①

　　该契约是一份对共有财产——得污革、□石、千石三处山场进行分割的分关文书，它记载了三处山场两重权属关系：第一重是三处山场未分割前的权属状态，因为是"众□□买得"而成为全体购买共同所有；第二重是本次分关将其化解为个人私有，首先是分割成三大股，即文书中表述的"三阄"，由三个家族各占一阄，然后对其中一阄（一号污革溪山）再行分割，以"两钱"单位计数成各股，将"启才、富宇"等家族成员共有形式分割成家族成员各自私人占有。虽然该文书记载的是"三阄"中之一阄再行私分行为，但可以推论，其他两阄也会以相同的处置方式将家族共有产权分割成私人产权。

　　私人股权下的共山产权表明，以往许多学者所论述的"家族公有与家庭使用"的定性是不准确的。事实恰好相反，它表现为"家庭私有而家族成员共同使用"的行为特征。

　　第四类个体家庭所有。从现有文书看，自有林契产生便存在着个体家庭所有形态。清水江林地买卖契约，最早可见到的是契约6-32所示崇祯十年（1637年）杨后昊卖山地契约。

　　契约 6-32

　　立卖山契人杨后昊、杨后富、钦□□□□时岁凶荒缺食度日，兄弟叔侄商议，意愿将祖禁山场牛岭斗高山洞□□□山地头欲行出卖。无人承受，请中在内启到黄田八甲生员吴学林近□□买为业，三面议作山价银九呈（成）银玖两正。其银是叔侄亲领处讫。其山冲□□林禁当任后开垦为田，不得生端童（争）论异言。袒如有此□执约□罪

———————————————

① 陈金全、杜万华主编：《贵州文斗寨苗族契约法律文书汇编——姜元泽家藏契约文书》，第6页。

□□立此卖契为照。计开四抵，上抵本主塘冲凹，右抵十□大芒冲吴学皋山，左自荇菜塘抵谢家山界。横抵高山斗大芒山界，下抵水凹冲吴学忠田坎上。

　　崇祯十年六月十九日　立

　　永远管业

　　卖契人：杨后富、杨后昊、杨后□、杨后□、杨后伟、杨后钦、杨伯成、杨伯明、杨伯圣、杨老□、杨伯祯

　　引进人：吴守明、吴加伊、□廷松

　　代　笔：杨伯运[1]

　　这是一次将家庭私产"祖禁山场"出售与另一个私人手中的地权转移事件。类似这种私人间林地买卖所体现出的明确地权私人占有契约，在天柱县竹林乡康熙时期山林买卖契中就很常见[2]，而在林契遗存相对丰富的锦屏县平鳌寨，最早的一份林契时间是雍正八年（1730年）（参见契约6-33），也是明确的私人占有。

　　契约6-33

　　立断卖山坡约人苗举寨龙南依。为因家下缺少，自愿祖业山坡一所，坐落土名定包，上平田水沟，下平溪，左平头沟冲，右走路岭。平（凭）中卖与乌山寨小苗光吴文明、有才、富才、得先才英名下，得买议定艮八两亲手收回应用，恐后无凭立此断字是实，凡有约在□堂□乎保管。

　　凭中　吴艮包、吴翻化

　　代笔　杨起搂

　　雍正八年十月十八日　立[3]

　　在清水江流域各地林契文书中看到，这类私人股从时间到空间上都成为清

_____

① 文书来源于天柱县地湖乡岩古村坪元山组一潘姓家藏。

② 张新民主编：《天柱文书·第一辑》第4册，第106—117页。

③ 张应强、王宗勋主编《清水江文书·第三辑》第3册，第313页。

水江流域基本的林地产权形态。可以说，从有林业生产起直至民国，它都是林地产权的主流样态。

（二）清水江林地权结构所显示出来的产权变化特征

私人股权下的共山产权表明，在清水江林业生产中的林地产权结构，"林地权的公有属性"类型不可能是一种固化样态。无论是村寨公有还是家族公有，无一不面临着进一步解体为个体家庭所有股的趋势，往往是村寨或者家族成员在对共有林地进行瓜分后演变为个体家庭股分，而原因或者因为分关或者因为出售股权等方式造成林地权的转移。契约 6-31 是分家族公有为私股例子的典型；契约 6-18 则是将村寨公有转变为私人所有的演化轨迹显示得明明白白：先是在乾隆三十四年（1769 年）二月十八日，张化寨众姓人等将与平敖寨共山"党亚他"的股份（1/2 股）出卖给平敖寨姜绍议等八人，经历了第一次股权转移。契约 6-18（老契）空白处又附记了一份新订立的分股契约，记载了 28 年后党亚他山场经历的第二次股权转移，内容如下：

> 嘉庆二年七月二十一日众齐会面，奈此契父老指头目在名，恐有后患，是以批凭在例存据。绍仪甲分二甲，绍仪、向之二人占一甲；兴文等二十四家占一甲。天时甲分二甲，天时一甲，德忠、廷辉、起凤、必九、垓保五人共；天时无分文德、明德四十家共。文遐甲二十三家共。国珍一小甲共十家共。国昌一小甲，国昌、国荣、有文三人共。姜化龙笔批。[1]

联系新契与老契相关信息，可以看到产权变化动态。第一，在乾隆三十四年（1769 年）购买时，虽然文书上买家共八人，实际上是分为了五股，也即嘉庆二年（1797 年）七月二十一日分股契中注明的五大甲。这是第一次由村寨成员公有转移为少数人公有的地权转移。第二，即本次契约对此原有五甲所进行的再次细分，产权也由少数人的共有转化成众多的个体家庭所有。党亚地山

---

[1] 唐立、杨有赓、武内房司主编：《贵州苗族林业契约文书汇编（1736—1950 年）》第一辑，A-0009。

场从乾隆三十四年（1769年）到嘉庆二年（1798年）间的地权转移方式，只是清水江流域相同地权转移的典型事例，却显出其清水江林业生产林地权结构变化的一种特征：林地产权由"林地权的公有属性"类型向个体家庭所有的转变，一直是清水江林地产权变化的主要方向。①

由于清水江流域林业生产及产权持有，多是以股的形态体现，所以通过契约文书表现出来的地权的个人私有属性，也就显示出一种既聚合又分化、循环往复的纷繁特征。如某一时候是大家庭兄弟间共有，之后一旦分家即立刻聚合为新的个体家庭所有；反之，由于人口增加导致的家庭分化，又是将个体家庭独立股分化解体为多个家庭私股。不管哪一种形式，家庭财产通过股分方式或聚合或者分化，它的方向都是分解成越来越小的股权，相应的这些股权也摆脱了原有形态而分解为数个新的独立个人私有股权。现存清水江流域第一张附带股权的林业契约，是锦屏县平鳌寨雍正九年（1731年）十月十八日的买卖山场杉木契，就是这一特征的典型表述，内容见契约6-34。

> 契约6-34
> 立卖山场杉木约人姜闵刚，为因家下缺少用度，无所得出，自愿将祖遗山场杉木一所，坐落地名九桑，做四股均分，本名占一股。请中出卖与姜相云、姜茂云兄弟名下承买为业。当日凭中当面议定价银二两正，亲手收回应用。其山场杉木自卖之后，任凭买主二人永远管业，不许族外人争论。今恐无凭，立此卖约，永远遵照。
> 凭中　姜利两　受银五分
> 代笔　姜邦奇　受银五分
> 雍正九年十月十八日 ②

该契约讲述事情原委大致是：出售"祖遗山场杉木一所"的九桑山场，原本是一户人家的私有财产，因为某种原因，所有人之一姜闵刚要出售自己继承

---

① 在清水江流域，尽管一直都有家族或者村寨林地权共股的存在，但只是少数现象，且或多或少都面临着被分化瓦解的趋势。如文斗寨著名的"三老家"与"大三房"家族，在清末还存在着林地共有的实情，可是最后到了宣统民国年间也最终分崩离析。
② 张应强、王宗勋编：《清水江文书·第二辑》第1册，第1页。

下来的那部分产权，于是家庭内成员对该财产进行分割后，重新确权为"四股均分"，其中姜闵刚出卖了属于自己的一股。这就是清水江流域林地个人私有产权即聚合又重新分化过程的典型事件。之所以确定九桑山场的个体家庭私有属性而非家族或者宗族所共有，就是契约其中一句"永远管业，不许房族外人争论"的申明，它将股权性质讲得清清楚楚，不是家族性质，是一件地道的私股林地。

又因为有上述"共山"或者"公山"而曲折表现出的实际上的私股属性，因而这里的个人私有权基本上形成这样一种式样：一个林地主人的财富，往往由多种所有权形式构成，他作为村寨成员，可能是一块山场共同所有人之一，但他作为家族中的成员，他可能形式上也是家族的林地中一股的所有人，同样，他也拥有一块独立山场的私权。以姜兴周一组买山契（契约6-35）为例。

> 契约 6-35
> 立买卖山场杉木字人姜老官。为因家下要钱使用，无从得出，自愿将到共山一所，地名四里塘横岭杉木并地一股，出卖族叔兴周弟兄名下承买为业。当日三面议定作价纹银四两整。其银卖主领回应用，其木凭从买主永远管业。一卖一了，永不归回。恐后无凭，立志卖约为据。
> 凭中　姜老相
> 代笔　陆云辉
> 乾隆四十四年三月二十八日立卖主美观老官 [1]

> 契约 6-36
> 立断卖山场约人愚兄姜国政。因得买众上之山，土名乌格溪，与兴周所占之地业相连，今自愿补与兴周，凭中面议价银一两三钱，新手领回应用。而山合木任从兴周修理，以子孙永远管理受存。今恐无凭立约为据。

---

[1] 唐立、杨友赓、武内房司主编：《贵州苗族林业契约文书汇编（1736—1950年）》第一辑，A-0009。

兴周私卖。

凭中　意得

乾隆四十五年十二月十四日　亲笔①

契约 6-37

立卖杉木山场约人姜佐周、朝瑾。为因缺少会银，自己原将杉木一块坐落土名皮讽，出卖与会内姜国珍、兴周、开周映龙、朝周等承买为业。当日议定断价银九两整。自卖之后，任从买主管业，卖主不得异言。恐后无凭，立此卖字为据。

朝瑾笔

凭中　举周

乾隆五十一年正月十五日②

这组契约显示了姜兴周林地的不同地权类型。在契约 6-35 中，他与家庭成员共有一块山场；在契约 6-36 中，专门注明"兴周私卖"一句，以标示该次买进林地属于自己独立拥有；契约 6-37 则显示，他又在家族会产（共同占有）中拥有属于自己的股份。姜兴周一人拥有三种类型林地所有权，是清水江流域林农财产分配中的普遍现象，这种普遍现象应当是清水江流域林地权的一大特征。

通过对清水江林业契约中股的属性分析，它让我们认清了股的原生与股的分化，实际上是私有制度成长壮大的过程。上述四种类型林地权结构，一方面反映出的是从乾隆直至民国时期林地权所有形态的基本面貌，另一方面又是林地权演变轨迹的历史次序。首先显示出了林地在未进入林业生产而不成其为生产资料时，它们往往以无主荒山形式存在，是一种待赋产权的原始状态。然后是当随着林业生产的发展，待赋产权状态的无主荒山开始被村寨成员间或者家族成员间所共同占有，荒山演变成有明确地权属性的林地。同时，前林业生产

---

① 唐立、杨友赓、武内房司主编：《贵州苗族林业契约文书汇编（1736—1950 年）》第一辑，A-0019。
② 同上，A-0031。

时期就一直存在的私山，随着林业生产的发展而日益壮大，其壮大来自两个方面的变化，一是共有林地的不断私权化[1]，二是在林业商业化过程中对无主荒山的开发性侵占。最后，林地个体家庭私有所成为基本的社会特征。林业生产中地权形式的历史演变轨迹，本质上说是通过地权上的变化，是成长中社会在不同阶段的发展水平和特征的反映。

更重要的是，股的买卖及影响重塑着社会财富的分配与重新分配。首先，上述我们依据文书内涵信息指出其股的四种来源，不过是社会财富重新分配在文书上的反映。通过股分及股的买卖，社会财富的分配与重新分配呈现如下趋势：一是化无股为有股，二是化大股为小股（化股少为多），三是化多股为少股直至无股，无论哪一种形式，其在本质上是化公为私，在行为实践上是个人私有财富的积累过程。化无股为有股，即是对公有[2]财产的侵占，或者是家族祖产的再分配，侵占的方式就是享有权力的群体对公有山场进行瓜分，或者是对祖产的瓜分，从而形成了股份。这种股份可谓是股的原生形态。在清水江流域，同一块山场原生形态的股数也是不稳定的，由于山场买卖盛行，同一块山场可能被众人再次分割或者多次买卖，较大股份可能因此被肢解成更多小股份，或者股数目由少变多，形成了化大股为小股或化股少为多股的态势，也是私有财产向社会纵深方向发展的态势。化多股为少股直至无股，一座叫"七桶山"的山场买卖过程最为典型。嘉庆十年（1805年）的买卖契中，姜公应同孙启姬二人对七桶山股分时，该山场为100股[3]，到嘉庆十四年（1809年）在姜之谟、之尧、之舜出售"祖遗七桶山"时，该山作50股[4]。到了光绪五年（1879年）七桶山内树木卖与婆洞朱家训、杨昌禹等砍伐后，在光绪六年（1880年）对股权进行了再分配，由18户分成五两（股）山，再到光绪六年二月十三日"立分合同

---

[1] 清到民国时期林业生产中，地权向个体家庭所有变化大趋势，已有许多精湛的分析研究。参见罗洪祥、潘志成、梁聪、李向宇等的研究论文。

[2] 这里的所谓公有财产，并非属于制度性质的那种"公有"，大都为村寨内外并没有显示出生产价值的无主权荒山。

[3] 张应强、王宗勋主编：《清水江文书·第二辑》第1册，第33页。

[4] 同上，第89页。

字"文书看到，原由 18 人"作五两均分"的七桶山现为 12 人均分。[①] 七桶山股份由多变少的历程表明，随着时间变化，社会财富分配也在向个人集中。这一点文斗寨姜述圣遗留下的买卖契约体现得最为充分，他通过收买股的方式将本家族多人持有山股化为个人私有，如一块名为八牛山的山场是家族共有，最初分为三大股，姜述怀占有其中一大股，嘉庆二十二年（1817 年）二月十四日姜述圣用 3.6 两银将姜绍怀所占一大股收买，二十四年（1819 年）三月初九日又用银 1.1 两收买了另一大股。这样八牛山便成了姜述圣个人产权的私有林地山场[②]。清至民国时期清水江流域山场林地以股的形式买卖及林地买卖带来的地权分配的历史进程，则是下面一章研究的主体内容。

① 张应强、王宗勋主编：《清水江文书·第二辑》第 11 册，第 89 页。
② 张应强、王宗勋主编：《清水江文书·第三辑》第 8 册，第 40 页。

第七章
山场林地的买卖与地权分配

一、山场林地的买卖风气

世居于清水江流域沿河两岸山地的侗、苗民族村民多有挖山植木、出售林木的生产活动，因此，山场林地是当地侗、苗民族土地资源及财富的又一个重要组成部分。现今清水江流域各地，凡村寨都有许多家庭保存着许多清至民国时期的山场林地买卖契约，都是这里山场林地买卖的真实记录，而一个特定时期内山场林地买卖的频次，无不是该区域内土地买卖风气盛行与否的反映。

（一）清至民国时期山场林地买卖风行

清至民国时期，清水江流域的侗、苗民族林农在其一生的经济生产过程中都有买卖山场林地的经历。表 7-1 是对收集于一个村部分家庭中，每一户家庭遗存的各时期林地买卖契约的统计。

表 7-1　清至民国时期清水江流域一个村部分林农户林地买卖契约数统计表（单位：件）[①]

村寨	康一雍	乾隆	嘉庆	道光	咸丰	同治	光绪	宣统	民国	合计
三穗县滚马乡上德明村	—	8	31	31	3	—	50	4	40	167
天柱县竹林乡高坡村	8	11	8	31	2	5	37	2	101	205
锦屏县平略镇平鳌寨	4	235	246	155	21	17	219	28	534	1459
黎平县罗里乡樟溪村	—	36	48	31	15	9	55	8	80	282

---

① 林契来源：平鳌寨的文书取自《平略镇平鳌寨文书》（未刊稿）1334 件、《清水江文书》第二册所收平鳌文书 348 件，总和 1678 件；上德明村文书取自《三穗县"锦屏文书"》，三穗县档案局编，编号：JPWS-SS-滚马-德明-53 至 JPWS-SS-滚马-德明-475，（三穗县档案馆藏，未刊稿）；天柱县竹林乡高坡村文书取自于《天柱文书》第 1—22 册；黎平县樟溪村文书取自于《贵州清水江文书·黎平卷》第一辑。

　　虽然表7-1内的统计户不是每个村的全部林农户，少的如三穗县滚马乡上德明村仅统计了3户家庭的遗存林契，多的如锦屏县平略镇平鳌寨统计了10余户家庭遗存的林契。然而他们作为本村一员，代表着本村历史上林农的生产与经营。本表中滚马乡上德明村统计林契，可作为清水江主要支流之一的邛水河－小江流域上游村寨的典型，竹林乡高坡村、平略镇平鳌寨可作为清水江主流上村寨的典型，罗里乡樟溪村可作为清水江主要支流之一的乌下江小流域村寨的典型。从表7-1中可以看到，每一个历史时期的一户村寨成员，都存在着较频繁的林地买卖活动。

　　以表7-1所列契约文书作为例证样本，只是1个村少数几家林农户的林地买卖契，那么，表7-2所统计分析林地买卖契样本4952件，则是由每个县数个乡镇一些村寨林农户统计构成，从而在一个较广泛的面上呈现出清水江流域侗苗民族林地买卖活动和规模。

表7-2　清至民国时期清水江流域三县部分山场林地买卖契约数统计表（单位：件）①

县份	时期										合计
	康熙	雍正	乾隆	嘉庆	道光	咸丰	同治	光绪	宣统	民国	
天柱县	8	1	12	16	116	24	62	237	28	709	1213
锦屏县	1	2	119	419	475	71	91	459	72	738	2447
黎平县	—	—	121	154	294	89	67	200	43	324	1292
合计	9	3	252	589	885	184	220	896	143	1771	4952

　　统计表7-2内林户分布表明，清到民国时期林地买卖都相当盛行。首先，清水江主流上的三穗县、天柱县、锦屏县、剑河县，涉及流域内的邛水河－小江流域、乌下江小流域、新化江－亮江小流域遍布着千家万户的林农，它从空间上衡量出一幅区域内林农经济中林地买卖的广泛性画卷。其次，更重要的是，

---

① 引用文书来源：1.张应强、王宗勋主编：《清水江文书》第一辑、第二辑、第三辑；2.张新民主编：《天柱文书·第一辑》第1—22册；3.锦屏县档案馆编：《贵州清水江文书·锦屏卷》第1—19册（锦屏县档案馆藏，未刊稿）；4.黎平县档案馆：《贵州清水江文书·黎平卷》第一辑第1—15册（黎平县档案馆藏，未刊稿）；5.高聪、谭洪沛编：《贵州清水江流域明清土司文书·九南篇》《贵州清水江流域明清土司文书·亮寨篇》。

显示出林业生产在清水江流域是一种社会性的产业。所谓社会性产业，是指在一个区域内有相当数量从事于林业生产的劳动者群体。表7-2统计林地买卖契4952件，其中一件买卖林地契约往往是几户人家共同行为，因此，仅就表7-2内而言，实际林农户数远远大于4952件的绝对林户数。广大林农户是最直接的林业生产者，其规模足以表明山场林地买卖在区域内是一种广泛的社会性行为。

需要指出的是，表7-2只是据样本统计出来的持有林地买卖契约的林农户数，更多的未作为样本的清水江文书足以显示出林业生产的社会性规模。这里尝试从下述三个统计方面，对山场林地买卖的社会性规模稍做推算，作为表7-2的补充和扩展说明。首先，表7-2没有统计涉及买卖栽手的林契；虽然不能说栽手是林地的自然主人，但栽手身份是林农却无疑义。仅在《清水江文书》（第一——三辑）就收入506份"卖栽手契"和551件"佃山林契"，两者共1057份，排除两者中可能存在同名户的重叠，据此判断，栽手保守估计至少600余户。其次，表7-2所统计林契样本仅是收集于200余户的家藏。而现在所知道的是：锦屏县档案馆收集到的文书来自915户人家（2015年止）、三穗县档案馆来自675户（2013年止）、黎平县档案馆来自612户（2015年止），仅此三县就共计2202户，表7-2统计文书户只是三县文书户的1/10。那么，至少可以推论出直接从事林业生产的林农户是表7-2户数的10倍，即近5万户。最后，若是从收集到的文书类型数量比例推算，征集于锦屏县的《清水江文书》（第一——三辑）共收契约文书15000余份，其中林契3000余份，林契与全部文书百分比是1：5。目前锦屏县已征集文书55862份，若是以林契与其他契约1：5比值推算，那么锦屏县已收集到的林契至少在10000份。而事实是，目前在整个清水江流域八县已征集进馆文书原件有18万份，[①] 以林契与其他契约1：5比值推算，那么其中至少有林契3万份。因此，无论是从文书收藏户的百分比，还是从文书类型的百分比看，自乾隆起至民国200年间，流域内从三穗、天柱、剑河、

[①] 贵州省锦屏县档案局局长龙令洌撰文："自上世纪60年代从黔东南州清水江、亮江流域、小江流域以锦屏为核心地发现'锦屏文书'后，贵州锦屏周边八县已征集进馆18万件原件。其中锦屏县征集原件55862件，涉及915户农户。"引自"凯里新闻网"2015年1月23日。

锦屏至黎平等县，林业生产都保持着一个数量不小的直接从事林业生产的林农人口，它显示出林业生产在每一个地方都不是孤立的经济行为，都存在着一个社会化的林业生产、经营者群体，也就呈现出清水江流域有一个广泛而频繁的山场林地买卖市场。因此，就土地买卖而言，表7-1可以看作以林农户个体为典型，揭示林农经济中的频繁土地买卖的纵深度，表7-2则是在区域面上揭示林农经济中频繁土地买卖的广延性。

（二）清水江流域山场林地买卖的特征：林地权转移的细碎化

本研究第六章在对林地所有权形态分析时指出，清水江流域侗、苗民族对山场林地的所有权的持有现象是，凡山场林地皆有股，并且是股中股的多重股形式，它的实质是一座特定山场林地所有权往往因"股分"被多户林农分别占有（一坐山场林地由多家人"股分"，可从本书附表3-1分银单统计表中窥见一斑——作者注），它决定了一户农户所占有的山场林地往往都不大。表7-3是对一座特定山场生产林木收益分配的简要统计[1]，从中看到每一座山场整个收益本来也不丰厚，但整个收益却被山场的多个不同股份持有林农户按股分配。

表7-3 一座特定山场生产林木收益分配简要统计表 [2]

山场	"分银合同"时间	一次售价（银两、钱文）	参与收入分配的所有权农户数	一座山场整体收入	资料来源
污假乍山	光绪三年六月初十日	1308文	5股6户人分；栽手420文	4688—7280文	A第86页
	光绪三年六月十二日	1600文	6股分；		A第87页
	光绪七年七月初三日	1780文	6股分900文；栽手600文		—
	民国六年七月十三日	7280文	—		A第87页

---

[1] 本表资料来源于清水江文书中"分银合同"。所谓"分银合同"，是指一座山场内生产的林木，在砍伐出卖后，对所得的收入，按照林场所有人持有的股份分配收入时，议定的分银契约。
[2] 资料来源：张应强、王宗勋主编《清水江文书·第二辑》。A表示《清水江文书·第二辑》第1册；B表示《清水江文书·第二辑》第2册。

续表

山场	"分银合同"时间	一次售价（银两、钱文）	参与收入分配的所有权农户数	一座山场整体收入	资料来源
该在邦山	光绪三十二年七月二十五日	34.2两	4股12家分19.44两；食1.8两，栽手12.96两	34两——22.8万元	A第148页
	同治十一年七月初八日	18.08两	8股7家人分10.24元；栽6.08两，食1.31元		A第331页
	民国三十五年十月十日	22.8万元	5户分12.7万元；栽手8.48万元；食1万6千元		A第471页
	民国三十七年八月六日	800万元	5户分480万，栽手320万		A第476页
眼响了山	嘉庆十三年七月十八日	0.7两	购进股份为1/4股	4.8两	A第32页
	嘉庆十九年五月十七日	1.45两	购进股份为1/4股		A第42页
	同治三年六月十七日	4.8两	其中1户分0.95两，地主栽手分3.8两		A第79页
南思些山	嘉庆二十四年七月二十一日	0.2钱	地主股9人。地、栽各一股		A第52页
	光绪三年三月二十八日	6400文	4股10户分；食680文	6400文	A第85页
皆里白得山	光绪十九年正月十九日	21.9两	11家12.6两；栽手8.4两	21——31两	A第101页
	民国三十七年正月二十八日	300万8元	7家157.2万元；栽手104.8万；食38万		A第432页
	民国七年二月十四日	31.08两	众家族人3大股分17.7两，栽手11.8，食1.58两		A第268页
引相宜山	民国十二年七月二十八日	3.2118万文	挑砍40株，10户分3.900万	11.8098万文	B第23页
	民国二十八年十月初六日	8.5980万文	挑砍50根，9户分7万文；食11万950文		B第43页
大龟尾山	民国二十一年九月十三日	120.08元	26户分72.48元，栽手3人48.32元	643元	B第424页
	民国二十年润三月十五日	480元	16户人分282元；3家栽手180元；食16元		B第368页
	民国三十八年十二月□日	43元	15户分22元；食6元余为栽手		B第486页
党求山	民国十六年正月十六日	15480元	10家人分	157元	B第332页
	民国二十二年元月十三日	48.8元	10户分47.7元；栽手19.08元；食1.1元		B第379页
	民国二十八年七月二十日	54.8元	18户分52.18元；栽手20.86元；食2.22元		B第426页
	民国二十八年十一月十三日	钞洋□	17户分53元栽手2股另算；定山洋3.3元		B第430页

清水江流域山场林地的地权所有形态，给这里的林地买卖造成的地权转移，赋予了其林地权转移细碎化特征。表现为：一方面，一座山场整个收益不丰厚是因其该山场林地面积本不大，那么即使是整个山场林地的买卖，买卖所流失的地权也不会很大；另一方面，一块面积本不大的山场林地，又因多个林农户

分别持有地权股份，故该山场出售的往往只是其多重股中之某一股份而非全部，那么，因林地买卖而流失转移的林地权也只是整个山场地权的局部。就地权分配而言，林地权转移细碎化带来的是，即使某一个人购买频次多，也不意味着占有的面积就大，而且不易形成个体大林地占有者。清至民国时期清水江流域一直存在的林地权转移细碎化，分散了流域内林农的林地所有权。

二、山场林地买卖与地权分配

与清水江流域田地买卖契约一样，每一件山场林地买卖契约内书写的一买一卖，都内涵着清水江流域林农经济中地权变化的证据价值。更为重要的是，一个特定时期内山场林地买卖的频次，正是该区域地权转移与兼并的风向标。地权转移与兼并的风向可从以下几个方面进行分析。

（一）山场林地买卖分户与土地权分配趋势

比较山场林地买卖过程中卖主与买主的分户比例，通过林地转移的流向观察地权转移与兼并的风向。表 7-4 就是通过对 4952 件山场林地买卖契约统计出的卖主与买主分户数及百分比关系。

表 7-4　山场林地卖主、买主户数与百分比简表 [①]

时期	三穗县			天柱县			锦屏县			黎平县		
	卖家	买家	户数比	卖家	买家	户数比	卖家	买家	户数比	卖家	买家	户数比
康熙	—	—	—	7	3	43%	1	1	100%	—	—	—
雍正	—	—	—	1	1	100%	3	3	100%	—	—	—
乾隆	8	7	88%	11	5	45%	156	70	45%	124	79	64%
嘉庆	30	8	27%	15	14	93%	163	66	40%	125	77	62%
道光	27	16	59%	106	64	60%	81	46	57%	255	103	41%
咸丰	3	3	100%	23	21	91%	11	9	82%	58	24	41%
同治	0	—	—	55	39	71%	16	10	63%	57	36	63%
光绪	44	28	64%	206	121	59%	67	42	63%	155	102	66%
宣统	4	3	75%	25	19	76%	24	5	21%	38	21	55%
民国	36	30	83%	593	326	55%	175	65	37%	280	154	55%

---

① 注：本表内锦屏县林农户，只是对锦屏县平略镇平鳌村部分林契的统计，统计资料来源于《贵州清水江文书·锦屏卷》（未刊稿）。

表 7-4 内清和民国时期的卖主与买主分户数比（百分比）显示，除少数时期外，大多数时候整个土地市场上流失的山场林地，皆由参与买进林农户中超过 60% 以上的农户分别占有。这种土地市场上林地权的分散状态，不易于使流失的山场林地向少数人集中。

（二）流失山场林地面积与土地集中趋势

虽然通过林农购入林地的户数百分比能够反映出土地转移过程中地权变化的风向，但并不能完全证明不存在着土地集中趋势，因为每一次买进的山场林地有大有小，少数几次买入大面积林地，同样可以导致土地集中。因此，每一份山场林地买卖契约内山场林地的实际面积的量化就很重要了。但是，目前已收集到的林地买卖契约，往往只书写所出卖林为"一座""一团""一幅""一块""一所"等实体，而面积标识则是书写为这些实体的 X 股份的几分之几股，几乎没有具体用亩为林地实体进行单位面积标识。这样一来，尽管从文书中是能够统计出一户林农拥有几座山场或一坐山场的多少股，但却不知道这些山场面积有多少亩，因而从林地买卖契约上是不能直接知道该契约内林地的单位面积，而且困难的是还无其他相关历史文献资料可资利用，这是清水江流域林业生产中山场林地面积量化分析的一个难题。为此笔者通过技术分析方式，以出售山场林地和林木（活立木）以及分银契约内的价格为参数，建立起一个山场林地面积折合换算出亩为单位的参照系，如表 7-5 所示，可以对山场林地面积作出较为准确的统计。

表 7-5　每亩林地的价格参数表（单位：银两/亩）[1]

契约类型	乾隆	嘉庆	道光	咸丰	同治	光绪	宣统	民国
卖山场杉木	1.88	2.12	—	2.94	—	2.86	2.3	3.7
卖杉木（活立木）	8.13	15.9	15.22	7.25	15.62	11.26	—	10.17
砍伐杉木"分银合同"	17.6	30	27.62	33	20	35.73	28.6	80

---

[1] 林芊、杨春华：《清水江林业契约与林农经济史的量化关系研究》，《原生态民族文化学刊》2017 年第 4 期。

利用参照系对契约内山场林地折算成以亩为单位面积的方法示例：

契约 7-1

立断卖杉木山场字约人姜凤宇，为因家下要银使用，自愿将祖遗山场一所坐落土名卧兰山，出卖与下房姜远福名下承买为业，当面议定价银一两九钱整，亲手领回受用。其木山价银交清，不欠分厘。远福名下占一股，凤宇名下有一股，日后杉木山场二股均分。右与岭为界，左与冲为界，上凭岩良为界，下凭田为界。如有房族弟兄人等争论，俱在卖主向前理讲，不与买主相干，今欲有凭，一字二纸，各执一张，永远存照。

凭中　堂兄姜良所（手印）

依口代书　姜文炯　卖主姜凤宇

乾隆二十八年六月二十七日①

该次出售山场林地是"价银一两九钱整"，参照价格表乾隆时期的亩价常数，那么该次山场林地面积 1 亩左右。

利用这一参照数据，则可以对流域内各地的山场林地买卖契约内的单位面积作较为准确的计亩。附表 3-2 是木杉村部分山场林地买卖契约。天柱县高酿镇木杉村与地良村、攸洞村、甘洞村山水相连，历史上农业经济一向发达，林农经济也欣欣向荣，一直是邛水-小江流域杉木资源供给地区。观察附表 3-2 内清代和民国时期每一次林地交易价格，再与参照表内相应时期的林地亩价比较，不难看到其特征，第一，除少数几宗外，每一次交易的山场林地面积大都在 1 亩以下；第二，购买山场林地人数众多，每一次山场林地买卖面积的狭小与户数的分散，共同成为抑制土地集中最重要因素。

每一次山场林地买卖的面积不大，即使在林业生产发达的地区也呈常态。锦屏县自乾隆、嘉庆朝以来，逐渐成为清水江流域最重要的木材富积区与产出区，而清水江主流锦屏段南岸的河口乡加池、文斗诸村寨，则又是富积区与产

---

① 唐立、杨友赓、武内房司主编：《贵州苗族林业契约文书汇编（1736—1950 年）》第三卷，E-0002。

出区的核心区之一。这里随意抽取两村寨的一组山场林地买卖契约，从流失山场林地面积的量化来观察判断土地集中趋势。

  契约 7-2

  立断卖杉木地人文堵寨姜银三。为因家下无银使用，自愿将杉木一块，地名坐落皆列山，请中出卖与姜香保、今保、今三三人承买为业永远，当面议定价银四钱整，卖主房族兄弟不得异言。来路不清俱在卖主理落，不干买主之事。今恐日后无凭，故立此字为据。

  卖主　姜银三（画押）

  代书　邓世科

  乾隆二十九年三月二十日

该次出售的"杉木地"，价格是银 4 钱，比照参照表内乾隆时期林地亩价，仅及 1/4 亩面积。

  契约 7-3

  立断卖山场杉木约人文堵下寨下房姜玉周。为因家中缺少银用，无处得出，自己问到加池寨姜得中名下承买为业。当日凭中三面议定断卖纹银九钱。土名坐落加什塘。自卖之后，凭买主子孙远远管业，卖主弟兄不得异言。如有来历不清，俱在卖主向前理落，不关买主之事，日卖一了，今恐无凭，立此断约存照。外立界至：上凭生宝，下凭兴周，左凭冲，右岭，四至分明。

  代书　姜光裕（押）

  凭中　姜佐章　姜起隆

  乾隆五十九年十月十四日　立卖①

  契约 7-4

  立断卖杉木并地契人文斗寨姜彬周、姜著周弟兄。为因家下缺少用度，情愿将祖山坐落土名加池塘，左凭岭，右凭冲，下至佐周山为

---

① 张应强、王宗勋主编：《清水江文书·第一辑》第 1 册，第 301 页。

界，上至生保山为界，四至分明。请中出断与加什寨姜福乔名下承买
为业。当日议定价银一两一钱整，即日领回应用。其山恁凭买主修理
管业，卖主并无异言。恐后无凭，立此断约存照。

　　凭中　姜佐兴

　　乾隆五十九年五月二十六日

　　代书　姜廷周　立①

两契不仅面积小，而且本来是一大块土地，却被分割成两块为不同的人占
有。这些都不利于土地向个人集中。

　　契约 7-5

　　立断卖山场木约人文堵寨姜国英、莲芳叔侄二人，为因家中要银
使用，无出，自愿将到父手得买中房之山，土名坐落世在书上一岭，
左凭小冲，右凭廷柱安岩为界，上至顶为界，下至大河。又下一边岭，
左凭大冲，右凭士祥岭为界，上至廷柱岩洞为界，下至河，四至分明。
请中问到加什寨姜士周、姜廷德二人名下承买为业。当日凭中议定价
银二十两零五钱。其山自卖之后，任凭买主修理管业，卖主兄弟不得
异言，口说无凭，立卖约为据。

　　凭中姜世培姜廷樑，姜保养

　　代笔姜廷瑾

　　嘉庆八年十一月二十四日　立②

　　契约 7-6

　　立断卖山场杉木契人姜凌霄。因为缺少银用，无处得出。情愿将
到祖遗与下寨姜本望上寨通义所共之山场一块南堵再（冉）学诗。其
山……四至分明。此山原系四十九两均分，凌汉、凌霄、凌青兄弟三
人占山之地股一十五股零七分半。凌霄本名所占地主山五两零二分半，
请中度到与姜开仕名下承买为业。当日凭中议定价纹银四钱四分，亲

---

① 张应强、王宗勋主编：《清水江文书·第三辑》第 1 册，第 300 页。
② 同上，第 314 页。

手收足。

　　凭中：姜大受

　　道光二十三年七月二十日 [①]

　　契约7-7

　　立断卖山场杉木字人本房叔凤飞。为因缺少银用，无处所出，自愿将到山场杉木一块，

　　地名培显则。此山界址：上凭洪，下凭河，左凭冲，右凭沛清、名卿之山为界，四至分清。地主、栽手分为五股，地主占三股，栽手占二股，地主三股分为十二股，本名占一股，今将出卖与本房侄恩瑞名承买为业。当日凭中议定价钱二千八十文，亲手收回应用。自卖之后，恁凭买主上山修理管业，买主父子不得多言。恐口难凭，立此断卖字为据。

　　凭中姜凤至

　　同治二年六月二十五日　　立 [②]

　　上引山场林地买卖契约，从每一次的价格判断面积，林地面积大致都在0.5至1亩间。

　　本书附表3-3是河口乡文斗寨著名的"大三房"山场林地买卖契。"大三房"是上文斗寨姜姓家族在乾隆后期逐渐形成的一个专门进行山场经营的宗族性经济共同体。[③] 从附表3-3"大三房"乾隆到民国时期的山场林地买卖契内支付的价格，也能推测到每一单的面积大都在0.5至1亩间。

　　清水江支流乌下江是杉木生长的富集区和杉木生产的核心区之一。临江的黎平县罗里乡樟溪村曾经是土司所在地，也盛行山场林地买卖，这里遗存了很多清代和民国时期的山场林地买卖契约。本书附表3-4就是择取其中一部分，分别组成为乾隆、嘉庆、道光、咸丰、同治、光绪、宣统和民国8个阶段，如

---

① 张应强、王宗勋主编：《清水江文书·第一辑》第2册，第61—68页。
② 张应强、王宗勋主编：《清水江文书·第一辑》第1册，第364页。
③ 王凤梅、林芊：《清水江文书中的宗族史信息考察——以锦屏县文斗寨姜氏宗族为个案》，《贵州大学学报（社会科学版）》2017年第1期。

果将这 8 个阶段历时 210 年（1738—1949 年）的每一次山场林地买卖价格，与表 7-5 内各时期的山场林地亩价比较，那么每一单的面积都不会很大。表 7-6 则是对各阶段山场林地买卖契约内的价格分析；如果将表 7-6 内八个阶段平均林地价与表 7-5 内各时期的山场林地亩价比较，则看到每一单的面积大都在 0.5—2 亩间。

表 7-6　黎平县罗里乡樟溪村各时期部分山场林地价格表

买卖时间	频次	最高价格（银两、钱文）	最低价格（银两、钱文）	合计价格（银两、钱文）	平均价格（银两、钱文）
乾隆三年到六十年	17	10 两	2 钱	42.62 两	2.51 两
嘉庆二年到二十三年	20	8.4 两	0.24 两	50.5 两	2.5 两
道光四年到二十二年	6	3 两	4 钱	14.43 两	2.04 两
咸丰三年到十一年	8	2200 文	430 文	3110 文	388.8 文
同治一年九月	1	—	—	1700	1700
光绪十一年至三十四年	25	13280 文	288 文	46656 文 +26.3 两	1866 文 +1.05 两
宣统二年到三年	3	4280 文	440 文	8880 文	2957 文
民国一年到三十五年	22	9500 文	520 文	69118 文、4 两、大洋 52 元	31417

虽然上述分析只是对清水江流域清代至民国时期山场林地买卖历史现象的一个简要概述，但历史事实已很清楚地表明林地买卖的特征、林地买卖对地权变化的影响：清水江流域的林农生产也与农业生产一样，都有活跃的土地买卖行为，一些林农在买卖中流失了自己的山场林地，另一些则通过买入林地不断地增持着山场林地，因而地权转移一直成为林农经济固有的历史现象。但是，从山场林地买卖分户与土地权分配趋势关系看到，清至民国各个时期都有众多的林农出卖林地，也有众多的林农购进林地，由此分散了山场林地的流向；同时，从山场林地买卖带来的山场林地流失面积看，因每次出售与买入林地单位面积都不大，即使一人多次购进山场林地，毕其一生积累也难以成为大山场林地所有者（这点将在接下来的研究中加以讨论）。因此，持续不断的地权转移并未推动起清水江流域林农经济内土地兼并之风。清水江流域大山场林地所有者，主要还是从事林业生产流通领域内的大林业主和商人，他们不但有规模广

大的林场，同时还有大量的田产。[①]

三、林农大户占有林地面积与地权分配

本项研究上一节指出了山场林地买卖的一个历史现象，即通过买卖频次看到，流失的林地由整个买主一方的 60% 以上林农分别买进，由此分散了山场林地的流向。但是，毕竟还有近 40% 频次的土地流向少数人手中，这些少数买主由于多次买进山场林地行为有可能成为林农中的林地大户。那么，林地大户是否因多次购置山场林地而积累起更多的林地？他们毕生拥有的山场林地是否让他们成长为大林地所有者？并由此而促成土地兼并？这些都是决定地权分配趋势的晴雨表。这里择取清水江流域内林业生产相对发达地区的林农大户，通过其清代和民国时期山场林地积累发展史，来透视流域内的地权分配。

（一）林农大户占有的山场林地面积

如果考虑到清水江流域一块林地内存在着数个不同所有者占有股份以及一次出售林地面积都不可能大的特征，一个林农一生至少要有 10 次及以上购进山场林地，才有可能聚积起比别人较多的山场林地，那么，可以将这样的林农称之为林地大户。本书附录收录的万份契约文书，其中有近 5000 份山场林地买卖契约，从中很容易就发现，一生中有 10 次及以上购进山场林地经历的林农大户占比极少。而对他们所买进林地面积的进一步分析表明，这些少数林农

---

① 木商兼地主，而非林农兼木商——木行老板的财富：龙达成—龙云兰—龙集蛟三代。卦治龙集蛟三代都是行户。祖父龙达成经营木材，本是七八十年靠一次投机暴发……其木行有七八千两银子做木材生意……分家时有四个儿子……孙子龙集蛟三个长辈叔伯主要是购置田产，共约有产量五六千石；其父亲（龙云兰）购置山林……龙云兰的山林有多少？从民国初年到民国 31 年，龙远富佃栽龙云兰山场三处共 120 亩左右，木植有：40 来亩有三四千株；十二三亩，1000 株左右，平均每亩 100 株。又吴通贵从 60 年前起佃栽龙云兰的山林二处共 4600 株；民十五年起，刘宗盛佃栽龙云南山场，当年佃种 50 亩，只栽了二十亩约 2000 株。卦治七户地主山林共 48 幅，合计 1897 亩。其中龙集蛟(包括与龙羽丰合伙)的山林约 1387 亩。占没收山林总面积的 73%。(参见《侗族社会历史调查》，第 19—20 页) 每亩山场造林 100 株左右。龙云兰上面有 12000 株左右。有 100 亩林地。最大的作坊主阮开士购买的土地可收产量一百多挑，和 8000 多斤，并经营下河木商" 卦治七户地主山林共 48 幅，合计 1897 亩。

大户并不因多次买进山场，就真的占有了相当多的山场林地而成为大地主。

锦屏县档案局从河口乡加池寨姜绍卿家中，收集到该家族自清乾隆后期到民国时期的各种契约文书1200余份，其中山场林地买卖契约为主体。梳理这些买卖契约发现，该家族中有四代人都在不断地买卖山场林地。作为该家族第一代人的姜廷德[1]，自乾隆五十四年（1789年）九月二十三日第一次买活木起，开始了这个家族"疯狂"购入山场林地的历史，直到第四代的姜源林在民国二十四年（1935年）十一月二十八日止，共有近三百余次购进山场林地。这里就以四代人山场林地积累发展史为例，对涉及的地权变化作分析。表7-7是对这个家族不同时期购进山场林地频次的不完全统计。

表7-7 加池寨姜廷德家族成员各时期购进山场、活木的频次表[2]

购买人	乾隆		嘉庆		道光		咸丰		同治		光绪		宣统		民国	
	山	木	山	木	山	木	山	木	山	木	山	木	山	木	山	木
姜廷德	—	1	48	27	6	7	—	—	—	—	—	—	—	—	—	—
姜开相	—	—	1	—	49	31	—	—	—	—	—	—	—	—	—	—
姜恩瑞	—	—	—	—	—	1	—	10	15	13	34	33	—	—	3	2
姜源林	—	—	—	—	—	—	—	—	—	—	2	—	8	2	27	3

同时，对这个家族三百余件山场林地买卖契内价格进行统计，其家族成员分别支出银两汇成表7-8。

表7-8 加池寨姜廷德家族成员购进山场、活木支出统计表（单位：银两）[3]

	姜廷德		姜开相		姜恩瑞		姜源林	
	山场	活木	山场	活木	山场	活木	山场	活木
支出银两	521.13	180.65	127.89	200.23	49.79	45.025	62.21	2.1

[1] 这里的"家族第一代"，不具有宗族性质的家族第一代内涵，仅是从一个家庭个人的土地买卖行为出发。

[2] 注：表内的"山"，是指购进的山场林地。"木"，是指购进的活立木或嫩木。

[3] 注：表内货币统一为银两，是将原契约中的银两、制钱和民国时期的光洋，甚至作为代替货币的大米（斤）统一折成银两计算。

　　将表 7-8 内山场价额与表 7-5 内各时期的 1 亩山场林地价格参数进行对照，这个家族成员各自拥有的林地面积便大致显示出来。姜廷德林地主要购买年在嘉庆时期，对照表 7-5 相应时期地价，其购进林地面积是 248.2 亩；姜开相林地主要购买年在道光时期，对照表 7-5 相应时期地价，其购进林地面积为 61 亩[①]；姜恩培林地主要购买年在光绪时期，对照表 7-5 相应时期地价其购进林地面积为 17.4 亩；姜源林购买年主要在民国时期，对照表 7-5 相应时期地价其购进林地面积为 16.8 亩。这样，姜廷德家族四代人买进山场林地主要经历了乾隆、嘉庆、道光、光绪至民国的五个时期，购进林地面积最大值是 248.2 亩，最小值是民国时期的 16.8 亩。

　　河口乡姜佐章曾于乾隆四十五年（1780 年）被黎平府龙里长官司委任为乡约，他在乾隆、嘉庆年间 25 次买进山林，支出银两 398.65 两。[②] 如果以上面的亩价平均每亩 3.57 两，那么姜佐章林地大致 10 余亩。

　　河口乡文斗寨"三老家"林地经营发展史也经历了几代人的竭力经营。与文斗寨的"大三房"一样，"三老家"也是一个专门经营山场的宗族性经济共同体。这个共同体的开创者是生活于康熙乾隆年间的姜富宇，他可以算作"三老家"第一代。他在乾隆八年（1743 年）正月购进一座山场的 1/2 股，至乾隆四十八年（1783 年）三月第 27 次买进山场林地和林木，开始"三老家"经济共同体财富积累史。表 7-9 就是姜富宇 27 次购进的山场林地面积及支出银两。

表 7-9　姜富宇购进山场林地面积及支出银两表

时间	购买林地面积	购买林地支出（银）	备注
乾隆八年至乾隆四十年	林地 9 两 4 钱,6 股；林地 10 块；杉木 2 块，1 股；老木 3 根	40 两 1 分 5 钱	表内 9 两 4 钱中的"两""钱"，是股份的计量词。

① 由于没有道光时期的"山场杉木"契地价，这里参照嘉庆时期价格进行换算。
② 张应强、王宗勋主编：《清水江文书·第一辑》第 7 册，第 132、135、138、140、147、165、167、173 页；第 8 册，第 5、6、7、10、14、17、18、19、22、24、25、26、176、177、181、183、186 页。

279

若以平均每亩 2 两，那么姜富宇 40 年积累起 20 亩林地。此后，姜映辉—姜映祥—姜绍吕等子辈和孙辈组成了"三老家"家族性经济共同体，开始了乾隆后期到光绪后期的林产品生产与山场林地经营。表 7-10 是简化了的"三老家"各时期山场林地生产与经营所支付的费用。

表 7-10　"三老家"山场林地生产、经营支付费用表

项目	乾隆	嘉庆	道光	咸丰	同治	光绪	宣统	总计
山场林地	6.27 两	58.9 两	129.12 两	0.2 两	—	—	—	189.94 两
林木（嫩木）	3.52 两	861.41 两	908.16 两	1.45 两	9.34 两	3.92 两	3.52 两	2022.2 两

锦屏县平略镇平鳌寨与河口乡加池、文斗寨一样，也是发达林区。平鳌寨姜应显—姜之谟家族自乾隆到民国间，家族成员都在持续地买进山场林地与林木，遗留下了几代人买卖山场林地的契约文书。本书附表 3-5 汇总了生活于乾隆与道光年间的姜应显、姜之谟父子山场林地、林木买卖契约，从中看到姜应显、姜之谟父子用于购买山场林地与林木的支出，在乾隆年间是 11.49 两、嘉庆年间是 69.13 两、道光年间是 16.78 两。

除通过林地买卖契内价格判断一户林农所拥有山场林地面积外，清水江文书中的"分关书"也是一个重要线索。原本分关书性质是分割财产，但它潜在的一个历史内涵却是财富积累终极结果的见证，因此，也是确定一户林农分家时所拥有林地面积的证据。从平鳌寨姜之谟在嘉庆、道光年间经历的两次分家所形成的分关书看到，姜之谟一家名义上拥有山场分别为拱党格（又写作拱党搂、公党楼）4 股山、皆眼 12 股山、七桶 100 股山、眼他也山、丢桑 12 股山、菩萨坡山、领对忧山、皆敢山、眼强山、污固 2 股山、南污故（南乌固）山、引大也 24 股山、孟污桑 12 股山、中培山、引响了山。这些山场有多大？通过分银合同可以推断出一座完整山场的林地面积。如上述大龟尾林地上、中、下三个部分可推断出该山场面积大至 14 亩。通过大龟尾山场相似分析方法，平鳌寨姜之谟一家名义上拥有山场面积分别为：拱党格在 2—2.5 亩间、皆眼山 2—3 亩间、七桶山 4 亩左右、该在帮山 2.1 亩、丢桑山 0.3 亩、菩萨坡（乌沙坡）

山 3—4 亩、皆敢山 1 亩左右、领对忧约山 0.5 亩、引响了山约 1 亩、引大也山 20 亩（实占有约 1 亩）、南污故山约 0.55 亩,孟污桑山约 4 亩（实占有约 0.5 亩）,合计约 20 余亩山场。[①]

发源于黎平县境内西北部的乌下江是清水江主要支流之一，也是流域内杉木主要产地，晚明以来成材木植由乌下江在锦屏县河口乡汇入清水江，创造了嘉庆道光年间的河口乡林农巨户"姜百万"的神话故事。黎平县罗里村是乌下江主要木材集散地，居住罗里村中排的杨希明一家清末民初从事木植的生产与经营，从其遗留下的契约文书看（见附表 3-6），光绪十六年（1890年）用银 23.85 两，买下苗丢寨蒋氏母子一块位于归凤溪山场 1/6 股的杉木股，开始了他一生买卖山场林地和林木的活动，到民国十年（1921年）用 1080 文买进杨宗先传先弟兄景卜山场一块为止。30 年间,共买山场林地 17 次，支出 236.238 两，铜钱 47440 文；买进林木 10 次，共支出银 96.38 两，铜钱 10640 文。同样的杨树高，民国二年（1913年）二月二十八日用 1200 文价格买进杨德先、文先、儒先、天生、土成叔侄的稿勇油山一块,到民国乙丑年（1949年）二月初十日用价 3280 文，买进杨壬辰的稿勇山场杉木一冲岔，先后买进林地 17 次（见附表 3-7），支出银 27.38 两，铜钱 74460.35 文;买进杉木 3 次，共支出 11720 文。

应当说上述几户大户是清水江流域内林农中有较多山场林地的典型代表，其本人及家族成员在一生中累积起不少山场，但从本文所分析契约文书看到，无论是在林业生产发达的干流中游一带，还是在邛水－小江、亮江及乌下江小流域一带，拥有较多山场的林农其山场面积大体如此。

（二）影响清水江流域山场林地地权分配的原因

清至民国时期清水江流域内一些林农地主，从家族历史的角度观察其家族成员在各时期的山场林地买进情况，这些家庭成员在各时期都多次地不断

[①] 研究方法参见林芊、杨春华：《清水江林业契约与林农经济史的量化关系研究》，《原生态民族文化学刊》2017 年第 4 期。

地买进林地是历史事实，其中有极少数买进林地达到了 50 亩以上，即拥有 5000 株及以上的林木蓄积量，也是历史事实。但也看到，多数成员在各个时期购进的林地面积大都在 50 亩以下，也是历史事实。为什么许多林农毕其一生地扩张林地，结果鲜有山场千亩，遍山林木的大户产生？在没有其他可资分析的历史条件下，其经营山场行为及透露出的财富理念，可能是其中一个重要原因。

林农地主的投资取向决定了林地山场扩张的限度，也抑制了其发展成为大山场林地主的空间。遗存的各类清水江林业契约，实际上就是林农们尤其是那些大户们经营山场行为财富理念的写照。林农们尤其是那些大户一生的投资取向有三个方面：活立木、山场林地（即契约中书写的"山场杉木"）、田产，加池寨姜廷德家族几代人的一生投资行为体现出多数林农地主投资取向不是山场林地，而是林木（活立木）、田土。

姜廷德：自乾隆五十四年（1789 年）九月二十三日第一次买活木到道光十年（1830 年）二月初四日止，在 32 年间共计买活木 35 次，用银 180.65 两；从嘉庆四年（1799 年）七月十九日第一次买山场杉木起到道光二年（1822 年）五月二十四日止，共在 23 年间买山场杉木 54 次，用银 521.3 两；从乾隆五十八年（1793 年）十二月二十六日到嘉庆二十五年（1820 年）的 27 年间，共计 20 次买进田土，用银 618 两。

姜开明：嘉庆时有一次买卖行为；自道光元年（1821 年）到道光十九年（1839 年）的 19 年间，都有买进行为。从道光元年（1821 年）至道光十八年（1838 年）的 18 年间，共进行了 49 次山场杉木买进，共用银 127.89 两。另外，从道光二年（1822 年）至道光十九年（1839 年)，18 年间共买活木 31 次，共作银 200.23 两；从道光元年（1821 年）至十九年（1839 年）的 19 年间，共买田 18 次，地基 2 次，用银 238.32 两。

姜恩瑞：其 62 年间共有 49 个买卖年。主要从咸丰九年（1859 年）开始进入常规的购进年，持续不断地进行，若减去咸丰九年（1859 年）前 10 年，那么在后来的 50 年间，共有 46 次买进行为。其间买活木 47 次，用银 45.025 两；买山场杉木 53 次，用银 49.79 两；买田 37 次，用银 485.48 两。

表 7-11 是姜廷德家族从乾隆后期到民国初期近 200 年间家族成员的投资取向简约统计。

表 7-11　加池寨姜廷德家族成员的投资取向统计表

	支出银两总计	活木		山场杉木		田土	
		支出银两	占总支出比	支出银两	占总支出比	支出银两	占总支出比
姜廷德	1319.78	180.65	13.69%	521.13	39.95%	618	46.83%
姜开明	566.44	200.23	35.35%	127.89	22.58%	238.32	42.07%
姜恩瑞	580.295	45.025	7.76%	49.79	8.58%	485.48	83.66%

从产业上看,姜廷德用于林业生产的投资是 701.78 两,田产上的投资 618 两,林业生产超过了农业田产。但是,其 701.78 两的林业生产投资中,用于不动产投资的山场林地只有 521.13,少于田产投资近 100 两。姜开明基本是在道光年间投入,与其父亲姜廷德不同的是,一方面林地和林木投入超过了田土 100 余两,另一方面林业生产投资却是活木超过不动产山场林地的近 100 两,显示出其投资重心在林业而非田土,而林业中重心又在活木而非山场林地,这与道光年间清水江流域木材商业生产发展到了一个峰值期的历史现象相一致。但到姜恩瑞时,却完全颠倒了过来,田土投入超过山场活立木近 400 两,远远超过了整个林业投资。虽然三代人的投资行为都有差异,但潜藏的一个共同心态左右了投资方向,这个倾向导致了对林木(活立木)投资超过了不动产林地,而投资最终目标则是田地。这是他们三代人共同的心态。

清水江流域林农轻山场林地,重活立木,最终投向田土的投资价值取向,应当是建立在投入与产出的理性选择上,投资活立木,收益较之购进山场林地更合算。山场投资虽然增值大,但时间漫长,一般要二十五年之后才有收益;而活立木一次性投资大,但是见效快,不到二十年就有不菲收益。最快的收获还是来自田地,虽然田地一次投入也不小,但可保障年年有收益,且收益有可预见的稳定性,更与传统社会重农轻商的文化心理相一致。因此,投资方式是首先投资活木，然后买田，再买山场；又用田地上的收入买活木，形成积累，然后投资山场杉木。

山场多重所有权的复杂性、出售山场林地面积小造成的林地权转移量小且持续地进行，这都只是山场买卖活跃的现象，而不是山场地权集中与否的原因。林地山场不是财富的最终目的，因而也就抑制了人们兼并山场的动机，这才是山场林地没有大户的根本原因。

第八章
清水江流域林业生产中的租佃关系

　　土地的租佃关系，是关系到土地权利性质的一个重要侧面。清代至民国时期清水江流域林业生产中租佃关系问题，早已为学者所关注。1988 年出版的《侗族社会历史调查》一书就有研究专章，本世纪初以来清水江流域不断再现的大量林业契约文书，为人们进一步认识林业生产中的租佃关系提供了翔实史料，有利于作更深入地探讨。罗洪祥在多篇论文中讨论了林地山场的租佃契约及体现出来的租佃关系特征，随后程泽时从发展变化的视角对租佃契约进行分析，讨论了租佃经营不同时期的状态。吴述松、李向宇都撰写了专题论文通过分析林地、资本与劳动力相互关系，探讨了佃山造林中租佃关系的特征。

　　最值得注意的是罗云丹，邓锦凤近期研究成果。她们利用《清水江文书》一——三辑所收集的一万六千余份契约文书，从中精心梳理出涉及土地租佃关系的契约 823 份进行分析比较，从广度与深度方面展示了清水江林业生产中租佃关系发展的历史脉络与基本面貌。[①] 利用相当数量契约文书作大视角分析，不仅是清水江历史研究的突出贡献，而且也是历史研究应持取向。本项研究在分享罗云丹、邓锦凤研究成果基础上，再利用天柱县与黎平县清代以来林业生产中的部分租佃契约文书，尝试对林业生产租佃关系的三个历史现象，即自清代以来清水江流域林业生产是否普遍地采用了租佃经营方式？租佃关系是不是林地权属于封建地主制度下的租佃经营？清水江流域林业生产采用的租佃关系是否是股份制度下的租赁关系，作出自己的解释。

---

① 参见罗云丹、邓锦凤：《从〈清水江文书〉看清代至民国时期清水江民族地区租佃制度的特征》，《原生态民族文化学刊》2015 年第 4 期。

一、林地山场租佃关系的发生及类型

（一）林地山场租佃关系的发生

就现有历史文献判断，清水江流域租佃关系大致有三种情形，一是国家屯田转为民人租佃，二是土司将其土地出租与"土民"佃种耕作，三是民田间租佃关系。屯田与土司领地内建立的租佃关系，明清贵州地方志内有所记载，至于民田间租佃关系的建立，现存历史文献还未见有记载，所以情况不明。下面一份清水江文书，可能是目前发现最早的一件内含民田租佃关系的文献，从其叙述内容看，为我们了解清水江流域租佃关系的产生及初始建立方式，提供了许多具体情节信息。文书内容见契约8-1。

  契约 8-1

  亮寨司为载粮贻害事。据篙寨龙稳廷告前事，又据碳寨民潘田支诉为卸差累民事等情，据此合行提究。审得龙稳廷吐称，碳寨人民贫难移往九南石榴山，用力开坎山冲成田，多年无异。后被潘田支、潘付忠等人势豪强假称他界，孤贫无奈，递年认纳租八秤。伊族潘息朝、潘贵银，潘付陆、潘文亮、潘息能、潘贵彪等陆续将租断卖四秤十五斤，止（只）存（剩）三秤四十五斤。至万历四十一年内，恶告本府伍太爷断粮一石。当诉潘田支、那支飞粮害蚁。自古伊原粮七石一斗，在他门首大遝田丘，迄今栽贻山冲，以此不服。

  又据潘田支吐称，龙稳廷占种地界开坎田丘，果认租八秤是实。后族卖租有之；被龙稳廷等开垦田丘，心下不忿，具告伍太爷已断粮一石。今又递断不纳，伏乞斧断等语到司。

  查勘得碳寨原粮七石一斗，内除一斗载龙稳廷开坎山冲田丘，坐民不服，今剁照前仍认租禾帮贴，潘田支等各民输服。为此，出单一样二纸给付二家存照，各宜遵守，不得再复混争。如有不遵，悔者许今不悔之人执单赴告，重究不恕。须至单者。

  计开

  一剁龙稳廷照前认纳租八秤，后潘息朝、潘贵银，潘付陆、潘文亮、潘息能、潘贵彪等陆续将租断卖四秤十五斤，止（只）存（剩）三秤四十五斤，递年认纳，不许短少帮贴，潘田支、潘付忠收领。

一剎潘田支、潘付忠等照纳原粮七石一斗，不得栽贴龙稳廷、龙明田开坎田丘。

右给付龙稳廷执照

万历四十一年十月廿七日（盖亮寨司印）。

剎单一（纸）①

据该判决书，在默认龙稳廷租佃潘田支、那支九南石榴山田产的前提下，确认龙稳廷诉潘田支、那支转嫁田赋"飞粮害蚁"是实，为此撤销伍太爷断龙稳廷纳地租一石的原判，恢复龙稳廷每年向潘田支、那支缴纳三秤四十五斤的地租额。

该文献虽然并非直接的租佃田地契约，但所反映出的事件却是因地租问题引发的冲突，表明民田间存在着租佃行为。该文书的价值还在于，文书签署时间在明万历四十一年（1613年）十月二十七日，它不仅是目前所能见到的最早一件表明清水江流域租佃关系的历史文献，然而更重要的是，文书所叙述案件的背后，隐藏着当地租佃关系初始建立的方式。据文书中的叙述，碰寨人龙稳廷等人移往九南石榴山，开垦荒山为田土，"多年无异"。后来被迫接受了自称原荒山的地主潘田支、潘付忠等无端"确权"，该田从开垦无主荒地演变成了承租潘田支家田地，龙稳廷也由自主开垦荒地的地主演变成地主潘田支家的佃户。显然，这是一件被人为力量强制植入的租佃关系，它透露出人为力量强制植入的租佃关系，是清水江流域租佃关系产生的一个特别之处：即移民最先是开垦无主荒山，然后因种种原因②，而被迫演变成一种租佃关系。

由强制性植入的特别方式建立起最初的租佃关系，在山场林地中也能见到。一份康熙四十三年（1704年）正月十五日"立清白投字"文书，将这一租佃关系建立过程清晰地表现出来。

---

① 高聪、谭洪沛主编：《贵州清水江流域明清土司契约文书·九南篇》，第452页。
② 该案件的被告方潘田支、潘付忠等，在原告中称其为"人势豪强"，其身份可能为当地豪族。

契约 8-2

立清白投字人龙梅所、陆富宇。二姓为因迁徙外无地方安身，立意投到文斗寨界内地名中仰住店。蒙众头公姜程元、姜现宇、姜隆宇、姜科明等把我二姓安身，大家相为邻寨兄□。自投落坐之后，无论前后左右，寸土各系文斗地界，我陆□二姓不过借以安居，莫生歹心。如肯出力勤俭挖掘，所得吃上层之土皮；倘蒙伯占之心，天神鉴察。假文斗众等不许挖动者，抑天神鉴察所有当不到之处，任凭中仰打草打柴□活、挖种收租等，情如弟妹兄，大家不使以强欺弱。恐日久人心不古，立此清白投字为照。

代笔中陈艾宇

康熙四十三年正月十五[1]

该份"立清白投字"与上引明万历四十一年（1613 年）十月二十七日的"判决文书"，尽管相距近百年，但其叙述事件的共同之处在于：第一，都不是直接的租佃契约，但事件都关涉到租佃问题；第二，都是移民开垦荒山，与原地主发生土地所有权关系；第三，都是最后被迫确认将开垦荒山演变为与原地主建立租佃关系；第四，也是一种因强力植入而建立起来的租佃关系。龙梅所、陆富宇向文斗"众头公"所签订的是"立清白投字"契约，表明是事后因追责再确认为租佃关系。

非移民而形成的土地租佃关系是怎样建立起来的，我们不得而知，这一情况也类同于林地山场的租佃。目前，清水江林业生产中最早有租佃关系的契约，时间在乾隆八年（1743 年）。

契约 8-3

立凭据字人老塘、富宇。今因老塘之木落富宇山内，存木长大作二股平分，不得有误。不许老塘再栽，不许富宇谋木凭据是实。

乾隆八年正月二十六日　立[2]

---

① 张应强、王宗勋主编：《清水江文书·第三辑》第 9 册，第 328 页。
② 张应强、王宗勋主编：《清水江文书·第一辑》第 12 册，第 1 页。

虽然该契约也不是一件明确的租佃林地山场契约，但该契约从几个方面大致反映出租佃关系的情况，第一，从立约"不许老塘再栽，不许富宇谋木"的约定看，老塘被拒绝再栽杉木，表明老塘身份是栽手（佃户）；第二，"存木长大作二股平分"，表明原租佃契约约定了地主与佃户的地租分成是"二股平分"，否则"二股均分"的约定就无从解释；第三，"不许富宇谋木"，此时是强制富宇不能阴谋栽手应得木股份，但表明双方原是有租佃契约，"不许富宇谋木"是对原契约"二股平分"约定条件的重申；第四，待存木长大出售后，栽手老塘就与这片林地完全没有租佃关系了。

目前所能见到的完整的租佃山场契约，是清乾隆十四年（1749 年）二月十四日平鳌寨姜天彩等四人出佃林地山场合同，内容如下：

> 契约 8-4
> 立合同人平鳌寨姜天彩、姜天秀、姜文□、□□□□□。因祖遗下山坡坐落地名龟尾溪头，奈隔越遥远，附近洋洞平鳌四人愿出杉秧与□洞石国瑞、龙子彰、杨文举、欧子贵、吴正举、龙世才六人栽蓄，日后成林砍伐出卖二比平分。佃主每年修理蓄禁，看管火路等。倾人人同心合意，不要闪卸推躲。如有牛羊践踏、放火烧毁，在于佃主照看管业。二比立出合同字势为凭，上平天理，下平鬼神。恐人心不平立此合同，永远管业存照。
>
> 代笔潘先能五分
> 乾隆十四年二月十四日　立
> 外批　日后出卖每两除一钱
> 合同存照（半书）辛 [1]

笔者所见千余份各时期租佃契约，从时间上看订立于乾隆四十年（1775 年）前的只有平鳌寨乾隆二十年（1755 年）二月十八日姜启格招佃姜老士等栽种

---

[1] 锦屏县档案局编：《贵州清水江文书·锦屏卷》第 6 册，第 3 页。锦屏县档案馆藏，未刊稿。

杉木租佃契 ①、三十二年（1767 年）二月二十五日姜有隆等立佃字 ②，三十七年
（1772 年）三月初九日石文才佃种姜有智山场字 ③、文斗寨乾隆三十四年（1769
年）佃山契约等极少数，至乾隆四十年（1775 年）后代才逐渐多起来。

（二）林地山场租佃关系的类型

从已发现的租佃契约看，由于清水江流域林地产权的多重性特征所带来的
林地山场地权分配的不同形式 ④，地主出租林地山场的形式相应的也有几种类
型。首先也是普通的一种是一户地主出租自己林地山场；其次是一两个或者两
个以上的家庭成员共同出租一片山场林地；再次是两个没有血缘关系的地主，
因对同一座林地山场拥有地权，于是共同出租该林地山场；最后是集体成员共
同出租一座林地山场，它可以是家族性共同出租或者一个村寨成员共同出租。
由于林地山场地权的复杂构成，造成了租佃关系的复杂化，是清水江流域林业
生产中林地山场经营的一大特征。

二、林地山场租佃关系的发展、规模及特征

（一）从宏观视角看林地山场租佃关系的发展及规模

据上引乾隆八年（1743 年）契约，表明至少在乾隆初期租佃关系就出现在
林业生产领域内，到民国时期一直成为林地经营与林业生产的一种方式之一。
那么，这一过程如何发展推进？在广度与深度上又有多大的规模？是了解清水
江流域少数民族地区林业生产发展史尤其是生产关系的重要问题。在今天没有
其他可资历史文献说明的情况下，利用林业生产中产生的租佃关系契约进行自

---

① 锦屏县档案局编：《贵州清水江文书·锦屏卷》第 1 册，第 8 页。锦屏县档案馆藏，未刊稿。
② 张应强、王宗勋主编：《清水江文书·第二辑》第 3 册，第 4 页。
③ 锦屏县档案局编：《贵州清水江文书·锦屏卷》第 6 册，第 16 页。锦屏县档案馆藏，未刊稿。
④ 清水江流域林地产权的多重性特征，参见林芊、张明：《清水江林业契约文书中"股"的研究》，《文书·生态·文化：第四届锦屏文书学术研讨会论文集》（上），民族出版社 2020 年版，第 114—133 页。

证,则是最好的也是最为可信的取证方法 ①。下面是利用林业契约文书从宏观上对上述问题逐一展开分析。

所谓宏观,主要体现在从时间与空间两个维度上,观察清水江区域内林业生产租佃关系并作动态分析。在时间上呈现其发展变化的大致轨迹,在空间上再现其发展分布状况。笔者对《清水江文书》(第一、二、三辑)收载清代各朝及民国时期"出卖栽手契约"与"租佃山场契"数量进行了统计,将其分解成时间段,如表8-1所示。

表8-1　《清水江文书》(第一、二、三辑)租佃关系契约文书统计(单位：件) ②

契类/时间	乾隆	嘉庆	道光	咸丰	同治	光绪	宣统	民国
佃契	5	76	136	59	48	125	—	121
栽手	—	15	73	17	40	144	10	207

表8-1内各时间段租佃关系契约文书数量,大致可以说明清水江流域佃租关系历时性发展状态。但《清水江文书》(第一、二、三辑)收集契约是来自于今锦屏县属各村,它只是锦屏县主要林业生产区的取证。那么,流域内其他林区情形又如何呢?笔者同样统计了《天柱文书》与《黎平县罗里文书》内收集到的两县林业生产中的租佃关系契约,将其各时段租佃契约数量分别制成表8-2和表8-3,示例如下：

---

① 清水江林业契约中涉及租佃性质的文书,一般有三种类型。第一种是买卖契,买卖契又有两类契约表示租佃关系的存在,其中一种有出售的表述如买进地主股或栽手股,即可判断为租佃关系,另一种则直接卖栽手契；第二种是直接的租佃林地山场契约,其中一种是直接的承佃,另一种是分合同,第三种是分银合同,其中载有栽手所分配的报酬。在这三种文书中,一般地主的信息比较明确,即三种类型中都可以见到同一个人,并多次重复；而佃户则少见有相互关联契约,大都只一次性出现在某一类型中,这给统计带来不便,也因此不太准确。

② 笔者的统计与上引罗云丹,邓锦凤论文的统计有较大出入,该论文"表1 租佃契约分布情况"统计了《清水江文书》(第一、二、三辑)中收入的租佃契约823件。

表 8-2　天柱县租佃及卖栽手契约统计（单位：件）[①]

契类/时间	乾隆	嘉庆	道光	咸丰	同治	光绪	宣统	民国
佃契	1	2	3	—	1	—	—	30
栽手	—	1	—	—	—	3	1	18

今黎平县罗里乡收集到的买卖林地契总计 1159 件，其中清代 777 件，民国 282 件，各时期出卖栽手契约如表 8-3 所示。

表 8-3　黎平县罗里乡卖栽手契约统计（单位：件）[②]

契类/时间	乾隆	嘉庆	道光	咸丰	同治	光绪	宣统	民国
合计出卖栽手契约数	—	15	73	17	40	144	10	207
出卖栽手人户数	—	12	65	14	33	98	7	126

与表 8-1 一样，表 8-2 与表 8-3 也大致能将天柱县与黎平县佃租关系历时性发展状态呈现出来。

上述列表实际上也是流域内林业生产中的租佃关系在空间上的再现。从地域空间分布看；《清水江文书》收集的契约文书主要来自锦屏县平鳌镇、河口乡等清水江主流南岸，《天柱文书》来源于天柱县清水江流域南北两岸及小江支流沿岸；《黎平县罗里文书》则主要来源于清水江主要支流乌下江沿岸的罗里乡一带，因此，它们从广阔的地域空间上将林业生产的租佃关系呈现出来。

（二）租佃关系发展的深度

虽然各地文书反映出流域内租佃关系发展在时间与空间上的分布，但租佃关系发展的深度又如何呢？所谓租佃关系发展的深度，实际上就是有多少林场地主采用租佃经济关系进行林业生产与经营。今天已无历史文献能够统计出清至民国时期林业生产中有多少林场地主，因此也无法检测到有多少租佃经营地主。但利用遗存的清水江文书林地买卖契约与佃租关系契约间的数量相向关系

---

① 文书来源：张新民主编：《天柱文书》（第 1—22 册），江苏人民出版社 2014 年版。
② 文书来源：黎平县档案局编：《贵州清水江文书·黎平卷》第 1—3 辑，第 1—15 册（黎平县档案馆藏，未刊稿）。

进行比较，却能够从契约自身"测量"出一个大概的租佃经营地主数量，从而将租佃关系发展深度呈现出来。笔者同样利用上述《清水江文书》《天柱文书》与《黎平罗里文书》内的统计资料，将林地买卖契与佃租关系契约间的数量关系进行比较，分别制成表8-4、表8-5、表8-6，分别罗列如下：

表8-4 《清水江文书》内林地买卖契与佃租关系契约间的数量相向关系（单位：件）

契类 / 时间	乾隆	嘉庆	道光	咸丰	同治	光绪	宣统	民国
出卖山林契约	199	419	475	71	91	459	72	738
佃契、卖栽手契	5	91	209	78	88	269	10	328

表8-5 《天柱文书》内林地买卖契与佃租关系契约间的数量相向关系（单位：件）

契类 / 时间	乾隆	嘉庆	道光	咸丰	同治	光绪	宣统	民国
出卖山林契约	12	16	116	24	62	237	28	709
佃契、卖栽手契	1	3	3	—	1	3	1	48

表8-6 《贵州清水江文书·黎平卷》内林地买卖契与佃租关系契约间的数量相向关系（单位：件）

契类 / 时间	乾隆	嘉庆	道光	咸丰	同治	光绪	宣统	民国
出卖山林契约	121	145	294	89	67	200	43	280
佃契、卖栽手契	—	15	73	17	40	144	10	207

综合上两节揭示的产生租佃关系情况，尤其是对相当数量租佃关系契约文书统计所体现出来的历史时间与地理空间关系及时间与空间上的对应关系，我们对清水江流域内的租佃关系形成如下认识：第一，最早的租佃关系不是从人工林产生中出现，它只不过是早已存在的土地租佃关系在林业生产中的移用。第二，林业中的租佃关系发育很晚。有规模性的林业生产至少在明末就已在流域内一些地区产生，并在康熙雍正时得到相当推广，但从现有文书看，租佃关系在乾嘉时期才发展起来，自道光朝起才在整个清水江林区扩散开来，民国时期达到巅峰状况。[①] 第三，林业生产中的租佃关系地域性差异显著。在同样发

---

① 罗云丹、邓锦凤：《从〈清水江文书〉看清代至民国时期清水江民族地区租佃制度的特征》，《原生态民族文化学刊》2015年第4期。

达的林业区,租佃关系分布也不平均,它主要集中于清水江锦屏县南岸的文斗与加池各村寨,而在天柱、黎平与三穗县则不盛行。因此,同样有人工林的区域,也并不自然地采用租佃经营方式进行林业生产。

(三)从微观视角看林地山场租佃关系的发展及规模

从微观上观察清水江流域主要林区内的租佃发展及规模,主要是具体分析一个家族或者家庭林地经营中的租佃行为,通过这类出租林地林农大户的经营情况,大致可以探测到租佃关系发展变化的纵深状态。下面选择三个主要林业生产村寨为例分别加以剖析。

第一个村寨:加池寨。《清水江文书》收录的租佃契约中,加池寨的租佃契约占有比较大的份额。我们以加池寨"四合院"代表人物姜廷德、姜开相、姜开明、姜恩瑞、姜源林家族四代人林地山场的经营,来观察租佃经营情况。表8-7是1800—1940年这140年间该家族四代人所购进的林地与活木频次。

表8-7 加池寨"四合院"姜廷德家族成员各时期购进山场、活木的频次 ①

	乾隆		嘉庆		道光		咸丰		同治		光绪		宣统		民国	
	山	木	山	木	山	木	山	木	山	木	山	木	山	木	山	木
姜廷德	—	1	48	27	6	7	—	—	—	—	—	—	—	—	—	—
姜开相	—	—	1	—	49	31	—	—	—	—	—	—	—	—	—	—
姜恩瑞	—	—	—	—	—	1	—	10	15	13	34	33	—	—	3	2
姜源林	—	—	—	—	—	—	—	—	—	—	2	—	8	2	27	3

这个家庭在不同时期购进的林地山场,算作这个家庭各个时期的实际所有林地山场数目。作为第一代人的姜廷德自乾隆五十四年(1789年)九月二十三日第一次买活木起,开始了这个家族购入山场林地的历史,直到第四代的姜源林在民国二十九年(1940年)十一月二十八日止,共有183次购进山场林地。那么,他们又是通过什么方式经营183处林地山场呢?一方面,我们对该家族各个时期出租林地山场频次进行统计,然后再与该家族各时期所有林地山场数

---

① 表内的"山",是指购进的山场林地。"木",是指购进的活立木或嫩木。

进行比较，这一比较形成表8-8。故该家族林地山场经营的实际面貌便显现出来了。

表8-8　加池寨"四合院"姜廷德家族成员各时期购进林地与出租林地比较表

契类/时间	乾隆	嘉庆	道光	咸丰	同治	光绪	宣统	民国
购进的山场林地次数	—	39	55	—	15	36	8	30
订立的租佃契约次数	—	12	26	5	7	27	3	31

"四合院"姜廷德家族总购进林地山场是183处，而出租林地山场是101次，涉及山场88处。仅从这一比较看，是一个典型的租佃经营地主。但如果将其经营活动放置于150余年间比较，那么无论从购入与租佃看，都难以说是一个主要以租佃方式经营林地的地主。

第二个村寨：文斗寨。文斗寨（上寨与下寨）也是锦屏县清水江南岸边一个村寨，西面与加池寨为邻。自乾隆到民国时期一直是林业生产的主要地区，这里产生了许多家族性的林业大户，其中上寨的"大三房"与下寨的"三老家"都是与加池的"四合院"一样，是著名的林业"大户"。这里以"三老家"为中心观察林业生产中的租佃经营。首先，"三老家"家族自乾隆到民国时期，在不断地买卖林地山场，表8-9所列契约是其各个时期的林场和杉木买卖契。

表8-9　文斗寨"三老家"各时期购进的山场和林木频次表[①]

乾隆		嘉庆		道光		咸丰		同治		光绪		宣统		民国	
山	木	山	木	山	木	山	木	山	木	山	木	山	木	山	木
9	9	22	67	33	92	—	2	1	7	—	8	—	—	—	8
12	7	83	16	117	19	—	—	—	—	—	—	—	—	—	—

表8-9显示出，这个家庭在不断地扩展着自己的林业产业，尤其是林地产

[①] 本表中的姜元泽与姜启贵，是"三老家"家族现存文书的保存者；表内显示的山场买卖契是从二人提供的800多件契约文书中整理出来的。资料来源：陈金全、杜万华主编《贵州文斗寨苗族契约法律文书汇编》；陈金全、梁聪主编：《贵州文斗寨苗族契约法律文书汇编——姜启贵等家藏契约文书》。

业面积。那么，是否采用租佃方式进行经营这些林地呢？经对其租佃契约的整理，经营情况如表8-10所示：

表8-10　文斗下寨"三老家"各时期租佃契约统计（单位：件）①

契类/时间	乾隆	嘉庆	道光	咸丰	同治	光绪	宣统	民国
姜元泽收藏租佃契约	1	16	34	11	8	15	1	5
姜启贵收藏租佃契约	—	1	15	32	15	40	—	3
合计	1	17	49	43	23	55	1	8

将购进林地的频率与出佃的频次作一比较，就可观察到其租佃经营的实际情况，这一情形如表8-11所示。

表8-11　文斗下寨"三老家"各时期购进林地与出佃林地频次表

契类/时间	乾隆	嘉庆	道光	咸丰	同治	光绪	宣统	民国
购进的山场林地（次）	21	105	150	—	1	8	—	8
订立的租佃契约（次）	1	17	49	43	23	55	1	8

显然，"三老家"采用租佃方式经营林地山场，在道光后才呈逐渐增加趋势。到民国时期几乎成了主要方式。

第三个村寨：平鳌寨。平略镇平鳌寨也是清水江南岸的一个村寨，与文斗寨毗邻，地处文斗下寨的东面。这里以1户人家遗存文书为例②。该户家藏文书中，买入山场杉木契约清代有153件，民国时期146件。各时期购进林地与出佃林地频次分布如表8-12所示：

---

① 表中姜元泽表示资料取材于陈金全、杜万华主编：《贵州文斗寨苗族契约法律文书汇编》；姜启贵，表示资料取材于陈金全、梁聪主编：《贵州文斗寨苗族契约法律文书汇编——姜启贵等家藏契约文书》。
② 锦屏县档案部门从该村姜承奎家收集到契约文书1500余件，是目前清水江流域各地家藏契约文书最丰富的一户。

表 8-12　平鳌寨姜承奎家藏文书中购进林地与出佃林地频次比较 [①]

契类 / 时间	乾隆	嘉庆	道光	咸丰	同治	光绪	宣统	民国
购进的山场林地(次)	44	63	34	1	——	60	11	146
订立的租佃契约(次)	10	7	3	1	——	4	——	46

综合三个村的三个家族自乾隆朝到民国时期林地经营情况的比较分析，其共同特征主要体现为：第一，从租佃频次看，租佃关系是逐年增加，其中光绪与民国持平，表明清到民国时期租佃关系呈不断发展趋势，到民国时期最大化；第二，租佃程度大概稳定在光绪至民国时期，从而表明，到光绪朝时，林业生产中的租佃关系基本定型；第三，从佃契与栽手契比较，说明其山主还是自己进行林业生产，只出佃部分林地；第四，存在着地域性差异，三村寨虽然都处于林业生产的中心区域，但平鳌寨租佃关系水平明显不及其他两村 [②]，这种租佃关系发展不平衡性，如果扩展到整个清水江流域林业生产上来看，这一特征更明显。同属清水江流域主要林区的天柱县、黎平县，以及六洞河小流域的三穗县与剑河县两岸，自清代以来林业生产中，很少出现如上述三村那么密集的租佃情况，说明作为一种制度性的经营方式，租佃关系只流行在清水江流域林业生产相对发达地区。

（四）林地山场租佃经营的特征

租佃关系除不断地在流域内扩散外，林农们又怎样在租佃关系下经营林地山场呢？租佃关系的建立首先是地主与佃户订立租佃契约。在清水江流域林业生产中，出租林地山场的地主称为地主或山主，承佃林地从事木植生产的林农佃户称为栽主或者栽手，双方订立租佃关系的契约一般为两个环节，先签订租佃契约，据此佃户获得租佃山场进行种植林木的权利，称之为"立佃契"，待幼苗成长三至五年成林后，再续签另一份林木分成契约，称之为"分合同"，

---

① 锦屏县档案局编：《贵州清水江文书·锦屏卷》1—5 册，锦屏县档案馆藏，未刊稿。
② 这一现象还可在罗云丹，邓锦凤从《清水江文书》(第一、二、三辑) 收录租佃契统计中得到印证。据该文统计，加池 394 件、文斗 232 件、魁胆 82 件、平鳌 51 件。其余均在 20 件以下。只有 12 个村寨在 6 件以下。表明主要集中于文斗与加池两地。(参见罗云丹、邓锦凤：《从〈清水江文书〉看清代至民国时期清水民族地区租佃制度的特征》，《原生态民族文化学刊》2015 年第 4 期。)

以约定双方的收益率（地租）。不管哪种形式契约都是一式两份的复式合同，栽手与山主"各执一纸"。如文斗山主姜绍祖等与张姓栽手的主佃分成合同：

契约 8-5

立合同人文斗寨地主姜绍祖、述祖、侄相麟、婶母引述，因有祖山一块，先年付与张姓所栽，今杉木成林，二比分立合约，言定伍股均分，地主占三股，栽手占贰股。栽手之占贰股，正西占一股是实，其有老合同贰张，姜绍祖存一张，范绍联存一张，今照老合约业是实。

姜绍联　字

道光元年十二月□五日

不管哪一种契约，都反映了租佃经营的各个方面，最为重要的当然是租佃经营的地租形态。地租形态可从地租类型与地租比率两个方面进行观察：首先是地租类型。据前引罗云丹、邓锦凤论文对《清水江文书》中收集到的乾隆时期至民国间 799 件租佃契约进行统计，区别出林地山场地租形式分别是实物分成制 761 件，实物定额制 1 件，固定货币制 2 件，不详类 35 件。可见虽然存在着这几类不同的地租形式，但不管在哪个时期基本上是分成制。其次，从地租比率看，前引罗云丹、邓锦凤论文同样也揭示了各个时期的地租率[1]。整体上看分成标准，占主导地位的是山主得 3/5，栽手得 2/5，这样的分成契约有 526 份。但同时也可以看到，在乾隆、嘉庆时期山主与栽手均分占有相当大的比重，这样的契约有 155 份，而且到民国时期也占有 59 份。甚至在乾、嘉、道时期还有"佃多主少"的倒分成现象，"佃多主少"与"佃少主多"契约文书的比例是 235∶526，其中佃多主少现象在乾隆、嘉庆时尤其是乾隆年间是绝对多数。从变化上来看，由"佃多主少"到"佃少主多"是在嘉庆后才开始。

上述是从《清水江文书》所涵盖各村租佃契约的统计观察，反映了一个地域较为广阔的区域租佃关系的基本面貌。为了对租佃经营与特征有更深入了解，还可以从山主的具体经营情况对地租形态进行分析。我们以加池寨"四合院"

---

[1] 罗云丹、邓锦凤：《从〈清水江文书〉看清代至民国时期清水江民族地区租佃制度的特征》，《原生态民族文化学刊》2015 年第 4 期。

租佃契约与文斗寨"三老家"的租佃契约出现的地租形态进行比较，如表 8-13 所示：

表 8-13　租佃契约内分成比例表 [①]

比率/件数	"四合院"/"三老家"租佃契约内分成比例（地主：佃户）										
	1：1	1：4	2：1	2：2	3：1	3：2	3：4	3：5	4：1	4：1.5	6：4
乾隆	—	—	—	—	—	0/1	—	—	—	—	—
嘉庆	5/11	0/1	1/1	—	1/0	2/4	—	0/2	3/0	—	—
道光	4/0	—	0/2	—	—	22/40	1/0	—	1/0	1/0	1/1
咸丰	—	—	—	—	—	5/36	—	0/1	—	—	—
同治	0/1	—	—	—	—	7/23	—	—	—	—	—
光绪	0/2	—	—	—	—	25/48	—	1/0	—	0/1	—
宣统	—	—	—	—	—	3/0	—	—	—	—	—
民国	2/0	—	—	0/1	—	22/2	—	1/0	—	—	1/0
合计	11/14	0/1	1/3	0/1	1/0	86/154	1/0	2/3	4/0	1/1	2/1

如果再细化地分析，还可再将具体山场租佃分成情况做分析，这里选择"四合院"契约中部分山场一个周期租佃分成，列表为 8-14。

表 8-14　"四合院"契约中部分山场租佃分成比例表

山场/比率/时间	乾隆	嘉庆	道光	咸丰	同治	光绪	宣统	民国
乌漫溪山场	—	1：1	1：1	—	3：2	—	—	3：2
岗套山场	—	—	3：2	—	3：2	—	3：2	3：2
九怀山场	3：2	—	—	—	3：2	—	—	—
汪粟山场	—	1：1	3：2	3：2	—	—	—	3：2
白号山山场	—	3：2	3：2	—	3：2	—	—	—
松立（冲立）	—	—	3：2	3：2	—	3：5	—	—
四里塘	—	—	—	3：2	—	3：2	—	—
穷故篾	—	—	2：1	3：2	—	3：2	—	—

对"四合院"契约中部分山场一个周期租佃分成情况进行分析，不难看出，

---

① 表中的 5/11，其 5 代表"四合院"的数字，11 代表"三老家"的数字。

其发展趋势与"四合院"及"三老家"的总体地租形态一致。

最能反映租佃关系的是地租率。地租率是地主对佃户剥削量化的标识，是衡量租佃关系性质最根本的一个方面。地租率往往通过租佃林地单位面积产量与地租额之比率来衡量。据上引罗云丹、邓锦凤论文内"表4 乾隆至民国年间各种分成制的契约数量统计表"，林地地租分成普遍采用的是地主与佃户3：2比率，其林地山场的地租率大抵是60%。以民国时期一座名叫大龟尾的山场为例，整个山场一个周期的木材收益是643元，山主与栽手的分成比率是3：2，而大龟尾山场一个生产周期的地租率为60%。当然，林业生产与田地不同的是，林地没有国家赋役义务，地主不负担赋役，这样看来3：2比率表明地主对佃户的地租剥削较重。但如果考虑到林业生产与农业不同的一些特殊性，一是按当地生产习俗，往往由地主提供幼苗与生产工具，二是林业生产分三个环节，首先是前三年的培土育苗，其次是二到三年的育苗成林，之后就是对成林的维护期。在第一个阶段，往往可以在林间进行间作粮食。按照当地习俗，林间间作粮食由佃户进行，收益归佃户。这样，佃户在林业生产整个过程中，有两种收益，一是分成后的收益，一是栽培幼苗木"成行"的前三年间，每年可从间种中获得实物收益，那么30%的地租率对佃户来说则是相当有利的一个利率。

再从实际案例观察，看栽手在林业生产中能有多大收益，也是我们认识地租的一个真实感受。从许多"分银合同"中"栽手"所得分成收益看到，相对于地租股（地主股）在绝对数上也是一笔不小的收入。道光时期是租佃关系成熟时期，下面一份契约中清楚地显示出栽手的实际收益。

　　契约8-6
　　立断卖地租杉木字人文斗寨姜相清、相德、侸熙华为将到先年得买龙盛、周绍宝之地名翁扭，此山界上登顶，下抵田沟，左凭岭，右凭大冲，四至分清，所有股数相清等占地主股三股，今凭中出卖与万廷彩六爷名下承买为业，当面凭中议定价银七十四两，亲领回应用，自卖之后，凭从买主蓄禁管业，日后砍伐，地退归原主，姜相清弟兄另栽为业，立卖字是实。凭中姜本清、姜春茂、姜绍周
　　姜相清亲笔
　　道光十一年十月初三日

　　该契出卖的地主股三股价格为银 74 两，那么每股是 24.67 两，据此，佃户（栽手）此时所得两股的收入是 49.33 两。由此看在绝对数上栽手也有不少的收入。从许多出卖栽手股的契约文书也能看到栽手所得也相当丰厚。嘉庆十八年（1813 年）姜启武两弟兄出售栽手一股得银 24.4 两，嘉庆二十五年（1820 年），龙胜云等出售栽手股得银 33 两，嘉庆二十三年（1818 年）唐金支两次出售栽手股分别得银 6 两、8 两。如果跟踪一户栽手长期收益，那么这一特征尤其明显。平鳌寨栽手唐保升（身）父子两代佃山植木，从嘉庆七年到十三年（1802—1808 年），通过出售栽手股获银 50 两[①]。栽手的收益并非如某些研究所称"遭受严重的盘剥"，他们也有不菲的收益前景及实际所入，由此判断这些被研究者定义为佃农身份的栽手，实际上是些职业的林木栽种者，与其说是佃林农，不如说成是林业雇工更恰当。

　　对佃户权利保护是衡量租佃关系性质的又一个侧面。一般而言，地主对佃户都有强制性约束，或者规定一些处罚性条款。清水江林业生产，对佃户也有许多强制性约定，其中最主要也是最普遍的条款有三条刚性条件：第一，木材砍尽后"地归原主"；第二，栽手的义务是种植幼苗后要保证"五年成林"（或"三年成行，五年成林"），否则"栽手无系分"（或者"任另佃与别人"）；第三，"栽手务必逐年勤力修理，不荒废，倘有荒废，栽手毫无系分"。所谓"栽手无分"即栽手不能按约定做到上述义务，那么栽手即便付出了劳动，也没有任何收益回报。此外，还有一些如"不许种茶"[②]等树种的规定。

　　租佃契约的强制性约定是地主为保障自己的利益所作的规定。但在清水江林业租佃契约中，这种风险保障似乎是双重的，不仅针对山主，同样也对佃户面临的风险进行了保护，并且从约定条件看，似乎损失的一方是地主而非佃户的奇特现象。如下列契约所示：

---

① 以上统计资料均取材于张应强、王宗勋主编：《清水江文书·第二辑》第 1 册，第 214、223、215、220、116、172 页。
② 陈金全、杜万华主编：《贵州文斗寨苗族契约法律文书汇编》，第 461 页。

契约 8-7

立佃帖字人高让寨龙文瑜父子，今佃到文斗寨姜映辉、绍口、绍
吕二甲之山，地名党假令，上凭地主山场，下凭岩洞、左凭岭，右凭冲，
四至开清。日后木大作为五股均分，地主占三股，栽手占二股。限三
年内杉木成林，若有不成，任另佃与别人，龙姓父子不得异言。恐后
无凭，立此佃字为据。

道光十年八月二十四日　立

亲笔　龙武现①

该契约作为惩罚条款，也是地主风险保障的约定，只是"限三年内杉木成林，
若有不成，任另佃与别人"这样的约定其实对于佃户而言是不单独承担风险的。
从惩罚条款看，佃户所栽幼苗未成林仅作"任另佃与别人"的处罚，实际上并
没有对佃户实施单独处罚，因为栽手损失的只是劳动成本，但同样山主也损失
了预期劳动成果，实际上是风险双方共同分担。如果再考虑到种植幼苗往往由
山主提供，且佃户还没有押租（土地租赁的押金主要针对外籍佃户）作抵，那
么，地主不仅损失了预期劳动成果，还损失了前期的投入的经济成本、时间成本，
这样一来，好像损失的一方是地主而非佃户。

对佃户异常宽松的约定这一"奇怪"的租佃现象，似乎是清水江流域林业
租佃关系的一个特征。相对宽松的租佃关系还有许多，如在乾隆时地租栽手占
有利分成、没有成林时间的约定，嘉庆时才出现五年成林的约定②，几乎对成活
幼苗株数没有强制要求等。这些契约中，还有满足佃户要求的条款，如下契约：

契约 8-8

立佃字人岩（湾）寨龙绍远、光华。今佃到文斗下寨下房姜宝周、
宗义等，上房姜映辉、绍牙二家先年得买张晚觉地名白号山头壹两之
山，下房宗义、宝周二人占贰钱，绍牙、映辉二家占五钱，共合七钱，

---

① 张应强、王宗勋主编：《清水江文书·第一辑》第 12 册，第 74 页。
② 文书中又有写作"三年成林"（参见"乾隆五十三年七月二十一日平鳌寨姜腾芳出佃天柱县 5
人契约"，载唐立、杨有赓、武内房司主编：《贵州苗族林业契约文书汇编（1736—1950 年）》
第二辑，C-C003，嘉庆之后又有大多写作"三年成行，五年成林"。

宗德、宗义、宗智私买甫□之贰钱五分，六房上寨光前、绍宗名下占一两，佃与龙绍远、光华栽杉种栗，限至五年成林后分合同。原议五股均分，栽手占贰股，地主占三股，不得荒芜，以到后论俱佃与龙姓栽植，立佃字是实。

　　代笔　陆大忠

　　嘉庆二十三年九月十四日　立①

这里所写"以到后论俱佃与龙姓栽植"的条件，实际上是满足了佃户继续承佃的要求。就上述情况而言，山主对佃户的强制约束很少；地主保护自己利益的条款，基本上呈现的是在文斗寨山主看重的是木材砍尽后"地归原主"，在平鳌寨则是强调五年成林后，佃户履行日后管理与管护职责的约定。

在租佃契约中所见到一些强制性限制，甚至人身约束，主要是针对外来佃户。所谓外来佃户，是指非本县籍贯佃户而言。外来佃户在承佃林地山场时与本地佃户一样，签订租佃契约中一般也是普通约定，如下面一件佃约。

　　契约 8-9

　　立栽杉合同字人黔阳县人蒋胜才，为因先年佃到文斗寨姜光全、光仕、老六、老前山场一块，地名八牛山，今养大成林，分为贰股，地主一股，栽手占一股。自分之后，栽手务必逐年勤力修理，不荒废。倘有荒废，栽手毫无系分。字迹可凭，今约有凭人力此合同二纸，各执一纸存照。

　　代笔人　胜仕坤

　　凭中　朱卓廷

　　合同一样二纸为据【半书】

　　嘉庆十四年正月廿日　立②

该契约规定"栽手务必逐年勤力修理，不荒废。倘有荒废，栽手毫无系分"等，都是普通的限制条件，它们不是体现为责任性如"三年成行五年成林"等方面，

---

① 陈金全、杜万华主编：《贵州文斗寨苗族契约法律文书汇编》，第309页。
② 同上，第101页。

就是一种生产技术性的如"外有挖种杉木，不要挖根打桠。如有打桠，不许客人挖种"等规定，类似的还诸如火道开辟等。

但也有一些契约对外来栽手较之本地栽手要苛刻得多，这些条件如大都要付土地租赁押金，下列契约中明确表明要栽手"作抵佃栽杉木"。

契约 8-10

蒋仲华、王老寿二人佃文斗下寨姜钟英老爷、佀世俊山场一块冉优地三栽二自愿先年佃栽主家山场一块九龙山作抵王老寿，自愿先年得买姜老春之山栽手一块九抵佃栽杉木五年成林

咸丰三年十一月二十四日　仲华亲笔 [1]

该契约中"作抵佃栽杉木"的押租是栽手已有的两座山场栽手股。

除押租外，更突出的是对人身限制的约定上。所谓人身限制的约定，如下面契约所示。

契约 8-11

会同县一里七甲唐如连，今因家务贫寒，盘（搬）移贵州黎平府平鳌寨，维周之山耕种包谷。岩架斗寸，无法起朋（棚），惟周同客（即佃客唐如连）相求姜兴文兄弟等之山，土名格里党起朋（棚）住坐。日后客人（即佃客唐如连）多事，在与惟周、客人二人一面承当，不与兴文兄弟相干。外有挖种杉木，不要挖根打桠。如有打桠，不许客人挖种。今欲有凭，立出字为据。

凭中：姜化龙，林必富子笔

嘉庆元年四月初三日　立 [2]

该条件显示了一个佃户留居权的要求，即留居地要有人担保。下一件对人身的限制条款更显得具体：

---

① 陈金全、梁聪主编：《贵州文斗寨苗族契约法律文书汇编——姜启贵等家藏契约文书》，第339页。
② 唐立、杨友赓、武内房司主编:《贵州苗族林业契约文书汇编（1736—1950 年）》（第二卷），C-0006。

契约 8-12

立佃字人黄良仁弟兄。今佃到平鳌寨、张化二寨范学周、姜文宏、文杰、化龙、昌□、起运等今有共山一所地名井俹……栽杉，后日长成五股均分，地主占三股，栽主占贰股。侯木砍伐进，拖、种，一不许停留面生歹人，二不许与外人合伙，三不许另招别客，倘有此情任凭地主另招所佃是实。

外有进山钱五拾两，当时办银九两，其有欠数侯木砍尽兑足。

□年三月十六日□银贰拾　凭中姜老红、莫达仕

嘉庆十八年五月初二日　亲笔　立[1]

该契约对佃户在进行木材生产的"伐进、拖、种"各环节中，作了一系列的人身限制要求：第一，佃户"不许停留面生歹人"；第二，"不许与外人合伙"；第三，"不许另招别客"。此外契约还约定"外有进山钱五拾两"。这里的"进山钱五拾两"，其实是佃户对山主支付的人身保证金。

对佃户居住权的限制及缴纳保证金，可谓是一种人身限制。实际上，上述具有人身约束条款的租佃契约本身并不占多数。笔者对文斗寨"三老家"文书、加池寨"四合院"文书与平鳌寨文书中的佃契初步统计表明，非锦屏县的外来佃户有 40 件，涉及 34 家佃户；而对其限制诸条件中，押租有 4 户，人身限制仅有 3 户。可见，对外来栽手作人身约束的情况也非常态，它只是特定环境在特定时期的特别附加条款。其实收取押租本地人也时有所取。[2]

三、林地山场租佃关系性质的简约讨论

（一）林业生产中租佃关系的独特现象

以往清水江流域林业生产中租佃关系研究有两种向度。一种是从生产关系

---

[1] 张应强、王宗勋主编：《清水江文书·第二辑》第 1 册，第 304 页。
[2] 如在 1 件道光十九年（1839 年）七月二十日的租佃契约中，主要内容为岩湾寨范锡贵佃种文斗寨姜绍熊、绍齐兄弟二人的"也周"山场一块。规定"五年成林"，地租分成是地主二股栽手一股。但承佃的栽手要作抵押："自愿将耕牛作当……不成林者，自甘耕牛补赔。"参见陈金全、杜万华主编：《贵州文斗寨苗族契约法律文书汇编》，第 351 页。

着眼，认为普遍存在着租佃关系，是封建地主制度下的租佃关系[①]；另一种回避了租佃关系性质，单纯从劳动关系看，认为栽主向山主佃山植木与山主招栽手种山植木，对劳动产品按分成方式结算，是一种"股份制分配关系"[②]，股份制分配关系中的佃户（栽手），其身份只是一种伴随人工林业兴起而产生的"职业"。[③] 可能正是基于栽手是一种"职业"，李向宇在研究中则将佃户向佃主"佃山造林"经营方式视为一种"融合了租赁关系、委托代理关系、协作关系在内的、层层的协同关系"的创造性的营林系统。[④]

本章第二节梳理了自清乾隆元年（1736 年）到 1949 年 213 年间共计 1000 多份林业生产中租佃关系契约文书，分析表明，清水江流域内凡有林业生产的地方，都存在着一定的租佃经营方式，但存在着不平衡性：从时间阶段性看，民国时期较之前各时期发展得最为充分；从空间分布上看，锦屏县平鳌寨－上、下文斗寨－加池寨近 50 公里一线林区租佃经营相对频繁，而在天柱县、黎平县则相对稀疏。清水江流域内拥有林地的山主林户不在少数，然而拥有大片林地山场用以出租的山主林户却不多，更不存在一个广泛的佃农阶层。因此，清水江流域内林业生产并不存在着普遍的租佃经营，即便各地存在着水平不等的租佃关系，也不构成一种租佃制度。

在本章的第三节又通过对租佃契约进行细致分析，揭示了租佃关系中的各种特征。下面据这些特征，就清水江林业生产中是不是存在着封建地主租佃制度问题作一些探讨。

首先，从地主（山主）身份看，出租林地山场的地主是不是封建制度下的

① 相似研究成果有杨友庚：《侗族社会历史调查》，贵州民族出版社 1988 年，第 98—100 页。杨有庚：《清代清水江林区林业租佃关系概述》，《贵州文史丛刊》1990 年第 2 期。沈文嘉：《清代清水江流域侗、苗族杉木造林方法初探》，《北京林业大学学报》2004 年第 4 期。王宗勋主编：《锦屏文书研究论文选集》，世界图书出版广东有限公司 2015 年版，第 47 页。罗洪洋、赵大华、吴云：《清代黔东南文斗苗族林业契约补论》，《民族研究》2004 年第 2 期。罗云丹、邓锦凤：《从〈清水江文书〉看清代至民国时期清水江民族地区租佃制度的特征》，《原生态民族文化学刊》2015 年第 4 期。
② 罗洪祥、张晓辉：《清代黔东南文斗侗、苗林业契约研究》，《民族研究》2003 年第 3 期。
③ 罗洪祥：《清代黔东南锦屏苗族林业契约之卖契研究》，《民族研究》2007 年第 4 期。
④ 李向宇：《"佃山造林"的政治经济学考察》，《中国农业观察》2016 年第 6 期。

地主阶层。中国传统社会中的封建制度下的地主，一般是指占有相当大的土地，然后出佃土地由佃户耕种，收取地租剥削佃农的地主。在清水江流域广大林区，这样身份的地主极其少见。从我们对较多出租林地的山主租佃经营实际情形的分析见到，只是些少数以家族性经营的地主，如文斗寨的"三老家""大三房"①，加池寨的姜廷德家族，即便在租佃经营相对频繁的平鳌，也很少有这类较大的租佃经营性地主，而在天柱县各地与黎平县主要林区乌下江流域则更是稀少。同时，从许多林地山场买卖契与租佃契约中不难发现，实际的租佃关系中更多的地主其身份既是出租林地的山主也是承佃林地的栽手。如下例契所示：

> 契约 8-14
> 立佃栽杉木字人勤阳县周万镒、周顺镒二人兄弟。自己亲身问到下文堵寨姜朝瑾五人兄弟之祖山，坐落土名乌格溪。其山下节杉木成林，主家自己修理，周姓不得系分。其有上节佃与周姓栽杉，言定五股均分，残木在内，主家占三股，周姓占两股。俟四五年杉木成林，另分合同。如有不栽杉木修理，周姓无分。今欲有凭，立佃贴是实。
> 　代笔　龙光地
> 　嘉庆三年二月二十四日　立②

该契约中，乌格溪山场下截所栽杉木由"主家自己修理"，表明是山主姜朝瑾等自种山场下一截，同时将山场另一截（上）出佃经营。山主姜朝瑾本人是多座山场的栽手，在嘉庆十九年（1814年）十二月十七日的佃契中③，他是佃栽南岳会所属皮松山场的栽手之一。这样，身为山主的姜朝瑾同时又是佃户。

类似情形在"大三房"经营中也时时出现。自嘉庆到民国时期，"大三房"家族成员购置了许多林地山场，但"大三房"家族成员本身也是佃山植木的栽手，如在一份道光元年（1821年）五月二十日的"卖杉木契约"中"内有地主合同

---

① 《清水江文书·第三辑》第8册收有"大三房"的山场簿，从内也可以看到，用于租佃的山场也不多。
② 唐立、杨友赓、武内房司主编：《贵州苗族林业契约文书汇编（1736—1950年）》（第二卷），C-0007。
③ 同上，C-0024。

一张,绍榜存;姜载渭存栽手一张"[1],该契中的栽手是姜载渭,此姜载渭则是"大三房"家族的核心人物,也是文斗寨大名鼎鼎的林业大户,管理着家族的大量山场。该家族成员从清代到民国时期许多人也是佃栽他人山场的佃户,从一份同治元年(1861年)九月初九日"立分合同字"契约中看到,"姜钟奇、昌连,因先年佃栽姜世杨弟兄之山一块(报楼)"[2]。契约中栽手姜钟奇、昌连是许多契中的地主身份,这里成为了栽手。再如一份民国二年(1913年)二月十三日契约中[3],姜超煜是山主之一,同时又是许多佃契中的佃户。这在文斗下寨的"三老家"中也常见,从乾隆一直沿袭到清末民国时期。如一件宣统元年(1909年)又二月初三日姜世官卖杉木契中讲道:地名南晚山场内的林木是"土股作四股分,栽手具系四家自栽"。这其中的四家的林地是世官、世臣、世美、登廷,"三老家"是一方的林业大地主,而该山场却是"四家自栽"。从上述山主身份可以看到清水江流域租佃关系中的一个现象,地主即是山主,也是自栽自家林地的栽手。

而更奇特的现象是,这里的山主"本人也是本人的佃户"。这种情形可从许多契约中观察到。如下列文书所示:

契约 8—15

立佃种地栽杉木人龙作连、姜世爵、孙什保三人。今佃到姜世俊、世龙、世爵、世法、登泮、登瀛、登熙祖遗山一块,地名也皆占……(四至略——引者注)。此山分为五股均分,地主占三股,栽手占两股。其山限至五年成林,若不成林栽手无分。恐口无凭,立此佃种地栽杉木,永远发达存照。

世远笔

光绪十五年九月二十日[4]

---

① 陈金全、杜万华主编:《贵州文斗寨苗族契约法律文书汇编》,第 210 页。
② 同上,第 443 页。
③ 同上,第 512 页。
④ 陈金全、梁聪主编:《贵州文斗寨苗族契约法律文书汇编——姜启贵等家藏契约文书》,第 416 页。

该契约中佃户之一是姜世爵，但姜世爵同时又是该次租佃林地山场的地主之一。因此，姜世爵在这次租佃行为中的角色，既是佃户，又是地主，形成了"本人也是本人佃户"的奇特现象。该现象存在的原因，在于清水江流域林区地权结构的复杂性，即一座山场产权往往分割成数份股权，分别由多个不同家庭的成员所有，也成了当地的山场所有权习俗。其中某一户成员承佃了该山场，那么，他既是该山场地主之一，同时又是该山场的完全佃户，于是就形成了"本人也是本人的佃户"奇特现象。这种山主既是地主又是栽手，还是自己的佃户的身份表明，即便是有相当林地山场的林业生产大户，也显然不是那种占有相当大的土地，然后出佃土地由佃户耕种，收取地租剥削佃农的封建制度下的地主。

其次，从佃户身份看，他们是不是典型的封建地主制度下的佃农（佃林农）。在本章第三节的分析中看到，租佃契约对佃户人身的强制性束缚只体现在利益损害上，即契约中的"三年成行五年成林"，不能推演到其他时间与空间上的。"三年成行五年成林"是劳动目的强制，但如果不能实现，对佃农的损害只是经济利益的分配，一是不能独得劳动的报酬，二是在这个时间内，佃农不能出售自己前期劳动的利益，或转租自己的佃权。除此之外，主佃关系相当宽松。他们有选择地主的自由及退佃的自由，佃农的佃权有保障——如可以自由出售自己的栽手股，这类似于徽州林业生产中的"坌"，但"坌"只能在山场木材出售后才兑现，这里可以不受时间出售。同样在山林的契约中尤其普遍地存在着地主出售林地时，新地主也一般接受原栽手权利。虽然有押租存在，但不存在徽州那种"火佃"或是每五年六年付与山主纹银若干缴租。更重要的是，在收益分配上，地租剥削量也不沉重。林业收益分成地主占 3/5 栽手占 2/5，主要是锦屏县的林业产区。而在天柱县，主佃分成收益率往往是倒分成，且许多是主二佃四或者佃户获得更多分成。在黎平县，清至民国时期，一般都是 1：1 的均分状态。而且除少数写明"栽成圆满"作为分成的条件外，就没有其他方面的强制了。整体上，清水江流域林业经济结构中，地主与佃户间的人身依附关系相当松弛，佃林农的身份既是普通佃户，也是自由林农，完全不存在着强制性人身束缚。因此，就上述租佃关系的历史发展过程而言，清水江流域存在着许多林业大户，但租佃关系发展并非完全的地主制租佃关系，更非封建地主制租佃关系，成为清水江林业生产中的一个特别现象。

更重要的是,清水流域林业生产使租佃关系还呈献出一个突出事实,即"地租"完全是以货币方式进行,且这一林地分益形式从乾隆持续到民国时期都占有主导性。虽然从表面看,契约格式书写的地租是以山主占 3/5 股与佃户占 2/5 的分成,地租形式属于分成制一类。但在实际活动中看到,林地分益其都是以现金兑现的"货币租"类型。如山场劳动产品无论是中途以地租股出售,还是以栽手股出售,都会随时发生,但都是以现金支付,而当最后契约终结时,地主与佃户共同出售林产品,也是按分成比进行现金结算分配。可见不管是林业生产租佃关系的中间环节还是终结租佃关系最后环节,自始至终都是以现金为支付手段。因此,实质上林业生产一直都是货币地租形态。于是,一个特别现象就产生了:一方面看,林场租佃以货币地租方式支付,往往是商品经济充分发展下的地主制租佃关系的表现。然而实际情况是,虽然这里存在着许多林业大户,但租佃关系发展并非完全的地主制租佃关系。这种"充分的货币地租"与"不充分的地主制租佃关系",成为这里租佃制度的又一个特别现象。

上述两个特别现象,实际上也是一个矛盾现象。这一矛盾现象放置于清至民国时期中国租佃经济发展过程来看,也是经济发展中的特别现象。江南货币地租的发达一定跟其商品经济发达相关联,也势必出现发达的租佃关系,而地主往往成为了不在乡的经营地主。在徽州的林业经营中这也是一个常态。但是,这一租佃经济发展大趋势与清水江流域的林业生产相悖离,症结似乎存在着由充分的货币地租导向发达商品经济下的地主租佃关系的瓶颈,原因何在?

(二)林业生产中租佃关系独特现象的社会经济根源

上述特别现象是清水江流域少数民族地区社会发展历史的特定环境条件促成的。简要地说,造成这个瓶颈的原因就是国家政策。所谓特定环境有下面几层含义:从民族关系看,这里是以苗侗等少数民族为主体的居住区;从政治生态看,这里又是"生苗"与"熟苗"的交接地区;从政治安全看,明清以来就有所谓"汉奸"诱发苗乱的历史敏感问题,对此政府异常警惕,这种社会心理在文献上常用"苗情"或"苗警"词语表达,故当地政府对汉人进入苗区有诸多限制。所谓特定时期,即是"苗情"不稳定时期,人身限制契约多在这种政情下出现。尤其是当"苗警"情势危机时,政府还采取了"清户"的措施,如一份道光十五年（1835年）的契约（契约8-16）就是针对这一行动而立下的契约。

> 契约8-16
>
> 立限字湖南人舒长伍，今搭棚在加池河塘木植生意，并系招主。蒙黎平府黎大老爷为饬 札到格翁寨彭守道等，又札加池寨姜之模、之琳等，今劝我众姓人立限迁移。我等舒姓人等自愿于六月内（搬迁）别处，再不久住于此，如有过限，任凭授札并地方人等处罪，舒姓人等立限是实。
>
> 道光拾伍年五月二十八日亲笔[①]

由于清水江流域有特定环境与特定时期构成的社会因素，所以对"外来"经济因素直接起到了隔绝作用，隔绝形成了当地独特的林木交易形式。一是非本地的外来商人（水客）不能进入林区直接地与林区地主（山主）进行交易，反之山主也不能将林产品木植运输出本地与商品市场直接进行交易，只能在国家（主要是晚清以前）指定的三个轮值当江的市场内，由中间商（行户）完成交易。实际上林业生产形成了两个封闭的林业商品市场。作为林产品木植提供商一方的林农，其经济活动受到控制，林农中的大地主成长也受到限制，于是出现了这种"充分的货币地租"与"不充分的地主制租佃关系"，成为这里租佃制度的又一个特别现象。反之，到了晚清及民国时期，这种隔绝导致的瓶颈现象逐渐被突破，相应的，林业生产的地主租佃经营便迅速发展起来。所以，清水江流域林业生产，国家政策的支配性影响造就了其经济生产的面貌。

在国家高度警惕"苗情"或"苗警"的社会政治心理下，一般林业生产中不可能有众多的外来佃户。这就是为什么在租佃契约中针对外籍栽手（佃户），而且主要是针对行政地域相对更为"疏远"的地区，如省外来的佃户的居住权，附加了人身的限定条件，对"外籍"佃户收抵押等。因此，主要是王朝（国家）少数民族政策在租佃关系上产生的特别限制，而非作为一种经济行为的刻意强

---

① 张应强、王宗勋主编：《清水江文书·第三辑》，第155页。

求。申明这一现象，因为涉及以往研究中经常出现的一个主题，即在以往研究中无不强调，这里有着大量的外籍人户，似乎他们成为承佃山场的主体①，之所以出现外籍佃户众多的认识，主要是受《贵州苗族林业契约文书汇编 1736—1950 年》一书对文书的编辑处理方法的误导，一方面该书以专门一辑的形式，集中展示了林业生产中的租佃契约，另一方面该书收集文斗寨与平鳌寨租佃契约 78 份，其中外籍（外县）租佃户就有 15 份，于是就用该 15 份的较大比率再加上许多外村佃户，形成了外籍佃户众多的例证。实际上，上引罗云丹、邓锦凤对《清水江文书》中 800 余件租佃契约统计表明，绝大多数林地山场仍是本村佃户或相互毗邻村寨佃户栽佃。可见，一些研究者只是依据其《贵州苗族林业契约文书汇编 1736—1950 年》的内容主观地作出了以偏概全的结论，即便存在着许多外村佃户，其外村也是平鳌、文寨、中仰、岩湾、苗绥、加池等寨，这些村寨不仅地域上山水紧密相连，且一直存在着村寨间"共山共股"的林权关系；再者，文斗下寨虽然在行政上尚属外县天柱县所辖，但实际上与上文斗共一个家园。如一件佃契中写道：

契约 8-17

立佃帖合同人天柱县下文斗姜老蓝、姜老包二人，为因先年佃至平鳌寨姜映□、姜之林、之模叔侄等之山场一幅，坐落土名公党楼坐。凭廷位丰之山分界，右凭上文斗姜保友山分界，上登凹顶，下抵溪，四至分明。我二人砍砂栽植至今杉木成林，二比因立合同，议作五股均分，地主等占两股，栽手占三股。两家心平意领，其木只凭栽手逐年修理，毋得荒废，异日长大发卖，仍照五股均分其木价；砍尽地归地主。今欲有凭立此佃帖合同二□，存□

外批山主数目作肆大股均分，映□叔占贰股半，之模弟兄三人共占半股，之林、桢弟兄共占一股。

凭中　姜国兴

代笔　姜化龙

---

① 罗洪祥、张晓辉：《清代黔东南文斗侗、苗林业契约研究》，《民族研究》2003 年第 3 期。

存字人　姜老蓝一□

映□

嘉庆三年十一月十七日 [1]

该契表面看是锦屏县平鳌村与天柱县两个地区间的人员的租佃关系，实际可看出在地理上文斗寨与平鳌寨山水相连。

此外，在一些研究中将栽手定义为一种职业劳动者，这里从经济关系方面就此定义稍做辨析。单纯从职业劳动来对待承租林地的栽手，似乎不能说明栽手身负的经济关系。林业生产本质上就是一种与农业不同的生产，从事林业生产的劳动方式就是一种职业，就犹如农业生产也是一种职业一样，因此不具有特别意义。再者，这里的林业栽手可能是专业栽手，也可能是外籍的专业栽手，但本地栽手肯定是大多数，其中除少数人外，都又从事着农业生产，且许多林地山场主（地主）本身也是从事林业生产的职业栽手。因此，栽手的职业身份不能取代其经济关系身份，即不能改变其劳动中的租佃关系。

至于有研究将栽手与山主间的租佃关系理解为租赁关系，并通过契约中出现的栽手将幼苗期间的粮食间种视为一种佃户"拥有生产的主动权"，由此认为"山主与栽主的收益函数并不完全一至"，这就是一种委托－代理关系，该研究定义为租赁关系的依据在于对地租的理解，将地租理解为租金 [2]，其实是混淆了两者的关系，租佃与租赁是不同性质的经济关系。租赁是在押租条件下才能有益运用，且使用权可以转让（转佃）。而在清水江林区，租佃契约的最基本的约束条件之一，就是出佃后林地不得再转租他人，而且地租都是以分成（尽管为现金支付）方式进行，至少在20年以后方可兑现。最重要的是，租佃关系往往是绝大多数没有押金的租佃方式，这些都不构成单纯的租赁关系。再者，幼苗期间的粮食间种视为一种佃户"拥有生产的主动权"，也是不恰当的理解，粮食间种的权利与栽手所获得的利益，应当是地主支付给佃户的劳动报酬。就上述地主与佃户的经济而言，不能构成委托－代理关系。其实，明清至民国间，

---

① 张应强、王宗勋主编：《清水江文书·第二辑》第 1 册，第 17 页。
② 李向宇：《"佃山造林"的政治经济学考察》，《中国农业观察》2016 年第 6 期。

中国农业经济中除了押租制外，生产中无论是分成租还是定额租，对于佃户来说，佃农的经营权都具有纯粹的单纯的委托产权。

因此，脱离具体的经济关系，仅从劳动形式或者单纯技术形式来理解清水江流域栽手的社会经济属性，都会与现实发生偏差。综合上述，对地主与佃农在整个生产领域中的经济关系的历史分析，一个明显的事实是，清水江流域林业生产中以租佃契约结成山主与栽主间的经济关系，似乎并非是明清时期农业生产中一方面承受着繁重的地租剥削，另一方面又遭受着较多人身束缚的那种封建地主制度下的租佃关系。山主与栽主双方的经济关系，更多的是一种遵守契约形式而建立起来的雇工关系。

附 表

　　本项研究对 3000 份以上的田土、园地、山场林地的买卖契约文书进行了数据采集，这些数据包括买卖双方人员姓名、买卖时间、买卖标的物单位面积、单价等要素，并制成数据表以供分析利用。这些数据既是清水江流域土地买卖过程的真实写照，也是形成本书论点——地权分配形态的主要依据。考虑到如果将如此庞大数量的数据表格放置于本书出版，会增加出版成本，故在出版时，只将其中必须的部分附于书后，其余部分舍弃。

　　保留下来的数据表，都是相关章节中所要论证的主要观点的基本支撑史料，这些基本史料见证和确保了本书分析过程的真实性与科学性。

附表 1 出售田地 1.2 亩及以上农户户数统计

附表 1-1 天柱县翁洞镇黄巡村、岑板村、克寨村出售田地 1.2 亩及以上农户

时间	卖主	买主	面积	价格
嘉庆七年三月十四日	蒋与何	蒋宗远伍人	8 箩	玖柒银 14.4 两
嘉庆二十五年四月初六日	游邦墉、秉中叔侄	蒋荣英、荣登	36 箩	银 21 两
咸丰十一年三月二十日	杨泽金	蒋政年、政朋兄弟	20 运	71000 文
同治十三年二月廿四日	游恩光	蒋昌江	36 箩	43200 文
同治十年十二月廿五日	刘克佑	刘昌新	5 箩、80 运令 1 箩	11500 文
光绪六年三月二十八日	蒋政宏	昌江	12 箩	13880 文
宣统元年三月廿四日	蒋金陞	蒋景树	30 运	200000 文
宣统二年三月十四日	胡贤焕	胡启豪	20 箩	37080 文
民国三年甲寅岁三月十八日	蒋政茂	蒋含春	30 箩	54800 文
民国七年戊午岁三月廿二日	陈氏新连、于祖庚	蒋太增	30 运	34800 文
—	吴门蒋氏爱春	蒋景耀	30 运	102080 文
民国四年七月十二日	胡贤焕	胡贤清	8 箩	10880 文
民国六年丁巳岁十一月初七日	吴祖澍等	蒋景新	8 运	57880 文
民国十一年三月初十日	蒋永化公裔孙	蒋景新、太洪、启煌	8 箩	54080 文
民国十一年三月初十日	蒋永化公裔孙	蒋启悝	18 箩	54088 文
民国十一年壬戌岁三月十二日	吴祖澍	蒋景新	24 运	73880 文
民国十一年壬戌岁四月初八日	杨成宗	蒋景新	30 运	92880 文
民国十一年二月十八日	潘光元	潘光锦	9 箩	52480 文
民国十二年癸亥岁十月十九日	杨昌锦	刘良葵	24 运	300 串 8880 文
民国十八年四月初八日	吴祖伯	吴祖传	20 运	光洋 40.4 元
民国□□年	吴德保	房田杨永大	32 运	11000 文
民国十八年三月十六日	吴祖培	蒋泰顺兄弟	20 运	358100 文
民国十九年三月初五日	杨昭常	亲戚杨永大 蒋太顺	1 股又 33	98000 文
民国二十四年五月二十六日	吴门杨氏金花	杨永兴	120 运 24 运、1 运	光洋 1980 元
民国廿四年七月廿七日	吴祖铣魁、德馨吴杨氏	杨永兴	120 运	3780 文
民国二十五年五月	吴氏杉娇	胡贤乡	—	洋 128.8
民国廿三年十二月廿九日	胡启明、贤豪	胡贤卿	12 箩	光洋 50.88
民国二十六年一月二十六日	蒋氏银秀、子祖让及侄德大	杨永大	12 运	洋 268.8
民国二十八年三月四日	蒋泰本、泰开、泰三	杨永大	12 运	洋 140.8

续表

时间	卖主	买主	面积	价格
民国二十六年二月十三日	杨永大	—	17 运载税 2 亩	洋 136.8 元
民国廿九年五月初六日	吴德泉	蒋欧阳氏桂连母子	54 运载税 2 亩 6 分	钞洋 1120.8 元
民国三十年九月二十二日	蒋泰梅	蒋景梁	26 运	洋 1166.8 元
民国三十年辛巳岁九月二十八日	吴杨氏陈香、梁氏伯贞、子德泉	蒋景耀	18 运	钞洋 888.8 元
民国三十四年三月初二日	吴德泉	杨氏桂莲	粮 2 亩 1 分	法币 11800 元
民国卅七年十一月二十五日	杨永兴	蒋景耀	22 运	稻 52 石 8 斗老斗
民国丙辰年四月初八日	吴见恩富、见山先、见泉芬	吴见恒	18 运	钱 1520800 文
民国三十六年九月初五日	蒋景厚淮	杨永大	20 运	洋 5688000 元

（资料来源：张新民主编《天柱文书·第一辑》，第、8、9 册）

附表 1-2　天柱县竹林乡竹林村、梅花村、高坡村出售田地 1.2 亩及以上农户

时间	卖主	买主	面积	价格
康熙三十五年二月十七日	潘荣华等	潘贵明	9 丘 57 边	银 12.2 两
康熙三十六年□月□六日	潘魁明	潘成宇等	35 边	银 6 两
道光四年二月廿五日	蒋先明	—	6 丘 20 箩	银 35.5 两
同治七年正月初二日	潘应泰	—	3 丘 20 箩	—
光绪二十四年十月二十八日	吴炳寿兄弟	潘通淮	4 丘 40 箩	42880 文
光绪二十四年十月二十八日	吴炳寿、庚寿兄弟	潘通淮	14 丘 40 箩	30800 文
光绪三十年八月廿七日	刘氏壹花	刘常和	7 丘 50 箩	70800 文
宣统元年十月二十八日	刘常和	胞兄刘常福	5 丘 12 箩	19680 文
光绪三十三年三月初二日	吴李氏开□□	吴运昌	11 丘 50 箩	61088 文
光绪七年二月二十一日	龙定校	吴运凰	4 丘 24 箩	14088 文
光绪三十二年十一月二十八日	吴运灿	刘期善	2 丘 17 箩	20880 文
民国元年十二月十五日	龙更陞	刘常开	2 丘 14 箩	钱 16808 文
—	潘光元、全男	胞弟潘、光锦	1 丘 20 箩	钱 104800 文
民国辛巳年十一月十六日	潘光元	潘通智	4 丘 12 箩	钱 30160 文
民国十九年十月二十二日	龙有成	吴会汉	8 丘 14 箩（2 亩）	钱 80880 文
民国十二年五月二十六日	刘常林	刘常元	1 丘 18 箩	钱 129998 文
民国六年二月二十日	唐自球	潘光锦	1 丘 10 箩毛亩 1 亩	钱 121880 文
民国十二年三月十四日	龙定正	龙定高柏三人父子	6 丘	钱 26280 文

续表

时间	卖主	买主	面积	价格
民国二年腊月初三日	甘连甲父子	潘光世	9 丘	铜钱 48980 文
民国十九年四月廿三日	吴会亨	吴会祯、求达	3 丘 34 箩税 2 亩	钱 404800 文
民国十八年□月二十八日	刘期光	潘通福	8 丘 24 箩	钱 47880 文
民国十五年八月初八日	血侄期荣	伯父常福	4 丘 12 箩	钱 122180 文
民国丙寅年二月二十八日	宋义财	潘光锦	5 丘 20 箩税 1 亩 3 分	钱 116280 文
民国癸酉年九月二十六日	吴会辛	潘光锦	6 丘 18 箩	光洋 24.8 元
民国十九年八月二十二日	刘荣富	堂公常福	3 丘□18 箩柱税□分	钱 168880 文
民国二十九年三月初八日	潘积贵玉	堂弟潘积庆	2 丘 12 箩亩 8 分	钞洋 60.8 元
民国卅年九月初一日	萧昌平	潘通福	4 丘 18 箩 2 丘 4 箩	洋 1□2.8 元
民国三十八年三月廿一日	潘积庆	潘光本	3 丘 10 箩	谷 104 箩
民国三十二年四月廿八日	潘积辉	堂叔潘光汉	1 丘 12 箩	钞洋 2128.8 元
民国辛巳年十一月十六日	潘光元	潘通智	4 丘税 5 分 12 箩	价钱 37160 文
民国二十三年十月二十八日	龙远德	潘光汉	4 丘 16 箩	光洋 72 元
民国二十四年三月十五日	万唐氏	吴会汉	17 丘毛亩 4 亩 28 箩	洋 46.88 元
民国二十五年三月十九日	龙远秀	刘荣锦藻、刘荣晟晁四名	5 丘 16 箩	光洋 31.68 元
民国十九年四月廿三日	吴会亨	吴会祯、求达	3 丘 34 箩税 2 亩	钱 4044800 文
民国二十六年三月二十六日	吴会友等清明会	房侄吴恒鼎	3 丘 20 箩税 2 亩	光洋 100 元，造洋 181 元
民国三十一年七月初二日	刘荣昶	刘荣江淮	6 丘拾箩外载柱税 1 亩 6 分整	市洋 786.8 元
民国卅年九月初一日	萧昌平	潘通福	6 丘 12 箩	洋 1□2.8 元
民国三十九年四月十二日	刘荣昶	刘荣江	16 箩	洋 52.8 元
民国三十二年四月廿八日	潘积辉	堂叔潘光汉	水田 1 丘谷 12 箩	钞洋 2120.8 元
民国三十一年七月初二日	刘荣昶	刘荣江淮	水田 1 处 6 丘谷 10 箩，外载柱税 1 亩 6 分整	市洋 786.8 元
民国三十八年三月廿一日	潘积庆	潘光本	水田大小，3 丘谷 10 箩	谷 104 箩
民国三十二年四月廿八日	潘积辉	堂叔潘光汉	水田 1 丘谷 12 箩	钞洋 2128.8 元
民国卅二年七月十六日	萧席珍	潘光汉	4 丘谷 20 箩载会税 1 亩 2 分	洋 2668 元

时间	卖主	买主	面积	价格
民国三十五年八月廿五日	潘积庆	潘光汉	水田1丘	洋248800元
民国三十一年七月初一日	吴会泮	刘荣藻	2丘，12箩	价钱308.88元
民国卅三年十一月初八日	刘荣橔	刘荣富江二人	水田一处，大小9丘	洋29280元
民国卅三年四月廿六日	吴会贞	吴恒鼎、宋莫镒二人	25箩载柱税1亩8分	市洋16088元

（资料来源：张新民主编《天柱文书·第一辑》，第10、11、12册）

附表1-3　天柱县高酿镇攸洞村、地良村、甘洞村出售田地1.2亩及以上农户

时间	村寨	卖主	面积（边）
乾隆六十年闰二月十五日	攸洞	龙降伍等	50
乾隆六十年二月二十五日		龙孟生等	130
乾隆六十年三月二十一日		龙生坛等	60
嘉庆七年二月廿五日		吴孟来等	100
嘉庆十年二月二十五日		刘文高	41
道光十二年十二月十三日	地良	龙一林等	80
同治二年四月二十七日	攸洞	刘什光等	50
同治二年正月□□日		龙宗耀	50
同治四年后五月廿二日		龙润泽等	100
同治八年三月初三日		龙耀祖等	558
同治八年二月初九日		龙宗本	160
同治九年十一月初五日		龙秀坤等	80
同治九年十月初九日		胡邦乐等	41
同治十年二月二十日		龙清弟	100
同治十年十二月初六日		孟备等	70
同治十一年至民国二十七年		胡述宗	99
同治十二年六月二十四日		龙神德等	97
同治五年□月三十四日	甘洞	龚建东等	115
同治六年八月初二日		龙道和等	60挑
同治七年四月十二日		刘润泽	200
同治七年二月初八日		刘润泽	100
同治九年四月初三日		刘森荣	70
同治八年九月初四日		胡开明	180
同治九年十月十七日	地良	龙现海等	60
同治九年十月十七日		龙修刚	60
同治十二年九月十一日		潘喜善	110

续表

时间	村寨	卖主	面积（边）
光绪二年十二月十六日	攸洞	杨昌球	163
光绪四年十一月初六日		吴玉明等	90
光绪九年十一月廿日		罗福具	110
光绪十年二月廿五日		刘永泮	45
光绪二十八年八月二十八日		张双圭	42
光绪十三年三月十二日	甘洞	杨忠道	—
光绪十三年三月十四日		杨忠道等	11 石
光绪三十四年十二月初二日		杨通亮等	43
光绪四年十一月初六日		梁宏忠等	48
光绪三年十一月初八日	地良	龙朝举	60
光绪三年十二月初四日		吴全高等	54
光绪□年三月十六日		龙云旺	40
光绪四年九月二十八日		龙运来等	60
光绪四年十一月十四日		龙爱□等	50
光绪五年十一月初□日		汤开口	70
光绪五年至光绪二十四年		汤开甲	62
光绪九年十二月		龙金发	70
光绪十二年至民国二年		龙仲廷	72
光绪十二年十月初十日		龙念球	70
光绪十三年十一月廿九日		龙贵礼	180
光绪十四年六月十一日		龙沛球	120
光绪二十年至民国六年		龙清泰	42
光绪二十一年至光绪三十一年		龙建来	82
光绪二十一年□月二十八日		龙玉恩	120
光绪二十二年八月		龙德泮	50
光绪二十六年二月初四日		龙泰禄	42
光绪二十六年至宣统三年		龙金财	40
光绪二十七年至光绪三十四年		龙清荣	55
光绪二十八年至民国十五年		龙清明	68
宣统二年五月初八日	攸洞	刘万顺	115
宣统三年四月二十九日		粟庆发	195
民国三年至民国十八年		龙绪显	135
宣统二年四月二十二日	地良	龙氏金梅	180

时间	村寨	卖主	面积（边）
民国辛酉年九月二十三日	攸洞	杨承风	54
民国癸酉年九月初九日		伍绍钟	12
民国十三年七月十二日		龙绪渊等	50
民国元年十一月二十六日		杨少柏等	55
民国乙丑年十二月初八日		龙令泮	72
民国十一年七月初九日		吴先玉	40
民国二十一年至民国二十九年		杨森柱	36
民国二十四年六月八日		杨光春	406
民国二十四年七月二十二日		杨先春	162
民国三十五至民国三十六年		伍永川	54
民国三十八年正月二十八日		伍绍枫	150
民国六年二月十四日	甘洞	胡国泰	—
民国七年三月二十二日		龙和道	48
民国十年四月初二日		杨光瑜等	124
民国十四年十月初八日		龙端木	292
民国丁巳年四月初七		杨通□	24
民国十□		杨政祥	83
民国十四年九月初八日		陆志安	93
民国三十年十二月二十八日		龚砚泽	54
民国三十年十二月至三十五年六月		龚祥丰	170
民国三十一年十月初二日		杨通才等	50
民国三十六年八月初十日		胡玉才	—
民国三十六年十二月二十一日		杨通成	72
民国二年至民国二十三年	地良	龙明焕	97
民国七年五月七日		龙丙汉	42
民国七年五月二十日		龙清汉	48
民国六年至民国二十年		龙恩永	70
民国八年五月十六日		龙才芳等	42
民国二十三年十二月二十九日		龙政校	79
民国十年至民国十六年		龙喜焕	62
民国十五年十一月二十九		龙政校	45
民国十六年二月初二日		伍门阳氏翠银	39
民国二十七年八月十五日		龙官保	110
民国卅□□年六月廿四日		王运恩等	60
民国十二年十一月二十九日		潘宏宝等	80
民国十二年		龙东本等	42

（资料来源：张新民主编《天柱文书·第一辑》，第 10、11、12 册）

附表 1-4　锦屏县柳寨村出售田地 1.2 亩及以上农户

时间	卖主	买主	面积	价格（两）
道光二十二年十月初七日	龙再刚	龙世锦	150 边	53
咸丰三年四月十七日	龙天海、子邦锦	龙廷章	60 边	10
咸丰十一年□月二十一日	龙昌汉	龙世锦父子	40 边	10.6
同治元年十一月初八日	龙金有、金和	亲房龙明成	60 边	2
同治元年十一月二十	龙仁官	龙青者	85 边	1
同治二年三月七日	龙开举、四保父子	龙宗耀	50 边	2.533
同治二年□月初一日	龙秀宗、秀枝二人兄弟	龙松要、松弟二人兄弟	80 边	4.8
同治二年五月二十日	龙明经	龙明成	140 边	4.4
民国二年八月二十日	龙金举、金仁	龙明成	140 边	6.73
同治三年三月二十日	龙寿宗、寿枝兄弟	龙宗耀、龙宗弟兄弟	70 边	4.267
同治三年五月□一日	柳寨龙引恩、引元	龙明成	60 边	5.87
同治五年三月十二日	龙显珠	龙明成	80 边	4.93
同治五年三月二十日	龙显珠	龙明成	70 边	4.8
同治六年正月二十二日	龙昌盛、子玉昆父子	龙宗弟	60 边	9.34
同治六年七月初五日	龙昌盛父子	龙宗弟	80 边	4.65
同治六年三月初一日	柳寨龙伯母、显昆、引姣母子	龙明法、龙珠玉、龙仁	40 边	3.47
同治六年三月二十日	龙伯母、显昆、引珠母子	龙明成	50 边	4.93
同治八年五月初九日	刘爱月、明礼二人	龙礼仁	40 边	3
同治九年二月二十日	龙开举	龙宗弟、龙开焕二人	100 边	31.6
同治九年四月二十日	龙珍耀、珍修兄弟	龙明成	40 边	7.39
同治十年二月十八日	谭文焕	龙明成	50 边	8.4
□□□□月二十七日	龙邦福、子大本	龙明成	90 边	8.53
光绪五年十一月二十三日	龙宗照、子新化	龙里仁	80 边	22.85
光绪九年	龙洪魁	龙礼仁	50 边	16.4
光绪十九年五月二十日	彭玉清	龙里仁	63 边	13.68
光绪十九年六月十九日	皮所寨彭玉乔	龙理仁	花 40 边	6.93
光绪二十年十二月十九日	彭玉开	龙里仁、里群兄弟	12 担	20.48
光绪二十三年三月十三日	石兆林、沛林、贵林兄弟三人	龙里金	13 担	42.06
光绪二十四年六月十七日	吴世宽	龙里金	10 担	29.88
光绪二十七年十月二十二日	彭德富、德广兄弟	柳寨龙理金	10 担	58.6
光绪三十年八月初七日	伍全厚	里翁龙宗寿	100 边	70
光绪三十年五月初七日	石恒森	龙理仁	10 担	115

时间	卖主	买主	面积	价格（两）
光绪三十三年十一月二十八日	龙显亮	龙里金父子	40 边	35.08
宣统二年十一月初七日	龙锺文	龙锦亮父子	160 边	158
宣统二年十一月初七日	龙钟文	龙景亮父子	70 边	15.08
宣统二年四月初一日	龙全宽	龙泰森	50 边	23.48
民国三年七月二十四日	龙绪广	龙景文	80 边	68.8
民国五年三月二十五日	龙化堂	朝球、喜文	120 边	80.8
民国七年十二月初五日	龙道祥	龙理金父子	10 担	121.8
民国十一年五月初六日	龙景运	龙景亮	60 边	22.8
民国十四年五月二十八日	龙绍罢、丙癸、丙戌	龙绍干	110 边	15.67
民国十五年十二月二十五日	龙全衡	龙喜文	40 边	41.93
民国十九年五月二十五日	龙广厚	龙景亮父子	40 边	52.67
民国二十五年五月十九日	登鳌龙大富	龙喜文	40 边	5
民国二十六年□□月十一日	龙昆德、昆瑞、昆化、昆庆、昆泮兄弟	龙泰恒	50 边	75.24

（资料来源：龙泽江收集，贵州凯里学院"清水江文书研究中心"藏。）

附表 1-5　锦屏县苗埂寨出售田地 1.2 亩及以上农户

时间	卖主	买主	面积	价格
民国辛未年五月二十二日	杨承广	吴美才	田谷 13 石	钱 188800 文
民国卅六年七月二十四日	吴传陞	劳□□	田谷 12 石	大洋 74 元
道光十三年十一月二十四日	夏克修	国修、家修	田谷 7 石	银 22 两 5 钱 8 分
咸丰九年十月初十日	夏家修	张士发、士旺	田谷 16 石	纹银 11 两 8 钱 8 分
咸丰十年三月八日	王老四弟兄	张士望	田 20 石	银 15 两 5 钱
同治六年十月十二日	范国忠、克振，黄、龙□三家	张世□开成叔侄	田谷 25 石	纹银 87 两 6 钱 8 分
光绪二十九年二月十六日	张国元、国正弟兄	张国兴	田谷 11 石	银 64 两 8 钱 8 分
光绪三十年六月十九日	蒲新元	张国兴	田谷 9 石	45 两 24 钱 8 分
民国十年十二月初九日	张桥生	张国珍	大秧田 12 石	80480 文
民国十三年三月廿三日	张桥生母子	张国珍	秧田谷 8 石	大洋 12 元
民国十三年三月廿三日	张桥生母子	张国珍	田谷 12 石	100480 文

（资料来源：张继渊《苗埂·清水江文书汇编稿》，贵州省教育厅 2011 年人文社科项目结题报告。）

附表 1-6　锦屏县九南村出售田地 1.2 亩及以上农户

时间	卖主	买主	面积	价格
乾隆五十四年十二月初十日	龙宗玉	龙大儒、龙大权兄弟	3 把 5 手	40
嘉庆二十四年十月初五日	龙明娇	龙大儒父子	2 把 5 手	65.08
道光二年三月初四日	龙用知	龙用飞弟兄	1.5	35.8
道光八年正月三十日	吴总庆父子	杨昌云、昌兴弟兄	2	30.4
道光八年十二月十八日	龙用栌	龙用飞弟兄	20 石	81.08
道光二十三年十一月十三日	龙用清	龙用登	13 石	56.28
道光二十六年十一月十七日	龙滔	龙用池、杨正显	6 石	47
道光二十七年九月十五日	熊礼和	龙用池、杨正显	9 石	22580 文
道光二十七年十月初四日	陆远义	龙嗣能、杨正显	18 石 11 斗	24800 文
道光□□□一月初八日	陆登榜父子	龙□□	15 石	33
咸丰十年八月初三日	潘再涟	龙兴旺	22 石	7680 文
咸丰十一年十月十九日	潘再河、潘再涟、潘再洲、潘再江弟兄	陆昌礼弟兄	32 石	28880 文
同治元年七月十六日	龙敬、潘氏	王开龙	80 石	66080 文
同治八年三月二十日	龙兴美	龙兴魁	15 石	7248 文
光绪七年十二月初十日	龙兴礼	杨光辉、龙兴番	12 石	11280 文
光绪八年九月二十八日	龙家瑚	吴国科、谢志高	50 石	36800 文
光绪九年正月初四日	龙兴礼	龙士林	24 石	50800 文
光绪九年九月二十六日	龙嗣飞	龙嗣渊	13 石	17680 文
光绪九年□月二十七日	龙兴谟	龙兴顺	10 石	10220 文
光绪十四年二月十七日	杨光惟	龙与才弟兄	15 石	13088 文
光绪十四年四月初五日	杨光焯	龙士科	3 斗	188 文
光绪十四年十二月十七日	龙怀珍、龙怀珠	龙兴顺	1 块	628 文
光绪十六年六月十三日	龙士林、龙道撍	龙兴廷叔侄	42 石	—
光绪十七年七月二十二日	谢志高	吴国科	28 石	16880 文
光绪十七年十一月三十日	陆胜和、陆胜甲	陆凤明	11 石	4928 文
光绪二十一年十二月二十六日	陆凤鸣	陆胜科	12 石	4800 文
光绪二十一年三月十一日	龙兴祯、龙兴财	龙嗣渊	15 石	12800 文
光绪二十六年三月二十八日	龙兴安	杨正和衔土地祠主	13 石	8800 文
民国元年九月二十八日	杨正和	龙兴廷	14 石	—
光绪二十六年十月三十日	吴永文	龙兴廷	50 石	37680 文
光绪三十二年七月初七日	谢代贵、谢代福、谢代禄	龙道松	13 石	14880 文
光绪三十四年五月二十五日	杨腾勇、杨腾明	龙兴炽弟兄	20 石	15800 文，典价银 30.8 两
光绪三十四年十二月三十日	杨再荣	龙士艮	30 石	5258 文

续表

时间	卖主	买主	面积	价格
民国五年十二月二十四日	谢志桃	熊尚文	15 丘	铜元 21080 文
民国八年十一月初一日	龙道喜	熊尚文	3 □	23480 文
民国十四年十二月十五日	龙道烈	龙运春	18 石	37880 文
民国十六年十一月初一日	龙绍金、龙绍银、龙绍硗、龙绍丹	龙景源	140 石	106080 文
民国十九年十月初六日	龙运立	龙运松	60 石	138880 文
民国十九年十月十六日	龙运立	龙运嵩	38 担	6.4 元
民国十九年十二月初二日	龙运宏	龙运椿	19 担	27880 文
民国二十三年二月二十八日	龙景钦	本寨愚表弟陆德祥	38 石	大洋 40.2 元
民国二十三年二月二十八日	龙景钦	陆德祥	38 石	光洋 18.8 元
民国二十三年五月十一日	龙景洲	陆德祥	24 石	大洋 11.2 元
民国二十六年正月二十五日	龙运立	龙运凤	20 石	洋 400 元
民国三十四年正月二十九日	□□□	龙运培	12 丘	洋 4520 元
民国三十六年十月初六日	龙运培	龙运嵩	15 石	谷 8 石
民国三十八年六月初一日	龙景钦、陆德祥	陆孟庆	30 石	谷 6 石 2 斗
□□□十三年二月初五日	龙友蛟	潘兰	30 石	银 80 两
□□□□年十二月十三日	龙道烈、龙道训	龙嗣银	12 石	2480 文

（资料来源：高聪、谭洪沛主编《贵州清水江流域明清土司契约文书——九南篇》。）

附表 1-7 锦屏县亮寨村出售田地 1.2 亩及以上农户

时间	买主	面积	价钱
道光八年正月三十日	杨昌云、杨昌兴弟兄	1、2 粮 4 升五合	30.4
道光八年十二月十八日	龙用飞弟兄	1（计谷 20 石）	81.08
道光二十三年十一月十三日	龙用登	2、3（计谷 13 石）	56.28
道光二十六年十一月十七日	龙用池、杨正显	1（计谷 6 石）	47
道光二十七年九月十五日	龙用池、杨正显	1（计谷 9 石）	22580 文
道光二十七年十月初四日	龙嗣能、杨正显	1 分、11（计谷 18 石 11 斗）	24800 文
咸丰四年十一月二十日	龙兴顺	3（占一半）、园基 1 幅	13500 文
咸丰九年十二月二十五日	（缺）	3（共有，卖 1 股）	800 文
咸丰十年八月初三日	龙兴旺	3（计谷 22 石）	7680 文
咸丰十一年十月十九日	陆昌礼弟兄	8（计谷 32 石）	28880 文
同治元年七月十六日	王开龙	30（80 石）	66080 文
同治二年九月十二日	王开龙	10 石	6100 文
同治八年三月二十日	龙兴魁	5（15 石）	7248 文
光绪元年六月二十三日	陆凤元、凤明	—	—
光绪七年闰七月十二日	张安顺	1（4 石）	3100 文

续表

时间	买主	面积	价钱
光绪七年十二月初十日	杨光辉、龙兴番	1（12石）	11280文
光绪八年九月二十八日	吴国科、谢志高	15（50石）	36800文
光绪九年正月初四日	龙士林	1（24石）	50800文
光绪九年九月二十六日	龙嗣渊	5（13石）	17680文
光绪九年□月二十七日	龙兴顺	3（10石）	10220文
光绪十四年二月十七日	龙与才弟兄	5（15石）	13088文
光绪十六年六月十三日	龙兴廷叔侄	3（42石）	—
光绪十七年七月二十二日	吴国科	2（56石）占一半	16880文
光绪二十一年十二月二十六日	陆胜科	7（12石）	4800文
光绪二十一年三月十一日	龙嗣渊	5（1分，15石）	12800文
光绪二十六年三月二十八日	嫩寨永安司杨正和衙土地祠主	3（13石）	8800文
民国元年九月二十八日	龙兴廷	3（14石）	—
光绪二十六年十月三十日	龙兴廷	15（50石）	37680文
光绪三十二年七月初七日	龙道松	1（13石）	14880文
光绪三十四年五月二十五日	龙兴炽弟兄	1（20石）	15800文，典价银30.8两
光绪三十一年十二月二十九日	龙兴渊	3石	5028文
光绪三十四年十二月三十日	龙士艮	2（30石）	5258文
民国五年十二月初二日	熊尚勋	40	8880文
民国五年十一月二十一日	龙道烈	6石	3280文
民国十一年三月十七日	陆孟贞	7石	4280
民国五年十二月二十四日	熊尚文	23石	铜元21080
民国十四年十二月十五日	房侄龙运春	8（18石）	37880文
民国七年六月十五日	熊尚勋	3石	1080
民国七年六月十五日	熊尚文	1块	5680
民国八年十一月初一日	熊尚文	10石	23480
民国九年七月初四日	龙运春	3石	4580
民国十一年六月二十一日	龙运蒿	3斗	1060文
民国三十年三月二十五日	龙运碧	4石	6880文
民国十五年六月十三日	陆胜明父子	1块	4600文
民国十六年十一月初一日	龙景源	140石	106080文
民国十九年十月初六日	龙运松	1分、共田24丘（60石）	138880文
民国十九年十月十六日	龙运蒿	1分（38担）	6.4元
民国十九年十二月初二日	龙运椿	1（9担）	27880文
民国二十三年二月二十八日	陆德祥	7（38石）	大洋40.2元
民国二十三年二月二十八日	陆德祥	7（38石）	光洋18.8元
民国二十三年五月十一日	陆德祥	10（24石）	大洋11.2元
民国二十六年正月二十五日	龙运凤	10（20石）	洋400元
民国三十四年正月二十九日	龙运培	5（12石）	洋4520元

时间	买主	面积	价钱
民国三十六年十月初六日	龙运嵩	7（15石）	谷8石
民国三十八年六月初一日	陆孟庆	6（30石）	谷6石2斗
□□□十三年二月初五日	友潘兰	若干（30石）	银80两
□□□□年十二月十三日	龙嗣银	4（12石）	2480文
道光二十六年十月初三日	龙士芝、龙士明弟兄	17丘、谷20石	铜钱33800
同治九年十一月二十四日	龙起珍	7（每丘1分大小，约谷45石）	78880
同治九年十一月二十四日	龙起珍	8（每丘1分大小，约谷55石）	68880
同治十三年九月二十八日	龙廷亮	6（约谷10石）	大钱4480
光绪十二年二月初九日	龙廷亮	3（约谷11石）	6000
光绪十三年十月二十日	龙仁本	6（约谷10石）	—
光绪十五年八月十五日	龙士禄	1分（大小7，约谷16石）	大钱8280
光绪十九年八月十六日	晚弟龙注	1分（大小4，约谷26石）	36480
光绪二十年三月初四日	族侄	4（约谷24石）	21620
光绪二十一年正月十二日	宗兄龙绍云	7（约谷16石）	6480
光绪二十一年九月初十日	龙能	2（约谷13担）	8480
光绪二十六年三月十三日	龙世荣	2（约谷32石）	31580
光绪三十一年四月初十日	龙家茂	1（约谷9石）	16880
光绪三十一年八月十八日	潘成林	2（约谷5担）	1880
光绪三十一年十月初□日	族祖龙凤先	2（约谷23石）	30080
光绪三十二年十二月二十八日	堂弟龙世林	5（约谷30石）	24880
宣统元年二月二十八日	内弟龙世琳	8（约谷48石）	净八成钱28480
宣统元年十一月十四日	龙于炳	9（约谷30石）	31280
宣统元年十二月初一日	龙于炳	4（约谷9石）	6380
宣统元年十二月初十日	堂兄龙能	1分，大小4（约谷33石）	80080
宣统二年二月二十日	龙于炳	1（约谷16石）	35880
宣统二年七月十八日	龙于炳	1（约谷8石）	6580
宣统三年三月初六日	侄婿龙于炳	4（共约谷13石）	13480
民国元年六月十九日	龙于炳	4石	6800文
民国三年二月十六日	族叔龙世溥	1（约谷9石）	20380
民国三年	龙仁云	1（约谷20石）	钞洋19.2元
民国六年正月初一日	堂叔龙能	7（约谷20石）	九成钱26880
民国九年七月二十四日	族祖龙先顺	3（约谷12石）	铜元43封80枚
民国十年正月三十日	表兄龙绍先	1（约谷13石）	铜元20封680
民国十年三月十三日	龙绍先	3（约谷12石）	铜元22封800
民国十年四月十五日	堂兄龙家茂	4（约谷42石）	元钱148封80
民国十年七月十六日	堂兄龙家茂	4（约谷42石）	42封80枚

续表

时间	买主	面积	价钱
民国辛酉年十二月初三日	堂兄龙家茂	3（约谷40石）	132880
民国十一年三月十九日	龙于炳	2（约谷14石）	37480
民国十一年五月初一日	龙于炳	5石5斗	15480文
民国十三年十一月初十日	龙于炳	2石5斗	11480文
民国十五年五月三十日	姑父龙于炳	2（约谷10石）	10封48枚
民国十五年十一月初二日	族公龙绍先	2（约谷32石）	91880
民国丙寅年十二月初十日	龙绍先	2（约谷12石）	元钱68封800
民国十五年十二月二十日	龙绍先	2（约谷12石）	37680
民国十九年三月二十七日	堂叔龙世林	1（约谷10石）	78080
民国二十年二月初四日	族公龙绍能	2（约谷11石）	大洋8.82元
民国二十年二月二十八日	族叔龙绍明	4（约谷27石）	光洋10.28元
民国二十年九月初八日	龙绍明	1（约谷8石）	光洋5.2元
民国二十二年十一月十三日	龙于海	4（约谷27石）	1800
民国三十三年正月初六日	堂叔龙世林	2（约谷18石）	元钱2800880
民国二十三年二月十六日	族叔龙绍能	2（约谷16石）	光洋□□□元6角
民国二十四年三月初八日	龙于炳	3（约谷18石）	大洋8元
民国二十六年二月十一日	族叔龙世林	1（约谷9石）	大洋23.5元
民国二十六年七月初二日	堂叔龙世林	5石	大洋14.5
民国二十六年十二月初八日	族公龙绍先	1（约谷9石）	光洋21.02元
民国二十七年四月十八日	族叔龙世林	1块	大洋5.2
民国二十九年五月初二日	龙世林	2（约谷25石）	268.8元
民国二十九年七月初八日	龙绍全	11（禾花64运）	洋48.08元
民国二十九年九月初八日	龙绍前	11（禾花80运）	180元
民国二十九年十月初七日	龙于炳	2（约谷16石）	洋100元
民国三十二年三月十九日	堂弟龙稚远	1（约谷12石亩□九分	市洋3408.8元
民国三十二年十月二十五日	胞兄龙于炳	1（约谷9石）	洋1200元
民国三十四年四月初二日	表弟胡万城	3（约谷14石）	洋6000元
民国三十四年八月二十四日	族孙龙智远	1（约谷18石）	市洋137880元
民国三十七年二月初五日	内弟龙世贵	3（约谷24石）	市洋4800000万
民国三十七年二月十四日	龙世贵	3（约谷14石）	市洋2808000元
民国三十七年腊月十七日	堂弟龙智远	1（约谷24石）	谷子66石8斗
嘉庆二十年□月十八日	龙文彩、龙起飞叔侄	26（计谷60□石）	银220.8两
宣统二年二月初九日	龙琪	3（约谷16石）	八成钱10000
民国二十一年五月十八日	潘宇贡	6（约谷16石）	80000
民国二十三年十一月十六日	龙绍壹	2（约谷20石）	光洋18元
民国二十三年十一月十六日	龙绍壹	1分（2丘）计谷20石	光洋8元
民国三十九年八月二十七日	龙世明	1（约谷12石）	大洋10元

（资料来源：高聪、谭洪沛主编《贵州清水江流域明清土司契约文书——亮寨篇》。）

附表 1-8　黎平县罗里乡彰溪村、八卦村出售田地 1.2 亩及以上农户

时间	卖主	买主	面积	价格
同治十二年二月二十五日	张佑发等	张朝恒	田连 3 丘载谷 8.5 石，1 丘载谷 2 石，共代元粮 1 升 6 合	2 石 9680 文
光绪二十七年六月初七日	张志超兄弟	张朝恒	田 1 丘载谷 8 石，随代原粮 8 合 14 两 8 分	—
光绪三十一年七月二十日	张承毅	张本大弟兄	田 2 丘载谷 8 石，随代原粮 1 升 4 合	44 两 8 分
光绪三十三年二月二十二日	董尔祥	张本大	田 8 丘载谷 20 石，随代原粮 2 升 5 合	54 两 8 钱 8 分
民国壬子年七月十八日	张本大等四兄弟	张发年	6 丘载谷 16 石，随原粮 5 升 8 合	88 两 8 钱
民国十年五月初九日	张本儒	吴文铣	大田 1 丘约谷 18 石，随代原粮 3 升 6 合	—
民国十三年八月二十日	吴润章等	张本泮	大田 1 丘约谷 18 石，随代原粮 3 升 6 合	172080 文
民国庚辰年六月十七日	吴育鲲等	张志德等	田 14 丘谷 27 石	80.8 元
道光十三年二月初五日	张文治等	吴理南承典	秧田 2 丘谷 7 石，田 1 丘谷 3 石，田 1 丘谷 9 石	104 两 5 钱
民国九年二月二十八日	吴植三	吴美银	田 1 丘谷 8 石，随代原粮 2 升 2 合	68280 文
民国乙亥年十月初九日	杨正江	张佑珮	田 1 丘谷 8 担	11 元
民国戊辰年五月二十八日	吴美堂等	杨再纯	田 1 丘谷 10 石，随代元粮 18 合	光洋 14 元 8 角
民国乙亥年十一月初十日	杨正银	张应堂承典	田 1 丘谷 12 石	光洋 21 元
民国二十五年十一月二十八日	吴文灿等	张成和承典	坝田 1 丘谷 5 石，四方田 1 丘 4.5 石	大洋 20 元
民国戊寅年七月十三日	杨正银	张应堂	田 1 丘谷 10 石，随代原粮 1 升 8 合	14 元 8 角 8 分
民国二十九年正月十三日	杨正坤	张应堂	田 2 丘载谷 10 石	光洋 300 元
民国庚辰年六月十三日	吴育灿	张应堂	田 2 丘谷 9.5 石半，随代原粮 2 升 9 合	40 元
乾隆四十□年□月十八日	□□□	杨自修	田 1 丘谷 14 把	—
道光二十二年十月初三日	—	—	田 6.5 丘载谷 13 石半	
光绪三年六月十一日	吴承汉等	张朝丙等	田 13 丘谷 35 石，2/3 股	铜钱 53480 文
民国丙子年	林顺富	张志高	田 2 丘谷 11 石，随代原粮 9 合	大洋 34 元 8 角

续表

时间	卖主	买主	面积	价格
民国三十二年七月二十八日	张志高	张承鼐	田2丘谷11石	348元
民国三十三年十月二十二日	杨秀银	张承泽等	田3丘谷10石	3600元
同治六年十月二十五日	吴宪亚	张朝玉	田1丘11担	34两8钱
光绪二十三年十二月十三日	张志标	张志洪	秧田1丘谷1.5担，田1丘谷2担，田3丘谷5担，随代原粮7合	文银19两8钱
光绪三十二年十二月二十八日	张志明	张志洪	田3丘谷8担，随代原粮8合	——
光绪三十四年四月十八日	李万章	张志洪	田2丘谷8担，代原粮8合	4两2钱8分
民国十一年四月□□日	张承泽	杨永爱	田2丘谷9担	28000文
民国十九年润六月初五日	石开梅	张承彦	大田1丘谷12石，田1丘禾2石	光洋20元
民国辛巳年九月初三日	——	——	田2丘谷9担	光洋44元6角
民国三十二年七月十二日	——	——	田9丘谷21石	光洋85元4角
民国三十二年七月十二日	——	——	田3丘谷15石	16元8角
民国甲申年五月二十日	吴传贵	张勤先	田3丘谷15石	大洋8元8角
乾隆二十七年七月初三日	杨克昌	八卦二寨	大塘，田4丘栽禾70把	足色银60两
同治二年十二月十二日	杨敬先等	杨通渭	田1丘谷16石	9两8分
同治九年九月初一日	杨通渭	杨廷祯	大田一半，田1丘共谷17石，塘一口	59两4钱
光绪二十年六月初十日	曹国桢等	刘昌远	田3丘谷12担	5800文
民国元年十一月初七日	胡大刚等	杨承梁	田6丘谷11石，代原粮1升8合	31800文
民国甲寅年正月二十三日	龙枝远	杨承梁	田2丘谷9石，代原粮8合	铜钱17000
民国甲寅年正月二十三日	龙枝远	杨承梁	田2丘谷9石，代原粮12合	43780文
民国丙辰年四月初四日	——		田2丘谷10担	——
民国甲子年十月二十日	傅庚酉	杨承梁等	田4丘谷10石，代原粮17合	43380文
民国戊辰年十二月二十二日	杨绍先	杨鼎先	田2丘谷8石	23400文

时间	卖主	买主	面积	价格
民国庚申年六月初七日	吴再林	石立奎	田 15 丘谷 30 石	78 两 8 钱 8 分
民国壬戌年八月十三日	—	石立奎	田 4 丘载谷 10 石	34 两 8 钱 8 分
民国二十年五月十日	吴文宾	李君茂	田 2 丘谷 16.5 石，代原粮 4 升	66 元 8 角
民国二十年腊月十三日	吴文宾等	李君茂	田 2 丘谷 16.5 石，代原粮 8 升	大洋 32 元 8 角
民国三十五年四月十一日	石树超等	李德超	田 18 丘谷 50 担	73 元 8 角
道光十四年二月十六日	陈宏谟	杨体和	田 1 丘禾 20 把，代秋粮 2 升	色银 53 两 8 钱
光绪十五年十月初七日	杨正财	杨玊先	大田 1 间谷 14 担	足色银 16 两 8 分
民国戊辰年十月初二日	杨再纯等	杨铭祖	田 1 丘谷 8 石，随代原粮 1 升 6 合	光洋 4 元 8 □
民国己巳年十二月十二日	吴文立等	杨铭祖	田 1 丘谷 9 石，随代原粮 8 合	光洋 10 元 2 角
民国三十一年六月二十二日	粟伯伦	杨德广	长田 1 丘谷 12 石，随代完粮 8 角	38 元 8 角
民国甲申年四月二十六日	吴文鲲	杨鉴祖	5 丘谷 11 石	1208 元
民国十九年二月十五日	吴文立	杨铭祖	田 1 丘 9 □	10 元 2 角 8 分
民国九年七月十九日	胡光珍	胡本元	田 5 丘谷 20 石，随代原粮 4 升 8 合	40 两 8 钱
民国十三年十月二十五日	涂先成	李明显	田 1 丘谷 9 石，随代原粮 1 升 6 合	22 元 4 角
民国乙丑年十一月十五日	杨建刚	胡本元	田 3 丘谷 12 石，随代原粮 1 升 5 合	18 元 6 角
民国十四年十二月初一日	吴宗光	胡本元	田 1 丘 9 石，田 2 丘谷 5 石，随代原粮 3 升 8 合	15 元 8 分
民国丁卯年六月十二日	潘承升	胡本元	田 2 丘谷 11 石，田 1 丘谷 8 石	80 封 600 文
民国二十七年二月二十四日	杨宏桂	胡本元	田 4 丘 21 石	23 元
民国二十七年十一月初四日	胡光文等	胡本元	田 1 丘谷 12 石，代原粮 2 升 8 合	大洋 27 元 8 角
民国三十九年九月初四日	李君茂	胡本元	田 5 丘谷 11 石	19 元 8 角
光绪二十年十一月十八日	曹守贞等	胡本焕	田 1 丘谷 10 石	26 两 4 钱
光绪三十三年十二月二十七日	胡大贤等	胡本齐	大田 1 丘谷 9 石，代原粮 2 升 1 合 5 勺	27 两 8 分

[资料来源：《贵州清水江文书·黎平卷》第一辑，第 1、2、3 册（未刊稿）]

附表 1-9　黎平县罗里乡罗里村出售田地 1.2 亩及以上农户

时间	买主	卖主	面积	价格
光绪十年十月三十日	杨履杰	杨履端	禾 30 把	26.28
道光十三年六月十六日	杨宏仁	朱李探	—	—
同治三年五月初六日	杨世隆、庆生	杨通财、世豪、宏梅等人	—	—
同治三年六月初十日	杨绍震	杨士隆、杨庆生	—	—
同治三年六月二十三日	杨绍震	杨士隆、杨庆生	—	—
同治四年四月十一日	龙秀贵	杨承芳	—	—
同治六年十二月十二日	杨绍震	陈国祥、杨国珍	—	—
同治九年九月二十八日	杨绍震	胡之铠	—	—
同治九年十二月十三日	杨氏奶连江	杨胜梅	—	—
同治十年五月十八日	杨绍震	杨树本	—	—
同治十年七月二十日	杨绍震	杨建远	—	—
同治十一年六月十七日	杨绍震	杨字清	—	—
同治十二年正月二十六日	杨绍震	杨氏跟辉	—	—
光绪十五年十月二十八日	杨西亭	胡炘祖	4 和 4.5 石	5640 文
民国二十二年十二月初五日	杨世彬、杨秀桂	杨锡珍	8 石	8.8 元
乾隆二十四年十月十三日	杨用支（亚旁）	杨朝桢（寨麻）	30 把	32
光绪二十七年十月十七日	张光显	杨正荣	9 石	25.88
光绪二十九年十月初九日	杨昌义	杨绍善	15 石	17.28 两
光绪二十九年十月十六日	杨承先	杨昌义	15 石	17.28 两
光绪三十二年二月十八日	闵茂盛承典	胡泽智出典	6 石 5 石 6 石	72
宣统元年二月十八日	杨通谟承典	杨康贤出典	6 把 15 把 40 把	29.5
宣统三年十一月初二日	闵思廷	杨承先	8 石	6480 文
民国元年七月初二日	杨孪志、闵思廷	杨光清	18 石 6 石	16800 文
民国十年六月十六日	闵思珍	杨学志	8 石 6 石	11480 文
民国癸丑年四月初三日	闵茂盛弟兄	胡唐氏同子丙申	7 丘共 41 石	50880 文
民国十四年十一月初七日	闵思珍	杨阳氏同子宏椿枢庚	10 石	16.8 元
民国二十一年十月初二日	闵思贞	胡大方母子	16 石	18.28 元
民国二十一年十月初七日	闵思珍	胡大方同母焦氏	25 石	—
民国二十四年二月初十日	杨通盛、杨通运	杨昌能、杨昌华、杨昌连	8 石	9.12 元
光绪三十二年三月初十日	杨映贵	胡泽礼、润	8 石	30.38
民国三年十二月三日	杨运隆	杨树美	10 石	30180 文
民国三年十一月十九日	杨运隆	杨昌祖	8 石	12.18

续表

时间	买主	卖主	面积	价格
民国元年正月十八日	石国铨	杨承笔	40 把	56.48
民国二十三年十月初四日	杨锡明	杨天成	10、7 石	光洋 28.48
民国二十三年七月初三日	杨现彩	杨天成	15 石	20.18 元
道光十六年六月十一日	杨春泰	杨学直	12 石	52.4
咸丰三年五月十六日	陈万东	九层吴玉明	35 石	28.8
同治元年十月二十五日	杨登元	九层吴显珍	10 挑	7880 文
同治二年十二月二十一日	杨淳元	天柱吴绍先	10 石	8.88
同治四年三月十三日	杨淳元	八挂杨承芳	12 石	16
同治七年七月二十日	刘正明、陈年寿	罗里杨绍先、守先	16 石	22480 文
同治七年八月二十九日	杨绍震	杨树本	12 石	38.68
同治八年五月二十七日	杨淳元	杨建远	10 石	21.68
光绪三年八月二十九日	杨希槐	胡世龙	12 石	25.88
宣统元年十一月十八日	胞弟杨希明	希沛	—	—
光绪三年十一月十一日	杨老苟、礼弟兄	杨二弟	18 石	21400 文
光绪六年二月十三日	迫寨杨奇俊	杨显祖	30 石	76.08
光绪十四年十一月十三日	杨希明	杨志仁	18 石	10.28
光绪十六年八月初八日	中排杨希明	杨裕先	11 石	15.48
光绪十七年十月初十日	杨希明	杨光洁光永	9 石	160 文
光绪十七年十月十八日	杨希明	杨德发	10 石	足银 13.8
光绪十八年三月二十五日	杨希明	杨康和	34 石	127.6
光绪十八年三月十三日	杨敦化	杨康和	28 石	84.8
光绪二十四年十一月二十日	杨希明	杨康达、贤	50 石	22□.08
光绪二十六年七月十八日	杨希明	杨培厚奶孙二人	8 把	54.8
光绪二十八年正月初九日	杨希明	杨祯先、桢儒	18 石	113.6
光绪二十八年十一月初二日	杨敦义大人	杨昌祖	36 石	92.8
光绪三十一年六月二十八日	杨希明	岑卜邓万才、方	22 石	63.8
光绪三十二年九月二十三日	杨希明	宰官石起盛	34 石	152.8
光绪三十一年十月十四日	杨希明	复兴厂杨通斌	26 石	164.08
光绪三十一年十一月初二日	表叔杨希明	杨氏子胡钟霖	15 石	82.8
光绪三十二年三月十三日	中牌杨希明	杨德运、儒	12 石	150.8
光绪三十二年十月初九日	杨希明	古州司杨荣祖	1 丘 8 石	94.8
光绪三十二年十月十一日	杨希明	厅上杨勋祖	8 石	52.68
光绪三十二年十二月初五日	杨希明	迫寨杨钟瑞	1 丘 15 石	108.8
光绪三十四年三月十七日	杨希明	朱灿文	9 石	20.88
光绪三十四年七月初八日	杨希明	杨承祚	14 把共 7 丘 86 把	171.48
宣统元年九月二十四日	胞弟杨希明	杨希沛	24 石	宝银 248.8

续表

时间	买主	卖主	面积	价格
宣统二年七月初五日	杨希明	杨昌祖	18 石	61.88
光绪十八年十二月二十八日	杨映宗承典	孔老谷出典	13 石	10000
光绪二十三年五月十一日	杨映宗	刘孝室	15 石	23.48
民国三十年五月初三日	杨焕奎	杨焕辉	20 石	68800 折法币
民国三十年五月十五日	杨焕奎	杨焕辉	20 石	洋 228 元
民国三十一年六月十一日	杨焕奎	杨培高	8 石	市洋 68.8 元 折法币
民国三十一年六月十一日	杨焕奎	杨培高	8 石 1.2 亩	市洋 398.8 元
民国三十三年三月十二日	杨春丕	厂上王植民	8 石	大洋 14.08 元
民国三十七年十一月初六日	杨焕奎	杨典高	11 石	光洋 6.28
民国三十八年四月十五日	杨焕奎	石树桃、嵩,树槐、标	8 石	大洋 9.08
民国乙丑年二月初八日	杨位邦	廖焕燃	18 石	大洋 40 元
民国二十八年四月十一日	杨传先	迫寨杨秀奎	20 石	大洋 94.8
民国七年四月二十四日	叔父杨树高	杨焕庭掌佑弟兄	12 石	18380
民国三十四年十月初一日	杨德润	邓葬杨志和	20 石	大洋 80.8
民国二十四年十一月十二日	杨炳祖	迫寨杨承英	20 石	光洋 46.18
民国二十五年十二月十一日	阳智和	邓葬蒲朝彬	10 石	大洋 8.48
民国二十五年五月十九日	杨炳祖	迫寨杨钟林	12 石	大洋 53.8 元
民国二十六年腊月二十七日	杨炳祖	杨承英	20 石	光洋 67.48
民国戊寅年七月十八日	杨炳祖	迫寨杨秀极	8 石	大洋 38.88 元
民国二十八年三月初八日	寨嵩生茂和字号	宋伯龙	20 石、18 石	大洋 106.8 元
民国三十四年九月二十三日	杨门张卯凤	邓葬杨志和	31 石	大洋 71 元
民国三十四年九月二十二日	杨门张卯凤	稿贺卜朝彬	7 石	大洋 24.8 元
民国三十七年四月二十五日	杨德昌	杨德高	10 石	大洋 10.8 元
□□年十二月二十五日	杨德昌娘承典	杨振武	8 石	大洋 7 元
□□年□□□月初八日	锦屏赤溪坪龙青云父子	先年买王姓	72	大洋□□
民国五年四月二十日	李兰生承典	杨培文	10 石	19000 文
民国三十四年腊月初二日	黄成德	杨丕成	10 石	大洋 5.68 元
民国三十七年六月初六日	黄成德	中排杨培文	8 石	大洋 6.58 元
民国三十八年十一月初七日	阮寿程	本街杨锡珍	10 石	大洋 12.28
民国三十九年二月二十五日	罗里场阮受程	石树球	14 石	19.88 元
民国二十六年十二月十一日	吴恩乾	杨源深等	41 石	10.8

[资来源:《贵州清水江文书·黎平卷》第一辑，第 7 册至第 9 册（未刊稿）]

附表2　清至民国时期购进田地5次及以上农户统计表

附表2-1　天柱县各村购进田地5次及以上农户购进田亩面积

村寨	序号	姓名	件数	购进面积	起讫年份
高酿	1	刘高	9	309 边	乾隆四十六年十二月至嘉庆七年二月
	2	刘文举	12	432 边	嘉庆二十五年正月至同治八年十二月
	3	刘永东	5	190 边	光绪七年十月至民国乙卯年三月
	4	刘昌儒	16	525 边	光绪九年十一月至宣统三年七月
	5	杨宗佑	7	566 边	同治十二年十一月至民国癸丑年十月
	6	杨东玉	9	258 边	光绪十七年十月至民国十一年一月
	7	伍绍仁	8	1.5 挑	1935 至 1945 年
	8	杨承元	14	220 边	1912 至 1934 年
	9	刘根泉	5	129 边	1912 至 1934 年
	10	刘永定	5	63 边	1912 至 1934 年
	11	杨森林	9	73 边	1912 至 1934 年
	12	刘宗才	6	65 边	19 □□ 至 1945 年
	13	龙大河	10	166 边	1912 至 1945 年
	14	胡国俊	6	96 边	1935 至 1945 年
	15	龙颜禄	7	72 边	1935 至 1950 年
	16	杨再模	6	401 边	同治六年二月至光绪十一年四月
	17	龙耀明	7	171 边	光绪六年九月至光绪二十四年三月
	18	丁邦乔	7	143 边	光绪三十四年十二月至民国十三年四月
	19	汤兰清	6	26 边	1912 至 1945 年
	20	陆志可	13	154 边	1912 至 1934 年
	21	龚祥丰	11	333 边	1946 至 1950 年
	22	龚砚泽	11	153 边	1912 至 1934 年
	23	陆志富	11	154 边	1912 至 1934 年
	24	杨炳泽	12	248 边	1912 至 1934 年
	25	杨通海	7	117 边	1912 至 1934 年
	26	龙东换	12	246 边	1912 至 1934 年
	27	杨运球	8	15 边	1912 至 1945 年
	28	胡国金	5	51 边	1912 至 1950 年
	29	陆宗顺	8	76 边	1935 至 1945 年
	30	龙光明	8	81 边	1935 至 1945 年
	31	龙翠柳	6	128 边	1935 至 1950 年
	32	林喜乐	7	84 边	同治四年三月至光绪廿四年二月
	33	龙海太	17	265 边	同治十一年至民国十年八月
	34	龙建吉	6	148 边	同治三年三月至光绪三年八月
	35	龙贵宗	15	704 边	光绪八年二月至光绪甲寅年八月
	36	龙耀德	10	230 边	光绪十八年九月至民国元年十一月

续表

村寨	序号	姓名	件数	购进面积	起讫年份
高酿	37	龙儒兴	20	272 边	光绪二十二年十月至民国丙辰年九月
	38	林昌福	25	276 边	1912 至 1934 年
	39	龙金发	15	304 边	1912 至 1934 年
	40	龙锦才	18	370 边	1912 至 1934 年
	41	龙文木	10	81 边	1912 至 1934 年
	42	龙喜魁	28	147 边	1912 至 1934 年
	43	龙永祥	10	173 边	1912 至 1934 年
竹林	44	潘光槐	14	水田 41 丘 2 磴	光绪二十四年至民国二十五年
	45	潘光锦	14	133 箩 36 丘	民国四年至□□
	46	潘通福	5	46 箩	民国十三年至民国三十九年
	47	刘荣江	7	44 箩 2 丘 1 股	民国二十六年至民国三十九年
	48	潘通智	6	26 箩 1 鉴	民国十年至民国三十年
	49	潘光汉	7	70 箩田 3 丘	民国十四年至民国三十五年
	50	刘常元	5	18 箩 14 丘	民国二年至民国十二年
	51	潘积华	5	13 丘	民国二十八年至民国三十八年
	52	潘进林	5	46 边 6 手	乾隆十八年至乾隆三十六年
	53	潘光世	—	禾 4 边 3 手 21 丘	光绪二十四年至民国二十二年
翁洞	54	蒋景良	10	109 运一涧	民国十五年至民国三十年
	55	蒋景耀	15	138 运 16 丘	民国六年至民国三十七年
	56	刘良葵	13	63 运 1 担	宣统三年至民国三十年
	57	刘修槐	7	21 运田 3 丘 2 涧 2 磴	民国三十二年至民国三十九年
	58	吴见恒	11	83 运 3 团 1 截	民国五年至民国十七年
	59	吴祖傳	5	22 运田 13 丘 3 地 1 团	民国十八年至民国二十一年
	60	蒋正玉	5	38 运 2 斗	民国卅一年至民国卅九年
	61	杨永兴	6	266 运又 6.5 亩	民国二十四年至民国三十四年
	62	蒋景智、景亮	13	36 运 6 团 3 磴	民国十九年至民国二十五年
	63	胡启豪	6	50 箩 2 丘 1 副 1 涧 3 团	光绪三十年至民国三年
	64	黄昭汉、杨德汉	12	36 运 12 斗 3 箩 1 丘 2 涧 9 磴 1 团	民国九年至民国三十四年
	65	蒋景新	5	34 运 2 丘	宣统二年至民国十一年
	66	蒋景孝	5	25 运 7 丘 1 团 1 截	民国七年至民国三十三年
	67	杨永大	19	154 运 26 箩 2 团 1 丘	民国二十六年至民国三十八年
	68	蒋景星兄弟	11	88 运 14 箩 7 丘 1 涧 4 团	光绪二十二年至民国十二年
	69	蒋泰顺兄弟	7	107 运	民国十八年至民国三十三年
	70	蒋再学	8	47 运 1 箩 1 分	咸丰八年至民国十六年
	71	蒋昌江	13	46 箩 39 运 1 石	同治五年至光绪十九年

（资料来源：张新民主编《天柱文书·第一辑》，第 10、11、12、13、14、15、20、21 册）

附表 2-2　锦屏县各村购进田地 5 次及以上农户购进田亩面积

村寨	序号	姓名	件数	购进面积	起讫年份
矣寨乡柳寨村	1	龙宗耀兄弟	8	250 边土三团	咸丰九年至同治四年
	2	龙明成	16	980 边	同治元年至同治十年
	3	龙宗地	18	9.8 把 258 边	同治六年至光绪二十六年
	4	龙太生父子	25	与其子在民国有 4 次，其子独立 3 次 370 边又 24.5 担	同治五年至民国二十二年
	5	龙景亮	12	400 边又 5 挑又 4 团土	光绪二十年至民国十九年
	6	龙理金	22	66 边又 62 担又 11 土	光绪二十一年至民国二十年
	7	龙喜文	21	230 边又五挑 11 土	民国四年至民国二十五年
	8	龙文登	11	20 边 9 土	民国三十年至民国三十六年
	9	龙绍干	7	140 边 7 土	民国十二年至民国二十五年
敦寨镇九南村	10	龙大儒父子四人	5	6 把又 2 丘又 1/3 股	乾隆四十四年至道光元年
	11	龙用辉、龙用翔	4	26 石又 2.5 丘	道光二年至道光二十六年
	12	陆昌礼弟兄三人	4	50 石	道光二十年至咸丰十一年
	13	陆凤元、陆凤明	5	1 分 5 斗数丘	同治十年至光绪元年
	14	陆胜明父子	5	13 石又棉花地 2 块	光绪十二年至民国十五年
	15	陆熊尚文	7	5 石又 43 丘	民国十一年五月初二日
	16	龙运椿	10	53.5 石	民国十五年至民国十九年
	17	龙运嵩	8	129.5 石	民国十一年至民国三十六年
敦寨镇亮寨村	18	龙士兴	4	32.5 石	道光二十八年至咸丰五年
	19	龙于炳	29	239 石	光绪二十五年至民国二十九年
	20	龙能	5	78 石	光绪十五年至民国六年
	21	堂兄龙家茂	11	220 石	民国十年至民国二十六年
	22	龙世林	9	103 石又棉花地 2 块	光绪三十二年至民国三十三年

附表 2-3　黎平县罗里乡三个村购进田地 5 次及以上农户购进田亩面积

村寨	序号	姓名	件数	购进面积	起讫年份
彰溪村	1	张朝恒	8	35 石	同治十二年至光绪二十七年
	2	张本大	8	41 石	光绪三十年至民国十九年
	3	张本泮	9	32.5 石	民国七年至民国十五年
	4	张佑佩	8	26.8 石，田 1 丘 1 分	民国五年至民国二十六年
	5	张应堂	8	47.5 石，田 1 丘	民国二十四年至民国三十四年
	6	张朝柄	11	46.5 石	同治二年至光绪五年
	7	张朝玉	15	42 石 1 丘 2 禾	道光二十五年至民国三年
	8	张承彦	9	47 石，田 1 丘 1 分	民国十二年至民国二十八年

续表

村寨	序号	姓名	件数	购进面积	起讫年份
八挂村	9	杨承梁	17	77 石	光绪二十年至民国三十年
	10	李明福	9	13.5 石田 3 丘	光绪三十一年至民国三十一年
	11	李君茂	8	51 石	民国十八年至民国二十一年
	12	杨丕先	9	35.5 石	光绪十五年至民国三十八年
	13	杨铭祖	5	33.5 石	民国十七年至民国二十六年
	14	杨鉴祖	5	21 石，田 2 丘	民国二十六年至民国三十八年
	15	胡本元	18	140 丘，1 块 2 □	民国五年至民国三十九年
罗里村	16	杨科祖	5	9 石	民国三十五年至民国三十八年
	17	杨绍震	23	37 石 56 把	同治三年至光绪十七年
	18	闵思廷	14	61 石 15 把	光绪二十三年至民国五年
	19	闵思珍	12	103.5 石 12 把	民国六年至民国二十六年
	20	杨运隆	7	23 石 5 把 55 手	宣统元年至民国七年
	21	杨敦义	5	56 石 18 把	光绪二十八年至光绪二十九年
	22	杨希明	33	721 石 219.5 把	光绪十年至民国三十一年
	23	杨焕奎	9	88 石	民国三十年至民国三十八年
	24	杨树高	14	42.5 石	民国二年至民国十五年
	25	杨炳祖	17	85 石 1 把	民国二十二年至民国三十四年
	26	杨德昌	5	19 石	民国三十七年至民国三十九年
	27	黄成德	7	31 石 6 把	民国二十四年至民国三十八年

附表 2-4　邦洞镇赋税表册

纳税人	原税（亩）	实载税（亩）	年号
杨後天	7.05839	7.79439	乾隆五十七年
杨後天	7.79439	7.87106	乾隆五十八年
杨乐天	3.87506	6.32506	嘉庆六年
杨汉拨	6.32506	7.77506	嘉庆十五年
杨汉拨	7.27506	7.65506	嘉庆十八年
杨汉拨	7.6556	9.00506	嘉庆十九年
杨汉拨	10.12506	10.22506	嘉庆二十二年
杨汉拨	10.12506	—	嘉庆二十三年
杨珍拨	10.7904464	11.090464	道光元年
杨珍拨	11.0904464	12.0904464	道光二年
杨珍拨	12.0904464	14.2404464	道光三年
杨珍拨	14.2404464	14.8404464	道光四年
杨珍拨	14.8404464	15.4904464	道光五年
杨珍拨	15.4904464	17.5904464	道光六年
杨珍拨	12.9538	13.1338	道光九年
杨含珍	17.594364	17.694364	道光十年
杨珍拨	17.694364	17.874364	道光十一年
杨珍拨	17.874564	19.174564	道光十二年
杨珍拨	10.305	11.1737835	道光十四年
杨含珍	11.1737835	12.5737835	道光十六年
杨珍拨	12.5738	12.6538	道光十七年
杨珍拨	12.6538	12.9538	道光十八年
杨珍拨	17.87464	19.174564	道光十九年

附表 2-5　龙金发的归户册

龙金发归户册记载其土地所有情况如下：

金发共

光绪元年桂月吉日订。

归户册

土名冲霞冲。

第九丘，三不禁下禾四稿仕东西至山，南北至山卜梅田。

第十丘，直形，下禾六稿仕，东西至山，南北至□□。

第五丘，直形，下禾九稿。

金发

粟木山中沟 东西至山水川，南北至旺角。

仲廷

金发

第四丘，直形，下禾十三稿。东西至仲发，南北至块坎堂发乙

第三十三丘，直形，下禾二十四稿。东西至金发，应见南北至坡路。

第三十四丘，五不等形，下禾二十六稿一边。

三十……东西至现本人田，南北至山本人田。

金发

第三十五丘，三角形，下禾二稿。东西至山路，南北至本人山。

下禾七十五稿三子（籽），内状二共下禾二十八边。

禾三外（斗）五合九百（撮）七少（抄）二乍（柞）一圭六立（粒），寅载（实在）三外（斗）五合九百七少三乍□六立。 内除下禾十边，外（斗）五合贰佰少一乍二圭。

金仕

寅存（实在）三外□合五百九少一乍八圭六立，寅田（实在）七外□五百□四乍□二立

……

收土名德伦得买試（龙）东卜乙

第十五丘，蛇形，下禾六边。此二丘陟东西至照法田，南北至求太坎，

占□□法

第十九丘，鱼形，中禾十二边。东西至照法沟，南北至沟、威谟田（与 GT-023-203边数合——宣统元年）

龙金发、龙彦功共得买試（龙）东卜土名必腰冲第二十三丘，棱形，中禾二十一边。

东西至水川、东祥，南北至金松老田。

新户一外（斗）四合七百（撮）八少七乍三圭六立。

土名高大克冲，买試（龙）朝奉。

金发

第八丘，鞋底形，下禾十边。东西至山，南北至照宏、一田。

金发

得否下后冲第八丘，功刀形，下禾二边。东西至山，南北至喜田、本人。

金发

第九丘，方形，下禾四边三子。东西至山，南北至本人、承广田。

金发

土名送胆冲第九丘，桃子形，下禾一边五子。东西至本人、富悬田，南北至山。

金发

第十丘，□□形，下禾四边三子。东西至荒坪、本人，南北至山。

金发

第十六丘，中形，下禾五边。

此五丘除与念功。

东西至山、东念田，南北至玉富、本人田。

金发

第十七丘，方形，下禾五边。东西至山，南北至本人、旺东田。

金发

第二十丘，铜锣形，下禾三边。东西至山，南北至旺东。

内外潮举（龙潮学）下示（禾）十七边五子，

收东卜下示（禾）六边，中示（禾）十边。

实在九外（斗）六合八勺二少二乍。

强潘秀（潘氏丹秀）禾土名菊夺，买渴二共乙

第六丘，银芝形，下禾十八边。东西至坡本人，南北至本人、元□□

（买）清秀东乙

第十二丘，□□形，下禾五十编。东西至远东、修东，南北至坡、云□□

土名粟木山，收仲发户内。

第十六丘，弹弓形，下禾四十二边。东西至本人、发一共，南北至本人山地

转正冲左□□

金发

第十三丘，直形，下禾十二边。东西至山、山地，南北至伍子后山。

二丘共计禾把五十四边，利（粮）二升八合五勺一久八乍四圭八立。

金发

一斗□九合三勺二少四乍四圭二少八乍四圭

实此载粮一斗二外五合三勺四少□四圭八立。

存在七合□八乍六圭六立。

十四年又收应（吉）恩下禾十边。收仲廷下禾三十边。

土名粟木山，买仲廷。

第十九丘，牛角形，下禾十边。东西至坎堂吉，南北至太禄坎。

第十丘直形，下禾十边。东西至山，南北至三共本人。

第十二丘，刀形，下禾十边。东西至金发、荒平，南北至本人、水川。

土名登横，换及应（吉）恩。

第三十二丘，方形，下禾十边。东西至金发、东耒，南北至山路。

实载粮一斗一升八合一勺三少三乍四圭六立。

又□□下禾一八十六边五秀耒。

实载粮八升二合二勺二少一乍三圭，收仲廷下禾四子。

金发

本人土名；流睐过小溪，买仲发。

第二丘，方形，下禾二边。东西至流睐、横山坎，南北至九重坡、棍扒。

土名盘磨，收老三（龙三保）

第一丘，犁嘴形，下禾二边。东西至山、本人，南北至山。

第二丘，半月形，下禾二边。东西至山、本人，南北至山本人。

第三丘，眉形，下禾二子。东西至山、本人，南北至山。

共实载粮八升五合九勺一抄八乍一圭四粒。

土名各大克，收仲发。

第二丘，直形，下禾一边，东西至山，南北至洒季、本人。

第三丘，三尖形，下禾一边半。东西至山、水川，南北至本人。

第四丘，死石形，下禾三子。东西至水川、山，南北至本人。

第五丘，方形，下禾二边。东西至水川、山，南北至本人、□□

粟木山正冲，罗（买）仲廷。

乙第二丘，碗形，下禾一子。

此三丘重，东西至山、水川，南北至本人山。

第三丘，蚯蚓形，下禾二子。东西至山，水川；南北至本人。

第四丘，方形，下禾一子。东西至山，水川，南北至金承，本人。

王连冲收仲发。

第七丘，四不像形，下禾二边。东西至山，南北至墙土，□□

粮七升九合四勺□四乍六圭六立。

小冲左二岔

第三丘，斜角形，下禾七边。东西至恩田，本人；南北至山。

第四丘，三不等形，下禾三边。东西至本人田，南北至山。

第五丘，梳子形，下禾一边半。东西至本人。

仲秀（发）；

南北至山，本人田。

东西至山，南北至本人田，五三共。

此三丘重，东西至山，水川，南北至本人山。

第六丘直形，下禾二边

土名冲霞

第十六号大小二形下禾六边

东西至山，南北至山，本人

土名粟木山

第十三丘剥刀形收半丘，下禾各十四边乙子

东西至仲发，荒平，南北至坎，本人

第二十一丘三角形，下禾二边

东西至坎仲发，南北至山仲廷。

正冲过右□□

第八丘，牛角形，下禾四边。东西至山坎，南北至旺角。

又素（粟）木山，与仲秀（发）共买。

四十五丘，蛇形，下禾四十边，我收一半二十边。　东西至本没人，旺角，南北至山坎。

□□，东西至山，南北至本人田。五三共

此三丘重，东西至山，水川，南北至本人山。

土名冲霞冲，买东卜、喜川共。

第十丘，三角形，下禾九稿。东西至龙金仕山；南北至金仕。

第十四丘，直形，下禾十五边。买金才。东西至山，南北至伍三共本人田。

土名转冲过中沟，此丘由仲、品共四股均分，金发当收一股。

第十八丘，湾形，下禾二十八边零三子。东西至龙仲廷，龙仲发，南北至泰禄坎。

土名下流眛起，买金才，源名旺角。

第一丘，直形，下禾三边。东西至山，南北至本人田，伍三共。

此三丘重，东西至山，水川，南北至本人山。

第二丘，□□□□，下禾二子。东西至流眛，登远坡，南北至流眛坡，□□。

实载粮一斗二升七合八勺八少□一圭七立。

土名冲霞下节，买三保，原石旺开。

第四丘，五不等形，下禾十七边。东西至山，恩乾；南北至山，恩乾。

土名黄连冲，禾□□，是买三保，原名旺开。

第二丘，四不等形，下禾四边。东西至山，南北至本人田，伍三共。

实载粮一斗三升八合九勺七少□六圭九立。

土名盘磨。

第四丘，食招形，下禾二边。东西至山，南北至山本人田。

第五丘，犁□形，下禾一边。东西至山本人田，南北至山坎。

土名梨子盘。

第四丘，直形，下禾二边。东西至本人山；南北至山。

第五丘，直形，下禾一边。东西至晚堂山；南北至本人。

第六丘，半月形，下禾二边。东西至本人山；南北至山。

第七丘，塔连形，下禾十七边。东西至本人田，南北至晚堂。

第八丘，碗形，下禾二边。东西至晚堂本人；南北至晚堂本人。

□□共实载粮一斗四升五合二勺。

此五丘田金发与仲品共买太禄田，派分粮当。每当一半亏（葵）丑年炳汉交代册。

土名冲论天。

金发买清良田乙丘。

第四丘，湾形，下禾二十边。东西至南山狱庙山；南北至龙朝□。龙恩田。

土名冲霞冲。

金发买仲廷田乙丘，

第六丘，四不等形，下禾六边。东西至恩乾本人；南北至山。

实载粮乙斗六升□五勺三少一乍一圭二粒。卖书记炳汉收除。

这本归户册内共登记有龙金发田地税亩总量654边。

（资料来源：光绪元年八月吉日龙金发归户册（1）至（17）。载张新民主编：《天柱文书·第一辑》第15册，第143—159页。）

附表3

附表3-1 锦屏县平鳌寨、文斗寨分银单统计

出售木材时间	林木卖价（银、钱）	分银户数（除栽手）	备注
道光二十三年八月十五日	抱头山，分银53。	52	—
光绪十三年六月初八日	抱头山，分银56.85。	35.11	—
嘉庆十四年七月初八日	银42.85	—	—
道光元年十二月初二日	陋见山场，273两。	数户人家	—
道光十六年六月二十五日	白号田砍下山，102.5两。	上下寨数家	—
道光十九年正月	18.5两	三老家	—
道光二十三年八月十五日	53两	6户	—
咸丰八年正月十六日	6.16	—	—
光绪二年六月初七日	银62.5两	—	—
光绪十七年四月初一日	228两	—	—
光绪十七年五月二十一日	12.94两	6	—
光绪二十年十月初二日	3208文	5股	—
光绪三十年六月初八日	56.88	7户	—
光绪三十年二月十三日	2.88（2622文）	2户	—
光绪三十三年五月初一日	33.88	11人	—
时间不详	123两	12人	—
民国四年正月初十日	86两8钱	—	—
民国四年三月十八日	银23.8两	—	—
民国七年七月十二日	21760文	11	—
民国八年四月初八日	18.2两	7	—
民国八年六月初一日	12150文十三封88枚	—	—
民国十七年五月十三日	454880文	—	—
民国十八年	大洋120元	—	—
民国二十二年四月初四日	洋16.8元	7	—
民国二十二年十月初二日	光洋5108元	—	—
民国二十二年十二月	4.5元	12股	—

续表

出售木材时间	林木卖价（银、钱）	分银户数（除栽手）	备注
民国二十一年二月二十二日	26681 文	36 股	—
民国二十五年十月二十日	洋 30 元	16 两	—
民国二十五年十月二十日	钞洋 30 元	—	—
民国二十七年	钞洋 6 元	—	—
民国三十二年三月初八日	钞洋 304 元	4 大股	—
民国三十三年六月	110800 文	12 股	—
民国三十七年二月十五日	钞洋 520 万	12 股	—
时间不详	钞洋 28.8 元	4	—
乾隆四十四年三月初八日	1 钱	6 股（全部为 18 钱）	—
时间不详	卖 1 股 1.3 钱	共 8 股 184 钱	—
《清水江文书》第二辑第一册			
嘉庆二十四年七月二十一日	南思些山，9 人卖杉木 0.2 钱。	地主股 9 人	地主、栽手各 1 股
光绪三年三月二十八日	南思些山，6400 文。	4 大股	食 680 文
同治三年六月十七日	引响了山，卖杉木 4.8 两。	地 3 户分	栽手 1.67 两
光绪三年六月十日	污家乍山，木 1308 文。	5 股 6 户人分	栽手 420 文
光绪三年六月十二日又光绪七年七月初三日又民国丁巳年七月十三日	污假垒脚，木 1500 文。又卖脚，木 1780 文。砍伐 7280 文	6 股地六股 900 文 6 股分	栽手600文栽手600文余下各食
光绪六年三月十四日	眼丙江山，11200 文。	22.5 两山分	—
光绪十五年七月十七日	党翁右边山，5.8 两。	16 股	—
光绪十七年五月十九日	松度墨山，4.70432 两，地主三股 3310 文。	3 股 8 户人分栽	—
光绪十九年正月十九日	皆板白重，宝银 21.9 两。	11 家 12.6 两	栽手 3 家 8.4 两
光绪十九年十一月十二日	皆也冲牛，3508 文。	3 户人家	食 285 文
光绪二十一年二月十四日	引腰山，32000 文，实 26000 文	6 股 4 户地 15600 文	食 6000 文，栽手 2 户 10400 文。
光绪二十七年二月初九日	丢桑（九桑），7180 文，另残木 480 文（无栽手）。	12 股山，栽手 2700 文	食 1030 文
光绪三十二年七月二十五日	该在邦，120 根 34.2 两，实 32.4 两。	4 股 12 家地主 19.44 两	食 1.875 两，栽手 12.96 两
光绪三十二年十二月二十八日	旧即山，2480 文。	6 两山分股	无栽手

出售木材时间	林木卖价（银、钱）	分银户数（除栽手）	备注
光绪三十三年十一月二十八日	引甫两山，8.78 两银。	6 股	食 1070 文
民国三十六年六月初二日	乌波故依，法币 162.8 万元，实 151 万元。	九两山，栽手 60.4 万元。	食 11800 文
民国三十九年十一月十四日	引甫两山，大洋 16.8 元，栽手 5.92 元。	3 两分 8.88 元	食 2 元
嘉庆五年正月二十六日	乌鸡罗山，活木 7.8。	卖栽主股	—
嘉庆十八年四月十三日	污堂眼假姐，活木 24.4 两。	卖 3 栽主股	—
嘉庆二十三年二月十五日	8 两	卖 5 栽手股	—
嘉庆二十三年二月初十日	—	唐金友三人	—
时间不详	报格山，栽手股 33 两。	小江 6 人栽	1 比 1 股
咸丰六年七月十一日	皆云山，4.9 两。	12 股 5 家人	食 400 文
光绪七年七月十六日	皆云山，2580 文。	—	食 357 文
光绪十二年二月二十七日	污载拜山，1200 文。	6 两山 7 户人	—
光绪十二年十一月二十九日	皆也冲山，1480 文。	13 家	—
光绪十四年七月初十日	引保盂沟下一团，宝银 5.86 两，栽手 2.8 两。	地主 3.27 两，折钱 5110 文	内除东道银 0.4 两
光绪十四年七月初十日	同上山沟上一团，6800 文，实得 6080 文。	8 两山 12 家分	食 720 文
光绪二十六年四月初一日	引下记杨胖（以后又叫打者洋胖），36.59 两。	4 大股，其中 3 股分 15 小股，实银 33.45 两。	扣木子银 1.5 两，食 3.36 两。
光绪二十六年四月十七日	引善河污唐山，6.08 两。	4 股分	—
光绪三十二年九月十四日	污重皆在打休山，5.08 两，栽手 1.94 两。	地主 3 股 5 家人，2.922 两。	—
光绪三十三年三月二十五日	乌载拜，72.08 两，栽手钱由客兑黄宗富	—	食 2.24 两
光绪三十四年四月初九日	又革冲风水山，银价每根 0.428 两，共 8.59 两。	实银 7.41 两，地 2 股分 5.19 两。	食 1.04 两，栽手 2.21 两。
宣统三年二月二十五日	虎塘，挑砍 10 根，每根价 458 文，共 4580 文。	地 2 股 6 家 2746 文	栽手 1832 文
宣统三年二月二十五日	皆板依多，8.18 两。	实 7.15 两	—
民国元年六月初八日	乌板翁现，7.43 两。	2 大股 6.785 两	食 0.715 两
民国七年三月初三日	乌板翁圣山，12.08 两。	—	—
民国二十二年润五月十三日	引下计杨胖屋基，光洋 66.8 元。	土 4 股 13 家分 35.73 元	栽手 25
民国二十二年七月初六日	皆枞山，30800 文，栽手 9250 文。	12 股四家人分 13800 文	食 7670 文

续表

出售木材时间	林木卖价（银、钱）	分银户数（除栽手）	备注
民国二十五年十月十五日	南斗幼，钞洋64.08元，实61.98元，栽手20.9元。	4股37.□元	食2.8元
民国三十一年十一月二十四日	引加姐（性腰九）洋二两山160元	2股分14家人	——
民国三十二年八月十三日	引格大山左，洋2980元，实2750元，栽手1108元。	33人共山1656元	食220元，人均50.18元。
民国三十七年正月二十八日	皆圣白山得山，市洋3000008元，实262万。	2大股12家1572000文	食38万，栽手108.8万
民国三十九年八月十四日	木四根3200文	——	——
同治十一年七月初八日	皆在邦，18.08两，栽6.08两。	8股7家人分10.24元	食1.31元
同治十一年七月初八日	盖山，1200文，荒坪2700文	——	——
同治十二年闰六月初四日	井岩一幅，22.5两。	11户分11.8两	东道0.63
光绪十三年八月十一日	南相山，69两。	14家分主股	有栽手
民国二十一年八月十二日	污仲（来加手），11180文，实96720文。	12股4家58030文	食5080文，栽手38680文
民国二十一年九月十三日	大归尾中段，120元8仙栽手3人48.32。	8股26户分72.48元	——
时间不详	引强左幅残木，洋30元。	90两山10户	——
《清水江文书》第二辑第二册			
民国十二年七月二十八日	引相宜，挑砍40株，32118文。	8两山10户30900文	——
民国二十五年十月初二日	岗首报索，大洋26.88元，实19.632元。	6两山10户分	无栽手，食7.2486两。
民国二十八年十月初六日	引相宜，木50根85980文，每根1482文。	8两山9户分70000文	食11950文
民国三十年十二月初二日	皆研汪度库一截10.8元	3股	食3元
民国三十五年十一月十六日	引路□下磜208000元，土107328元，每两54元。	6股，21两5钱6厘，八毛山17户分	食29120元，栽手71552元。
乾隆二十五年五月二十七日	眼格山，14.4两。	3大股	无栽手
乾隆三十八年六月二十二日	苗依皆假呼为眼九股山，木股3.2两。	4小股	折合九股全山价43.2两
乾隆四十九年六月十一日	皆里乌堂1.1两	小山1团	活木
乾隆五十三年九月初□	颂香歪嫩木3.2两	无股山	——

出售木材时间	林木卖价（银、钱）	分银户数（除栽手）	备注
乾隆四十七年十一月十三日	领对忱 41 根，每根 0.178 两，共 7.3 两。	—	—
以上平鳌寨，以下文斗寨。			
时间不详	污该退，18800 文，实 16750 文。	地主又 2 股 10000 文	栽手 6700 文
时间不详	假堵山，钞洋 20 元，实 16 元，栽手 7 元。	3 股 6 户人分 9 元	食等 4.7 元
时间不详	南休冉恶涌青山，16.28 两。	一老、二老、三老家股分	—
民国七年二月十四日	皆里白山德山，31.08 两，实 29.5 两，栽手 11.8 两。	众家族人 3 大股分 17.7 两	食 1.58 两
民国十一年十一月二十日	皆里培乌大山下段，兑光洋实银 140.57 两。	2 股 16 家分 84.342 两	食 6.16 两，栽手 56.22 两
民国十六年正月十六日	党求山盘路，15480 文。	16 股 10 家人分	—
民国十七年六月初八日	白斗中本家祖山，12480 文	兄弟 2 股分	有栽手
民国十七年八月初七日	舟豆敢青山，104080 文。	14 家分主股	食 5120 文
民国二十年润三月十五日	大龟尾一股，大洋 480 元，实 470 元。	9 两山 16 户人分 282 元	3 家栽手 180 元，食 16 元。
民国二十年三月二十日	归遂溪边残木，228000 文，实 169290 文。	11 两山 17 户分 94050 文	扣 42750 文，食 15960 文。
民国二十一年八月初六日	皆里培乌山，82800 文，栽手 27050 文。	20 两山 17 户 41250 文	东道 14050 文
民国二十二年元月十三日	党求，洋 48.8 元，实 47.7 元，载 19.08 元。	10 户分 28.62 元	食 1.1 元
民国二十四年五月十六日	三丈大木 1 根	26800 文	—
民国二十五年十月二十日	一大段，洋 30 元。	15 户	有栽手
民国二十六年六月初八日	皆仰东稿大山左边一三角山一小幅，钞洋 14.28 元，土 8.55 元。	24 股 4 户分土股每 1 股 0.355	栽手 5.7 元，姜宣滔砍伐。
民国二十六年六月初八日	敢开，大洋 34.8 元，实 34 元，栽手 13.8 元。	10 股 4 户分 20.4 元	食 0.8 元，姜宣滔砍伐。
民国二十六年七月初四日	返保盂，钞洋 34.08 元，实 31.98 元，栽手 2 股。	16 两山主 3 股 16 户分	食 2.1 元
民国二十八年六月初一日	污重大山，市洋 30 元，实 28.7 元，栽手 11.48 元。	9 两山 10 户分 17.22 元	食 1.3 元
民国二十八年七月二十日	培党求边右幅青山，钞洋 54.8 元，实 52.18 元。	16 两山 18 户分主股 3	栽手 2 股，食 2.22 元。

续表

出售木材时间	林木卖价（银、钱）	分银户数（除栽手）	备注
民国二十八年八月二十二日	舟大也（污加俾）第二、三幅钞洋80元，实洋72.15元。	第二幅12两8户分，第三幅6两4户分。	食30854文，折7.345元。
民国二十八年九月二十八日	污之否山，钞洋18.18元。	16两8户分	无栽手
民国二十八年十一月十三日	党求山上截，钞洋□元，实53元。	16两17户分主股3	栽手2，算账及定山洋3.3元。
民国二十九年五月二十二日	白重盘路脚青山，30.8元，实25元。	12两13户分主股3	栽手2，食5.8元。
民国二十九年五月二十五日	枞救既，市洋280元，实265元，栽手96元。	6两18户分159元	食15元
民国二十三年十二月二十日	引格大山、左幅皆打故翁青山，市洋778元，实698元。	8两山25户分479元	食80元
民国三十四年八月十八日	污重党仿花，大洋40元，实35.8元。	5股4户分主股3	食4.7元
时间不详	小龟尾上段十股山，钞洋808000元，土占453408元	1百□股13家分主股	食52320元
民国三十五年十月初十日	皆在邦青山，228000元，实212000元。	8两山5户分127000元	栽手84800元，食16000元
民国三十六年闰二月初三日	引下宜之山，458000元，实415150元。	9两山11户分	食42850元
民国三十六年四月二十九日	明展青山（小龟尾）	9股21户分	——
民国三十六年八月初二日	加豆垒山，实30万。	6股8户分主股18万	栽手12万
民国三十七年正月二十八日	皆里白德山，市洋3000008元，实262万。	2大股11家分1752000元	栽手1048000，食380000。
民国三十七年七月十一日	皆仰松刀，138000000元，实130265000元。	3两5户分378159000元	栽手52106000元，食7735000元
民国三十七年八月初六日	皆在邦左边盘沟下，8000000，栽手3200000。	4800000元5户分	无食
民国三十八年十二月	大龟尾，43元，除栽手，实22元。	100两15户分22元	食6元

（文书来源：1. 张应强、王宗勋主编：《清水江文书·第二辑》2. 陈金钱、杜万华编：《贵州文斗寨苗族契约法律文书汇编》）

附表 3-2　天柱县木杉村山场林地买卖契约（部分）

时间	买家	山场	价格
嘉庆十四年十月	刘乔林父子	山场	银 3 两整
嘉庆十六年三月二十一日	刘祝宗	柴山契	银 3 两 7 钱
道光元年四月十三日	刘三吉父子	油山	银 5 两 3 钱
道光二年六月二十日	刘必文	山场	银 1 两
道光三年二月十五日	刘秀葵	山场	银 10 两
道光四年四月十八日	龚祥清	杉山	银 4 两 8 钱
道光七年二月十三日	刘成元	祖山	银 3 两 1 钱
道光九年六月二十九日	刘玉乔	杉木	银 3 两
道光九年七月二十七日	刘老晚	卖山	银 2 两 8 钱
道光十四年四月六日	刘廷半	山契	银 2 两 5 钱
道光十五年四月八日	粟有馀兄弟	杉木	银 3 两 6 钱
道光十七年七月三日	刘占魁	杉木	钱 5760 文
道光十八年六月二十日	粟开琳	山林	1000 文
道光十九年八月二十八日	刘念恩	杉木山	钱 41000 文
道光二十四年八月一日	刘金珠兄弟	杉木契	钱 900
道光十二年五月三日	刘秀瑜	山场	钱 10300 文
道光十八年十二月	刘福保	山契	钱 17000 千
道光二十六年十二月二十日	刘必林	杉木蓄禁	钱 1200 文
道光十□年五月十九日	刘乔元	山林	钱 34000 文
咸丰六年四月二日	龙氏昭妹	山场地土	1000 文
咸丰八年七月二十九日	刘东亮	杉木	钱 660 文
咸丰元年六月三日	刘孝基、刘浦卖	杉木	钱 800
同治二年五月二十日	龙毛内	油山	钱 800
同治二年六月九日	刘德富	油山	米 5 升
同治三年二月六日	刘递珠	山契	钱 1000 文
同治四年六月十一日	刘代秀	柴山	钱 3440 文
同治四年七月二十六日	刘恩祥	山地	钱 900 文
同治四年十月三十日	刘有元四人	杉木	钱 300 文
同治五年一月四日	刘滨灿	柴山	钱 700 文
同治五年一月二十二日	刘滨爱	柴山	钱 1050 文
同治五年一月二十八日	刘恩文	山	钱八百文
同治五年二月十三日	刘晚什、刘化来	柴山	钱 1388 文
同治五年七月四日	刘海滨	柴山	钱 448 文

续表

时间	买家	山场	价格
光绪十一年十二月二十九日	刘永干	柴山杉木	钱 320 文
光绪十六年十二月十五日	龙氏妹娥	柴山字	钱 3018 文
光绪二十年十月二日	刘东美三人	柴山	钱 880 文
光绪十九年二月二十日	潘氏金连	柴山	钱 6000 文
光绪十八年四月二十五日	杨禄也	杂山地土	钱 1550 文
光绪二十七年三月二十日	刘恩祥	山地	钱 1450 文
光绪二十七年六月二十五日	龙兴发	山	1400 文
光绪二十七年六月二十五日	龚克砚	山场	钱银 3 两
光绪二十九年九月十日	龙兴发	柴山	钱 1080 文
宣统三年七月二十六日	刘恩祥	山地	洋 248000 元
民国八年五月十一日	薛祥辉	柴山	谷 10 挑
民国三十七年九月十四日	刘定杰	杉山	洋 300 元
民国三十九年十一月十五日	刘定杰	山场	市洋 1 □□ 元
民国三十二年一月十九日	刘凤成	杉木山场	钱 1648 文
民国三十二年三月十四日	刘凤池	杉木山场	钱 58 枚
民国二十二年十二月三十日	刘定坤	山字	钱 410 文
民国三十三年	刘先甲、刘灿模	山场	——
民国四年一月七日	杨二发	柴山杉木地土	钱 9 封 880 文
民国九年十二月	刘邦贤	山场	钱 5 封 600 文
民国十年三月十七日	刘培宗	山场杉木	钱 5 封 80 枚
民国十二年二月一日	刘邦闻	栽桐合同	钱 10 封 □□
民国十二年十月三日	梁氏翠寒	杉山	钱 2 封 20 枚
民国十四年七月八日	刘先甲	山场	钱 5 封 480 文
民国十五年三月二十日	刘先甲	山场	钱 104800 文
民国十五年五月二十八日	杨二发	杉山	洋 29 元 8 角
民国十五年九月三日	刘定坤母子	山场	洋 450000 元
民国二十八年十月五日	刘凤鸣	杉山字	洋 1000000 元
民国三十年十二月三十日	姚再陞	杉山土	谷 2.5 挑
民国三十六年十一月二十五日	刘定川	山土	洋 628000 元
民国三十七年五月十六日	刘国璋	山场地	银 3 两整
民国三十六年十二月九日	刘荣昌	山场	银 3 两 7 钱

附表3-3　文斗寨"大三房"山场林地买卖契约（部分）

时间	卖主	出售物	买主	面积（股）	价格
乾隆四十三年十月初十日	姜金（全）保	山场杉木	姜士朝	1/3	0.4两
乾隆五十二年四月十五日	姜老柜	三股山场1	姜士朝	1/3	0.75两
乾隆五十二年十二月二十八日	姜周异、任保生	木	姜士朝	—	2.2两
乾隆五十八年八月十四日	姜老景、廷模	山关地	姜安国	—	2两
乾隆五十九年十月	姜今关	杉木山场	姜士朝	—	26两
嘉庆二年三月初三日	姜文甫	木地1块	姜士朝	—	4两
嘉庆六年五月十二日	姜氏姑保	园地	姜士朝	—	0.35两
嘉庆十三年四月二十七日	姜福田、凤田、老元弟兄三人	杉木山场	姜老香	山1/2、木1/3	7.6两
道光三年十一月初二日	下寨姜氏英妹	杉山4块	姜载渭		103□
嘉庆四年二月十八日	下寨姜相林	党加杉木	姜载渭	1/4	7.5两
道光六年七月初九日	下寨姜勋任岩顺	山场杉木	姜权	2钱（股）	3.15两
道光七年六月初五日	堂兄姜福生	杉木山场	姜朝□	—	1.16两
道光二十三年七月初八日	姜氏显妙子寿长、孙凌晧	皆列山木	姜载渭	1/4	2两
道光二十四年六月二十八日	姜显平	山	姜载渭	—	8.88两
道光二十八年五月二十日	姜凌汉弟兄	山场	吴开荣	2/3	2.21两
咸丰八年十一月十二日	徐长恩	先年买中房姜开池田2丘	姜含英	谷5挑	4.48两
同治九年二月二十四日	王文鸿	皆烈山地基	姜毓英叔任	一处	2700文
同治十三年六月二日	林绍宏父子	先年买凌汉弟兄共山1块	姜毓英、荣叔任	3/4	6400文
光绪十八年六月十九日	下寨姜世法	祖山乌晚溪2块、相娄2块、又乌羊岩1	姜元卿	5块均分12股，卖5/12	7.88两
光绪二十二年三月十四日	姜世龙父子	祖山	姜元卿弟兄	1/2	—
光绪二十六年六月十四日	姜述圣父子	油山并杉木	姜杰相	—	68两
光绪二十七年二月二十七日	姜门范氏	山场	范氏发秀	—	2480文
民国元年二月初十日	姜世龙任登文	祖杉木	姜鼎柏	—	1.24两
民国六年正月十八日	姜杰相兄弟	山场3幅	姜学新	1/2	光洋10元8角
民国十三年正月二十一日	姜今林弟兄	连花山	姜坤泽	—	—

（资料来源：张应强、王宗勋主编：《清水江文书·第三辑》第9册。）

附表 3-4　黎平县罗里乡彰溪村山场林地契约（部分）

时间	卖家	买家	面积	价格
乾隆三年六月六日	张文儒等	张文堂等	杉山二冲右边冲，山1块	8两4钱
乾隆十年三月二十日	张士德	张文堂等	山1所	6两8钱
乾隆十一年三月二十六日	张士堂	张文堂等	山1所	6两8钱
乾隆十二年二月十一日	张士德	张文堂等	山1所	5两
乾隆十五年三月初八日	张召位	张文堂等	山1所	4钱2分
乾隆三十一年八月初一日	张英儒	乃彩凤	杉木1股	1两3钱
乾隆三十二年六月二十二日	张英儒	张卓儒	山1块，树木30根	3钱
乾隆三十二年六月二十二日	张英儒	张帮玉等	杉木并山	足色银10两
乾隆三十三年五月二十二日	张英儒	张大成	山1块	4钱5分
乾隆三十三年五月□日	张英儒	张大成	山1块	3钱5分
乾隆三十五年六月初六日	张文儒等	张美先	半沟田	1280文
乾隆四十一年十二月二十五日	张大志	张大理	杉木1块1/18股	6钱
乾隆四十三年闰一月初十日	张大任等	张士光	杉山1块1/3股	3钱3卜
乾隆五十一年正月十六日	张大任等	张大理	杉山1块1/3股	5钱
乾隆五十八年七月十一日	张大智	张士华	老山1团	3钱8分
乾隆五十八年十月二十九日	张大任等	张大魁	老山1块共山1股	6钱5分
乾隆六十年十二月二十一日	张大任等	张世昭等	山1块，山1团并杉木	4钱2分
嘉庆二年二月初二日	张大任	张世昭	山1块	2钱4分
嘉庆二年二月初六日	张士泰	张士华	杉木并山	1两
嘉庆二年六月初五日	张大志	张天佑	塘1块	2两8钱
嘉庆二年十二月二十四日	张大志	张友朋	山1冲	3钱
嘉庆三年十二月十六日	张大智	张世宏	山1块	2两5钱
嘉庆三年十二月十六日	张大智	张世	山1块	2两5钱
嘉庆四年二月初二日	张召彩	黄光灿等	山1块	4两5分
嘉庆四年二月初二日	张召彩等	龙万元等	山1块	4两8分
嘉庆四年二月初二日	张天培	张世昭等	山1块	4两8分
嘉庆六年二月初一日	张大智	张天佑	杉木山1块	7钱5分
嘉庆六年二月初一日	张大智	张天佑	杉山1块	1两5分
嘉庆六年三月十一日	张大智等	张天佑	杉木山1股	4钱
嘉庆六年三月十九日	张大任等	张召彩等	山1块	2两8钱5分
嘉庆十一年九月二十八日	龙起玉等	张大任等	山1块	—
嘉庆十五年五月二十八日	张大任等	张友朋等	山1块	1两

续表

时间	卖家	买家	面积	价格
嘉庆十六年十月初五日	张天聪	张太来等	山1块1冲2岔	5两
嘉庆十八年三月初五日	杨进猷	龙万元等	山下半节冲又1岔	8两4钱8分
嘉庆十九年五月初一日	张天聪	张世昭等	山1小冲	8钱8分
嘉庆十九年五月初一日	张天聪	张世昭等	1小冲	5钱
嘉庆二十年九月十八日	张天珍等	杨进猷	山下0.5冲又1岔	3两8钱
嘉庆二十三年七月十三日	张天荣	张贵龙等	杉木1块1/3股	2两3钱8分
嘉庆二十三年七月十三日	张天荣	张贵龙等	1冲小岔1/3股	5两4钱
道光四年三月初七日	张天德等	张天文	杉山1/24股	3两
道光七年正月十六日	张光玉	张书怀等	山1块	4钱
道光十年三月十九日	张文才	张天怀	杉山1块1/3股	1两8钱8分
道光十一年二月□一日	张朝达	□□□	山1/2	8钱
道光十五年十二月二十六日	张光显	张朝爵	山1块	6500分
道光二十二年二月三十日	张绍铭	张世仁等	杉木1块	7两7钱
咸丰三年十一月二十日	张朝玉	张方能等	山1块	2200文
咸丰三年十一月二十日	张朝玉	张方能等	山1块	2200文
咸丰九年十月初九日	张朝玉	张怀德	山1块	1100文
咸丰十年六月二十四日	张本树	张本立	茶山1块	2100文
咸丰十年十二月初九日	张朝玉	张怀德等	杉木1冲2岔3凹1/6股	1500文
咸丰十年十二月二十四日	张朝玉	张方能	山1冲1凹1/2股	1250文
咸丰十年十二月十六日	张朝玉	张光贤等	杉木1冲2岔3凹1/3股	1500文
咸丰十年十二月二十五日	张朝玉	张开义等	土并杉木0.5冲1岔1/8股	430文
咸丰十一年五月十六日	张朝玉	张本信	山1冲2岔1/6	1050文
同治元年九月十九日	张朝玉	张本裕	山1块1/2股，杉木6株	1750文
同治元年十一月初七日	张本乾	张本善	杉木1冲2岔1/3股	1180文
光绪十一年四月十五日	张朝直	张本义	山1/2股，木1/4股，山1块	9880文
光绪十二年二月二十日	张本树	张怀普等	杉山2岔冲	3048文
光绪十四年十月十五日	张本树	张佑坤等	山1块1/4股	318文
光绪十五年六月初四日	张本树	张本固等	山0.5冲1岔2/4股	840文
光绪十五年六月初四日	张本树	张本固等	山0.5冲1岔2/4股	536文
光绪十六年八月初三日	张本树	张宗茂	山1岔	388文

续表

时间	卖家	买家	面积	价格
光绪十七年十一月二十九日	张本树	刘绍明	山 1 块 1/2 股	13280 文
光绪十八年六月初三日	王子元	张怀德	土木 1 块	1680 文
光绪十九年六月二十日	张本树	张朝寅	山 1 块 1/4 股，山 1 冲 1/2 股	1148 文
光绪十九年八月初六日	张本树	张宗茂	山 1 小岔	288 文
光绪二十年正月十六日	张志洪	张志申	山 1 冲，山 1 冲 1/2 股，山 1 块 1/6 股，山 1 块 1/2 股	4070 文
光绪二十年三月十二日	张志洪	张志申	菜园 1 幅	1080 文
光绪二十六年九月十九日	张志洪	张本信	山 1 块	1300 文
光绪二十七年八月初二日	张志洪	张枝祁等	杉木 1 冲 1/2 股	1300 文
光绪二十九年五月十一日	张志洪	张承泽	山木 1 冲 2 岔	1580 文
光绪三十□年十一月二十六日	张志洪	张志标	山场木 1 块	2480 文
光绪三十年十二月十六日	—	—	山 1 块	640 文
光绪三十一年四月十四日	张本树	杨宗炽	山 1 块 1/2 股	5 两 5 钱 8 分
光绪三十一年四月十四日	张佑亨	杨宗炽	山 1 块 1/4 股	5 两 5 钱 8 分
光绪三十一年四月二十七日	张本树	张本洪等	山 1 冲 8/12 股，木 20/24 股	4 两 3 钱 2 分
光绪三十一年六月初二日	张本泰等	张佑亨	山 1 冲 2 岔各自一半	—
光绪三十一年六月二日	张本泰等	张佑亨	山 1 冲 2 岔各自一半	—
光绪三十二年三月十一日	张志洪	张朝柱等	山 1 块	1080 文
光绪三十二年五月二十四日	张志洪	林昌文	山 1 冲	1120 文
光绪三十三年六月初八日	张志洪	张志祥等	山一边坡	480 文
光绪三十三年七月二十一日	张志洪	林再举	山 1 冲 1/2 股	4 两 4 钱
光绪三十三年十二月初二日	张志洪	王子元	塘 1 口 4 石 1/2 股	8 两 2 钱 8 分
光绪三十三年十二月十五日	张志洪	张志明等	山小冲 1/2 股	2500 文
光绪三十四年正月二十二日	吴开文	张志洪等	山 1 冲	—
光绪三十四年二月二十一日	张志洪	张志超等	山 1 冲老木 1/3 股，子木 1/6 股	5 两 6 钱
宣统元年闰二月十九日	张志洪	张志标	山 1 幅	—
宣统二年三月十四日	张志洪	吴开文	山 1 冲	4280 文
宣统二年九月初二日	张志洪	张天启等	山 1 冲 1/2 股	4160 文
宣统三年闰六月十三日	张志洪	张本泰等	山 1 块土 1/6 股，木 1/12 股	440 文
民国元年五月十四日	张志洪	张本泰	山 1 冲 2 岔 1/2 股	5960 文
民国二年二月初三日	张志申	张朝伟	杉木 1 冲 1/8 股	640 文

时间	卖家	买家	面积	价格
民国二年六月二十五日	张志洪	张佑恒等	山1冲	4两
民国二年十月初十日	张志洪	张本植等	山1冲	2800文
民国三年三月初八日	杨新保等	张胜元	山1冲2岔1/2股	3480文
民国三年四月二十四日	张志洪	张盛光	子木杉山1/2股	4880文
民国三年四月初十日	张志洪	杨辰佑等	土山半节冲，子木半冲	1880文
民国五年二月初五日	张志洪	张志明等	山1所，山7冲1岔多股	3768文
民国己卯年六月十七日	吴顺林	龙德贵等	山1头2岔	大洋4元6角8分
民国丙辰年七月初六日	张志洪	林有元	山杉木1岔	2280文
民国五年七月十九日	张志洪	张志明等	山1冲2屯1岔土1/6股，木1/12股	520文
民国丁巳年十二月二十五日	张志洪	张朝勇	杉木1冲1岔1/2股	9980文
民国七年五月十四日	张志洪	张斌煌等	山1冲	1500文
民国七年七月十二日	张志洪	张本秀	山之土4/12股	880文
民国七年八月初八日	张志洪	张本泰等	山1冲2岔1/2股	8180文
民国八年四月十八日	张志洪	张志申等	山1冲1/2股	9320文
民国己未年五月二十五日	张志洪	张志申等	山1块并杉木	9580文
民国乙酉年五月十七日	张承焕	张承泽	山1冲1/4股	3200文
时间不详	张胜先等	林顺璜	杉木山股一半	大洋6元2角
民国丙寅年三月初七日	林昌坤	张承焕等	山2岔1/2股	—
民国十七年闰二月二十九日	张志显等	张承鉴等	山1岔1/2，山1图1/2	8000文
民国十八年四月二十七日	张承焕等	张应和等	杉木半边冲	5580文
民国庚午年三月二十九日	张承焕	林顺昌等	山1块	2180文
民国十九年六月初七日	张承焕等	吴美松	子木1冲栽股	2480文
民国二十年一月十三日	张承焕	杨胜钱等	1冲2岔杉木3/4股	光洋31元8角
民国三十年二月十九日	刘彦章	刘彦焕等	杉山1块1/2股	39元
民国辛巳年九月初三日	—	—	田2丘谷9担	光洋44元6角
民国三十一年九月初三日	张承彦等	林应元	杉木1坪2岔之栽股	56元8角
民国三十五年三月十四日	张勤先等	吴天森	山1图2岔	大洋8元1角8分

（资料来源：贵州省档案馆编：《贵州清水江文书·黎平卷》（未刊稿）第一、二册。）

附表3-5 姜应显、姜之谟山场林地与林木买卖契约简表

时间	卖家	买家	山场杉木	价格/两
雍正九年十月十八日	姜闰刚	姜相云、茂云	九桑	2
乾隆二十九年十一月二十日	姜老五	姜天时	菩萨凹	1.55
乾隆三十一年六月五日	姜有连、老七	姜应显	拱格党	1.28
乾隆五十八年三月二日	姜文汉等	姜之谟、老凤	皆研	0.4
乾隆五十八年三月二十四日	姜文尚	姜之谟、老凤	皆研	0.3
乾隆五十八年七月二十三日	姜腾方、腾胜等	唐万宗	皆研12股山 皆研24股山	3
乾隆五十八年七月二十七日	姜文彬	唐万宗	皆研	1.3
乾隆五十九年三月六日	姜文汉	姜应显、姜之谟	所格山场1块名皆敢	0.13
乾隆五十九年三月九日	姜文尚	姜应显、姜之谟	皆敢	1.23
乾隆六十年六月十七日	姜宗海	叔姜应显	拱党楼山场	0.3
嘉庆三年三月十日	姜之舜	姜之秀、之谟侄启翠	引大也	3.7
嘉庆三年十一月十七日	—	姜应显、之林、之谟	公党楼	—
嘉庆四年十二月二十一日	姜宗海等	姜应显、之连、惟周、之谟、启姬五人	孟污桑其	1.6
嘉庆五年四月初三日	姜老程、老贵	姜应显、之连、惟周、之谟、启姬五人	眼强山两处、丢桑上团6股下2团18股、黎嘴6股	0.65
嘉庆五年十二月初二日	杨文达	姜应显、侄之谟二人	敢冲绞其	0.35
嘉庆六年正月十三日	姜起贵、琏	姜天德叔	坡	0.35
嘉庆八年四月初九日	姜文奇	姜之谟	南鸟故	0.65
嘉庆十年十一月初五日	姜启薰	姜公应显、启姬二人	七桶山	1.6
嘉庆十年十一月初八日	姜启模	姜公应显、孙启姬	七桶山	1.4
嘉庆十一年十月初八日	姜之舜	老凤	皆研	1.1
嘉庆十一年十月初八日	姜之舜	之谟	中培	—
嘉庆十一年十二初五日	姜之谟、之尧、之舜弟兄	邓有训母子	污固杉木与堂弟之正共	32
嘉庆十三年十月十八日	姜起翠	姜官寿	眼响了（引响了）	0.7
嘉庆十四年七月初六日	姜之谟、之尧、之舜	姜之正、启姬	祖遗七桶山场	4
嘉庆十四年十一月十八日	叔姜之尧、之舜、弟起宾等	—	从奇	2.4
嘉庆十六年正月二十五日	姜有德	—	祖遗乌沙坡	12.68
嘉庆十六年正月二十五日	—	—	乌沙坡	—
嘉庆十八年五月十五日	姜之尧	—	祖遗再显了	3.4

续表

时间	卖家	买家	山场杉木	价格/两
嘉庆十九年二月二十四日	姜之尧弟兄	姜之谟、之尧、之舜	祖遗山场引下、东冒、皆研上下3团3处	—
嘉庆十九年五月十七日	姜官寿	姜之正	先年买得起翠眼响了	1.45
嘉庆二十一年三月十七日	姜之尧	兄姜之谟	祖遗皆研	0.9
嘉庆二十四年七月二十一日	姜岩所、永寿、之谟、唐元彬、启文、之正、通海、绍荣	姜之谟、之正	乌思些杉木1团	0.2
嘉庆二十五年六月十八日	姜启爵、武、凤、辉等	姜之正、化兴	眼菩萨	—
道光元年六月二十四日	姜之正、启文、启姬、之尧	启道、启宾二人	无思些	—
道光二年六月十六日	姜开科	姜文恒	鸠假下二股山	2.5
道光四年六月初三日	姜烈	姜之谟、文浩、启爵、启书等	眼他也山	—
道光十三年十二月二十六日	姜之政、舜弟兄二人	姜文恒	东昌报引山堵勾乌其山	14.28
光绪十四年三月二十二日	姜东佐、侄生祥、玉珠三人	姜海龙	污重党4股山	2180文

（文书来源：张应强、王宗勋主编：《清水江文书·第二辑》。第1、2册。）

附表3-6　罗里乡大户山场林地买卖契约

契约时间	买主	卖主	山场	面积	价格
光绪十六年五月二十八日	杨希明	蒋氏母子	归凤溪山场杉木契山1/6股	1/4股	23.84
光绪二十二年五月二十二日	杨希明	杨步雷	龙绞山场杉木1块	1/2股	8.68
光绪二十三年五月十三日	杨希明	杨之家	归孖荣知山杉木	1块	8.6
光绪二十三年三月十三日	杨希明	杨作干	孟荡山杉木	栽手	12.04
光绪二十六年十月初四日	杨希明	杨正彩、蒲廷才	板景杉木1小冲1小凹	栽手	4.18
光绪三十一年六月二十八日	杨希明	邓万顺、才	明、方孟德杉山木	栽手	43.08
民国六年闰二月二十五日	杨希明	王荣轩	先年买苗丢杨五包迫杂杉山	1/4股	31.88
光绪十六年五月二十八日	杨希明	蒋氏母子	归凤溪山场杉木契山1/6股	1/4股	23.84
光绪二十二年五月二十三日	杨希明	杨步云、霜	归凤溪山场杉木1块 山1/6	1/12、1/2、1/9股	11.8
光绪三十一年七月初六日	杨希明	杨文和	巳血杉山1块	1/2股	18.88

续表

契约时间	买主	卖主	山场	面积	价格
光绪三十一年十一月十二日	杨希明	杨文和	孟滥山场杉木块土股	1/4 股	1.88
光绪三十四年二月二十七日	杨希明	杨文和	孟显山场杉木 1 块	1/6 股	6.38
光绪三十四年七月二十一日	杨希明	杨步雷	凤派给、封境、但女杉山 3 块	1/6 股	52.8
光绪三十二年二月十六日	杨希明	杨步高、达	良号山杉山 1 块木	1/2 股	18.48
宣统元年三月二十三日	杨希明	杨步应	孟马杉山	1/32 股	4.48
宣统元年四月初三日	杨希明	杨正吉	孟马山场杉木 1 块	一坎山	4.28
宣统一年七月初一日	杨希明	杨大清、明	马鞍山面盖山场杉木 1 块	1/2 股	3200 文
宣统元年八月	杨希明	雷厚成三人	归板溪巳寨告对门山杉山	1 块	新宝银 14.48
宣统元年十月初一日	杨希明	杨步云	梁号山山场杉木土股	1 块	1.8
宣统元年十二月十一日	杨承极	杨乔叩、老九	栽先祖买杨正奇巳独山场杉木	1/2 股	—
宣统元年十二月二十六日	杨希明	杨九独	巳独杉山栽手	—	12.2
宣统二年三月十二日	杨希明	杨光彬	良号山山场杉木 1 块	—	老宝银 37.698
宣统三年三月十六日	杨希明	杨乔叩	宰麻秉圭山山场杉木	—	14280 文
宣统三年六月初七日	杨希明	杨光清、国兄弟二人	孟险、古理敬杉山 1 块，2 块	—	28880 文
民国己卯年四月初五日	杨如渊	杨树美、明二人	田一丘五石作抵押卖木时还清	1/6 股	7.1
民国六年八月初八日	杨希明等人	杨步运		1/2 股	—
民国己未年二月十二日	杨希明	杨正祥	稿线杉木 2 冲	1/4 股	2480 文
民国八年三月初六日	杨希明	杨正彩	果线杉木 1 冲	1 股	4880 文
民国八年七月二十一日	杨希明	杨交函（寒）	干金杉木一大冲一小凹	—	3280 文
民国庚申年十一月二十七日	杨希明	杨焕鼎	弟兄四人祖遗塘	2/3	16480 文
民国十年二月十三日	杨希明	杨昌祖	祖遗屋地基	2 间	16.28
民国十年五月初三日	杨希明	杨宗先、传先弟兄	景卜山场 1 块	—	1080 文

（资料来源：贵州省档案馆编：《贵州清水江文书·黎平卷》第二辑第 8 册。）

附表 3-7　罗里乡大户杨树高山场林地买卖契约

契约时间	卖主	买主	山场	面积	价格
民国三年五月	杨传先	杨树高	山（官版断卖契）	—	3400 文
民国十二年八月二十六日	杨昌祖	杨树高	井巴山新买契	—	2 两
民国壬子年八月初十日	杨树猷	杨树高	地基股 1 间	1/8	2018 文
民国二年五月十一日	杨希明等	杨树高	景孖船秧田 1 丘	2 石	9.78 文
民国二年二月二十八日	杨德先、文先、儒先、天生、土成叔侄	杨树高	稿勇油山	1 块	1200 文
民国二年七月二十一日	族孙杨德良	杨树高等	稿薨茶油荒地山 1 块	9/10	3480
民国二年七月二十一日	杨德良	杨树高	稿薨茶油地荒山字约	—	与前契约同
民国甲寅年十二月十三日	杨延祖	杨树高	景腊门山场杉木	1 块	8800 文
民国甲寅年二月初八日	杨树高等	岑卜杨□□	母平山场杉木 400 侏	—	帮谷 400 斤
民国四年二月二十八日	厅上杨德先、文先、儒先、天生、土成叔侄	中排高寨杨树高、世彬	后龙坡油山	1200	—
民国四年十月十七日	高孖杨光室	杨树高	亚杂田 2 丘 6 石	1/4	5800 文
民国四年三月二十八日	杨光显	杨树高	房屋一重并地基	—	7.98
民国乙卯年四月初二日	杨钟林	杨树高	亚扎田 1 丘	4 石	23.28
民国五年七月十七日	杨树英	杨树高	孖荒田 2 丘并厂地基半幅 1/12	2 石	2040 文
民国五年七月十七日	杨树英	杨树高	景孖荒田 2 丘	12 石 1/4	4180 文
民国五年七月十七日	杨金声、芝弟兄	杨树高	景孖荒田 2 丘	12 石 1/4	4180 文
民国六年十一月二十日	杨昌祖	杨树高	八空山场杉木土一半节	0.5 冲	5580
民国六年十二月十九日	杨希华	杨树高	衙门下边地基	3 间	14680 文
民国丁巳年十二月初八日	杨功昌、达、义、儒、侄树新、维、成七人	杨树高	景门山场杉木	1 冲 1 凹	22.88
民国七年正月十八日	章司寨胡本谟侄神送、神新	杨树高	迫己透茶油山	1 块	16080
民国七年四月二十四日	杨焕庭、掌佑弟兄	叔父杨树高	景孖门荒田 2 丘	12 石	18380
民国七年二月初九日	杨传先、忠叔侄长智	听上杨树高	景鲁山场杉木	1 冲	1280

续表

民国戊午年六月十六日	杨焕庭长佑弟兄	杨树高	高当日杉木、牛棚门口田	1 处	4240
民国己未年十二月二十六日	杨宗才	杨焕斌	扎引山场杉木 1 冲 2 岔	1/3	1800
民国己未年五月二十八日	杨宗才	杨树高	高归间、景坑山场杉木	2 处	6800
民国九年十月十一日	杨树林	杨树高	全迫田 1 丘	6 石	足银 18.08
民国十年四月二十八日	伍荣新	湖南宝床刘常松	景助山场杉木 1 冲 1 小岭	—	7480
民国庚申年四月二十七日	杨焕庭长佑弟兄	家叔杨树高	厂头地基半幅	2/12	6.68
民国庚申年四月二十七日	杨焕庭	家叔杨树高	山场杉木	—	0.35
民国十年五月初五日	杨承培	杨树高	景孖秧田 1 丘	3 石	足银 13.48
民国辛酉年正月初九日	上排杨田生	族叔杨树高	乾迫田 1 丘	2.5 石	17080
民国辛酉年八月初三日	杨焕先三人	杨树高	景巴空山场杉木	1 块	9080
民国辛酉年九月十六日	孖架寨吴德成、欢品、贵品、瑞品叔侄	杨树高	高寨所共亚杂田 2 丘	6 石 1/4	足银 7.68
民国辛酉年九月十六日	上排杨田生	杨树高承典	每年上租谷 25 斤三年期	2 石	7000 文
民国辛酉年八月二十六日	岑卜吴秀桂、明	杨树高	景巴空山场杉木	—	2840 文
民国壬戌年正月二十一日	杨树林	杨焕武	八景节盘沟田 1 丘	2 石	8080 文
民国壬戌年十月二十日	杨钟毓	杨树高	岑卜五岔冲山场杉木 1 处	1/3	1200
民国乙丑年二月初十日	杨壬辰	杨树高	稿勇山场杉木	1 冲岔	3280
民国丙寅年五月二十五日	刘文昭	杨树高	乾迫田 1 丘	2 石	光洋 4.78

（资料来源：贵州省档案馆编：《贵州清水江文书·黎平卷》第二辑第 9 册。）

参考文献

一、档案资料

1. 贵州省档案馆、黔东南州档案馆、三穗县档案馆编:《贵州清水江文书·三穗卷》（未刊稿）第一辑，第 1、2 册。

2. 三穗县档案馆：全宗 1 号，目录号 1，案卷 2 号，三穗县委办公室，土地改革情况统计表，1952 年 11 月 29 日。

3. 三穗县档案馆：全宗 106 号，目录号 1，案卷 1—4 号，上德明乡土地、房屋、人口、农业生产资料。

4. 张新民主持，贵州大学中国文化书院、天柱县档案馆编:《清水江文书集成考释·天柱卷》。（即刊打印稿）

5. 天柱县档案馆档案资料：

全宗 1 号（立卷单位：县委），顺序 14 号、顺序 18 号、顺序 42 号、顺序 55 号。

全宗 112 号（立卷单位：高酿区），顺序 1 号、顺序 2 号、顺序 10 号。

全宗 115 号（立卷单位：凸洞公社），顺序 6 号、顺序 20 号、顺序 83 号。

6. 锦屏县档案馆档案资料：

卷宗号：54-1-181，九寨乡第二村土改前后各阶层占有土地山林比较表。

卷宗号：54-1-183，九寨乡第三、四、五村土改前后情况统计表。

《土地改革情况统计表》，1952 年 6 月，中共锦屏县委办公室印制，档案号 05001。

《贵州清水江文书·锦屏卷》（未刊稿）第一辑，第 1—19 册。

锦屏县三区敦寨乡土改前后各阶层占有土地山林比较表，1952 年 5 月 17 日，第 4 页。（中共锦屏县委办公室印制）

全宗 54 号，案卷 183 号，九寨乡第三、四、五村土改前后情况统计表。

锦屏县档案馆：全宗 54 号，案卷 181 号，九寨乡第二村土改前后各阶层占有土地山林比较表。

7. 黎平县档案局（馆）编：《贵州清水江文书·黎平卷》（未刊稿）第一辑，第 1—3、7—9 册。

8. 中共黎平县委办公室：《中共黎平县关于五大任务、镇反、土改总结、少数民族新方针文件》全宗号 2，目录号 1，案卷号 14。

9.《孟彦区执行五大任务土改工作情况汇报》1952 年，全宗号 2，目录号 1，案卷号 17。

10. 中共黎平县委办公室：黎平县各乡关于划阶级前后及各阶级户数变动情况，全宗号 2，录号 1，案卷号 35。

11. 剑河县档案馆：磻溪区委，1952 年土地改革中各阶层土地占有情况、征收情况及其他各阶层基本情况统计，全宗号 75，目录号 1，案卷号 7。

12. 贵州省档案馆资料：

全宗 1 号，四九三一案卷号，贵州省历年地价与粮食价格表。

全宗 5 号，五三四案卷号，贵州省边远农村工作团第一大队工作报告书，锦屏、黎平概况，民国二十九年。

全宗 5 号，五三八案卷号，贵州省边远农村工作团天柱县工作报告书，民国二十九年。

黔地新生——解放初期贵州土地改革档案文献选编，黔新出，2011 年一次性内部资准字（省批）第 80 号。

二、史志、古籍、历史资料

1. 余宏模、史继忠等：《明实录贵州资料辑录》，贵阳：贵州人民出版社，1983 年。

2. 中国科学院民族研究所、贵州少数民族社会调查组、中国科学院贵州分院民族研究所编：《清实录·贵州资料辑要》，贵阳：贵州人民出版社，1964 年。

3.（万历）《贵州通志》，北京：书目文献出版社，1991 年。

4. 黄加服、段志洪主编：《中国地方志集成·贵州府县志辑》，成都：巴蜀书社，2006 年。下列各种：

（弘治）《贵州图经新志》

（嘉靖）《贵州通志》

《黔记》

（乾隆）《贵州通志》

《黔南识略》

（康熙）《天柱县志》

（乾隆）《镇远府志》

（乾隆）《清江厅志》

（光绪）《续修天柱县志》

（光绪）《黎平府志》

5. 贵州省三穗县志编纂委员会编：《三穗县志》，北京：民族出版社，1994 年。

6. 贵州省三穗县人民政府编：《三穗县志地名志》，内部资料，1987 年。

7. 贵州省天柱县志编纂委员会编：《天柱县志》，贵阳：贵州人民出版社，1993 年。

8. 贵州省天柱县人民政府编：《天柱县志地名志》，内部资料,1987 年。

9. 贵州省黎平县志编纂委员会编：《黎平县志》，成都：巴蜀书社，1989 年。

10. 贵州省黎平县人民政府编：《黎平县志地名志》，内部资料,1987 年。

11. 贵州省台江县志编纂委员会编：《台江县志》，贵阳：贵州人民出版社，1994 年。

12. 贵州省民族研究所编：《民族研究参考资料》第十六集（内资），1982 年。

13. 中国科学院地理科学与资源研究所、中国第一档案馆编：《清代奏折汇编：农业、环境》，北京：商务印书馆，2005 年。

14. 湖南少数民族古籍办公室主编：《侗款》，杨锡光、吴治德整理译释，长沙：岳麓书社，1988 年。

15.〔清〕许缵曾：《滇黔纪程摘抄》，《黔南丛书（点校本）》第九辑，贵阳：贵州人民出版社，2010 年。

16.〔清〕田雯等撰：《黔书·续黔书·黔记·黔语》，罗书勤等点校，贵阳：贵州人民出版社，1992 年。

17.〔清〕徐家幹：《苗疆闻见录》，贵阳：贵州人民出版社，1997 年。

18. 贵州省民族研究所编：《贵州民族调查》，贵阳：贵州民族研究所印（内部印刷）。

19. 贵州省财政厅编：《贵州财政月刊》第二卷，第一号，民国十九年。

20. 中国华洋义赈会贵州分会：《民国十四年赈务报告·贵州灾情一览表》。

21. 张研、孙燕京主编：《史地·年鉴·内政年鉴》，《民国史料丛刊》，郑州：大象出版社，2009 年。

22. 贵州省农业厅编：《1949—1957 贵州省农业生产资料统计》，1962 年。

23. 丁道谦：《贵州经济研究》，《中央日报》，民国三十年。

24. 张肖梅：《贵州经济》，重庆：中国国民经济研究所，1939 年。

25. 中央财经大学图书馆辑：《清末民国财政史料辑刊补编》第 4 辑，北京：国家图书馆出版社，2008 年。

26. 贵州社会科学院、贵州省档案馆、贵州历史文献研究会、贵州省人口学会编：《贵州近代经济史资料选辑》（上），成都：四川省社会科学院出版社，1987 年。

27. 巫三保、冯泽、吴朝林编：《中国近代经济思想与经济政策资料选 1840—1860》，北京：科学出版社，1959 年。

28. 李文治、章有义：《中国近代农业史资料》（1—3 辑），北京：生活·读书·新知三联书店，1957 年。

三、课题成果

1. 龙泽江：国家社科规划课题结题成果《清水江文书的价值与开发利用研究》（未刊稿）。

2. 王代莉、罗正福、吴述松：国家社科规划课题成果《近 500 年清水江流域文明发展史研究》（未刊稿）。

3. 罗云丹、陈洪波、邓锦凤编：贵州省社科规划课题成果《〈清水江文书〉索引》（未刊稿）。

4. 张继渊：贵州省教育厅 2011 年人文社科项目"族群边缘地带的锦屏文书调查与研究——以锦屏县苗埂村为例"成果《苗埂·清水江文书汇编稿》（未刊稿）。

四、专著

1. ［日］岸本美绪：《清代中国的物价与经济变动》，北京：社会科学文献出版社，2009 年。

2. 常建华：《清代的国家与社会研究》，北京：人民出版社，2005 年。

3. 陈伯瀛（陈登原）:《中国田制丛考》，上海：商务印书馆，民国二十四年。

4. 陈春生：《市场机制与市场变迁》，北京：中国人民大学出版社，2010 年。

5. 陈登原：《中国田赋史》，上海：上海书店，1984 年。

6. 陈桦:《清代区域社会经济史研究》，北京:中国人民大学出版社，1996 年。

7. 陈支平：《民间文书与东南族商研究》，北京：中华书局，2009 年。

8. 陈支平：《民间文书与台湾社会经济史》，长沙：岳麓书社，2004 年。

9. 程念祺:《国家力量与中国经济的历史变迁》，北京:新星出版社，2006 年。

10. 程泽时:《清水江文书之法意初探》,北京:中国政法大学出版社,2011 年。

11. 戴建兵等:《河北近代土地契约研究》，北京:中国农业出版社，2010 年。

12.《侗族简史》编写组编:《侗族简史》，贵阳：贵州人民出版社，1985 年。

13. 方行、经君键、魏金玉主编:《中国经济通史·清代经济卷》，北京：经济管理出版社，2007 年。

14. 费孝通：《江村经济》，上海：上海人民出版社，2007 年。

15. 傅衣凌：《明代江南市民经济试探》，上海：上海人民出版社，1957 年。

16. 傅衣凌：《明清社会经济史论文集》，北京：中华书局，2008 年。

17. 傅衣凌：《明清时代农村的社会经济》，北京:生活·读书·新知三联书店，1961 年。

18. 高其才、王奎主编:《锦屏文书与法文化研究》，北京：中国政法大学出版社，2017 年。

19. 龚晓康主编：《清水江文书文献价值研究》，贵阳：贵州大学出版社，2016 年。

20. 贵州省编辑组编:《侗族社会历史调查》,贵阳:贵州民族出版社,1988 年。

21. 胡如雷：《中国封建社会形态研究》，北京：生活·读书·新知三联书店，1979 年。

22. 黄仁宇：《十六世纪明代中国之财政与税收》，北京：生活·读书·新知三联书店，2010 年。

　　23. 黄宗智：《华北的小农经济与社会变迁》，北京：中华书局，1986 年。

　　24. 李龙潜：《明清广东社会经济研究》，上海：上海古籍出版社，2006 年。

　　25. 李倩：《民国时期契约制度研究》，北京：北京大学出版社，2005 年。

　　26. 李文治、江太新：《中国地主制经济论——封建土地关系发展与变化》，北京：中国社会科学出版社，2005 年。

　　27. 李荫乔：《贵州田赋研究》，台湾：成文出版社，1977 年。

　　28. 梁方仲：《梁方仲经济史论文集》，北京：中华书局，1989 年。

　　29. 梁方仲：《明代粮长制度》，上海：上海人民出版社，1957 年。

　　30. 刘海岩主编：《清代以来天津土地契证档案选编》，天津：天津古籍出版社，2006 年。

　　31. 刘志伟：《在国家与社会之间》，北京：中国人民大学出版社，2010 年。

　　32. 马克垚：《封建经济政治概论》，北京：人民出版社，2010 年。

　　33. 马曜、缪鸾和：《西双版纳份地制与西周井田制比较研究》（修订本），昆明：云南人民出版社，2001 年版。

　　34. 宓汝成、刑箐子：《中国近代经济史研究综述》，天津：天津教育出版社，1989 年。

　　35.《苗族简史》编写组：《苗族简史》，贵阳：贵州民族出版社，1985 年。

　　36. 潘志成、吴大华编：《土地关系及其他事务文书》，贵阳：贵州民族出版社，2011 年。

　　37. 彭凯翔：《清代以来的粮价》，上海：上海人民出版社，2006 年。

　　38. 乔启明：《中国农村社会经济学》，北京：商务印书馆，民国三十年。

　　39. 秦晖、金雁：《田园诗与狂想曲——关中模式与前近代社会的再认识》，北京：语文出版社，2010 年。

　　40. 全汉升：《中国近代经济史论丛》，北京：中华书局，2011 年。

　　41. 汪敬虞主编：《中国近代经济史 1895—1927》，北京：经济管理出版社，2004 年。

　　42. 王铭铭：《溪村族家——社区史、仪式与地方政治》，贵阳：贵州人民出版社，2004 年。

43. 王毓铨：《明代的军屯》，北京：中华书局，2009 年。

44. 王毓铨主编：《中国经济通史·明代经济卷》，北京：经济管理出版社，2007 年。

45. 王振芳、王秩英：《中国古代经济制度史》，太原：北岳文艺出版社，2012 年。

46. 王宗勋、张应强主编：《锦屏文书与清水江地域文化》，北京：世界图书出版公司，2016 年。

47. 王宗勋：《锦屏文书征集手记》，北京：世界图书出版公司，2015 年。

48. 吴大华主编：《清水江文书研究丛书》（第二卷），贵阳：贵州民族出版社，2011 年。

49. 吴荣臻、吴曙光主编：《苗族通史》，北京：民族出版社，2007 年。

50. 吴兆莘：《中国税制史》，北京：商务印书馆，1998 年。

51. 徐晓光：《原生的法》，北京：中国人民大学出版社，2010 年。

52. 徐秀丽、黄正林主编：《中国近代乡村研究的理论与实证》，北京：中国社会科学出版社，2012 年。

53. 杨国桢：《明清土地契约文书研究》，北京：人民出版社，1988 年。

54. 杨军昌主编：《清水江学研究》（上、下），北京：中央民族大学出版社，2016 年。

55. 杨士泰：《清末民国地权制度变迁研究》，北京：中国社会科学出版社，2010 年。

56. 杨伟兵：《云贵高原的土地利用与生态变迁（1659-1912）》，上海：上海人民出版社，2008 年。

57. 杨直民：《农学思想史》，长沙：湖南教育出版社，2006 年。

58. 张传玺：《契约史买地券研究》，北京：中华书局，2008 年。

59. 张国佩：《近代江南乡村地权的历史人类学研究》，上海：上海人民出版社，2002 年。

60. 张新民、朱萌贵主编：《民间契约文书与乡土中国社会》，南京：江苏人民出版社，2014 年。

61. 张新民主编：《人文世界——区域·传统·文化》（第五辑），成都：巴蜀书社，2012 年。

62. 张新民主编：《探索清水江文明的踪迹》，成都：巴蜀书社，2014 年。

63. 张研、毛立平：《19 世纪中期中国家庭的社会经济透视》，北京：中国人民大学出版社，2003 年。

64. 张应强、王宗勋主编：《清水江文书·第一辑》，桂林：广西师范大学出版社，2007 年。

65. 张应强、王宗勋主编：《清水江文书·第二辑》，桂林：广西师范大学出版社，2009 年。

66. 张应强、王宗勋主编：《清水江文书·第三辑》，桂林：广西师范大学出版社，2011 年。

67. 张应强：《木材之流动：清代清水江下游地区的市场、权利与社会》，北京：生活·读书·新知三联书店，2006 年。

68. 章有义：《明清徽州土地关系研究》，北京：中国社会科学出版社，1984 年。

69. 赵冈、陈钟毅：《中国土地制度史》，北京：新星出版社，2006 年。

70. 赵冈：《历史上的土地制度与土地分配》，北京：中国农业出版社，2003 年。

71. 赵冈：《中国传统农村的土地分配》，北京：新星出版社，2006 年。

72. 郑振满：《明清福建家族组织与社会变迁》，北京：中国人民大学出版社，2009 年。

73. 中国农村经济研究会编：《中国农村社会性质论战》，上海：新知书店，民国二十五年。

74. 中华人民共和国财政部《中国农民负担史》编委会编著：《中国农民负担史（第一卷）》，北京：中国财政经济出版社，1991 年。

后 记

　　土地买卖与土地分配，是中国传统社会经济制度的主导。经济史研究中，土地买卖与土地分配是中国传统社会经济史研究的根本性研究，并不因曾经的"五朵金花"的误读或蒙羞而丧失其重大研究价值，尤其在今天人们蜂拥地进行社会生活史研究，讲述民间故事的时候，继承和延续中国史学研究领域中土地制度史研究的优良传统，就更有史学上的意义。当然，尽管前贤已有了许多杰出的研究成果，但本项研究着眼的区域、探讨的问题、揭示出的历史现象，都是站在巨人肩上又向前迈出的步伐，哪怕是一小步也扩展和推进了对中国土地制度的认识。

　　少数民族地区土地买卖及地权分配，同样也是中国土地制度研究的基本问题。本项研究所想做的是从宏观着眼，长时段地关注晚明、清到民国间400年，大地区地关注清水江流域南北五县11个行政村；面对中国少数民族地区土地制度的大问题，又从细微处入手，精细地分析田地与山场林地买卖过程，论析由土地买卖带来的地权流失所造成的地权分配趋势。为此，精细地分析田地买卖契约2964件、山场林地买卖契约4953件，还更微观地具体地解剖一户农户一生的土地买卖行为，并由一个个的个体连接起一个家族的土地积累史。应当说，经过这样的努力，清水江流域晚明至民国时期侗、苗民族土地买卖与地权分配趋势，已自证自明。

　　清水江契约文书，早在2002年以后，就被大量地披露，仅2007年、2009年公开出版契约文书就达万份以上。明明每一份文书都透露出极鲜明的经济史信息或土地买卖信息，但为何没有人去做经济史的分析研究？不是因为土地买卖、土地所有制度、田价、赋税等经济问题陈旧了，真实的心态是在面对太过丰富的史料前产生的碍难，是面对如此海量的文书史料其研究竟然会无所适从。笔者从2012年年底也开始接触文书，几年来在长时间地焦虑与思考后，对文书的认识与分析文书的方法也渐渐明朗起来。首先是对失地农户的分析，再从购进农户的分析，然后再对典型农户做实证分析，由此作出制度性的概括。本项研究的主题已经出来了，好不好是一个很有弹性的评论，但一个让人可以告慰的重要感怀，是找到了怎样去研究文书、揭示其经济史的丰富内涵的方法。

就此而言，为清水江流域少数民族地区的土地买卖与地权分配的共性找到依据，我们在研究方法上已做了许多努力，这些方法已显示出它有以往类似研究所没有的突出特征。但清水江文书提供了更有超越以往史料的丰富性，完全可以通过它丰富的资料，对区域土地买卖与地权分配作出多层次分析。多层次有几个侧面：在行政区划上可以是不同的县域，也可以是县域内不同的乡镇；在自然环境方面则是山地、山间小盆地、丘陵台地等不同的农业生产环境；人文环境方面则有侗族、苗族与汉族生活方式所带来的生产习俗，还有移民与土著的历史渊源等对农业生产的影响，等等。这些层次影响着和造成的土地分配的差异性，从而更好地从更开阔面、更近距离地观察内地边疆少数民族经济生产的深层动态；这些层次的研究利用文书提供的条件完全可以做到。但尽管有几年孜孜不倦地努力，仅凭借一己之力，在课题完成时间的限制下，实在是勉为其难。

近四年孜孜不倦地努力，课题研究有了目前这样一个成果。虽然其间倾尽了笔者的汗水，在清水江侗、苗民族地区土地制度研究及清水江文书研究方面有所进展，但更须感谢的是本研究所依赖的已有前期成果，它包括了对文书的整理与释读及许多研究成果。为此，感谢张新民老师一直给予的全面支持与不断鼓励。感谢贵州大学"清水江学研究中心"学术团队各位老师的支持与帮助。还要特别感谢的是饶应利、覃应超、祝胜祺同学，尽管他们现已在各自工作岗位上施展才干，但他们在学生时代为本项研究作出了无私奉献。怎能忘记饶应利同学与我一同领受寂寞，做枯燥又烦琐的数千份文书数据的采集整理与分析工作；无论是蚊叮虫咬的酷暑，还是凛冽寒风的冬季，一同与覃应超、祝胜祺同学行走在乡间的田埂山梁、走村串寨收集文书与做田野调查的情景仍历历在目。感谢黎平县罗里乡的乡亲、五湖村与亚榜村的"村支两委"，在我们采集契约文书时提供帮助，同时很惊讶在五湖村村支两委会办公室，还完好地保存着1951年土改时期本村的完整档案文献（当我们在台江县档案馆查阅资料时，该档案馆对土地改革文献收藏的记录是"缺藏")。感谢台江、剑河、三穗、天柱、锦屏、黎平等县档案馆的领导与工作人员，每一次前往查阅文献档案，都能得到他们热情与周到的帮助。还要感谢《贵州大学学报》(社科版)主编杨军昌教授、《原生态民族文化研究》编辑龙泽江研究员，有他们几年来在学术研究上的鼓励与帮助，我才对完成课题研究工作充满信心。

这里，尤其感谢本书的编辑，他们是苏桦、黄艳、胡国浚、胡馨。本书引用了大量的不规范的民间文献，文中难免有误差与纰漏，给编校工作带来许多的繁难。承责编不嫌烦琐、热心编校、尽量修改、补充书稿中不完善之处。在此对他们辛勤的工作表示深深的谢扰。

林　芊

2018 年 7 月 5 日